RENOV'LIVRES 2009

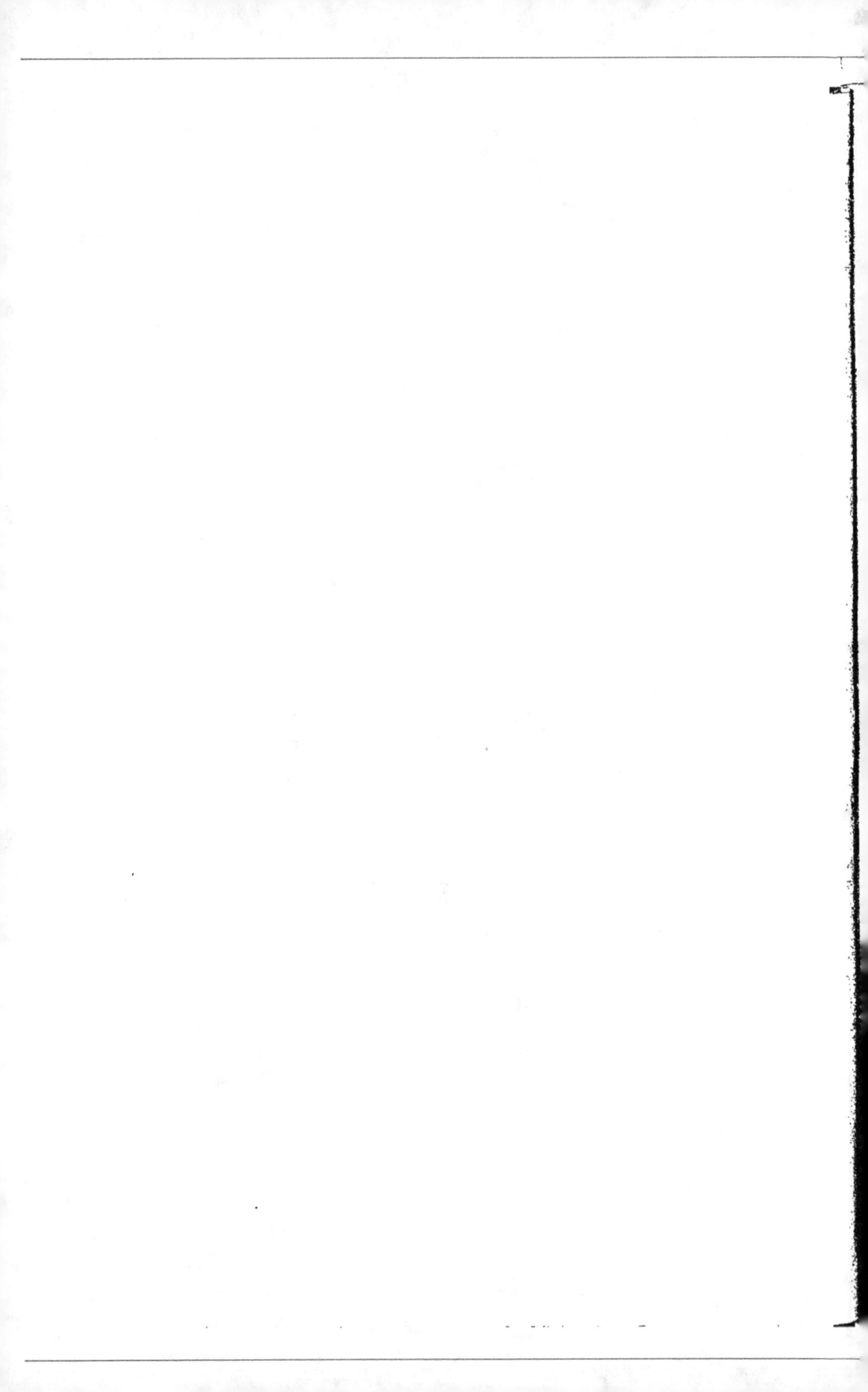

MARQUIS DE LASTIC

Membre titulaire de l'Académie des Sciences, Belles-Lettres et Art
de Clermont-Ferrand

— ·O· —

CHRONIQUE

DE LA

MAISON DE LASTIC

D'APRÈS LES ARCHIVES DU CHATEAU DE PARENTIGNAT
ET QUELQUES AUTRES DOCUMENTS

—— ·X· ——

TOME II

XVIᵉ et XVIIᵉ siècles

—— ·O· ——

MONTPELLIER
IMPRIMERIE FIRMIN ET MONTANE
3, Rue Ferdinand-Fabre, 3 et Quai du Verdanson
—
1920

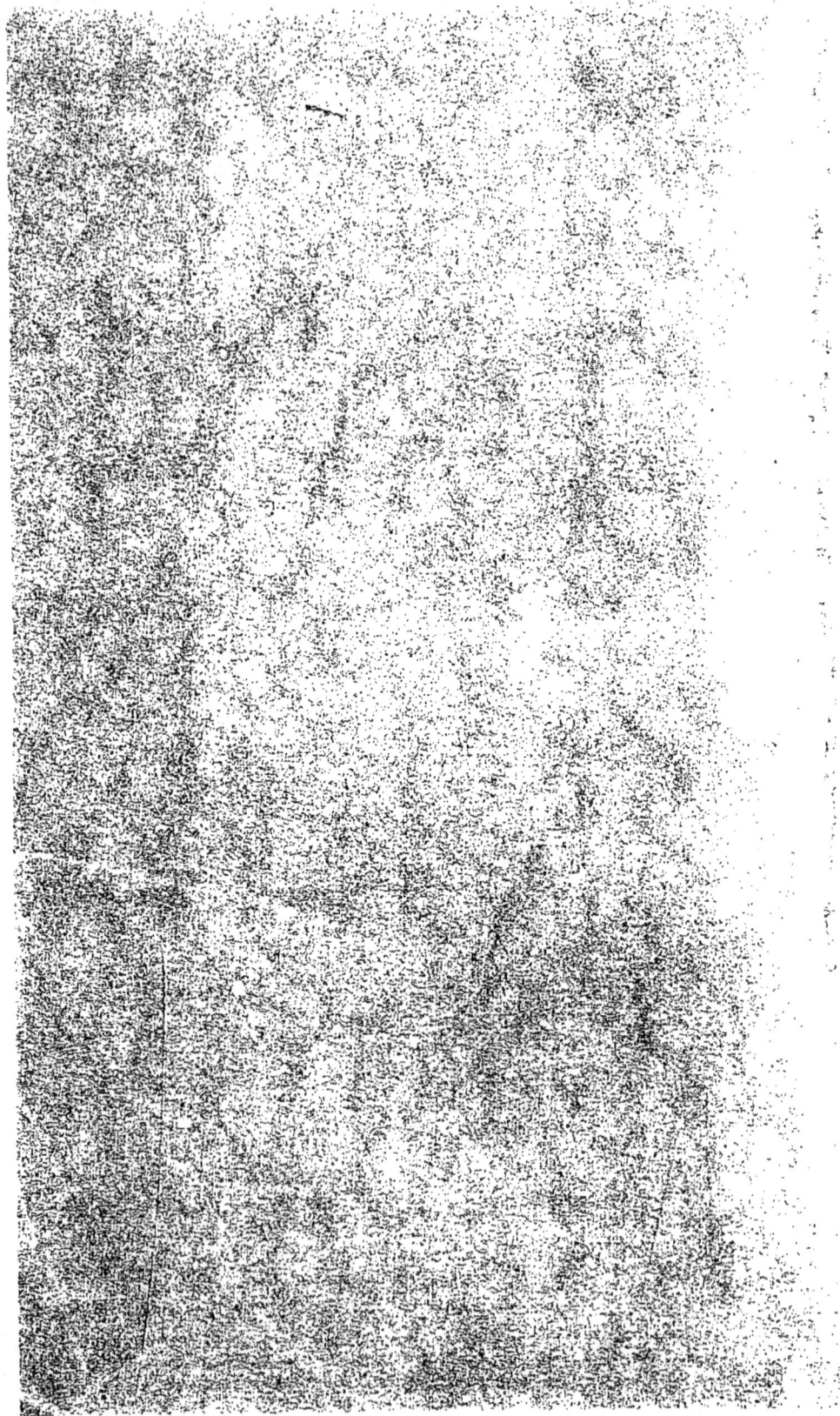

CHRONIQUE

DE LA

MAISON DE LASTIC

MARQUIS DE LASTIC

Membre titulaire de l'Académie des Sciences, Belles-Lettres et Art
de Clermont-Ferrand

———·o·———

CHRONIQUE

DE LA

MAISON DE LASTIC

D'APRÈS LES ARCHIVES DU CHATEAU DE PARENTIGNAT
ET QUELQUES AUTRES DOCUMENTS

———·×·———

TOME II

XVIᵉ et XVIIᵉ siècles

— ·o· —

MONTPELLIER
IMPRIMERIE FIRMIN ET MONTANE
3. Rue Ferdinand-Fabre, 3 et Quai du Verdanson

—

1920

AVANT-PROPOS

Dans la première partie de cette *Chronique*, nous avons étudié l'histoire de notre maison depuis ses origines jusqu'à la fin du xve siècle. Nous l'avons laissée avec *Draguinet*, mort en 1473, et son frère *Pons*, en 1488, dans une situation fort brillante. Par l'importance de ses possessions et par ses alliances, comme par le rôle joué par la plupart de ses membres dans l'histoire de notre province et même dans celle de la France, elle est arrivée en quelque sorte à son apogée. Elle aurait pu s'y maintenir. Les circonstances ne l'ont pas permis.

En commençant la deuxième partie de cette *Chronique*, nous allons entrer dans une période obscure et difficile de son histoire, pendant laquelle elle aurait pu sombrer, comme tant d'autres. Il faut en chercher la cause dans le désordre moral qui régnait alors. On venait de chasser les Anglais du territoire, dans un immense effort. Notre pays s'y était ruiné, la noblesse comme le peuple. Une nouvelle couche de bourgeois enrichis s'était emparée du pouvoir, comme il arrive toujours dans les conflagrations de ce genre. La cour, les princes du sang, les chefs des maisons princières et des premières familles féodales, qui marchaient de pair avec ces dernières, donnaient l'exemple du luxe et des plaisirs. On dépensait des sommes considérables pour tenir un train de maison supérieur à ses ressources. Pour se procurer ces dernières, il fallait faire des emprunts considérables, ce qui donnait l'occasion à une foule de personnages plus ou moins véreux, de parvenir aux plus hautes situations. Forcément, la moralité générale devait s'en ressentir.

La Renaissance, venue d'Italie avec nos guerriers, doit bien avoir sa part de responsabilité dans ce premier mouvement de réforme qui allait renverser les vieilles coutumes d'autrefois. Les guerres de religion, qui les suivirent, vinrent y mettre le comble et plonger tous les débris d'un autre âge dans un mélange inextricable. Il n'y a pas d'époque de notre histoire plus embrouillée, plus difficile à écrire. Il en sortit un monde nouveau qui devait s'organiser, se policer et préparer les xviie et xviiie siècles, les deux plus stables de notre histoire, avec une société et des institutions déjà très transformées, au moins dans le fond, si ce n'est dans la forme.

Notre maison suivit toutes les péripéties de cette transformation. Pendant tout le xvie siècle, malgré le nombre des documents que nous possédons dans nos archives ou ailleurs, l'histoire des nôtres ne m'a jamais donné tant de peine à débrouiller. Et ce n'est qu'à l'aurore du xviie siècle, avec Jean de Lastic de Sieujac, que, redevenue maîtresse de ses destinées, notre maison reprend le cours régulier de sa vie et qu'elle retourne à ses vieilles traditions abandonnées. A-t-elle puisé, dans ce désordre, où elle a été plongée pendant tout ce siècle, une nouvelle force pour se maintenir à son niveau ancien pendant les deux grands siècles qui suivirent ?

I

Dixième génération *Bis*

Louis de Lastic ——— Anne de La Fayette
18 avril 1490

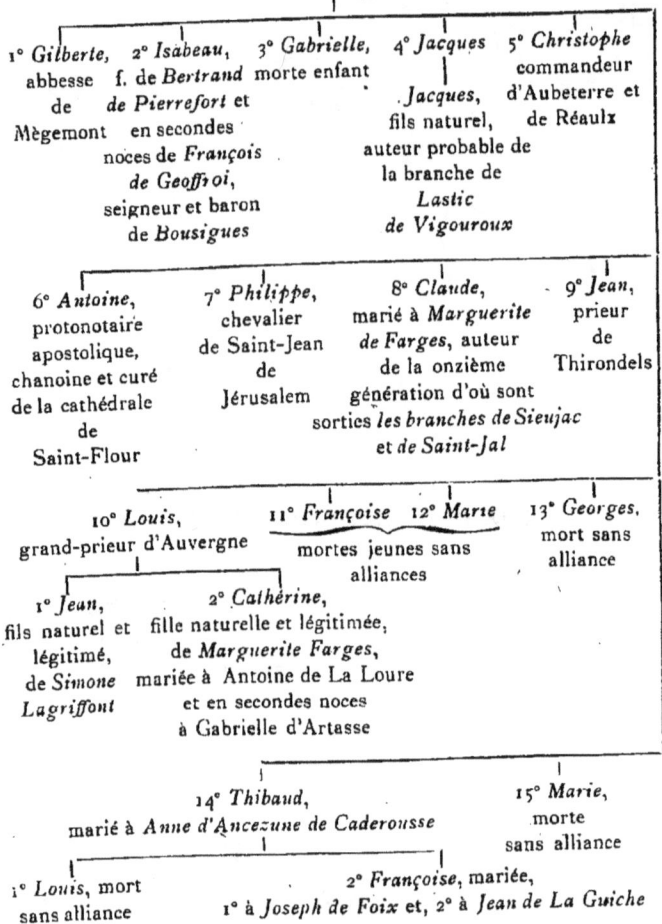

1° *Gilberte,* 2° *Isabeau,* 3° *Gabrielle,* 4° *Jacques* 5° *Christophe*
abbesse f. de *Bertrand* morte enfant commandeur
de de *Pierrefort* et *Jacques,* d'Aubeterre et
Mègemont en secondes fils naturel, de *Réaulx*
noces de *François* auteur probable de
de *Geoffroi,* la branche de
seigneur et baron *Lastic*
de *Bousigues* de *Vigouroux*

6° *Antoine,* 7° *Philippe,* 8° *Claude,* 9° *Jean,*
protonotaire chevalier marié à *Marguerite* prieur
apostolique, de Saint-Jean de *Farges,* auteur de
chanoine et curé de de la onzième Thirondels
de la cathédrale Jérusalem génération d'où sont
de sorties *les branches de Sieujac*
Saint-Flour et *de Saint-Jal*

10° *Louis,* 11° *Françoise* 12° *Marie* 13° *Georges,*
grand-prieur d'Auvergne mort sans
mortes jeunes sans alliance
alliances

1° *Jean,* 2° *Catherine,*
fils naturel et fille naturelle et légitimée,
légitimé, de *Marguerite Farges,*
de *Simone* mariée à Antoine de La Loure
Lagriffoul et en secondes noces
à Gabrielle d'Artasse

14° *Thibaud,* 15° *Marie,*
marié à *Anne d'Ancezune de Caderousse* morte
sans alliance

1° *Louis,* mort 2° *Françoise,* mariée,
sans alliance 1° à *Joseph de Foix* et, 2° à *Jean de La Guiche*

Nota. — Thibaud eût, avant son mariage, d'une
femme nommée *Jeanne Var,* un fils naturel et légitimé *Jacques,* d'où est descendue *la branche de Lostic
de Fournels.*

Nota. — Louis de Lastic. époux de Jeanne de La Fayette, avait eu, avant
son mariage, un fils naturel, nommé *Hector,* qui eut lui-même une fille,
nommée *Jeanne,* mariée à un certain *Jacques Eschamblard,* dont elle n'eut
pas d'enfants.

Louis de Lastic, contrairement à ceux de nos ancêtres qui l'ont précédé directement, n'a joué aucun rôle connu dans l'histoire, même dans celle de notre province. Nous ne le trouvons que deux fois cité dans un document autre que ceux qui concerne la famille elle-même. Le 30 juillet 1510, une assemblée des trois états du bas pays d'Auvergne, s'étant réunie sans doute à Riom (le document ne l'indique pas) (1), on trouve, parmi les trente-neuf seigneurs qui y assistent, *M. de Lastic et de Montsuc* qui, à cette date, ne pouvait être que Louis. Il y occupe seulement le trente-septième rang. Mais il semblerait que les seigneurs y ont été inscrits au hasard, car si on trouve en tête le comte de Montpensier et le comte d'Auvergne, le troisième rang est occupé par un M. d'Aubigny, seigneur de Cyvrac et de Saint-Georges, qui, ni par son nom étranger à notre province, ni par ses possessions, ne pouvait occuper ce rang. Le vicomte de Polignac n'arrive qu'au sixième rang, et Louis de Lastic est placé entre un M. d'Apchier et un M. de Mardogne (alors de la maison de Foix), tous les deux grands seigneurs s'il en fût. On est aussi étonné de voir un Lastic de la branche aînée assister à une réunion de seigneurs du bas pays, où celle-ci ne possédait pas de terres, tandis qu'on n'y voit figurer aucun Lastic de la branche d'Unzac et de Segonzac, cependant alors des plus riches et des plus puissantes du bas pays.

Louis répondit-il personnellement aux convocations du ban? Nous ne voyons son nom nulle part. Il semblerait ne s'être guère éloigné de ses terres, puisque nous voyons Anne de La Fayette lui donner régulièrement un enfant presque chaque année, de 1493 à 1512. Il semble avoir représenté son suzerain dans certaines fonctions féodales. Ainsi, dans un acte dont la date n'est pas donnée par celui auquel je l'emprunte, et que l'on pourrait placer entre les années 1514 et 1523, Louis de Lastic reçut, du connétable de Bourbon, son

(1) *Preuves de la Maison de Polignac*, t. II, pp. 393 et 394.

suzerain, en qualité de baron de Mercœur, la mission de rendre pour lui l'hommage à l'abbesse de Saint-Pierre de Blesle,
pour sa châtellenie de Blesle. « La cérémonie d'hommage fut
accomplie dans l'église de Blesle, devant le maître-autel, par
le ministère d'un seigneur de Lastic, gentilhomme et fondé
de pouvoirs du duc. Or, ce duc de Bourbon, faisant acte de
vasselage à l'égard de l'abbaye, n'est autre que l'altier
connétable, attendu qu'il est le seul duc de Bourbon ayant
possédé la châtellenie de Blesle, ses ancêtres n'ayant que le
titre de comtes de Montpensier (1). » Louis de Lastic était,
du reste, son parent par alliance, comme nous l'avons vu à
propos de son ancêtre Etienne Bompar, mari d'Ahélis de
Montagu, fille d'une dauphine d'Auvergne, mais cette parentée
commençait à être éloignée. A la même époque aussi, Louis
était fort occupé par plusieurs procès, qu'il menait souvent
de front.

Si nous revenons maintenant aux simples actes de famille,
le premier qui nous parle de Louis, est l'acte d'émancipation,
en forme de partage, du 26 mars 1482 (2), par lequel Pons,
son père, émancipe son fils aîné Antoine, et partage le
patrimoine en deux parties égales, en donnant Lastic et
Montsuc à Antoine et Rochegonde à Louis. Or, nous avons
vu qu'Antoine était mort peu après son mariage, n'ayant
laissé qu'une fille, et que Louis avait hérité de l'ensemble du
patrimoine. Clabault place à cette époque des lettres de
rémission que Louis aurait reçues. Il n'en donne pas le détail.
Il s'est trompé ; car il s'agit là, sans conteste, de celles
données, à la même date, en faveur d'un autre Louis de
Lastic, fils de Robert, seigneur d'Unzac et de Segonzac, et
d'Antoinette de Maubec. Nous avons vu aussi que Louis avait
donné son consentement à une fondation faite par son père

(1) *Notice historique sur Blesle et l'abbaye de Saint-Pierre de Blesle*
par le comte Léo de Saint-Poncy. Le Puy, Marchasson, 1869, p. 34,
Extrait du Cartulaire de Bresle, à la bibliothèque de Clermont.

(2) Archives de Parentignat. D. 16 et 17. Orig. sur parch. et copie.

Pons, au prieuré conventuel de La Voulte, à l'occasion de sa sépulture.

Nous allons voir maintenant Louis aux prises avec une situation compliquée. La branche aînée s'étant éteinte deux fois pendant deux générations successives, dans le courant du xvᵉ siècle, deux fois des cadets, Pons et Louis, s'étaient trouvés substitués à leurs aînés. Or, chaque fois qu'un aîné transmettait ainsi le patrimoine à son cadet, il le chargeait aussi de payer ses dettes, ce qui pouvait être juste, mais ce qui était parfois fort onéreux. Or, Draguinet avait laissé deux filles, qu'il avait dotées largement ; Pons en avait fait autant pour la sienne et Antoine en avait laissé une en bas âge, qu'il fallait marier. Or, ni Draguinet, ni Pons, n'avaient entièrement payé les dots de leurs filles, et il fallait doter la fille d'Antoine. C'était donc, par le fait, quatre dots à payer plus ou moins complètement et à prendre sur le patrimoine. Et nous verrons que Louis ajouta à cette lourde charge, celle de doter encore quinze enfants qu'il eût de sa femme, Anne de La Fayette. On comprend qu'il fût fort absorbé par cette grosse liquidation. Fût-il gêné réellement pour la régler, ou esssaya-t-il, comme cela se faisait beaucoup à cette époque, de s'en tirer au meilleur compte ? Le fait est qu'il s'engagea à ce propos dans une foule de procès avec ses parents.

Deux cartons de nos archives en sont remplis, et cependant beaucoup de pièces y manquent. Clabault en donne en partie l'analyse, mais elle est peu claire, pour la bonne raison qu'il n'avait pas entre les mains tous les éléments nécessaires. Aussi, je trouve inutile d'en reproduire toutes les péripéties, puisqu'en somme nous ne pourrions en tirer aucunes conclusions certaines. On a seulement l'impression qu'après bien des complications et des frais probablement inutiles, Louis arriva à s'acquitter de la plupart de ses dettes ou à les arranger. En effet, après sa mort, ses héritiers ne paraissent pas avoir eu grand chose à régler. Je vais seulement énumérer, pour être complet et exact, les divers procès qu'il eût à engager. Nous le voyons déjà, le 1ᵉʳ février 1488 (1), donc aussitôt après la mort de son père, constituer une rente annuelle de soixante livres, payable en son château et baronnie de Saint-Chamond, à sa cousine germaine Anne, fille de Draguinet et veuve de Léonard de Saint-Priest, représentant ce qui lui restait dû de sa dot. Il semble s'être acquitté assez régulièrement de cette rente, puisque nous en possédons toute une série de reçus et une lettre fort intéressante signée « A. de Tornon », dont j'ai parlé dans la première partie de cette *Chronique*. Nous voyons ensuite Louis rachetant quelques créances provenant toujours de la même origine, entre autres le 15 septembre 1490 (2), le capital d'une rente de trente et quelques livres, à prendre sur la terre de Rochegonde, qui constituait le reste dû de la dot de Gabrielle de Lastic, femme de Jacques de Tourzet d'Allègre, et que ce dernier avait vendue lui-même à Antoine de Senecterre. Christine de Montrhodat, la veuve d'Antoine de Lastic, frère aîné de Louis, s'étant remariée à un certain Jean de Chapelu, dit de la Chapelle, lieutenant en la sénéchaussée d'Auvergne. Ce dernier réclamait le douaire de sa femme (3). Puis c'est Alix de Chalençon, veuve de Gilbert de Montmorin et François de Polignac, qui réclament au sujet de divers cens qui leur étaient dus, sans que je puisse savoir en vertu de quels droits (4) Marguerite de Lastic, veuve de Gabriel de Gimel, et ses enfants en font autant pour la dot de cette dernière (5). Puis c'est Jean de Sailhens, époux d'Anne de Lastic, fille d'Antoine, qui se plaint au sujet de la dot de sa femme (6). Par contre, Louis attaque

---

(1) Archives de Parentignat. D. 31. Orig. sur parch.
(2) *Ibid.* D. 51. Orig. sur parch.
(3) *Ibid.* D. 57 à 61. Orig. sur parch.
(4) *Ibid.* D. 63 et 64. Orig. sur parch. E. 25-29. Orig. sur parch.
(5) *Ibid.* E. 5. Orig. sur parch.
(6) *Ibid.* E. 46-47-52-54. Orig. sur parch.

son beau-père, Antoine de La Fayette. au sujet de la dot de
la sienne (1).

Louis avait-il le caractère procédurier ou avait-on attenté
réellement à ses droits féodaux sur les terres de Lastic ? Il
engage la lutte contre son suzerain direct, Gilbert, comte de
Montpensier et de Clermont, baron de ·Mercœur et du pays
de Combrailles, dauphin d'Auvergne. J'y ai fait déjà allusion
à propos de la terre de Lastic. Il ose, en novembre 1491, faire
arrêter le sieur Pierre Bouschet, notaire et substitut du
procureur de Lastic pour le dauphin, en sa qualité de
premier suzerain de cette terre. « On le traîne par les rues et
on rompt ses habillements. » Après quoi on l'enferme dans
les cachots du chastel de Montsuc, où on le retint, dit-on, en
haine de ce que le nommé Bouschet avait accompagné Symon
Bony, chargé par le bailly de toucher certains droits que
Louis contestait. Nous ne possédons qu'une simple enquête
du 31 avril 1493 (2), faite par le bailly de Lastic, au nom de
dauphin et nous ignorons qui était dans son droit et quelle
fut l'issue de cette affaire. Le procédé était peut-être un peu
vif et Louis s'attaquait à un bien gros personnage.

Il avait pris auprès de lui sa nièce Anne, fille d'Antoine,
et l'avait mariée à Jean de Sailhens, seigneur de Saint-Julien,
le 16 mars 1499.

Le 21 avril 1500 (3), le seul survivant des frères de Louis,
Jean, licencié ès lois et protonotaire apostolique, lui
abandonnait tous ses droits éventuels à la succession de leur
père, moyennant une rente viagère de quatre-vingt livres. Par
cet acte, il ne renonçait pas à ce qui pouvait lui revenir de la
succession elle-même, puisque cela avait été déjà réglé lors
du partage que Pons avait fait entre ses fils, en 1482, quand
il avait émancipé l'aîné Antoine, mais aux acquisitions

---

(1) Archives de Parentignat. E. 23 à 29. E. 34 et 35. Orig. sur parch.
et sur pap.

(2) Archives de Parentignat. D. 62. Orig. sur pap.

(3) *Ibid.* E. 1. Orig. sur parch.

nouvelles que son père avait pu faire depuis cette date jusqu'à celle de sa mort, survenue en 1488.

En dehors des actes précédents, nous voyons Louis agir en qualité de simple propriétaire. C'est ainsi qu'il vend, par acte du 14 janvier 1504 (v. s.), à noble Guyot Jouvenroux, seigneur de La Trémolière, plusieurs cens et rentes seigneuriales en argent, grains et autre nature, assis au mas de Rossel, paroisse de Ruines, avec toute justice, moyenne et basse, moyennant cent cinquante livres tournois, sauf la haute justice et l'hommage, que Guyot Jouvenroux lui rendit, avec le serment de fidélité par le même acte (1). On peut se rendre compte ainsi que nos ancêtres avaient souvent des propriétés ou des droits en dehors de la région de leur patrimoine, dont nous ignorons la provenance. Louis fait encore une vente de divers cens et rentes épars dans divers lieux au chapitre de la cathédrale de Saint-Flour, moyennant la somme de mille cinquante livres (2). Il s'acquitte aussi régulièrement des fondations faites par son père Pons. au couvent des Frères Prêcheurs de Saint-Flour, comme l'attestent le quittances données par ceux-ci en 1505, 1507. 1509, 1511, 1512 et 1513 (3). Il en avait fait autant, le 18 septembre 1511, en faveur de la communauté des prêtres de l'église paroissiale de Neuvéglise et lui avait versé la somme de vingt-deux livres dix sols pour un obit fondé dans le temps par Etienne Bompar, son ancêtre, et une messe à célébrer tous les ans à cette date (4).

Louis de Lastic dut mourir entre 1520 et 1522, car nous voyons, le 12 novembre 1522 (5), son fils Jacques traiter avec le chapitre de la cathédrale de Saint-Flour, et à cette occasion, rappeler la mort de son père. Louis fut enterré, sur sa

---

(1) Archives de Parentignat. Clabault. *Généalogie*, p. 137.
(2) Clabault. *Généalogie*, p 138.
(3) *Ibid.*
(4) Archives de Parentignat. E. 32 et 33. Orig. sur parch. et sur pap.
(5) *Ibid.* F. 3 et 4. Orig. sur parch. et copie du xv° siècle sur pap.

demande, dans la chapelle Saint-Odilon, du prieuré conventuel de La Voûte.

Il avait épousé, par contrat du 18 avril 1490 (1), Anne de La Fayette, fille de noble et puissant seigneur Gilbert. seigneur de La Fayette, de Pontgibaud, de Montel de Gelat, de Saint-Romain et de la Roche-d'Agoult, et de noble damoyselle Ysabeau de Polignac. Le seigneur de La Fayette donne à sa fille la somme de sept mille sept cent livres tournois, dont trois mille livres payables le jour de la célébration du mariage, et le reste échelonné d'année en année, en commençant le premier paiement trois ans jour pour jour après la célébration du mariage. En plus il promet d'habiller « honnestement » sa fille pour ce jour-là et comme elle n'avait que quatorze ans, il promet de lui donner des robes et habillements jusqu'à concurrence de la somme de trois cents livres à « dix-huit ou vingt ans », non compris les habillements déjà donnés lors de la célébration du mariage. La fiancée, moyennant cela, renonce à ses droits à l'héritage de ses parents mais dans le cas seulement où il y aurait un mâle héritant légitimement de celui-ci. Le seigneur de Lastic promet « d'enjoyeller » sa fiancée, à concurrence de la somme de douze cents livres. Dans le cas où le seigneur de Lastic décéderait avant sa femme et si celle-ci avait de lui un enfant à ce moment-là, le seigneur de Lastic assurerait à celle-ci « ung de ses chasteaux, place fort meublé, sellon leur estat, avec ses jardins, estables, granches, autres aisements y atouchant avec son chauffage ès bois du dit seigneur », avec la somme de deux cents livres de rente à prendre « au plus près du chastel », le tout sa vie durant, à moins qu'elle ne convole en secondes noces, et dans ce cas elle ne gardera que cinquante livres de rente viagère. Et on ajoute textuellement : « Plus a esté convenu entre les dites parties et pour faveur du dit mariage que le premier masle procréé d'iccelluy

---

(1) Archives de Parentignat. D. 33-35. Minute sur pap. signé des parties deux cop. sur pap. des xv² et xviii² siècles.

mariaige, s'il est habile et n'est homme d'esglise, sera seigneur des chasteaux, terres, mandements de Lastic et Montsuc, avec leurs droits et appartenances quelconques et pourtera le nom et armes en précipuité et avantaige des autres enffans ; et oultre pourra venir à la succession des père et mère, comme ung des autres enfans ». Cet article a une grande importance, comme nous le verrons, à cause des procès qui surgirent plus tard entre les enfants de Louis, et principalement entre Louis, le Grand Prieur, et Thibaud. Cette clause est aussi suivie, comme d'habitude, de la substitution du mâle au mâle, par ordre de primogéniture, et dans le cas où il n'y aurait pas de mâle ou de mâle descendant des mâles, l'aînée des filles recevrait seulement mille livres de plus que ses sœurs. De plus, le seigneur de Lastic hypothéquait, en faveur de sa femme, « le chastel, chastellenie, terre et mandement de Rochegonde, avec ses droits et appartenances quelconques et généralement tous et quelconques ses biens, meubles et immeubles présens et advenir, pour rendre et restituer la dot ou ce qui en aura été payé ». Jehan de Lastic, licencié en décrets et bachelier en lois, frère de Louis, assistait à la signature du contrat de mariage, et « a loué, approuvé et ratifié le dit contrat », tout en faisant ses réserves pour ce que son père lui avait donné et qui était énoncé dans l'acte. Comme témoins, ont assisté et ont signé l'acte : Révérend Père en Dieu Frère Raynald de Blot, abbé de la Chaise-Dieu, Frère Jacme de Senecterre, prieur de Sainte-Gemme, Jehan de La Fayette, seigneur de Beaumont, Jacques de Murat, seigneur de Faveyrolles et noble Bar, écuyer (1).

Parler ici longuement de la maison de La Fayette serait inutile. Elle était alors une des premières d'Auvergne. Anne, la fiancée de Louis de Lastic, était la propre petite-fille du fameux maréchal de La Fayette, qui fut un des héros de la délivrance de la France contre les Anglais. Toujours dévoué

---

(1) Nous possédons les signatures autographes à la minute de l'acte.

à Charles VII, c'était « le loyal serviteur », comme les Duguesclin, les Bayard, très différent en cela de ses illustres contemporains les de Giac, les Richemond, les la Trémoille. Le père d'Anne était lui-même maître d'hôtel de Charles VIII, en 1490, c'est-à-dire précisément au moment du mariage de sa fille. Les frères d'Anne étaient Louis de La Fayette, gouverneur de Boulogne, et Jean de La Fayette, un des chefs des catholiques en Auvergne. Anne était la propre grande tante de la célèbre Louise de La Fayette, dont Richelieu aurait voulu faire la maîtresse du roi Louis XIII, et qui, quoiqu'aimant le roi, resta vertueuse et ne voulut jamais se prêter à cette intrigue, et arrière-grande-tante de Mme de La Fayette, une de nos célébrités littéraires du xviie siècle La dernière des La Fayette fut Marie-Madeleine, qui épousa, en 1706, le duc de La Trémoille, descendant de l'adversaire de son ancêtre le maréchal. Elle laissa par testament sa terre de La Fayette, située à quelques kilomètres de Parentignat, derrière Sauxillanges, à Jacques-Roch Mottier de Champetières, chef de la branche cadette des Mottier, seigneurs de La Fayette, à charge de relever ce nom. Il fut le père du général de La Fayette. Le maréchal, grand-père d'Anne, avait épousé successivement une Montrognon et une fille de la maison de Joyeuse. Quant à la propre mère d'Anne, nous avons vu que c'était une Polignac. Anne avait quatorze frères ou sœurs, dont deux se marièrent dans les maisons de Silly et de Jaucourt. La grand'-mère d'Anne, du côté Polignac, était une Saluces, et elle était alliée, par ce côté-là, aux Bueil de Sancerre, aux Tournon, aux de La Tour de Montgascon (branche des La Tour d'Auvergne), aux d'Urfé, etc. (1). On peut se rendre ainsi compte de la brillante parenté que Louis acquérait par son mariage. Il est malheureux qu'il n'ait pas su en profiter et qu'il soit resté enfermé dans son « chastel de Montsuc ». Il eût beaucoup

---

(1) Voir Bouillet. La Chensaye du Bois, le P. Anselme.

d'enfants, mais il ne sut pas leur inculquer l'esprit de conduite et c'est ainsi que cette génération vécut dans la dissolution morale et faillit disparaître en quenouille.

Je ne parlerai pas ici d'Anne de La Fayette. Sa vie est trop mêlée à celle de ses enfants pour que je l'en sépare. Nous les retrouverons donc quand nous parlerons de ceux-ci. Néanmoins, nous devons saluer au passage cette femme qui, petite-fille d'un maréchal de France, alliée à ce qu'il y avait de plus brillant en France alors, et ayant une partie des siens à la cour, accepta de vivre, presque ignorée, dans le vieux « chastel de Montsuc », au milieu des bois de la Margeride, ou à Rochegonde, dans un pli sauvage du Massif Central, donnant à son mari quinze enfants, sans avoir l'air de s'en mal trouver, puisqu'elle vécut très vieille.

Louis de Lastic et Anne La Fayette eurent de leur mariage quinze enfants. Nous possédons à cet égard une pièce fort curieuse dans nos archives, pièce très rare. C'est une sorte de livret de famille, sur lequel sont incrits le jour, l'heure, le lieu, l'année de la naissance de chacun de leurs enfants (2).

« Sy amprès sensuivent les noms et les an, jour et heure de la nativité et naissance des enfants procréés et descendans du loyal mariage fait et célébré en face la saincte mère esglise, entre noble et puissant seigneur Loys de Lastie, seigneur dudit lieu, de Rochegonde et de Montsuc, et noble damoiselle Anne de La Fayette, mariés.

• Et premièrement damoizelle Gilleberte, leur premier enfant, nasquit l'an mil IIII cent quatre vings et treize et le XXIIᵉ jour de janvier, à V heures du matin, le mardi.

» Item damoiselle Ysabeau, leur segont enfant, nasquit l'an mil IIII cent IIIIˣˣ et XV, le VIIᵉ jour de may, à V heures du matin, le vendredi.

» Item damoyselle Gabrielle, leur tiers enfant, nasquit l'an mil IIII cent IIIIˣˣ XVII et le tiers jour du mois d'avril, à troys heures du matin, le lundi, et trepassa dans le dit an, le XXᵉ jour de septembre et fust enterrée en l'esglize de Solatges, paroisse dudit Montsuc.

» Item Monsʳ Jacques, leur quart enfant, nasquit à ung samedi, vigille de la Nativité de Sainct-Jehan-Baptiste, de matin environ troys heures, en l'année mil IIII cent IIIIˣˣ XVIII, au chasteau de Montsuc, le samedi.

(2) Archives de Parentignat D. 54-56. Sur parch. et deux copies sur pap.

» *Item* Monsr Christofle, leur quint enfant, nasquit à un dimanche, XXVIIe jour de octobre, vigille de Saincts Syméon et Jude, environ de minuit de soir, en l'année mil IIII cent IIII^{xx} XIX au chasteau de Montsuc, le lundi

» *Item* Monsr Anthoine, leur VIe enfant, nasquit à Monsuc, à ung dimanche, VIe jour de décembre de matin, heure de deux heures, en l'année mil cinq cens.

· *Item* Monsr Phelipes, leur septiesme enfant, nasquit à ung dimanche, XXe jour du moys de février de matin, heure de cinq heures, en l'année mil cinq cens et ung, au château de Monsuc.

» *Item* Monsr Glaude, leur VIIIe enfant, nasquit à Monsuc, à un mercredi de matin, heure de cinq heures, en l'année mil cinq cens et troys, XXVIe jour du moys d'avril.

· » *Item* Monsr Jehan, leur IXe enfant, nasquit à Monsuc, à un mardi troys heures amprès midy, XXIVe jour d'oetobre mil cinq cens et quatre.

» *Item* Monsr Loys, leur X^e enfant, nasquit à Monsuc, à ung mercredi, environ mydi, jours VIIe de mars, l'an mil cinq cens et cinq.

» *Item* Mademoiselle Françoyse, leur XIe enfant, nasquit à Rochegonde, ung jeudi, feste de Saint-Laurens, X^e jour d'aoust mil V^e et huyst de matin, à l'aube du jour.

» *Item* Mademoiselle Marie de Lastic, leur XIIe enfant, nasquit à Montsuc, le VIe jour de septembre, qu'estoit ung jeudi, environ la minuit d'entre le mercredi et ledit jeudi, l'an mil V cent et neuf.

» *Item* Monsr George de Lastic, leur XIIIe enfant, nasquit à Montsuc, le XVIIIe jour de février, l'an mil V cent et dix, qu'estoit ung mardi, au soir, environ VI heures.

Le livre s'arrête au treizième enfant inclusivement. Mais il y en eût deux autres, *Thibaud* et *Madeleine*; dont on ne connaît pas les dates de naissance, mais qui sont rappelés dans les nombreux actes de famille que nous verrons, et il ne peut y avoir de doute sur leur existence. On ignore si Thibaud était l'aîné de Madeleine ou réciproquement.

Un examen attentif du document précédent pourrait étonner cértaines persónnes qui n'auraient pas réfléchi que les dates des naissances sont inscrites d'après l'ancien comput. Elles trouveraient un espace insuffisant entre certaines de ces dates. Mais, en les rectifiant d'après le nouveau comput, on constatera qu'elles sont parfaitement régulières et que les indications des jours de la semaine concordent bien avec le quantième du mois indiqué. Voici alors comme doivent être rectifiées ces dates (1) :

1° Gisleberte, née le 22 janvier 1494.
2° Ysabeau, née le 8 mai 1495.
3° Gabrielle, née le 3 avril 1497
4° Jacques, né le 23 juin 1498.
5° Christophe, né le 27 octobre 1499.
6° Antoine, né le 6 décembre 1500,
7° Philippe, né le 20 février 1502.
8° Claude, né le 26 avril 1503.
9° Jehan, né le 24 octobre 1504
10° Louis, né le 7 mars 1506.
11° Françoise, née le 10 août 1508.
12° Marie, née le 6 septembre 1509.
13° Georges. né le 18 février 1511.
14° Thibaud \
15° Madeleine / nés avant 1520.

Clabault a reproduit comme moi, et sans rien y changer, la filiation telle quelle ressort de l'acte précédent. Tous les actes que nous verrons la confirment. Aussi, doit-on être fort étonné de voir MM. Paul de Chazelles et le comte A. de Lastic Saint-Jal la dresser d'une manière toute différente avec mépris complet pour les actes existant. Ils ont mis l'un et l'autre ce qui leur a passé par la tête. Le premier place Thibaud, le plus jeune, aussitôt après l'aîné Jacques, le vieillissant ainsi de plus de quinze ans. Il invente un *Jean-Jacques*, dont il fait l'auteur de la branche de Lastic de Vigouroux. Il invente aussi un *Hector*, une *Jacquette*, une *Jacqueline*, le tout absolument sans preuves, et a supprimé tous les autres, trouvant sans doute qu'il y en avait trop. Quant au second, s'il a suivi à peu près le livret de famille, il a placé Claude aussitôt après Jacques, et il a trouvé la manière d'introduire le *Jean-Jacques* de M. Paul de Chazelles, entre Antoine et Philippe, sans faire attention qu'il n'a laissé

---

(1) D'après *Le Trésor de chronologie, d'histoire et de géographie. pour l'étude et l'emploi des documents du moyen-âge*, du comte de Mas-Lastic.

que seize mois entre les dates de naissance de ces deux enfants et qu'alors son Jean-Jacques ne pouvait physiologiquement être intercallé entre eux.

Nous allons prendre maintenant chacun des enfants de Louis de Lastic et d'Anne de La Fayette, suivant la méthode que j'ai cru devoir adopter jusqu'à présent. Nous réserverons seulement *Claude*, qui, ayant continué la filiation, viendra à son tour avec la onzième génération.

Parlons donc de suite de *Jacques*, l'aîné, puisque, ne s'étant pas marié, il n'a pas constitué une génération de notre maison. Nous savons, par le livret de famille, qu'il naquit le 23 juin 1498. Nous le trouvons pour la première fois en l'année 1516, ou Clabaut le fait homme d'armes des ordonnances du Roy, sans citer, comme d'habitude, où il a puisé ce renseignement, que je crois vrai cependant. Le 9 juin 1522, il passait un accord avec son frère Louis, qui était encore fort jeune, puisqu'il était né en 1506 seulement. Nous ne possédons pas cet accord, mais nous en retrouverons les conditions dans un procès entre Louis et son frère Thibaud, au sujet de cet acte même. Il y était dit que Jacques s'engageait à payer à son frère Louis la somme de six cents livres pour ses frais d'entrée dans l'ordre de Saint-Jean-de-Jérusalem, et de lui faire une pension annuelle de quarante livres pour tous droits sur la succession de ses père et mère. Louis, agissant sous l'autorité de son oncle à la mode de Bretagne, Hector de Lastic, chevalier, seigneur d'Unzac et de Segonzac. Cet acte semble donc s'être passé fort régulièrement, C'est à noter, car nous verrons plus tard Louis protester contre l'abus que l'on avait fait de sa jeunesse. Le 29 juillet 1522 (1), en vertu du testament de Louis de Lastic, son mari, Anne de La Fayette prenait possession du château de Rochegonde, qui lui avait été assigné en douaire avec ses dépendances. Elle

_____

(1) Archives de Parentignat. F 1. Orig. sur parch.

se fait assister de deux de ses fils, *Jacques*, l'aîné, et *Claude*. Les autres n'y prennent pas part. Parmi les témoins, on trouve Messire François de La Fayette, frère d'Anne ; Louis de La Fayette, écuyer. Tout se passe là donc régulièrement, et cependant nous reverrons cette prise de possession se faire d'une manière plus complète. Le 7 août 1522 (1), Jacques passe avec son frère Philippe un accord qui, par le fait, est le même que celui qu'il a passé avec Louis. Il lui donne, en effet, une somme de six cents livres et lui assure une rente annuelle de quarante livres. La seule différence est qu'il ne faisait que confirmer en cela les volontés de son père, qui avait fait ces donations à Philippe, lorsqu'il était entré, de son vivant, dans l'ordre de Saint-Jean-de-Jérusalem. Le 12 novembre 1522 (2), Jacques passait une transaction avec le chapitre de la cathédrale de Saint-Flour où son frère Antoine était, du reste, chanoine, à la suite d'un procès. Louis de Lastic, son père, avait vendu à ce chapitre, certains droits à prendre sur le village de La Chaumette. Or, les habitants de ce village refusaient de payer les droits sous prétexte que Jacques le leur avait défendu. Celui-ci répondit que c'était exact et il ajoutait, à ce sujet, que, dans le contrat de mariage de ses parents, il avait été stipulé que les terres de Lastic et de Montsuc seraient données en préciput à l'aîné des enfants issus du mariage, que, par suite, son père n'avait pas le droit d'aliéner une partie de ses terres qui se trouvaient ainsi grevées d'une charge. Dans la transaction présente, Jacques acceptait que le chapitre pût toucher les droits qu'il réclamait, mais qu'il se réservait le droit de rachat au prix de vente, sauf à rembourser le chapitre de ses débours réguliers. Cet acte est assez curieux, car il établit un point de droit que nous n'avions pas relevé jusqu'à présent. Jacques, dans cet acte, n'agissait pas seulement en son propre nom, mais aussi au nom de ses frères Antoine, Claude, Georges et Thibaud,

---

(1) Archives de Parentignat. F. 2. Orig. sur parch.
(2) *Ibid.* F. 3 et 4. Orig. sur parch. et copie du xviii° siècle sur pap.

ce qui paraît assez contradictoire, car, en somme, il ne s'agissait pas là de la succession générale de leurs parents, mais du legs particulier fait, par contrat de mariage, à l'aîné et qui se trouvait, au dire de Jacques, grevé d'une sorte d'hypothèque légale. Cette convention est confirmée par un nouvel acte du 12 novembre 1522 (1).

La prise de possession de la terre de Rochegonde par Anne de Lafayette, que nous avons vue plus haut, avait dû être contestée ou reconnue irrégulière, car nous trouvons toute une série de pièces destinées à en renouveler les formalités. C'est d'abord le 19 août 1523 (2), une commission du sénéchal d'Auvergne, obtenue par Anne de La Fayette, et tendant à faire accepter par son fils Jacques la tutelle de ses frères Antoine, Claude, Louis, Georges, Thibaud et Madeleine. On ne dit pas si Jacques s'y refusait, où s'il s'agissait là seulement d'une question de formalité. En effet, par acte du 24 novembre 1523 (3), le Sénéchal d'Auvergne, après avoir consulté « Messire Jean de Dienne, chevalier, seigneur dudit lieu, Hector de Lastic, chevalier, seigneur d'Unzac et de Segonzac, Jean de Léotoing, chevalier, seigneur de Montgon, noble homme Gilbert d'Espinchal, seigneur dudit lieu, vénérable personne, Messire Anthoine de Lastic, chanoine de l'église cathédrale de Saint-Flour, noble et religieuse personne frère Loys de Lastic, chevalier de l'Ordre de Saint-Jean-de-Jérusalem, Messire Jean d'Apchier, chevalier, seigneur de Montbrun, Messire Loys de Foix, chevalier, seigneur de Mardoigne, noble homme Guérin de Neufvéglise, seigneur dudit lieu, noble homme Guyot de Champredonde, seigneur de Montgranat, Jean Michel, escuyer, seigneur de La Chomette, Guillaume Issaroin, escuyer, sieur du Bouchet, Hector, bastard dudit Lastic, (sic), tous prochains parens,

---

(1) Archives de Parentignat. F. 5. Orig. sur parch.
(2) Ibid. F. 6. Orig, sur parch.
(3) Ibid. F. 7 et 8. orig. sur parch. et copie du xviii' siècle sur pap.

aliés et voisins desdits mineurs, honorables hommes etc...,
et noble et religieuse personne frère Jean de Lastic, Grand
Prieur de Saint-Anthoine de Viennois, oncle paternel, qui
est en Vienne », nomme Jacques de Lastic tuteur et
administrateur des personnes et des biens des dits mineurs
et pour son « cohajuteur et conseiller » le sieur d'Unzac
(Hector de Lastic). Il semble donc bien ressortir de cet acte
que l'on voulait faire les choses le plus régulièrement possible.
Nous allons, en effet, voir la prise de possession se faire
solennellement maintenant. Mais auparavent nous nous
trouvons, le 13 avril 1524 (1), en présence du testament de
Claude, qui va nécessiter la confection de deux actes
consécutifs pour l'accomplissement de cette prise de possession.
Jacques va croire à la mort réelle de son frère, ou voudra y
croire et de tuteur se transformera en héritier de celui-ci.
Donc nous trouvons les 14 et 16 mai 1524 (2), deux
transactions. Dans la première Jacques agit pour son compte
et comme tuteur et curateur de ses frères mineurs, de 25 ans,
Antoine, protonotaire et chanoine de Saint-Flour, Claude,
Georges, Thibaud et Madeleine. Interviennent également à
l'acte, comme garants, Antoine, chanoine, déjà nommé,
Philippe et Louis, chevaliers de Saint-Jean-de-Jérusalem,
Hector, bâtard, et autres de moindre importance. Il est alors
convenu entre Jacques et sa mère, Anne de La Fayette, que
cette dernière recevra, en exécution de son contrat de mariage
avec Louis de Lastic et, pour son douaire, « la maison,
chasteau et place forte de Rochegonde avec ses meubles à
présent estans en icelle et aussi la granche, establés, estans
soubs icelle, les jardins de ladite mayson et prendre d'iceulx
bois pour les réparations d'icelle nécessaire ensemble tous
lesquels appartenans à ladite mayson et seigneurie dudit
Rochegonde et qui sont deus par les subjects d'icelle, et en
oultre la somme de deux cens livres et en deniers deux cens

---

(1) Archives de Parentignat. F. 9 orig. sur parch.
(2) Ibid. F. 10-12. orig. sur pap.

septiers de blé, c'est à sçavoir trante septiers de froment, quatre-vingts-dix septiers seigle quatre-vingts septiers avoine, à prandre chascun au tant qu'elle vivra au dict mandement de Rochegonde. » Le second acte est différent du premier. Il ne s'agit plus là de reconnaître les droits d'Anne de La Fayette et de lui donner à cet effet la jouissance d'une terre, mais d'une sorte de complément. La pièce est très mal écrite, l'encre en est presque effacée. Ce n'est plus un acte public, mais une sorte de sous-seing privé, signé seulement de Jacques et de sa mère Anne. Il y est question surtout d'arrangements particuliers, de soultes à verser et même de vêtements à fournir. Mais ce qui est important, c'est que, tandis que dans la transaction notariée du 14 mai, Jacques se porte garant de Claude, comme étant son tuteur, dans la pièce du 16 mai, il s'y dit « héritier de feu Claude de Lastic, son frère, homme d'armes quant vivoit de la compagnye de feu M. de Vandenesse, » ce qui est bien conforme au premier testament de Claude que nous verrons plus tard. Il faut donc qu'entre ces deux dates si rapprochées des 14 et 16 mai, Jacques ait appris la mort de son frère. On verra plus loin ce que j'en pense.

Le 20 mai 1524, Jacques vendait au Chapitre de Saint-Flour, une rente à prendre sur le village de Vendèze, paroisse de Fournols, moyennant deux cents livres tournois. C'est par Clabault que nous apprenons ce détail, et c'est par lui aussi que nous savons que Jacques obtint les lettres du Roi pour la création en 1524, d'une foire à Rochegonde. (1)

Comme son père, Jacques eût à supporter quelques procès relativement aux dots et donations diverses qui avaient été consenties à des filles de notre maison en les mariant et qui n'avaient pas encore été payées. C'est ainsi qu'un seigneur de Saint-Chamond, dont on ne dit pas le prénom, lui donnait le 13 janvier 1524, (v.s.) une quittance de la somme de cinq

---

(1) Registre du Trésor des chartes des années, 1524 et 1525, cité par Clabault.

cents livres. Son frère Louis, le futur Grand Prieur d'Auvergne, lui en remettait une aussi de cent-vingt livres, le 22 janvier 1525, (v.s.) pour sa pension annuelle. Un long procès s'engageait en 1536 entre lui et Anne de Lastic, veuve de Jean de Saillant ou Sailhens, au sujet de la dot de celle-ci. Nous savons qu'elle était la fille unique d'Antoine, et qu'elle avait fait certains abandons à son oncle Louis, à condition de la marier et de la doter. Or il paraît que l'on s'en était tenu aux promesses, et que le capital comme les intérêts de cette dot n'avaient pas été payés ou au moins d'une manière des plus irrégulières. Il y a, à ce sujet, une procédure, qui dure depuis trois années de 1526 à 1528, comprenant onze pièces de nos archives. (1) Cela se termine par une transaction entre Jacques et Anne de Lastic, par laquelle cette dernière abandonnait tous ses droits successoraux au premier, moyennant la somme de six mille livres. Entre temps, par acte du 19 octobre 1526, (2) Jacques vendait aux religieux du prieuré conventuel de La Voûte, moyennant la somme de quatre cents livres tournois, la dîme de blé qui lui appartenait aux lieux de La Veissière et de Védrines et dont une partie dépendait déjà de ces religieux.

Le 5 septembre 1529, (3) Jacques faisait son testament. Il était bien jeune, puisqu'il n'avait encore que trente et un an. Il élit sa sépulture au prieuré de La Voûte, à la chapelle de « Monsieur Saint-Audille », (4) et donne quatre cents livres pour ladite sépulture. Il donne en plus à cette chapelle, la somme de cent livres pour y faire des réparations au monastère de La Voûte « ce qu'il a fourny pour son frère Jehan de Lastic pour l'obayrie de La Volte, à la réparation du dit monastère, si le dit frère Jehan de Lastic gagne la dite

(1) Archives de Parentignat. F. 14 à 26. orig. sur parch. et sur pap.
(2) *Ibid.* F. 16. orig. sur parch.
(3) *Ibid.* F. 27 à 29. orig. sur parch. et copie du XVIII' siècle sur papier.
(4) Saint-Odilon de Mercœur, abbé de Cluny.

obayrie ». Il veut que « Mademoiselle sa mère soit dame et administraresse de tous ses biens sa vie durant ». Il donne à sa sœur Gilberte, religieuse de Mégemont, cent livres, ainsi qu'à sa sœur Isabeau, femme de Monseigneur de Bosigues (1), à Jacques « son fils bastard », mille écus et la métairie de Sanegros, franche de cens, après le décès de sa mère à lui testateur. Il veut qu'on paie leurs gages à ses serviteurs, donne à Petit Jehan Chabrier, son cuisinier, « pour les agréables services qu'il a servy en sa maladie », trente livres, outre ses gages. Il veut qu'Antoine Caule, du village de Treniat, paroisse de Saint-Cirgues, puisse, sa vie durant, habiter à la maison tant qu'il le voudra. Il veut que ses officiers ne soient pas destitués. Enfin, il fait son héritier général et universel Georges de Lastic, son frère, et au cas ou le dit Georges n'aurait pas d'enfants mâles procréés de loyal mariage, il veut que la succession passe à son frère Thibaud. Il résulte de cette clause de son testament, que Jacques, considérait son frère Claude comme décédé ou disparu, puisqu'il fait héritier Georges et ensuite Thibaud, qui étaient plus jeunes que lui. Quant aux autres, étant « hommes d'église », ils n'ont pas droit à la succession, une fois leurs legs payés. Pour exécuteurs testamentaires, il désigne puissant seigneur Messire Antoine de La Fayette, chevalier, seigneur dudit lieu, de Montel de Gelat, de Julhat et de Pontgibaud et Messire Hector de Lastic, chevalier, seigneur d'Unzac, baron de Segonzac et seigneur d'Enval, auxquels il donne tous pouvoirs. Parmi les témoins présents, on remarque Maistre Etienne Ducros, médécin ; Pierre Roland, « corrier » de la grande église de Saint-Flour ; Pierre Duffault, chirurgien de Paulhagnet ; Gilles de Marais, « de la ville de Roen », etc., etc. Cet acte est fait au château de Montsuc. Le 18 novembre suivant, Jacques était mort, lorsque son frère Georges prit possession de la seigneurie et baronnie de Lastic.

---

(1) Nous verrons plus loin d'où était ce seigneur.

On se demande pourquoi Jacques ne se maria pas. M. Paul de Chazelles et le comte A. de Lastic Saint-Jal lui donnent bien comme femme une certaine Marguerite de Saint-Chamarand, mais comme toujours ils ne disent, ni l'un ni l'autre, où ils ont puisé ce renseignement. Comme nous possédons des actes assez nombreux pendant les dernières années de la vie de Jacques, et que dans aucun, même après sa mort, il n'est question de cette Marguerite, il faut encore mettre ce mariage au nombre des pièces sorties de leur imagination. Jacques laissa cependant un fils naturel, appelé comme lui *Jacques*, et nommé dans son testament. Je donnerai plus loin les raisons qui me font croire qu'il pourrait être l'auteur de la branche *de Lastic de Vigouroux*.

Si nous ne parlons des filles qu'après les garçons, c'est *Christophe*, qui vient après Jacques dans l'ordre du livret de famille. Quoique nous ayons bien peu de renseignements sur lui, il a eu, cependant, une carrière assez brillante. Il a occupé des charges importantes dans l'ordre de Saint-Jean-de-Jérusalem. Il naquit le dimanche 27 octobre 1499. Il dut faire sa profession de bonne heure, car il n'est pas fait mention de lui dans aucun des actes par lesquels sa mère, Anne de La Fayette, prit possession de la terre de Rochegonde, actes que nous avons passés en revue à propos de Jacques. Il avait probablement renoncé à toute immixtion dans les affaires de famille. Cependant ses frères, Philippe et Louis, qui étaient, comme lui, chevaliers de l'ordre de Saint-Jean-de-Jérusalem, interviennent dans la transaction du 16 mai 1524. Cela ne peut s'expliquer que par ce fait que Christophe, étant notablement plus âgé qu'eux, devait être déjà pourvu d'importants bénéfices. Il était alors assez couramment d'usage de renoncer à ce propos à certains droits de succession, et les rentes servies par la famille cessaient. Il se peut aussi qu'il fût, à ce moment-là, à Rhodes, beaucoup trop loin pour se mêler directement à ces affaires ou pour envoyer à temps sa procuration. Il est cependant question de lui dans un acte du 29 avril 1533, que nous verrons plus loin, dans lequel son frère, Louis, le dit religieux de l'ordre de Saint-Benoît. Cet acte, quoique très authentique, est très sujet à caution. Il est, en effet, rempli d'inexactitudes voulues. Louis était alors en procès avec ses frères Georges et Thibaud, au sujet de ses prétendus droits à la succession de ses pères et mères, et il cherchait à établir ces derniers sur des allégations fausses. D'autres pièces beaucoup plus probantes nous montrent, au contraire, qu'il fut toujours chevalier de Saint-Jean-de-Jérusalem. C'est ainsi que dans une transaction du 7 juin 1538 (1), entre Louis et Thibaud, il paraît en qualité de commandeur d'Aubeterre et de Réaulx. Quelque temps après, en 1544, il est cité cette fois en qualité de commandeur de Saint-Antoine de Rohan et d'Aubeterre (2). Dans ces deux actes, il est seulement rappelé, mais n'y figure ni comme partie, ni comme témoin. Nous savons donc bien peu de choses sur lui.

Antoine, qui vient après, dans l'ordre du livret de famille, est né le 6 décembre 1500. Nous ne sommes renseignés sur lui que par les actes que nous avons déjà parcourus, à propos de Jacques. Ce dernier se dit son tuteur dans la transaction du 12 novembre 1522, avec le chapitre cathédral de Saint-Flour, dans celles avec sa mère, Anne de La Fayette, le 19 août et le 24 novembre 1523. Dans l'acte du 15 avril 1524, il comparaît lui-même et y est qualifié de chanoine de la cathédrale de Saint-Flour. Dans ceux des 14 et 16 mai 1524, il a en plus le titre de protonotaire apostolique. Toutes ces pièces étaient relatives, on s'en souvient, au règlement du douaire d'Anne de La Fayette. Dans la dernière de ces pièces, celle du 16 mai 1524, dont l'authenticité est peut-être douteuse, on donne à Antoine le titre de curé de Saint (illisible), au diocèse de Mende. La chose est au moins curieuse. C'est Clabault qui nous apprend qu'il reçut, le 14 novembre 1524, les provisions en cour de Rome pour la

---

(1) Archives de Parentignat F. 69-71. Orig. sur parch.
(2) *Ibid.* G. 9. Orig sur parch.

cure de Saint-Flour. Cette cure était elle celle de la cathédrale ? Actuellement, la paroisse de la ville haute de Saint-Flour est à l'église Saint-Vincent, ancienne église des Jacobins. l'ancienne église collégiale de Notre-Dame servant de halle.

C'est *Philippe* qui vient ensuite dans l'ordre des enfants de Louis de Lastic et d'Anne de La Fayette. Il est né le 20 février 1502. Chose assez curieuse, il est question de lui, dans nos archives, avant ses frères aînés. Dès le 7 août 1522 (1), il passe avec Jacques un arrangement par lequel celui-ci lui donne une somme de six cents livres et lui assure une rente annuelle de quarante livres. C'était en somme une confirmation des sommes qui avaient été données à Philippe par son père, lorsqu'il était entré dans l'ordre de Saint-Jean-de-Jérusalem. Puis nous le retrouvons dans presque toutes les pièces citées déjà à propos de Jacques et d'Antoine pour le règlement du douaire d'Anne de La Fayette, et dont je ne reparlerai pas. Dans ces actes, il est rappelé tantôt avec son titre de chevalier de Saint-Jean-de-Jérusalem, tantôt sous son simple prénom. Il n'y paraît jamais personnellement, mais tantôt sous la tutelle de son frère aîné Jacques, tantôt donnant à ce dernier une procuration pour le représenter régulièrement. Il n'est plus question de lui à partir de 1524 et jamais on ne lui attribue de commanderie comme à ses frères Christophe et Louis, ce qui fait supposer qu'il mourût jeune.

Dans l'ordre du livret de famille, nous aurions à parler maintenant de *Claude*. Il viendra à son rang comme chef de la onzième génération de notre maison.

C'est alors *Jehan* qui se présente. Il est né le jeudi 24 octobre 1504. Il est fait mention de lui dans le testament de son frère aîné Jacques, du 5 septembre 1529. Il avait alors à peine vingt-cinq ans. Nous relevons dans cet acte que Jacques donne au

---

(1) Archives de Parentignat. F. 2. Orig. sur parch.

monastère de La Voûte « ce qu'il a fourny pour son frère
Jehan de Lastic pour l'obayrie de la Volte à la réparation
du dit monastère, si le dit Jehan gagne ladite obayrie ».
Cela doit dire, en français moderne, qu'il donnait à cette
institution de ce monastère de La Voûte la somme de cent
livres dans le cas et du jour où son frère Jehan en deviendrait
titulaire. Qu'était-ce que cette *obayrie* du prieuré conventuel
de La Voûte ? Je n'ai rien pu trouver à cet égard, ni dans
les formulaires, ni dans le brochures relatant l'histoire
de ce monastère. Je pense donc qu'il s'agit là d'une des
prébendes attachées à celui-ci. Jehan devait donc y être
moine bénédictin. Dans un acte du 7 juin 1544 (1), il est
qualifié seulement de religieux de l'ordre de Saint-Benoît.
Il est encore cité comme prieur de Thérondels, dans des
lettres royaux en faveur de son frère Thibaut. Puis nous
n'entendons plus parler de lui.

Nous allons avoir à parler maintenant, dans l'ordre de
primogéniture, de *Louis*, le plus célèbre des enfants de Louis
de Lastic et d'Anne de La Fayette, et l'un de ceux qui a le
plus illustré notre maison. En dehors de quelques titres de
famille, nous ne possédons sur lui que fort peu de documents.
C'est donc seulement dans les archives publiques et dans quelques ouvrages, que j'ai pu trouver quelques renseignements
intéressants. De ce que j'ai pu ainsi savoir, je me suis rendu
compte qu'il a joué un rôle des plus importants, tant comme
dignitaire de l'ordre de Saint-Jean-de-Jérusalem, que comme
un des chefs du parti catholique dans les guerres religieuses
de cette époque. Comme nous l'avons fait pour Jean de
Lastic, le Grand Maître, pour éviter des confusions et donner
plus de netteté au récit, nous parlerons d'abord de Louis
dans ses rapports avec sa famille et dans sa vie privée, puis
dans ce que nous appellerons sa vie historique.

Il naquit le 7 mars 1506, un vendredi. Nous le voyons

---

(1) Archives de Parentignat. F. 69-71. Orig. sur parch.

d'abord prendre part, sous la tutelle de son frère aîné Jacques, à un certain nombre d'arrangements de famille dont nous avons déjà parlés plusieurs fois. Il est question de lui pour la première fois, le 9 juin 1522, dans un accord entre lui et son frère Jacques. Il n'avait alors que seize ans environ. Il était dit dans cet accord que Jacques s'engageait à lui payer la somme de six cents livres pour ses frais d'entrée dans l'Ordre de Saint Jean-de-Jérusalem et à lui faire une pension annuelle de quarante livres pour tous droits de succession de ses père et mère. Louis agissait sous l'autorité de son oncle à la mode de Bretagne, Hector de Lastic, chevalier, seigneur d'Unzac et de Segonzac. Cet acte semble donc être passé fort régulièrement. Nous ne le possédons pas, mais nous le verrons invoqué dans une longue procédure entre Louis et Thibaud. Il a une très grande importance, car Louis va chercher toute sa vie à établir que cet arrangement lui a été arraché pendant sa minorité, pour l'éloigner du partage de la succession de ses père et mère, et lui enlever, à l'occasion, ses prétentions au droit d'aînesse. De là a découlé la procédure que nous étudierons plus loin, et cela a été cause en partie des troubles insolubles que je signalerai plus loin.

Nous voyons ensuite Louis prendre part de loin, représenté par son frère Jacques, à tous les actes qui eurent pour but de mettre leur mère, Anne de La Fayette, en la possession de son douaire et du château de Rochegonde, et dont nous avons déjà parlés longuement à propos de Jacques. Je suis obligé de le signaler encore une fois, mais nous n'y reviendrons pas.

Louis qui n'était que le dixième enfant de Louis de Lastic et d'Anne de La Fayette, ne pouvait guère s'attendre à devenir le chef de famille un jour où l'autre, surtout lorsqu'il fit son passage dans l'Ordre de Saint-Jean-de-Jérusalem en 1523. A cette époque tous ses frères aînés vivaient encore, et il y en avait six avant lui. Les termes du testament de son père étaient très nets. L'aîné survivant devait hériter de toutes les terres patrimoniales de la maison de Lastic, quitte à donner à sès frères et sœurs des sommes, des rentes ou des dots dont quelques-unes étaient même édictées dans le testament lui-même. Mais dès que Louis va voir ses frères engagés d'une manière ou de l'autre dans les Ordres ou occupés au loin dans les guerres, on a le sentiment qu'il va essayer de s'emparer d'une partie au moins du patrimoine, et de se faire le successeur de Jacques l'aîné, mort sans enfants, comme chef de famille. De tous c'est le plus intelligent, le plus actif et certainement le plus ambitieux et le plus dénué de scrupules. De plus sa mère, Anne de La Fayette, semble avoir eu un faible pour lui. Dès la disparition de Jacques, nous allons le voir cherchant à se faire attribuer, au détriment de tous ses frères, une grosse part du patrimoine. Jacques, par son testament, de l'année 1529, suivant en cela les volontés de son père, laisse le patrimoine d'abord à son frère Georges, qui n'est encore âgé que de dix-neuf ans, et après lui à son frère Thibaud, qui est le plus jeune. Il sait, en effet, que tous ses autres frères, plus âgés que ces derniers, sont moines ou chevaliers de Saint-Jean-de-Jérusalem, que Claude est mort ou disparu. Il est tout naturel que Georges et Thibaud qui ne sont encore que « personnes civiles », héritent de ce patrimoine. Mais cela ne fait pas l'affaire de Louis. Le 29 avril 1533 (1), des lettres royaux nous apprennent qu'il a adressé une supplique au Roi : « Nostre bien-aimé Loys de Lastic, escuyer (2), nous a fait exposer que de feu Loys de Lastic, en son vivant seigneur et baron de Rochegonde et Montsuc et du dict lieu de Lastic au pays et duché d'Auvergne et Anne de La Fayette, sa femme, seraient issus plusieurs enfants et entre autres le dict Loys de Lastic, exposant,

---

(1) Archives du Parentignat. F. 55. orig. sur parch.

(2) Il est à remarquer que dans cet acte, Louis de Lastic se qualifie seulement d'écuyer et non de chevalier de Saint-Jean-de-Jérusalem. Il veut faire croire probablement qu'il n'est pas religieux, ou au moins comme il le prétendra plus tard, que ses vœux, comme chevalier de cet Ordre, ne lui enlèvent pas le caractère laïque de sa personne.

Jacques de Lastic, Christophle, Anthoine, Phelippes, Claude, Jehan, Georges et Thibaud de Lastic et cinq filles, tous frères et sœurs, dont le dict Loys ; des dictes filles trois seroient allées de vie à trespas, l'une des autres deux filles auroient esté faictes relligieuses et l'une mariée, auroit esté bailhée et délivrée sa part et portion à la sucession de ses dicts père et mère, qui seroyent aussi allés de vie à trespas, les dicts Christophle, Phelippes et Claude de Lastic et le dict Jehan se seroient faits relligieux de l'Ordre de Sainct-Benoict (1), par quoy seroient le dict Jacques fils aîné et icelluy exposant, Georges et Thibaud demeurés seuls seigneurs des biens et successions dudict Loys de Lastic, leur père, lequel Jacques de Lastic, fils aîné, cault et subtil, » voyant que le dit exposant, son frère, étant encore jeune et à peine âgé de dix-huit à dix-neuf ans (2), lui avait persuadé de se faire religieux de l'Ordre de Saint-Jean-de-Jérusalem et de lui « cedder et transporter » tous ses droits à la succession paternelle, en lui promettant de le « monter en chevaux, bailher habillements de soye et argent pour entrer en la dicte Relligion, et faire le voyage de Roddes », qu'il lui avait alors fait passer un acte par lequel il faisait abandon de tous ses droits à cette succession, moyennant la somme de six cents livres une fois donnée et quarante livres de pension annuelle « jusqu'à ce qu'il feust pourveu de bénéffices en la dicte Relligion ou allieurs », qu'ainsi circonvenu et pressé, il aurait cédé inconsciemment et signé toute renonciation à ces successions, que, depuis ces événements ledit Jacques, son frère aîné, serait mort sans avoir d'héritiers issus de loyal mariage, et que ses frères Georges et Thibaud, ayant profité

---

(1) C'était notoirement inexact. Christophe et Philippe étaient, comme nous l'avons vu, chevaliers de Saint-Jean-de-Jérusalem, et Claude était homme d'armes de la Compagnie de M. de Vandenesse. En somme il refusait à ses frères chevaliers de l'Ordre-de-Jérusalem, et cependant plus âgés que lui, les droits qu'il réclamait pour lui. Comme c'eut été choquant, il veut faire croire qu'ils n'étaient que simples religieux bénédictins.

(2) Il avait entre seize et dix-sept ans, d'après le livret de famille.

de son absence, s'étaient emparés des biens laissés par sa succession, qu'en conséquence il demandait à avoir sa part, soit le tiers de cette succession et que tous les actes précédents fussent cassés et annulés en justice. La supplique de Louis fut accueillie et de nouveaux lettres royaux du 1er février 1536 (1), adressés au Sénéchal d'Auvergne par François Ier, la renvoyèrent à cette juridiction pour enquête.

Georges et Thibaud y répondirent que Louis, étant chevalier de l'Ordre de Saint-Jean-de-Jérusalem, était par le fait personne religieuse, et que, par conséquent il n'avait aucun droit à la succession (2). Mais Louis se fait autoriser par le Grand Prieur d'Auvergne, son supérieur immédiat, à revendiquer cette part de succession, comme n'étant pas homme d'église. Un procès s'ensuivit devant la Cour du Parlement de Paris, à la suite duquel, Georges étant mort le 18 mars 1538, Louis et Thibaud traitèrent à l'amiable, et firent l'arrangement suivant (3). Louis recevrait : « le Chastel, fort et baronnie de Rochegonde », dont il jouirait « le jour ou il adviendrait que très haute et puissante damoiselle Anne de La Fayette, leur mère, iroit de vie à trespas », et « parce que la dicte baronnie de Rochegonde délaissée au dict Loys.... n'est chargée d'hyppothêques que les dictes seigneuries de Lastic et Montsuc », conservées par Thibaud « ..... iceluy Loys sera tenu acquitter les dictes dans trente ans prochains, de la somme de quinze mille livres tournois », et s'il survenait de nouvelles successions, Louis jouirait de la moitié de celles-ci, et Thibaud recevrait l'autre, en payant tous les deux le passif par moitié, et dans le cas où Thibaud viendrait à se marier, et qu'il eut un enfant provenant de ce mariage, il ne paierait les dettes sur Lastic et Montsuc qu'autant que Louis se serait acquitté à son égard des quinze mille livres promis. En tous cas Thibaud où son fils hériterait de la part

---

(1) Archives de Parentignat. F. 55. orig. sur pap.
(2) *Ibid*. F. 69-71. orig. sur parch.
(3) *Ibid*.

jouie par Louis. Il en serait de même si Thibaud n'avait que
des filles et qu'il les mariât. Louis donnerait à Jehan de
Lastic, prieur de Thérondels, la somme de cent livres, jusqu'à
ce qu'il soit pourvu d'un bénéfice ecclésiastique de quatre
cents livres de rente et « autant que se voudra pour passer
bachelier dix escus, et licencié vingt escus. » Assistent comme
témoins à cette transaction et les contresignent : Anne de La
Fayette, noble Hugues de Léotoingt, seigneur de La Valette,
Christophe de Lastic, Commandeur d'Aubeterre et de
Réaulx, Jehan de Lastic, Hector de Lastic. etc.

Nous verrons que cet acte ne fut pas définitif. Thibaud
était encore garçon et fort jeune. Anne de La Fayette
favorisait ouvertement Louis, son préféré, et puisqu'elle
acceptait de lui voir attribuer Rochegonde de son vivant,
c'est qu'elle était absolument d'accord avec lui. Aussi Thibaud
se dira plus tard influencé par son entourage et avoir agi sans
discernement pour réclamer à son tour contre cet arrangement.
Louis entra de suite en possession de ce qui lui avait été
accordé, car nous le voyons, peu après, acheter à Jacques de
La Tour, écuyer, seigneur de Rochebrune, château situé en
face de Rochegonde, et à Hector de La Tour, archiprêtre de
l'église de Notre-Dame de Beaumont de Lomagne, tous deux
frères, tous les droits, cens et revenus qu'ils possédaient
dans les terres de Malafosse, La Jarrigue et Landriat (1).
Dans un autre acte de l'année 1541 (2), où il contracte une
obligation en faveur d'un certain Brieude, il se dit habitant
de Rochegonde.

Thibaud se maria en 1542, et fit un très brillant mariage.
Poussé probablement par sa nouvelle famille qui devait jouir
d'une grande influence, il chercha de suite à faire annuler
l'arrangement de 1538. Il adressa une requête au Parlement
de Paris dans laquelle il revendique l'héritage tout entier,

_____

(1) Archives de Parentignat. F. 72. orig. sur parch.
(2) *Ibid.* G. 4. orig. sur parch.

du fait des clauses du contrat de mariage de ses père et mère. Le contrat constituait, d'après lui, un préciput de toutes les terres patrimoniales en faveur de l'aîné des enfants habile à succéder. Il déclarait que lui seul remplissait cette condition depuis la mort de ses frères aînés Jacques et Georges, parce que ses autres frères et spécialement Louis, étaient religieux de Saint-Benoît ou chevaliers de Saint-Jean-de-Jérusalem. Il se plaignait de ce qu'étant jeune encore, son frère Louis lui avait arraché cette transaction, qui, dans ces conditions, n'avait aucune valeur. Des lettres royaux du 28 mars 1544 (1), accueillirent cette requête et ordonnèrent une enquête à ce sujet. A la suite un nouvel arrangement dût intervenir entre Louis et Thibaud, pour éviter un procès. mais personne n'en fût content et il ne fût probablement pas mis en pratique, Louis s'était installé, comme nous l'avons vu, à Rochegonde et y commandait en maître, se basant sur la première convention. Il n'était pas commode de l'en sortir. Nous trouvons deux mémoires, non datés, signés « Lastic », que nous devons placer dans cette période de 1544 à 1555, dans lesquels Thibaud, qui en est l'auteur, cherche des termes de conciliation. Ils sont fort intéressants, mais fort difficiles à lire par suite de leur écriture négligée et surtout de leur mauvais état. (2) Je vais essayer de les analyser. Dans le premier intitulé « Mémoire des articles que fauldra desduyre pour voyr si lon pouroit condescendre en accord » Thibaud dit que pour éviter toutes discussions, il fait à Louis les offres suivantes : Il laisserait à celui-ci le château de Rochegonde avec « le circuyt », le pré de La Tesche ou celui de Mestelines, avec le bois « par devers Plates », sa vie durant, en tous droits de seigneurie. Il serait tenu seulement d'entretenir le château en bon état. Cette transaction vaudrait jusqu'à la mort du

_____

(1) Archives de Parentignat. G. 9. orig. sur parch.
(2) *Ibid.* G. 2 et 3. orig. sur pap.

Grand Prieur d'Auvergne (1) alors existant, et après la mort de celui-ci, Louis rendrait le château à Thibaud, et lui paierait en attendant tous les « arrérages et despens de l'instance », ce qui prouve qu'un procès était engagé. La fin du mémoire est des plus obscure. Cependant on semblerait y comprendre que Thibaud exige que toutes les acquisitions qui seraient faites à Rochegonde par Louis, seraient faites au nom de Thibaud ou de l'un de ses enfants. Il reproche à Louis d'avoir engagé un procès dans de telles conditions et lui déclare que toutes relations seront rompues entre eux, s'il n'accepte pas ses propositions. Puisque Louis lui demande une terre pour se retirer plus tard et s'y reposer, il trouve qu'il doit se contenter pour le moment du château de Rochegonde, que c'est déjà une grande concession qu'il lui fait, car, par le fait, il n'en a pas besoin. Raisonnablement c'est Louis qui devrait faire des cadeaux aux siens et non lui, Thibaud, qui a les charges de famille. Puisque Louis prétend qu'il veut augmenter la situation de la maison de Lastic, il se conduit bien mal à cet égard, car, dans ce cas, il devrait plutôt se dessaisir de ce qu'il possède en faveur du patrimoine de cette maison par les épargnes qu'il pourrait faire sur les revenus de ses bénéfices. Ce serait la meilleure manière de montrer qu'il veut faire du bien aux siens. En ce qui concerne Lastic et Montsuc, Louis a bien de l'audace de réclamer quelque chose de ce côté-là. Il devrait savoir que le contrat de mariage de Thibaud le lie, ces terres ayant été données par ce contrat à son fils aîné. Du reste quand bien même Thibaud et son fils aîné viendraient à décéder avant Louis, celui-ci ne pourrait rien prétendre sur ces terres, car alors leurs autres frères pourraient aussi faire valoir leurs justes prétentions et que ce serait encore la cause d'un procès

---

(1) Le Grand Priorat d'Auvergne avait dû être promis à Louis de Lastic. Thibaud, en conséquence, pensait que du jour où Louis serait nommé Grand Prieur, il pourrait habiter le chef-lieu du Grand Priorat.

interminable. Néanmoins si Louis voulait se montrer raisonnable, Thibaud se ferait un plaisir de lui donner l'hospitalité dans son château de Lastic ou tout autre. La fin du mémoire est illisible. Nous sommes loin ici de la transaction de 1538. Louis ne jouirait plus de la terre de Rochegonde tout entière. Il n'aurait que le château et quelques terres environnantes.

Dans le second mémoire, Thibaud semble vouloir faire quelques concessions de plus. Ce mémoire commence par cette phrase : « S'ensuit les articles et ofres que je fois à mon frère le Mareschal. » Nous pouvons donc dater cette pièce de l'année 1554, puisque Louis était déjà Maréchal, mais pas encore Grand Prieur. Il semble, cette fois-ci, lui laisser la baronnie de Rochegonde tout entière, comme dans la transaction de 1538, mais toujours seulement jusqu'à la mort du Grand Prieur alors existant. Il se réserve seulement la maison de Jehan Rous « pour illec tenir mes enfants ». Louis devra payer tous les frais des instances précédentes, faire refaire les terriers à son nom à lui Thibaud ou à celui de ses enfants, et faire tous les achats aux mêmes noms, S'il voulait conserver les terres sa vie durant, il devrait en verser les revenus à Thibaud. Il paierait les charges, c'est-à-dire « l'arrière-ban », et toutes les dettes hypothécaires sur cette terre. Il en désigne quelques-unes. Certaines contradictions dans le cours du mémoire, son arrêt subit au milieu des explications, sans fin ni conclusion, la mauvaise écriture, les ratures nombreuses me font croire que nous avons à faire là à une sorte de brouillon. Dans ce deuxième mémoire il semble que Thibaud veuille ménager son frère. On y trouve moins de reproches, moins de phrases amères. Louis devient un très gros personnage. Il jouit de gros revenus. Il peut devenir très riche. Thibaud ne veut donc pas se l'aliéner, car il peut hériter de lui.

Pendant ce temps-là le procès devait suivre son cours devant le Parlement de Paris. Thibaud avait adressé une nouvelle requête au Roi Henry II, le 28 janvier 1554 (v. s.), (1) dans laquelle, après avoir passé en revue tous les faits précédents, rappelé la transaction du 9 juin 1522 entre Jacques et Louis, il ajoutait : « Mesme que par les statutz de l'Ordre de Saint-Jehan-de-Jérusalem, les religieux et chevaliers dudit Ordre font les trois vœufz assavoir chasteté, pauvretté et obédience, desquels ils ne peuvent estre dispensés et sont conséquemment incapables de successions de leurs feu père, mère, frère, sœur, et autres; et ne peuvent disposer de leurs biens et alliéner les biens par eulx acquis, ne aussy quicter leurs debtes actifs et est tout ce qu'ils acquierent au proffict de lad. religion ; et aussy combien que par la coutume du païs d'Auvergne ou biens dont est question sont scitay et assis, le monastère auquel aulcun ayant fait profession expresse ou loisible ne succède ès père et mère ne autres lignaigers d'iceulx profès, et ne faict le religieux profès aulcune part et portion en nombre d'enfans pour la computation de légitime. Ainsy est repputé personne morte. » Il prétendait que Louis avait répondu que par les statuts de la religion de Saint-Jean-de-Jérusalem « il pouvoit estre marié et estre habille à prendre le nom et armes de la maison de Lastic » et qu'ainsi les seigneuries de Lastic et Montsuc lui appartenaient, mais que néanmoins, il rendrait le tout à Thibaud et à ses enfants et que toutes les acquisitions qu'il ferait, le seraient au profit de Thibaud et de ses enfans. Mais Thibaud voyant qu'il avait été trompé et frustré, avait obtenu des Lettres du Roi « pour casser et annuler le dict contract. » Il s'en serait suivi un nouveau procès dans lequel « icelluy exposant ignorant les dits statuts de l'Ordre de Saint-Jean-de-Jhérusalem et pour la crainte du dit Loys son frère tenant lors force au dit château de Rochegonde avec plusieurs gens de guerre vagabuns en forme d'hostilité », aurait été contraint de passer un autre

---

(1) Archives de Parentignat. G. 26-27 bis. Orig. sur parch.

contrat du 25 novembre 1545, par lequel la transaction de 1538 aurait été maintenue, avec cette variante que Louis, moyennant la jouissance de la terre de Rochegonde, lui aurait payé une pension de six cents livres tournois. Mais comme d'autre part les statuts de l'Ordre de Saint-Jean-de-Jérusalem n'autorisaient pas ses membres à disposer des biens acquis par eux, les clauses du contrat de 1545 n'avaient pas été respectées et lui, Thibaud, se trouvait ainsi lésé. En conséquence le dit requérant demandait la cassation de ce contrat. C'est ce que lui accordent les Lettres royaux du 29 janvier 1554 (v. s.), et signification en est donnée à Louis le 30 janvier suivant.

Cela n'alla pas tout seul. Nous trouvons une série de pièces de procédure de 1556 à 1559, arrêt du sénéchal d'Auvergne, constat d'essai de conciliation, information, ordonnance de saisie etc., sans solution indiquée (1). Une nouvelle série de documents du même genre se présente encore de 1560 à 1566 (2), époque à laquelle survint un arrêt du Parlement de Paris.

Cet arrêt, rendu le 9 août 1566 (3), entre Thibaud de Lastic, demandeur en exécution de l'arrêt de la dite Cour de Parlement du 3 juillet 1563, d'une part, et Louis de Lastic, chevalier de l'Ordre de Saint-Jean-de-Jérusalem, Grand Prieur d'Auvergne, défendeur en la dite exécution d'arrêt, d'autre part, ordonne que le défendeur jouira de la baronnie de Rochegonde, telle qu'elle lui a été laissée par la transaction du 25 novembre 1545, en bon père de famille, qu'il entretiendra le château, les moulins et les édifices de la baronnie en bon état, qu'il fera exercer la justice « bien et dûement » etc. Il condamne le défendeur à donner copie au demandeur du rachat des cens, rentes et autres droits et

---

(1) Archives de Parentignat. G. 39-49. 8 orig. sur parch. et 2 sur pap.
(2) *Ibid.* H. 2 et 4 à 7. 19 orig. sur parch.
(3) *Ibid.* H, 12 orig. sur parch.

devoirs dè la dite baronnie qui auraient été aliénés par les feus père et frère des parties, de payer au demandeur les arrérages de six cents livres à lui promises, échues au 25 novembre 1545, sur ce déduite la somme de 2.000 livres tournois, payée par le défendeur au demandeur suivant les quittances produites. Par le fait cet arrêt donnait raison et tort aux deux parties. Louis aurait voulu rester propriétaire foncier de la baronnie de Rochegonde, comme ayant droit à sa part d'héritage de ses père et mère. Il en est débouté par le fait. Thibaud aurait voulu rentrer en possession de la même baronnie et ne laisser à Louis que l'habitation et quelques jouissances de locataire en quelque sorte. On lui donne également tort. Sur quels arguments s'appuie l'arrêt pour motiver sa décision? Ce n'est pas indiqué. En somme, il a l'air de reconnaître que Thibaud devait savoir ce qu'il faisait quand il consentit à l'accord du 25 novembre 1545, et que Louis devait bénéficier de cette transaction, mais s'en contenter et en remplir les clauses.

C'est à peu près tout ee que nous trouvons dans nos archivès ou ailleurs sur la vie privée de Louis. Il ne s'agit plus que de nous occuper, à ce point de vue, de la partie la plus délicate, de ses enfants. Car si le Grand Prieur avait complètement oublié ses vœux de pauvreté, comme nous venons de le voir, il en avait fait autant de ses vœux de chasteté. Nous avons la preuve absolument certaine de l'existence de deux de ses enfants, puisqu'il les a reconnus lui-même. Il est très probable, comme nous le verrons, qu'il en eut beaucoup d'autres. Nous possédons d'abord dans nos archives les lettres de légitimation de deux d'entre eux. Je les donne, car les termes en sont curieux : (1).

Charles, par la grâce de Dieu, roy de France et de Navarre à tous presents et advenir, salut. Le vice de nature et macule de géniture ne doibvent estre aulcunement reprochés aux personnes inligitimement nais,

---

(1) Archives de Parentignat, H. 28. Cop. auth. de 1652 sur pap.

quand ils se treuvent aornés de vertus et de bonnes mœurs, d'aultant que l'honnêteté de vie non seulement excuse mais esteint en tout cette faulte de imperfection. Pourquoy encores que nos bien aymés Jehan de Lastic et Catherine de Lastic, damoiselle, enfants naturels, sçavoir est le dit Jehan de notre ami et féal chevalier de Saint-Jean-de-Jérusalem, Louys de Lastic, Grand Prieur d'Auvergne, capitaine de cinquante hommes d'armes de nos ordonnances, gentilhomme ordinaire de notre chambre et de Simonne Lagriffont, native de Rochegonde, et la dite Catherine de Lastic aussy fille naturelle du dit Louys de Lastic, Grand Prieur d'Auvergne et de Marguerite de Farges, sont nays et extraits d'illicite copulation. Toutefois les vertus et dons de grâces qui sont à eulx et les services mêmes qu'a cy devant faicts Jehan en nos vuivres (?), nous induisent à leur impartir en cest endroit nos lettres de grâce, faveur et libéralité, sçavoir faisons que Nous inclinant libéralement à la suplication et requeste que faict nous a esté des dits Jehan et Catherine de Lastic, et pour ces causes et aultres à ce nous trouvants iceulx avons de notre certaine science, playne puissance et authorité royale par ces présentes légitimés et légitimons et les faisons et rendons abiles et cappables de toutes successions et biens que par le dit nostre aimé et féal le dit Louys de Lastic, Grand Prieur d'Auvernhe et les dites Simonne Lagriffont et Marguerite de Farges, leur père et mère, et tous aultres leur seront donnés, cédés et transportés et quy leur adviendront par testament, donations faictes entre vifs et à cause de mort, soit par manière d'institution, don, légat *ab intestat*, legs par donation, venditions, cessions, transports et quelconques aultres et pièces de contract et iceulx biens à eulx acquis, donnés, cédés, transportés et délaissés à ses enfans et aultres leurs hoyrs légitimes et aultrement en disposer et faire ainsy que s'ils estoyent nays en vray et légitime mariage. Pourveu quand à la succession de nostre aimé et féal Louys de Lastic, Grand Prieur d'Auvernhe et les dites damoiselles Simone de (*sic*) Lagriffont, et Marguerites de Farges, que ce soit du consentement de ceulx qui leur doibvent succéder. Et oultre qu'ils puissent tenir et exercer tous estats, offices et dignités, en jouyr et user tout ainsy que les légitimement nays, en nostre royaulme en Nous payant finance modérée pour une foys seulement. Sy donnons en mandement par ces mesmes présentes à nos amis et féaux les sieurs de nos comptes à Parys et au Sénéchal d'Aulvernhe, etc., etc. Donné à Saint Germain en Laye au moys de janvier, l'an de grâce mil cinq cens soixante et quatorze et de Nostre règne le quatorzième.

Par le Roy, en son conseil, etc. etc,

Louis de Lastic avait donc, d'une manière certaine, deux enfants naturels, légitimés en janvier 1574 (v. s.). Que sontils devenus ? Nous ne trouvons aucune pièce concernant ce Jehan. Quant à Catherine, nous lui voyons épouser, par contrat du 7 février 1561 (1), noble Anthoine de La Loure, écuyer. Dans cet acte il est indiqué tout au long que Catherine est « la fille *naturelle* de ault et puissant seigneur Messire Loys de Lastic, Grand Prieur d'Auvergne et baron de Rochegonde. » Louis donne à sa fille « la dite Catherine acceptant et stipullant, humblement remerciant le dit et Révérend ». la somme de deux mille livres tournois, plus trois cent cinquante livres « pour être employées aux dicts joyaulx, bagues, habillements, daurures. » Si le sieur de La Loure décède avant sa femme, qu'il ait des enfants ou non, Catherine conservera non-seulement tous ses bijoux, mais encore la somme de mille livres. Cette somme reviendra, si elle meurt sans enfants, à Jehan, Jacques, autre Jehan, Thibaud et Antoine de Lastic, *ses frères*. Il est donc bien établi qu'à la date de 1561, Louis de Lastic avait quatre autres enfants naturels, Jacques, autre Jehan, Thibaud et Antoine. Nous en trouverons même deux autres, Jeanne et Françoise, énumérés dans d'autres actes. Nous retrouvons Catherine, mentionnée dans un acte de l'année 1603 (2). Elle se dit alors veuve de feu noble Gabriel d'Artasse, seigneur de Védières. Tous ces enfants disparaissent sans que nous puissions savoir ce qu'ils deviennent, et s'ils ont laissé une postérité quelconque. Nous ne trouvons mention que de Françoise. Dans une procédure criminelle de l'année 1577 (3), une certaine Françoise de Lastic, qui se dit veuve d'un certain Jean Cathèle, dit La Vastrie, proteste, au nom des enfants qu'elle a eus de ce Jean Cathèle, contre la saisie de leurs biens qui a été faite par les officiers du baron de Mercœur, étant justiciables de celui-ci pour le mandement de Brives. L'affaire en elle-même n'a aucun intérêt.

Il est déplorable qu'un homme de la valeur de Louis de

---

(1) Archives de Parentignat. H. 5. Orig. sur parch.
(2) *Ibid*. I. 101. Orig. sur pap.
(3) *Ibid*. H. 40-45. Orig. sur pap.

Lastic, intelligent, actif, malheureusement trop ambitieux, se soit laissé entraîner à de pareilles faiblesses. Encore une fois, s'il est une excuse à celles-ci, c'est qu'il existait alors un relâchement général des mœurs et notoirement dans les clergés régulier et séculier. Les abus de la Commande commençaient à produire déjà leurs effets, au moment où il aurait fallu, au contraire, se montrer d'une grande sévérité. Ce fut une des causes de la Réforme, ou au moins un de ses prétextes. En ce qui concerne spécialement les bâtards. ils étaient alors si nombreux qu'il y en avait dans presque toutes les familles, qu'on les légitimait facilement, comme nous l'avons vu dans les lettres de légitimation de Jean et de Catherine de Lastic, en sorte qu'ils ont laissé une nombreuse postérité qui, petit à petit, a repris ses droits, aux côtés des descendants légitimes. L'abbé Bouffet, dans son intéressant travail sur les Templiers et les Hospitaliers de Saint-Jean en Haute-Auvergne, (1) explique les causes diverses de la décadence des mœurs qui s'était introduite à cette époque dans l'Ordre de Saint-Jean-de-Jérusalem. Il cite, entre autres, les ouvrages dont se composait la bibliothèque d'un érudit Commandeur d'Auvergne, Désiré de Chevrier, et il ajoute ; « C'est la bibliothèque d'un érudit, d'un savant, d'un littérateur, mais pas d'un religieux. Non seulement les auteurs du moyen-âge sont exclus et remplacés par les livres d'Erasme, leur grand ennemi, mais encore aucun livre de patrologie, d'ascétisme, de théologie et de piété chrétienne. L'Ordre sacrifiait son passé à l'opinion du jour. Le Commandeur fut plus lettré, mais moins soldat. L'Ordre y perdit sa principauté de Rhodes, un peu de son prestige et faillit en mourir, Néanmoins....., la décadence des mœurs ne fût pas telle qu'on s'est plu à la dépeindre. Il y eut quelques chutes regrettables ». Et il en cite. M. l'abbé Bouffet a raison. Cependant le chevalier

---

(1) *Revue de la Haute-Auvergne*, 1914. Troisième fascicule, p. 223.

hospitalier resta plus soldat qu'il ne le prétend. Il devint surtout moins pieux. Le siège de Malte, dont nous parlerons tout à l'heure, en est une preuve.

La carrière historique de Louis de Lastic m'a donné beaucoup plus de peine à établir. Il a très probablement joué un rôle important dans son Ordre. J'en ai bien le sentiment, et on s'en rendra compte par la suite, mais les documents manquent pour faire ressortir ce rôle. Ils sont trop concis, ne donnent pas assez de détails. Dans nos archives on ne trouve pas grand chose, un petit peu plus cependant que pour Jean de Lastic, le Grand Maître, puisque nous possédons, entre autres pour Louis, ses brevets de Maréchal et de Grand Prieur. Dans les histoires connues de l'Ordre de Saint-Jean-de-Jérusalem, on parle peu de lui. La mieux faite, la plus documentée, celle de Bosio, à laquelle j'ai tant emprunté pour Jean de Lastic, s'arrête à la fin du xvᵉ siècle. Il ne peut donc y être question de Louis. Les autres ne s'occupent guère que de la personne des Grands Maîtres et fort peu de leurs collaborateurs. J'ai fait faire des recherches à Malte. Elles ne m'ont pas donné toutes les satisfactions que j'en attendais (1). Je vais donc me contenter de suivre les documents recueillis en les commentant.

Commençons d'abord par ceux que nous trouvons dans

_____

(1) Il aurait fallu que je puisse m'y rendre moi-même pour bien me rendre compte de ce qui pouvait être utilisé dans ce fonds et dans cette bibliothèque. Grâce à l'aimable intervention de notre Consul, à Malte, M.   (1913), j'ai été mis en relations avec un archiviste local qui a fait pour moi des recherches, dont les résultats ont été intéressants jusqu'à un certain point. Mais les documents qui m'ont été ainsi fournis. étaient difficilement utilisables. Le règlement des Archives de Malte étant très sévère, à ce qu'il paraît, ne permet pas à une personne quelconque de prendre des copies littérales des documents. Il faut les faire faire par certains fonctionnaires désignés à cet effet, qui semblent ne pas connaître le latin ni savoir lire les textes anciens. Il en résulte qu'ils sautent tout ce qu'ils ne peuvent pas lire (quelquefois des lignes entières), qu'ils écorchent la moitié des mots et les mettent les uns pour les autres. J'ai pu en faire

nos archives. Nous apprenons ainsi que Louis entra dans
l'Ordre de Saint-Jean-de-Jérusalem en 1522, et que son
frère aîné Jacques, pour lui faciliter cette entrée, lui donna
une somme de six cents livres, plus une rente de quarante
livres jusqu'à ce qu'il fût pourvu de bénéfices suffisants.
Louis lui abandonnait par contre tous ses droits à la
succession de ses père et mère. Il devait avoir alors de seize
à dix-sept ans, d'après le livret de famille, quoique dans
l'acte où il est question de cet arrangement, il dise avoir
lui-même de dix-huit à dix-neuf ans. Ce qui prouve bien
que Louis entra à ce moment-là dans l'Ordre de Saint-Jean-
de-Jérusalem, c'est que dans l'acte de 1523, relatif au
réglement du douaire d'Anne de La Fayette, il y est qualifié
de chevalier de cet Ordre. Il en est de même dans un acte
de 1524. Puis nous ne connaissons plus les actes de sa vie
que par les étapes qu'il franchit à chaque charge qu'il
obtient. Nous savons qu'il a été successivement Commandeur
de Blandès, de Montchamp (1550), de Salins, de La
Vauxfranche, de Verrières, de Lureuil, de Bourganeuf,
d'Olloix, de Bellechassaigne et de Villejésus (1) sans

---

la constatation sur des bulles dont je possédais des doubles originaux dans
nos archives. Dans ces conditions, j'ai dû me contenter des analyses fort
courtes transmises par mon archiviste correspondant. J'ajouterai que ces
copies devant être faites sur papier timbré dont les vignettes réjouiraient
l'âme d'un philatéliste, coûtent fort cher. A Malte, plus qu'ailleurs, il
faudrait pouvoir se servir soi-même.

(1) D'après M. Léopold Niepce (*Le Grand Prieuré d'Auvergne*), voici
l'état des revenus des Commanderies possédées par Louis de Lastic. Cet
état est celui du dix-huitième siècle. Suivant certaines comparaisons, il
ne devait pas être très différent au seizième siècle.

Blandès	3.372 livres
Montchamp.	7 000 »
Salins . . . . . , ... , . .	2 400 »
La Vauxfranche	4.000 »
Verrières	»

(Non indiqué seul. Avec Devesset, dans le Vivarais, ils rapportaient
ensemble 15.000 livres et constituaient ainsi le plus gros bénéfice du

connaître les dates où il y fut nommé. Clabault nous en indique quelques-unes mais sans nous dire où il les a trouvées. Ce qui est certain c'est que Louis devait jouir de plusieurs de ces commanderies en même temps.

Que fit Louis entre cette date de 1522, où nous le voyons entrer dans l'Ordre de Saint-Jean-de-Jérusalem et celle de 1354, où nous le voyons en possession du titre de lieutenant du Maréchal ? Précisément, au moment où il y entrait, l'Ordre était chassé de Rhodes et se trouvait en quelque sorte sans domicile. Charles-Quint lui avait donné d'abord la place de Tripoli d'Afrique, puis Malte en 1530, et Villiers de l'Isle-Adam, le Grand-Maître, était obligé de batailler pour en conserver la possession, quoiqu'aucune grande expédition n'ait été faite par les Turcs, probablement parce que les Hospitaliers étaient alors très soutenus par l'Empereur. Il est probable qu'alors Louis, encore simple chevalier, et non encore pourvu de commanderie, dût aller combattre dans leurs rangs pour attirer sur sa valeur, l'attention du Grand Maître. Pendant une période de transition entre le séjour à Rhodes et l'installation définitive à Malte, il est facile de comprendre qu'un certain désordre régnât dans la Religion. La discipline en souffrait. On n'avait pas encore à Malte de couvent commun comme à Rhodes. Chaque chevalier se logeait comme il pouvait chez l'habitant. Les

---

Grand Prieuré. Louis de Lastic l'ayant échangé à un moment donné. pour celle de Lureuil, leurs revenus devaient être à peu près les mêmes, soit 4.400 livres).

Lureuil	4.400 livres
Bourganeuf.	10.400 »
Olloix	4.800 »
Bellechassaigne . . . , ...	5.600 . »
Villejésus	1.200 »

Louis de Lastic a possédé jusqu'à quatre de ces commanderies à la fois, Salins, La Vauxfranche, Verrières puis Lureuil et Bellechassaigne, qui lui rapportaient donc ensemble 16.000 livres, somme énorme à cette époque, sans compter les privilèges du Grand Priorat.

mœurs s'en ressentaient. Des querelles violentes s'élevaient entre eux. Beaucoup durent y prendre de mauvaises habitudes. De Vertot nous dit, en parlant du Grand Maître, Villiers de l'Isle-Adam : « La crainte d'un avenir encore plus fâcheux, l'orgueil de ces chevaliers, déguisé sous le nom de courage, le luxe et la mollesse de quelques autres, fruits malheureux des passions plus criminelles, qui, malgré son exemple et la sévérité de ses ordonances, s'étaient déjà introduites dans l'ordre : tout cela jeta ce grand homme dans une sombre mélancolie. » (1).

Une grande expédition eut lieu en 1534 pour tâcher de sauver Tripoli, et pour aider l'Empereur à s'emparer de Tunis. A cette époque nous voyons Louis engagé dans un procès que nous avons conté, contre ses frères Georges et Thibaud, à l'occasion de la succession de leur père. Cela lui laissait-il le loisir de venir combattre au sein de l'armée chrétienne, ou bien avait-il confié, comme on peut le faire maintenant, ses intérêts à un fondé de pouvoir quelconque ? Nous savons qu'à cette époque Anne de La Fayette vivait encore, qu'elle semble avoir été une femme de tête et avoir eu pour ce fils, qui habitait avec elle, quand il venait en France, une préférence marquée, jusqu'à lui élever ses bâtards.

En dehors du service régulier que leur devoir les appelait à faire dans leur Ordre, il est très certain que beaucoup de chevaliers, nous ne savons pas si ce fut toujours avec la permission du Grand Maître, combattaient pour les souverains des pays auxquels ils appartenaient par leur naissance. De Vertot en cite de nombreux exemples, tel ce Frère Nicolas de Villegagnon, qui étant commandeur et un des plus valeureux chevaliers de la Religion, commandait en qualité d'amiral, une flotte en Bretagne au service d'Henri II, et qui, pour revenir prendre sa place au milieu des siens, au

(1) Abbé de Vertot. *Hist. des chev. Hosp. de Saint-Jean-de-Jérusalem, etc.*, édit. de 1778. Tome IV. p. 36.

moment du siège de Tripoli, fut obligé de demander un congé à son souverain naturel. Il ne faudra donc pas nous étonner de voir plus tard. en 1563, en plein siège de Malte, un des plus durs que l'Ordre ait à soutenir, Louis de Lastic être gentilhomme ordinaire de la Chambre du Roi, lieutenant de cinquante hommes d'armes de ses ordonnances, et guerroyer contre les hérétiques, quand son épée eût été plus utile ailleurs, et son devoir plus indiqué. Fut-il présent aussi à l'attaque de Malte par Dragut, dont on ne donne pas la date et qui dût avoir lieu entre les années 1535 et 1540 ? Nous en arrivons, en suivant ainsi pas à pas l'histoire de l'Ordre de Malte dans les ouvrages qui en ont été écrits pour la période de la jeunesse de Louis de Lastic, à cette année, placée aux environs de 1550, où le Grand Maître Jean d'Omède, malgré la parcimonie intéressée dont on l'accuse, se décida à faire la résidence définitive de son Ordre dans l'île de Malte et à mettre sa capitale à l'abri des incursions des infidèles par la construction de fortifications importantes. Nous verrons le rôle qu'y joua notre arrière grand-oncle. Il fallait bien pour qu'on l'ait chargé de cette importante opération, qu'on le considérât comme en étant capable. Avait-il fait cet apprentissage dans les armées de la Religion ou dans celles de la France ? C'est ce que je n'ai pu savoir. Nous le trouvons, en effet, à cette époque lieutenant du Maréchal, puis ensuite Grand Maréchal de l'Ordre et Grand Prieur d'Auvergne.

La dignité de Grand Prieur d'Auvergne n'entraînait pas avec elle le titre de Grand Maréchal de l'Ordre, comme l'ont prétendu certains auteurs. Le prédécesseur de Louis dans cette charge, Pierre des Roches, devait être fort âgé, et dans l'impossibilité de remplir les devoirs du maréchalat, qui demandait une certaine activité. En effet, le maréchal était le personnage le plus important de l'Ordre, après le Grand Maître. Il avait, en temps ordinaire, le commandement militaire du siège de l'Ordre (Rhodes puis Malte). De plus, en l'absence du Grand Maître, il avait le commandement de toutes les forces militaires et navales de l'Ordre. Il avait, dans certains cas, le grand Amiral sous ses ordres. (1) Avant d'être Maréchal, Louis avait été déjà lieutenant du Maréchal, ce qui prouve qu'on lui avait trouvé des qualités spéciales pour remplir cette charge. Puis, il remplaça, comme nous l'avons dit, Pierre des Roches, le 27 septembre 1554. (2) Enfin il fut nommé Grand Prieur d'Auvergne, à la place d'Humbert de Murinais. (3)

Le texte de ces deux bulles qui le nommaient Maréchal et Grand Prieur d'Auvergne se ressemblent beaucoup dans le fond, sinon dans la forme. La date de la première bulle est du 27 septembre 1554.

Les Grands Prieurs devaient continuer à jouir de certaines commanderies, dont quelques-unes, je crois, étaient attachées au Grand Priorat. Ainsi le 20 mai 1557 (4) le Grand Maître Jean de La Valette concéda à Louis de Lastic, en récompense des services rendus à l'Ordre, les commanderies de Bourganeuf, d'Olloix et de Bellechassaigne, qui étaient des plus importantes de la langue d'Auvergne. Le 2 mars 1565 (5) il lui confiait aussi celle de Lureuil à la place de Joseph d'Ussel, dans les conditions dont en avait joui auparavant Antoine de Foy, dit de Saint-Roman. C'était un échange qu'il faisait avec Joseph d'Ussel, auquel il cédait, par contre, la commanderie de Verrières.

(1.) Niepce. *Le Grand Prieuré d'Auvergne*, p. 66. C'est cet auteur qui a dit par erreur que la charge de Grand Maréchal appartenait de droit au Grand Prieur d'Auvergne. Ce doit être un lapsus. Il a voulu dire qu'elle appartenait de droit à un commandeur de la langue d'Auvergne.

(2) Archives de Parentignat. G. 28. Orig. sur parch. Un grand sceau de Malte en plomb. Archives de Malte. *Liber Bullarium*, vol. 424. La copie officielle qui m'en a été donnée est tellement incomplète par suite de l'insuffisance du copiste administratif du gouvernement anglais qu'elle ne m'a pas permis de collationner ce brevet que nous possédons dans nos archives et qui est en très mauvais état.

(3) Archives de Parentignat. G. 38. Orig. sur parch. avec sceau de plomb.

(4) Archives de Malte. *Liber Bullarium*, vol. 426.

(5) Archives de Parentignat. H. 61. Orig. sur parch. Sceau du grand maître en plomb.

Nous ne savons que fort peu de choses sur l'administration de Louis de Lastic dans son Grand Prieuré. Les ouvrages écrits sur ce sujet ne donnent aucun détail, et les archives du Grand Prieuré ont été trop dispersées. (1). Aussi sommes-nous obligés de nous contenter de quelques rares pièces relatives à ce sujet. C'est ainsi que nous trouvons dans nos

---

(1) Voici ce que dit M. Léopold Niepce dans le premier chapitre de son ouvrage : *Le Grand Prieuré d'Auvergne*, à propos des archives du Grand Prieuré ; « Comme on le voit par ces lignes, les archives du Grand Prieuré comme celles de la plupart des commanderies étaient dans le plus pitoyable état à la fin du dix-septième siècle, lorsque le commandeur de Nabérat écrivait le livre auquel je viens d'emprunter les lignes qui précèdent. Il ne pouvait guère en être autrement. » (page 3). Un travail ayant été exécuté au dix-huitième siècle pour recueillir et prendre copie de tous les titres disparus, M Niepce ajoute : « Mais l'inventaire des archives du Grand Prieuré d'Auvergne, dressé par le sieur Méron, n'est pas parvenu jusqu'à nous. » (page 5.) Le chevalier de Laube, toujours au dix-huitième siècle, fit aussi un inventaire, « mais son travail ne nous a pas été conservé non plus. » (page 6.). Un autre inventaire fut fait par Battenay à la fin du dix-huitième siècle, à la suite de la concentration de tous les titres des commanderies au siège du Grand Prieuré d'Auvergne qui était alors à Lyon. « Cet inventaire est des plus remarquables par sa méthode, sa clarté, le soin apporté à sa confection et par la beauté de son écriture. C'est le seul document qui nous permet de bien connaître en quoi consistaient encore les titres du Grand Prieuré d'Auvergne en 1749 et les pertes que ce vaste dépôt a faites depuis, soit par la Révolution, soit par la regrettable dispersion par l'État d'un grand nombre de ses monuments dans diverses archives départementales. » (page 12). Néanmoins, il reste un fond assez important dans les archives du Rhône, surtout en ce qui concerne les titres des dix-septième et dix-huitième siècles. Le travailleur et même le simple curieux sauront donc désormais, par ces notes, ce que cette collection a été jadis et ce qu'en ont fait la Révolution et des administrations inintelligentes qui l'ont morcelée et dispersée. Toutefois il nous en reste encore assez d'épaves pour qu'on puisse y trouver les documents les plus précieux. » (page 57). Peut-être y aurait-il eu là l'occasion de faire des recherches en s'adressant soit aux conservateurs des archives du Rhône, soit des départements où étaient situées les anciennes commanderies. J'avais le regret de ne les avoir pas faites, lorsqu'a paru l'intéressante étude de M. l'abbé Bouffet sur les Templiers et les Hospitaliers de Saint-Jean en Haute-Auvergne. M. l'abbé Bouffet a consulté ces divers centres d'archives, et il n'a pu trouver, pour faire sa notice sur Louis de Lastic, que des documents insignifiants. Je me suis donc consolé de ma négligence.

archives à la date du 15 août 1567 (1), une très belle lettre circulaire signée de Louis de Lastic et datée du château de Rochegonde. En voici la reproduction :

« Nous frère, Loys de Lastic, chevalier de l'Ordre Monsieur Saint-Jehan-de-Jérusalem, Grand Prieur d'Auvergne, gentilhomme ordinaire de la Chambre du Roy, au premier frère de la dite Religion, servant, curé, clerc, notaire, tabellion et autres qu'il apartiendra, Salut. Sçavoir faisons naguères avoir reçeu de la Majesté du Roy certaines lettres du cachet, données à Paris le quatrième jour du mois de febvrier, signées Charles et de Laubespin, par le contenu desquelles il nous est mandé et enjoinct, de par la dite Majesté icelles exécuter ou faire exécuter selon la forme et teneur que s'ensuyt. » De par le Roy, très cher et bien aimé, Nous avons ces jours passés escripts aux arcevesques et evesques de nostre Royaume qu'ils eussent à s'enquérir de tous les abbés, prieurs et autres bénéficiers de leurs diocèses, despuys quel temps ils ont été pourveus de leurs dits bénéfices et à quels tittres ils les possèdent, pour s'en faire représenter les provisions et nous envoyer procès-verbal de tout en nostre privé conseil avec les noms et qualités des dicts bénéficiers, affin de donner ordre aux abbus qui se y sont commis et commettent, mesmement pour le regard de ceulx qui violentement et injustement lèvent et perçoivent les fruicts des dits bénéfices. En exécutant laquelle notre ordonnance, les dicts (un trou) et diocésain, selon qu'il nous a été remonstré par notre ami et féal Salviaty. ambassadeur par deçà pour le Grand Maître et frères chevaliers de l'Ordre de Saint-Jehan-de-Jherusalem, s'adressant à vous et aultres Grands Prieurs et Commandeurs et autres dudit Ordre ausquels seroit impossible de faire si promptement aport de leurs bulles et provisions, tant à cause de l'absence de la plus part des dicts commandeurs qui se sont retirés en l'île de Malte pour le service de leur dicte Religion comme pour estre privilégiés, exemps et séparés d'avec le clergé de nostre Royaume. A ceste cause voulant estre de leur part et de la vostre pourveu à toutes choses qui concernent l'honneur de Dieu et de son Eglise, sans aucunement dissimuler ne tolérer entre nos subjects de quelque qualité qu'ils soient abbus ne corruptelles, Nous vous mandons et enjoignons que, si entre les dicts commandeurs, bénéficiers et religieux du dict Ordre, il s'en trouvoit qui usassent de tels moïens indirects et voyes extraordinaires, vous ayez à voire et advertir incontinant afin de donner tôt remède que nous verrons estre à faire par raison. Si n'y faites faulte, car tel est nostre plaisir. Ainsi signé Charles et de Laubespin. » A ceste cause nous vous mandons et enjoignons pour l'entier effaict des dites lettres et à chacun de vous, d'icelles publier comme elles sont sustranscriptes, à cry

---

(1) Archives de Parentignat. H. 14 et 15. Orig. sur pap. Sceau en cire du Grand Prieur très abîmé.

4

publicq et par affiches aux portes de leurs églises et aux villes, lieux et places qui est accoustumé faire criée publicque et proclamations, et en tous aultres endroits que requis serez, avec injoinction à tous et chascun ballifs, commandeurs, chevaliers et aultres portant bénéfices dans nostre dict prieuré, dépendant du dist Ordre et Relligion, et à chascun d'eulx qu'ils comparent en personne ou par procureur de leur part souffisamment fondé, à nostre maison d'Auloys (1), au quinziesme jour du moys d'octobre pour tout délay et sans qu'ils en puyssent espérer d'aultre ; et illec nous représenter, apporter ou envoyer les lettres de leurs baillages, commanderies et aultres leurs dicts bénéfices qu'ils jouyssent et tiennent dans notre dict prieuré, et déclarer au vray des pays quel temps et à quels tittres ils ont été pourveus de leurs dicts estats et bénéfices et commencèrent de joyr d'iceulx. Et ce avec inthimation que au deffault de satisfaire, le dict délay passé nous en ferons procès-verbal que nous envoyerons envers la Majesté du dit Seigneur pour y pouvoir et en faire après selon son bon plaisir et volonté Donné soubs nostre scel, à Rochegonde, le quinzième jour du moys d'aout, l'an mil Vᶜ LXVII. •

Signé : Lastic.

Cette pièce est intéressante et curieuse et pourrait servir à l'histoire des rapports des pouvoirs temporel et spirituel en France. Il semble cependant ressortir de la lecture de cet acte qu'avant de promulguer ces ordonnances, le Roi et le Grand Maître s'étaient entendus entre eux. (2).

Le 15 novembre 1568 (3) Louis confère l'office de secrétaire du Chapitre provincial d'Auvergne à frère Vincent, puissant

(1) S'agit-il là de la commanderie d'Olloix, en basse Auvergne, dont Louis de Lastic fut titulaire ? Cependant les réunions du Grand Prieuré d'Auvergne avaient lieu plus ordinairement, soit à Bourganeuf (Niepce), soit à Montferrand (A. Leroux). Il existait une commanderie d'Auloys en Marche, qui n'était pas située loin de Bourganeuf, et je crois avoir vu, je ne sais plus où, que la commanderie de Bourganeuf elle-même aurait porté ce nom.

(2) Cette circulaire a dû probablement être envoyée par l'ordre du Roi aux bénéficiaires de l'Ordre de Malte, sur la demande du Grand Maître de La Valette qui, après le mémorable siège de Malte en 1565, voulut rassembler tous les fonds nécessaires pour réédifier les remparts de la capitale de l'Ordre, et fonder la cité nouvelle qui a pris son nom, sur le mont Sceberra, en arrière du fort Saint-Elme.

(3) Archives de Parentignat. H. 18. Orig. sur parch. avec sceau de Louis de Lastic, sur papier en relief.

servant (1) d'armes de la Vénérable Langue d'Auvergne. Le 24 janvier 1569, le Grand Maître Pierre de Monte, lui adresse, en sa qualité de Grand Prieur d'Auvergne, deux brefs ou mandements, l'un pour convoquer tous les chevaliers de l'Ordre et leur ordonner de se rendre, avec armes, par devant sa personne, et l'autre pour enjoindre à tous les baillys, commandeurs, chevaliers et servants, de se tenir prêts à marcher contre les Turcs qui menaçaient de s'emparer de l'île de Malte. (2)

Si Louis résidait souvent dans sa terre de Rochegonde qu'il disputait à ses frères Georges et Thibaud, il ne craignait pas de s'y livrer aux plaisirs de la chasse, là et ailleurs, du reste, car nous trouvons dans nos archives une pièce fort curieuse, dont voici la reproduction : (3)

> ﹅ Aujourd'huy IIIᵉ jour de mars MVᶜ soixante-et-douze, le Roy estant à Bloys a permis à Monsieur le Grand Prieur d'Auvergne, que pour son passetemps et récréation, il puisse porter une arquebuze par tel de ses gens qu'il advisera duquel il sera responsable et d'icelle tirer et faire tirer à toute sorte de gibier, non deffendu par les ordonnances sans que au moien des deffances et prohibitions faictes sur le port des dictes arquebuzes et révocations qui pourront inthervenir de telles ou semblables permissions le dict Grand Prieur ny ses dictes gens puisent encourir les peynes y contenues. En tesmoin de quoy Sa Majesté m'a commandé luy en expédier le présent brevet. ﹅
>
> Signé : CUSSE,

C'est un véritable permis de chasse ou port d'armes, tel qu'on nous le délivre encore de nos jours.

Nous allons maintenant passer en revue, année par année, le *Liber Bullarium* et le *Liber Conciliorum*, qui, comme l'indiquent leurs titres, sont une immense collection de toutes les bulles rendues par les Grands Maîtres, et des procès-

---

(1) On sait que les servants étaient des frères hospitaliers qui n'étaient pas d'origine noble.

(2) Clabault. Généalogie manuscrite.

(3) Archives de Parentignat. H. 23. Orig. sur parch.

verbaux de toutes les réunions du Conseil de l'Ordre. (1)
Nous y joindrons également les extraits des vieux livres de
la bibliothèque de La Valette. Beaucoup de ces procès-verbaux
se contentent de signaler la présence de Louis de Lastic aux
réunions du Conseil. C'est ainsi que le 15 juin 1541 (2), il
assiste, n'étant encore que Commandeur de Blandès et de
La Vauxfranche, à la réception, dans l'Ordre, du chevalier de
La Roche, de la langue d'Auvergne. Le 14 novembre 1543, (3)
il est chargé avec deux autres chevaliers de se rendre à la
commanderie de Villejésus, pour venger la mort du chevalier
Guillaume de La Grolée, lâchement assassiné, mais on ne dit
pas contre qui il est chargé de venger cette mort, et de
quelle manière. En 1549 (4) il assiste à la réception du
chevalier J. de Ligondès, encore un auvergnat. Le 20
juin 1552 (5), avant d'être nommé Maréchal de l'Ordre, il
reçoit livraison de « la Chambre magistrale » du Priorat
d'Auvergne qu'on avait enlevé au chevalier Gaspard de
Valliers, qui avait été privé de ses honneurs et chassé de
l'Ordre pour indignité (6). La possession de cette « Chambre
magistrale » comportait le titre de Bailly et la jouissance des
commanderies, des revenus et des droits dont avait joui son
prédécesseur, et en plus d'une pension de cent cinquante
écus d'or. Le 2 août 1552 (7), toujours avant d'être nommé
Maréchal, il reçoit la collation de l'Ancienneté. Je n'ai pas pu

---

(1) J'ai été obligé de m'en rapporter complètement pour ce travail aux
analyses faites pour moi par l'archiviste correspondant que l'on m'avait
indiqué à Malte. Ces analyses m'ont paru, en général, insuffisantes.
Quand j'ai voulu me procurer la copie des textes, je me suis heurté aux
réglements très sévères du gouvernement anglais.

(2) Archives de Malte. *Liber Bullarium*, vol. 418, page LIII.

(3) *Ibid*, vol. 419, page LXX.

(4) *Ibid.*, vol. 422, page LXXI.

(5) *Ibid.*, vol. 423, page LXXIII.

(6) La chose a été très discutée. L'abbé de Vertot prétend que l'on a été
très injuste pour le chevalier de Valliers, qui avait rendu de grands
services à la Religion et que c'était le fait d'une vengeance.

(7) Archives de Malte. *Liber Bullarium*, vol. 423, page LXXVII.

me rendre compte en quoi consistait au juste cette charge, mais d'après les termes de certains actes, je crois que cette situation était surtout honorifique et comportait quelques privilèges, par exemple, de donner son avis le premier dans les réunions qui avaient lieu au Grand Prieuré d'Auvergne, et de pouvoir les présider en l'absence du Grand Prieur. Certains brevets sont signés du premier *ancien*. Cette ancienneté n'était pas seulement valable pour l'étendue du Grand Prieuré d'Auvergne, mais aussi dans le couvent de Malte. A cette occasion le Grand Maître lui fit résigner entre ses mains la commanderie de la Vauxfranche, le cumul de ces deux bénéfices n'étant pas autorisé par les statuts de l'Ordre. (1)

Il fallait, pour quitter Malte, en obtenir l'autorisation du Grand Maître, et avoir une raison pour cela. Généralement, c'était pour une mission, ou pour aller administrer les biens dont on était bénéficiaire. C'est ainsi qu'en cette même année 1552 (2), nous voyons Louis obtenir un congé en règle pour se rendre dans les commanderies de la Vauxfranche et de Salins dont il était titulaire. Louis était à ce moment-là lieutenant du Maréchal de l'Ordre. C'est ainsi qu'il s'acheminait petit à petit aux plus hautes dignités. A l'occasion de ce voyage, le Grand Maître le charge par deux bulles d'aller administrer ces deux commanderies et l'autorise à emmener avec lui son neveu Jacques de Lastic. Comme il n'est pas désigné comme chevalier, il est probable qu'il s'agit là du fils bâtard de son frère aîné Jacques, celui auquel j'attribue, avec toute vraisemblance, la paternité de la branche de Lastic de Vigouroux, comme je l'expliquerai plus tard. Déjà,

---

(1) Cela me paraît assez contradictoire avec ce que nous trouverons un peu plus loin, et ce que nous avons vu plus haut. Louis était, en effet, commandeur de Salins et de la Vauxfranche en 1554, lorsqu'il fut nommé Maréchal de l'Ordre et plus tard en 1555, Grand Prieur d'Auvergne.

(2) Archives de Malte. *Liber Bullarium*, vol. 423, page LXXIX.

auparavant, quoique cette dernière bulle soit placée posté-
rieurement aux autres, Louis avait été, en 1551, (1) chargé
d'aller négocier certaines affaires relatives à ces commanderies. (2)

Les voyageurs ou les touristes qui font escale à Malte, au
cours de leurs croisières dans la Méditerranée, sont frappés,
en entrant dans sa rade, par le paysage pittoresque qui se
déroule à leurs yeux. Après les aspects grandioses que
présentent presque toutes les rives de cette mer, on ne
s'attendrait pas, en arrivant à ce rocher plat, perdu au
milieu des eaux, à rencontrer une aussi agréable perspective.
Quand on entre dans ce petit golfe, qui constitue le port de
l'île, une grande masse de constructions semble s'avancer
au-devant de vous, comme la proue d'un immense navire et
fermer tout passage. Mais on aperçoit bientôt, à droite et à
gauche, deux larges ouvertures qui forment l'entrée de deux
baies profondes et découpées. A droite, c'est le port appelé
Marscia Musciette, qui sert actuellement de port marchand
et où viennent accoster tous les paquebots qui vont en Orient
et en Extrême-Orient. A gauche, c'est le port appelé *Marscia
grande* qui sert actuellement de port militaire et où viennent
se reposer et se ravitailler les plus grands cuirassés des
escadres anglaises. Ces deux baies sont elles-mêmes découpées chacune en cinq ou six baies secondaires qui entrent
dans l'intérieur des terres. Entre elles se sont élevées dans
le cours des XVIᵉ, XVIIᵉ, XVIIIᵉ, et XIXᵉ siècles, une foule de
constructions pittoresques dans le style mi-italien, mi-arabe,
auxquelles sont venues se joindre récemment les bâtiments
de l'administration et de l'amirauté anglaises, moins élégants
de forme, mais grandioses dans leurs proportions. La ville

---

(1) Archives de Malte. *Liber Bullarium*, vol. 423, page CCXII.

(2) Les affaires à traiter par Louis de Lastic dans ces commanderies doivent être désignées et même peut-être détaillées dsns ces bulles. Malheureusement, il ne m'a pas été possible d'en obtenir l'analyse de mon correspondant, et j'ai dit toutes les difficultés pour en avoir copie. C'est un
travail qu'il faudrait aller faire soi-même.

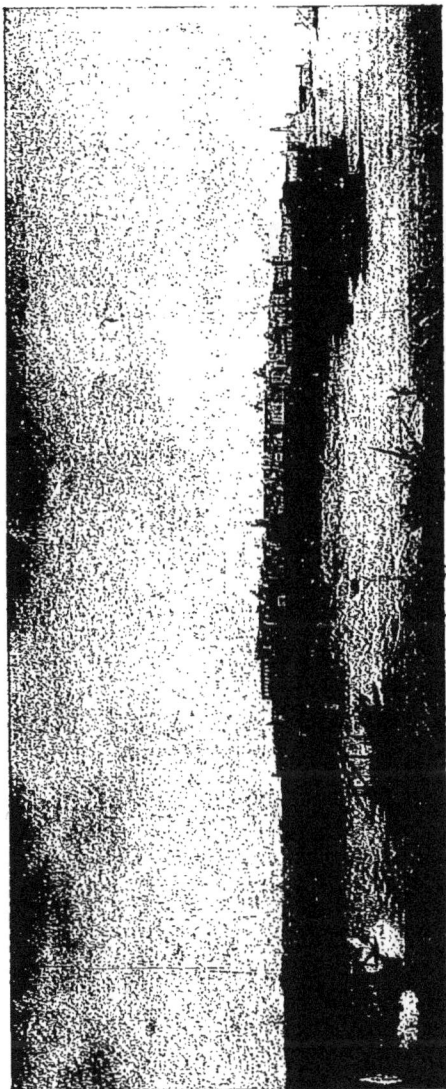

L'entrée du port de La Valette, à Malte, d'après un panneau à l'huile du XVIIIe siècle, au château de Parentignat

ancienne, dont certaines parties datent de l'installation des chevaliers dans l'île, c'est-à-dire du xvie siècle, est entourée d'anciennes murailles et surmontée de clochers, de tours, de dômes qui animent extraordinairement le paysage. Chaque presqu'île qui s'avance entre les baies secondaires, porte une petite ville qui constitue un quartier de la grande cité maritime. Des navires de toutes sortes, grands transatlantiques aux formes massives et au long panache de fumée, de puissants cuirassés aux larges flancs, couronnés de tourelles brillantes d'acier, de longs voiliers, des caboteurs et des bateaux de pêche aux formes variées et pittoresques, des barques et des canots sillonnant la surface clapotante des eaux, donnent à tout ce paysage une animation extraordinaire. Les Anglais, c'est une justice à leur rendre, ont conservé religieusement tous les souvenirs du passé, et c'est à peine si les constructions nécessaires au service et à la défense d'un grand port de commerce et de guerre, sont venues donner un aspect plus moderne et utilitaire à cet ensemble. Le grand fort, qui commande l'entrée de la rade, c'est toujours le fort Saint-Elme du temps des chevaliers, à peine modifié par des glacis plus modernes. A gauche dans le Marscia grande on reconnaît le fort Saint-Michel et le fort Saint-Ange, à peine noyés dans quelques bâtiments plus récents. Nous allons étudier la part que prit Louis de Lastic à la construction de ces trois forts, qui font l'ornement principal de cette belle rade.

L'historien P. Boyssat nous apprend qu'en 1552 (1), on nomma trois surintendants, Georges Bombast, Grand Bailly, le Prieur de Capoue et Louis de Lastic, alors lieutenant du Maréchal, pour s'occuper d'organiser la défense permanente du port de Malte. Ils s'adjoignirent un ingénieur espagnol, nommé Pedro Pardo. Il fut décidé que l'on

---

(1) P. Boyssat. *Histoire des chevaliers de l'Ordre de l'Hôpital de Saint-Jean-de-Hiérusalem*, 1662, vol. II, pages 689 et 690. Bibliothèque de la ville de La Valette.

construirait un fort sur le mont *Sceb-Erras*, pour empêcher
l'ennemi de s'y loger et de venir hiverner dans le port
Marscia Musciette, d'où il pouvait assiéger la ville facilement.
On devait construire un autre fort sur le mont *Saint-Julien*,
pour empêcher l'ennemi d'assiéger le *Bourg*. C'est un des
principaux quartiers de la ville, bâti dans la première
presqu'île à gauche, en entrant dans le port Marscia grande.
Ce point était, en effet, en fort mauvais état de défense. Tout
autour du Bourg on devait construire de grands bastions à
la royale, avec les meilleurs « flancs » et casemates possible.
On devait aussi creuser le plus de fossés possible pour
couper l'isthme des presqu'îles et réunir ainsi chaque baie
l'une à l'autre. On commença par construire le fort sur le
mont Sceb-Erras, à l'extrémité du rocher qui plonge dans la
mer. On y fit d'abord quatre petits bastions en forme
d'étoiles qui devraient plus tard servir à la construction d'un
des quatre grands bastions de la nouvelle cité, que l'on ne
pouvait encore commencer faute de fonds suffisants. Ce fut
cette cité, siège principal des Hospitaliers, et actuellement
quartier principal de la ville, qui reçut plus tard le nom de
Cité Valette, La Valette aujourd'hui, du nom du Grand
Maître Jehan de La Valette, qui en décida le premier la
construction. Les trois surintendants se partageaient la
surveillance de ces travaux, et s'y rendaient chacun à leur
tour. On fit venir des maçons et des terrassiers de Sicile. Les
communes de l'île y travaillèrent aussi avec beaucoup de
zèle, en sorte qu'au bout de six mois ce fort, appelé le fort
Saint-Elme, fut en bon état de défense. Le fort Saint-Julien,
que l'on appela plus tard le fort Saint-Michel, parce qu'il fut
terminé le jour de la fête de ce saint, fut organisé de manière
à recevoir et loger l'artillerie, ainsi que l'étendard de
l'Ordre. On en donna d'abord le commandement à Jacques
des Roches, l'ancien défenseur du châtelet de Tripoli. Le
fort devait servir à occuper l'activité de l'ennemi et
détourner son attention du château Saint-Ange. Lorsque
tout fut terminé, le Prieur de Capoue prit le commandement

Le fort Saint-Ange, à l'entrée du port de La Valette, à Malte, construit sous la direction de Louis de Lastic, Grand Prieur d'Auvergne

Le fort Saint Elne, à Malte, construit sous la direction de Louis de Lastic, Grand Prieur d'Auvergne

du château Saint-Elme, le Grand Bailly celui du Bourg et Louis de Lastic celui du fort Saint-Michel. Quatre ans après, en 1556 (1) on acheva le fossé du fort Saint-Elme du côté de Marscia Musciette. Louis était devenu alors Grand Maréchal de l'Ordre et toutes les défenses de la ville passaient ainsi sous ses ordres.

Les chevaliers n'étaient installés à Malte que depuis une trentaine d'années et à la fin du xvi⁴ siècle, grâce surtout à l'impulsion que donna aux travaux le Grand Maître Jehan de La Valette, l'île prit à peu près l'aspect qu'elle a de nos jours. En mai 1558 (2) un décret du Conseil nomma Louis de Lastic, capitaine de secours du fort Saint-Elme. Ce décret, dont je n'ai sous les yeux que l'analyse, porte que Louis était considéré comme le plus apte et le plus capable pour remplir cette mission. On lui reconnaissait toute l'autorité compétente et les qualités requises, c'est-à-dire la prudence et l'expérience des choses de la guerre. Le 23 mai on lui présenta les chefs et le détachement de chevaliers qui devaient le seconder et défendre sous ses ordres le fort Saint-Elme. Il reçut des instructions à ce sujet. Elles nous paraîtraient un peu naïves aujourd'hui, où nous avons fait de terribles progrès dans la tactique militaire.

En 1556 (3) Sala Raïs gouverneur d'Alger, ayant pris à Constantinople le commandement d'une flotte destinée à se rendre soi-disant auprès du Vice-Roi d'Alger, le Grand Maître et le Conseil craignirent que cette flotte ne s'arrêtât en route pour attaquer Malte. On mit de suite les fortifications en défense. On acheva le fossé du fort Saint-Elme du côté de Marscia Musciette et le grand éperon du côté de la mer.

---

(1) P. Boyssat. *Histoire des chevaliers de l'Ordre de l'Hôpital de Saint-Jean-de-Hierusalem*, 1662, vol. II, page 721.

(2) Archives de Malte. *Liber Conciliorum*, vol. 90, page X.

(3) *Histoire des Chevaliers de l'Ordre de Saint-Jean-de-Hiérusalem*, par P. Boyssat, 1662, vol. II, page 721. *Martyrologe des Chevaliers de Saint-Jean-de-Jérusalem, dits de Malte*, par F. Mathieu de Goussancourt, 1643, tome II, p. 29. Bibliothèque de la ville de La Valette.

Le premier mai, on reconnut sept galères turques et une galiote qui venaient du côté de Marscia Siroc. On prévint de suite deux galères de la Religion qui avaient quitté ce port le jour précédent pour aller convoyer un navire vénitien qui apportait des matériaux de fer, de bois et des munitions. Les deux galères se réfugièrent en Sicile. Le navire que l'on avait envoyé les prévenir et qui était commandé par le chevalier Bofich Catela (*sic* dans la copie), en essayant de rentrer à Malte, tomba dans une embuscade de Turcs qui étaient descendus à terre pour faire de l'eau. On envoya alors Louis de Lastic, Maréchal de l'Ordre, avec trois cents chevaliers. Il attaqua les Turcs et les força à se rembarquer. Ils se dirigèrent alors vers Gozzo, d'où des navires espagnols les chassèrent encore. On prétend que ces Turcs étaient sous les ordres du fameux corsaire Dragut, qui, n'ayant pu être nommé Pacha général de l'armée turque, avait quitté son sandjak de Sainte-Maure pour se retirer en Berbérie où il voulait s'emparer de la succession d'Amurat, roi d'Alger, et prendre possession de sa vice-royauté. Il s'était saisi en route d'un navire vénitien, sur lequel il prit un beau fanal, fait à Venise, pour le vaisseau général de l'Ordre, et qu'il avait placé sur sa propre galère.

Dans la période qui s'étendit de l'année 1557 à 1565, année du fameux siège de Malte, les historiens de l'Ordre sont sobres sur les événements. Le seul fait important est la nomination de Jean de La Valette comme Grand Maître de l'Ordre de Saint-Jean-de-Jérusalem, le 11 avril 1557. En ce qui concerne Louis de Lastic, nous apprenons que le 12 octobre 1558, (3) il fut autorisé à quitter Malte pour aller prendre la direction de son Grand Prieuré et puis c'est tout.

Nous arrivons ainsi au fameux siège de Malte de 1565. La relation de ce siège a été écrite fort souvent. Il est, en effet,

---

(3) Archives de Malte. *Liber conciliorum.* vol. 90, page XXIX.

considéré comme un des plus hauts faits d'armes de l'histoire. Pendant plus de six mois, les chevaliers réduits à eux-mêmes dans leur petite île, dont les fortifications n'étaient pas encore terminées, résistèrent à une des plus grandes flottes que les Turcs aient armées et à plus de trente mille combattants dont dix mille janissaires. Tandis que, pendant tout le siège, les Hospitaliers ne reçurent qu'un secours de quelques centaines de chevaliers, les Turcs furent ravitaillés par le célèbre corsaire Dragut, qui trouva, du reste, la mort sous les murailles du fort Saint-Elme, et par le Vice-Roi d'Alger qui, par une habile manœuvre, faillit à un moment donné, se rendre maître d'un des principaux faubourgs. Le Grand Maître, Jean de La Valette, fit des prodiges de valeur. C'est à son énergie, à sa ferme décision de s'ensevelir lui et ses chevaliers sous les ruines de Malte, que l'île dut son salut. Il releva, dans plusieurs circons-tances, le courage de ses subalternes, donnant lui-même l'exemple en combattant sur la brèche, de sa propre personne, malgré son âge. Il sut déjouer les intrigues de quelques-uns et se montrer très sévère à l'égard de ceux qui faillirent. Il sut tout prévoir, obvier à tous les accidents, se montrant aussi bon ingénieur que courageux soldat. Néanmoins, il aurait succombé si le Vice-Roi de Sicile, don Garcia de Tolède, ne lui avait envoyé un secours de six mille hommes accompagnés de deux cents chevaliers qui n'avaient encore pu parvenir à Malte. Ce secours, promis depuis longtemps, faillit arriver trop tard, grâce à la politique peu franche de Philippe II. Le Vice-Roi tergiversait lui-même, ne sachant pas si l'expédition plaisait à son maître. C'est alors que nous voyons Louis de Lastic, qui n'avait pu s'enfermer à temps dans Malte, jouer un rôle qui, par le fait, fut prépondérant, puisque c'est lui qui décida Don Garcia de Tolède à envoyer le secours qui obligea l'armée de Soliman le Grand à se rembarquer. Le récit du rôle, joué par Louis de Lastic, a été raconté par tous les historiens de l'Ordre et écrit dans toutes les langues. (1) « Le 22 août 1565, dit P. Boyssat, deux cent cinquante chevaliers et seigneurs « de la Grand-Croix » et plusieurs gentilshommes volontaires s'étaient assemblés à Messine, où ils sollicitaient importunément le Vice-Roy de faire partir le secours promis. Et il y vint aussi Nocre de Monsuar, Bailly dé Majorque, âgé de quatre-vingts ans, résolu de despendre ses derniers jours à la conservation de la Religion. Entre ces seigneurs était Louis de Lastic, Prieur d'Auvergne, vieil guerrier qui avait acquis réputation aux guerres de France contre ceux de la religion prétendue réformée, lequel discourant librement avec le Vice-Roy pour lui persuader de hâter la préparation du secours promis, lui disait « vous », au lieu de dire « Votre Excellence. » Il fut adverti que les courtisans du Vice-Roy le trouvaient étrange, et craignant que le Vice-Roy eût quelque dédain qui pourrait nuire au fait du secours, il alla voir le Vice-Roy et lui dit d'une façon gaye et soldatesque : « Pourveu excellent seigneur, que nous secourions Malte à temps, je vous appelleray Excellence et Altesse et Majesté et tous les titres que Votre Excellence aimera mieux. » Le Vice-Roy prit cela en souriant fort civilement et sachant qu'il était homme de qualité et de valeur, lui rendit raison en privé de tout ce qu'il avait jusqu'alors deslibéré et pourveu pour le secours de Malte. » De Vertot ajoute au récit précédent, qu'il répète dans son histoire, que Don Garcia de Tolède expliqua qu'il ne pouvait pas toujours faire ce qu'il aurait désiré, à cause de la politique ondoyante de son maître, mais que maintenant qu'il se sentait plus assuré de ses intentions, il aurait voulu livrer une grande bataille navale contre

---

(1) On trouve plusieurs relations du siège de Malte La plus détaillée, et celle probablement où ont puisé tous les autres, est intitulée : *L'assedio di Malta del 1565*, par Ferdinando Giglio. Une autre un peu postérieure est écrite en langue grecque. Puis nous trouvons celle de P. Boyssat dans le volume II de son *Histoire des chevaliers de l'Ordre de Saint-Jean-de-Hiérusalem*, de 1612. Enfin l'abbé de Vertot en donne une très longue description dans les volumes IV et V de son édition de 1778.

les Turcs. Il n'avait pas en ce moment assez de vaisseaux pour
engager ce combat avec certitude de succès. Louis de Lastic
lui persuada alors que, dans ces conditions, il était préférable qu'il jetât dix mille hommes de secours de suite dans
l'île. Le Vice-Roi se rendit à cet avis et le 22 août l'armée se
rassembla à Syracuse. Le premier septembre on appareilla.
Mais les Turcs ayant été prévenus, le premier essai de
débarquement sans combat échoua. L'excès de prudence du
Vice-Roi en fut la cause. Ce ne fut que le 7 que l'on parvint
à débarquer six mille hommes dans la cale de Melecha. (1)
En voyant arriver ce secours, l'armée de Soliman, déjà
démoralisée par la résistance inattendue de la ville, leva le
siège et abandonna le fort Saint-Elme dont elle avait pu
s'emparer. Mais remis de leur première frayeur et honteux
de leur lâcheté, les Turcs débarquèrent de nouveau. Le
Conseil de défense de l'île hésitait entre le parti d'attendre
les ennemis dans ses retranchements, ou celui d'aller au-
devant d'eux, de les culbuter et de les rejeter à la mer. Il
fallait aussi se conformer à l'avis des chefs de l'armée
espagnole. Les chevaliers, nouvellement arrivés, désireux de
se mesurer avec les Turcs en rase campagne, firent pencher
la balance du côté du second parti. « De Sande (un des chefs
espagnols), à la tête des chevaliers, chargea brusquement
les infidèles, pendant que Vittelli les prit en flanc. Le soldat
turc qu'on avait traîné malgré lui au combat, soit par
ressentiment contre son général, soit qu'il fût accablé de la
chaleur, bien loin de faire de son côté tous ses efforts pour
vaincre, à peine voulût-il se battre. La plupart se conten-
tèrent d'une décharge de leurs mousquets et se voyant
pressés par les chrétiens, se débandèrent et s'enfuirent
honteusement. Le bacha qui s'en vit abandonné, de peur
de tomber entre les mains des enhemis, fut réduit, malgré
son courage, à la triste nécessité de suivre les lâches. On

---

(1) *Histoire des Hospitaliers de Saint-Jean-de-Jérusalem*, etc. Abbé de
Vertot, édit. de 1778. Tome V, pages 73 et suivantes.

rapporte qu'il étoit si surpris et si troublé de la déroute de
ses troupes, qu'en courant il tomba deux fois de cheval, et il
auroit été pris sans le secours de quelques officiers qui, aux
dépens de leur vie et de leur liberté, firent ferme. pour lui
donner le tems de remonter à cheval. »

» Les chrétiens poursuivirent les infidèles avec ardeur,
l'ennemi qui fuyait devant eux les empêchoit de sentir la
chaleur brûlante du soleil, La plupart des chevaliers qui
étoient pesamment armés, pour suivre les Turcs de plus
près, se débarrassèrent de leurs cuirasses ; et quoiqu'ils
trouvassent la plupart des infidèles hors de combat, couchés
par terre à demi-morts de soif et de lassitude, tout ce qu'ils
rencontroient passoit par le fil de l'épée. Ce ne fut qu'avec
des peines infinies et après une perte considérable, que les
Turcs gagnèrent le bord de la mer. Jusques-là les chrétiens
avaient eu plus de peine à atteindre leurs ennemis qu'à les
combattre ; mais comme les plus vites, et ceux qui couroient
plus légèrement, s'étoient débandés à la poursuite des
fuyards, et qu'enyvrés de la victoire, ils ne gardoient ni
ordre ni rang, le Vice-Roi d'Alger qui étoit couvert par la
pointe d'un rocher, sortit à la tête de ses troupes de cette
embuscade, et les voyant en petit nombre, tomba sur eux, en
tua plusieurs, et fit prisonniers les chevaliers Marc de Tolède,
Pierre de Yale, Ribatagala et un chevalier anglais dont on
ignore le nom. Heureusement Alvar de Sande survint
pendant ce combat avec quelques bataillons qu'il fit donner
tête baissée contre les Algériens, et le reste des troupes
chrétiennes, qui arrivoient à la file, l'ayant joint, poussèrent
tout ce qui se trouva devant eux, taillèrent en pièce ceux qui
leur résistoient. délivrèrent ces prisonniers, et les Turcs
déjà vaincus par leur propre crainte, ne rendirent plus de
combat, et ne cherchèrent qu'à se rembarquer. Il se passa en
cette occasion un nouveau genre de combat. »

» L'amiral Piali (l'amiral des Turcs), outre le feu des
vaisseaux et de ses galères, pour favoriser la retraite des
Turcs, avait bordé le rivage de chaloupes armées de ses

Plan du port de La Valette (île de Malte), d'après une gravure du XVIIIe siècle, au château de l'Arentignat

meilleurs arquebusiers, et qui tiroient continuellement contre les chrétiens. Mais les chevaliers et les soldats méprisant le feu et le péril, acharnés à la poursuite de leurs ennemis, et en désespoir qu'ils échapassent à leurs armes, les poursuivirent jusques dans la mer, et on en vit plusieurs qui, ayant de l'eau jusques sous les bras, allèrent tuer les Turcs à coups de fusil à bord des galères, où ils tâchoient de se jetter. On prétend que les Turcs en ces différentes occasions, et pendant tout le siège, ne perdirent pas moins de trente mille hommes. » (1)

Nous voyons ainsi que Louis de Lastic ne prit part qu'à la seconde partie de ce siège qui fut fameux dans l'histoire des luttes de la chrétienté presqu'autant que la bataille de Lépante, et qui porta aux nues le nom du glorieux défenseur de Malte, Jean de La Valette. Mais en lisant le récit de tous les historiens de cette épopée chevaleresque, on se demande ce qui serait arrivé sans l'intervention énergique du Grand Prieur d'Auvergne auprès de Don Garcia de Tolède. Sans elle le secours ne serait pas parti ou serait arrivé trop tard, et l'île de Malte devenue la proie des infidèles, l'Ordre de Saint-Jean-de-Jérusalem, n'ayant plus de point d'appui dans la Méditerranée, aurait peut-être sombré pour toujours ou serait devenu un ordre purement honorifique, comme il l'est devenu depuis la prise de l'île par Bonaparte et son occupation définitive par les Anglais.

Louis de Lastic dut rester un certain temps auprès du Grand Maître pour l'aider à préparer les plans de reconstruction des fortifications de l'île tombées en ruines. Il ne faut pas oublier qu'il avait été un des auteurs et des constructeurs de celles qui avaient permis au Grand Maître de faire une pareille résistance à l'ennemi le plus fort que la Religion ait jamais eu à combattre. Il était donc tout naturel qu'on prît son avis dans une conjoncture aussi grave. Le

---

(1) *Hist. des Hospitaliers de Saint-Jean-de-Jérusalem, etc.* Abbé de Vertot, édit. de 1778, vol. V, page 83 et suivantes.

plan de reconstruction fut très considérable. On décida que la capitale de l'île serait transférée sur le *Mont Scebera*, entre le Marscia Musciette et le Marscia Grande de manière à surveiller les deux ports dont le premier, malgré le fort Saint-Elme, avait servi de refuge et de quartier général à la flotte turque. Ce travail dura quelques années. Il fallut pour cela recueillir des fonds considérables. La célébrité qu'avait acquise le Grand Maître lui servit beaucoup auprès des princes chrétiens. Tous rivalisèrent pour lui fournir, à cet effet, des sommes considérables. Le Roi de France se signala en versant la plus forte, quatre-vingt mille livres. Les prieurs et commandeurs en tirèrent aussi de très importantes de leurs bénéfices. On se mit rapidement au travail. La Valette, toujours doué d'une activité prodigieuse, surveilla lui-même les travaux, en s'établissant au milieu des chantiers. La première pierre fut posée le 28 mars 1566 et Louis de Lastic y assista par conséquent. La Valette mourut en août 1568 et fut remplacé par de Monte, qui continua les travaux. On construisit en même temps les *auberges* destinées à recevoir les chevaliers de chaque langue, et Louis de Lastic, en sa qualité de Grand Prieur, dut s'en occuper activement. Cette construction est actuellement une des mieux conservées de Malte. Le 18 juin 1570 (1), le Grand Conseil fait une sorte de recensement de toutes les commanderies de la langue d'Auvergne avec le montant de la taxe à laquelle chacune fut imposée pour l'édification dans la nouvelle ville, appelée depuis La Valette, de l'auberge d'Auvergne. Celle-ci est actuellement le Palais de justice de la colonie anglaise. C'est une grande construction dans le style italien de la Renaissance classique, à toits plats, élevée d'un premier étage sur rez-de-chaussée avec une belle corniche et piliers en pierre de taille. Les fenêtres et la porte d'honneur, celle-ci précédée de pilastres engagés et surmontée d'un frontispice, sont

---

(1) Archives de Malte. *Liber Bullarium*, vol. 432, page XCI.

Cathédrale Saint-Jean de Malte à La Valette

L'auberge d'Auvergne, à La Valette, actuellement palais de justice, construite sous le Grand Prioral de Louis de Lastic

aussi tout en pierre de taille. Sur cette porte le Gouvernement anglais a fait mettre l'inscription suivante :

AUBERGE D'AUVERGNE

This building erected en 1574 was occuped by the
knights of St-John from Auvergne whe were introsted
with the defence of Saint-Michaëls bastion. Their chief
was the Grand Marschal of the Order.

Il est regrettable que l'on n'ait pas cru devoir mettre le
nom de ce Grand Maréchal, qui devait être, d'après de
Vertot, le chevalier Copier, nom absolument inconnu en
Auvergne, du reste. Mais un nom qui aurait dû figurer sur
cette inscription, c'était celui du Grand Prieur, Louis de
Lastic. Car c'est sous sa direction que cette construction fut
faite.

Le 29 juillet 1566 (1), Louis de Lastic, après avoir pris
part aux décisions dont nous venons de parler, demande à
retourner dans son prieuré, où il avait beaucoup à faire, et à
trouver des fonds pour la reconstruction de Malte. Il lui fut
accordé un congé, pour s'y rendre, par le Grand Conseil.
Mais on lui recommandait de ne pas trop s'attarder et de
terminer ses affaires le plus promptement possible. Le
10 septembre 1567, (2) le Conseil lui renouvelle ses recommandations, car sa présence va être nécessaire à Malte, où
l'on a appris par des espions que les Turcs préparaient une
expédition contre l'île. Le 13 juillet 1568, (3) il est rappelé
définitivement à Malte pour prendre part au Chapitre
général. Le 30 novembre suivant (4), le Grand Maître de
Monte, renouvelle à Louis de Lastic l'ordre qui lui avait été
déjà donné par le Grand Maître de La-Valette et qui n'avait

---

(1) Archives de Malte. *Liber Bullarium*, vol. 431, page XC.
(2) *Ibid.*, page XCIIII.
(3) *Ibid.*, vol. 439, page LXXVII.
(4) *Ibid.*, vol. 432, page LXXXV.

pas encore été exécuté, d'avoir à recouvrer certains immeubles situés dans le Grand Prieuré d'Auvergne. Le 24 janvier 1569 (1), il reçoit l'ordre de rassembler tous les baillys, chevaliers, commandeurs, soldats et servants de son Grand Prieuré, dans le délai de quatre mois, car on s'attendait à une attaque imminente des Turcs. Le 14 avril 1573 (2) cet ordre est renouvelé et on prie Louis de Lastic d'arriver de suite au secours de Malte dangereusement menacée. Cet ordre est encore renouvelé le 8 octobre 1575 (3). Enfin le 29 octobre 1576 (4) nous apprenons que Etienne de Fragnes est nommé Grand Prieur d'Auvergne à la place de Louis de Lastic, décédé. Nous voyons ainsi, par ces indications brèves, tirées de documents plus importants et qu'il serait intéressant de consulter plus complètement, que Louis de Lastic fit souvent le voyage de Malte pendant les dernières années de sa vie. C'était cependant le moment où la guerre religieuse sévissait le plus violemment en Auvergne. Cela explique comment il n'y prit que très peu de part pendant cette période. Du reste, son frère Thibaud et son neveu Jean de Sieujac le remplaçaient à la tête des bataillons catholiques. Le *Liber Bullarium* ne renferme aucun document à son sujet de l'année 1569 à l'année 1573. En 1569, sur l'appel du Grand Conseil, il avait dû venir en toute hâte à Malte, accompagné de tous ses chevaliers, baillys et commandeurs. C'est, en effet, entre ces deux dates, en 1571, qu'eut lieu la fameuse bataille de Lépante où la flotte chrétienne commandée par Don Juan d'Autriche, détruisit la flotte turque. La Religion n'y participa que pour trois galères. On ne dit pas sous lequel des dignitaires de l'Ordre elles furent placées, ni le nom des chevaliers qui y prirent part. Il est probable que Louis de Lastic resta à Malte. En effet, si la participation des

---

(1) Archives de Malte. *Liber Bullarium,* vol. 432, page XCI.
(2) *Ibid.,* vol. 434, page LXXXVII.
(3) *Ibid.,* vol. 435, page XCIII.
(4) *Ibid.,* volume 436, page XCVIII.

Hospitaliers à cette grande victoire fut si minime, c'est que probablement ils devaient s'attendre à être attaqués dans leur île, et qu'ils y avaient conservé, le cas échéant, toutes leurs forces principales.

Où résidait Louis de Lastic comme Grand Prieur ? C'est assez difficile à déterminer. Nous avons vu qu'il allait souvent à Malte où il prit part, entre autres, à la construction des forts et des défenses de cette île. Il semble donc que ses séjours dans son Grand Prieuré fussent très coupés. M. Niepce dans son *Histoire du Grand Prieuré d'Auvergne*. a essayé d'établir quelle en était la capitale. Il prétend qu'au début ce fut la commanderie de Lureuil (1), puis à une époque inconnue, mais encore éloignée, Bourganeuf (2). Ce ne fut qu'au cours du xviii° siècle, en 1750, que cette capitale fut transférée à Lyon. (3) Cette ville possédait déjà le siège du grand Baillage, qui y avait été transporté de Lureuil entre 1521 et 1574, sans passer par Bourganeuf, mais par Devesset, en Vivarais. (4) Il semblerait aussi que la commanderie de Montferrand, près de Clermont, par suite de sa situation centrale dans le Grand Prieuré, servit de lieu de réunion aux dignitaires de la langue d'Auvergne sous la présidence du Grand Prieur, du Grand Bailly, ou en leur absence du premier Ancien. Cette opinion n'est pas partagée par un certain nombre d'historiens sérieux, parce qu'ils confondent la résidence du Grand Prieur avec le siège du Grand Prieuré. Les résidences durent changer avec le caprice de chaque Grand Prieur, tandis que l'on comprend facilement qu'il fallait avoir un lieu important où concentrer les archives et les recettes du Grand Prieuré. Je partagerais donc l'opinion de M. Niepce, mais je crois qu'en général les

---

(1) Lureuil, près du Blanc (Indre), en haut Berry.
(2) Bourganeuf, dans la Creuse, en haut Limousin.
(3) Niepce. *Histoire du Grand Prieuré d'Auvergne*, pages 66 et 69.
(4) *Ibid.*, page 230.
(5) *Ibid.*, pages 95 et suiv.

Grands Prieurs habitaient plus spécialement soit un de leurs châteaux patrimoniaux, soit une commanderie voisine de ceux-ci, quand leurs aînés ne leur en laissaient pas la libre disposition. Nous avons vu Jean de Lastic, le Grand Maître, habitant généralement Celles, et Louis de Lastic dut s'installer à Rochegonde. C'est de là que certaines pièces officielles, signées de lui, sont datées. Il est probable qu'à ce moment-là, la capitale du Grand Prieuré devait être à Bourganeuf où elle avait dû être transportée de Lureuil par Pierre d'Aubusson qui était originaire des environs. Louis de Lastic dut donc y résider quelquefois pour s'y occuper des intérêts de son Grand Prieuré. « Le château de Bourganeuf se composait de grands bâtiments flanqués de tours descendant dans un large fossé qui entourait jadis toutes les dépendances de cette vaste demeure fortifiée.... La plus grosse tour porte encore le nom de Zizin, en souvenir du prince de ce nom, fils de Mahomet II, détenu dans ce château par suite d'un traité conclu avec Bajazet II par Pierre d'Aubusson, Grand Maître des Hospitaliers, surnommé le *bouclier de l'Eglise*. Une autre tour, plus petite, a retenu le nom de *Lastic*, qui est celui de Jean de Lastic, Grand Prieur en 1430... » Je ne partage pas l'avis de M. Niepce au sujet de l'attribution du nom de Jean de Lastic, donné à la seconde tour. Comme je l'ai déjà dit, c'est Pierre d'Aubusson qui dut transporter le siège du Grand Prieuré de Lureuil à Bourganeuf. Or, Jean de Lastic est antérieur à Pierre d'Aubusson. C'est donc Louis qui dut laisser son nom à cette tour. Jacques de Lastic et Louis, le fils de Thibaud, commandèrent, l'un et l'autre, le château de Bourganeuf au nom de leur oncle, et la garnison qui s'y trouvait. L'importance donnée ainsi par Louis à cette commanderie, le fait de l'avoir mise sous le commandement spécial de ses neveux, semble bien indiquer qu'elle était alors le chef-lieu de son prieuré. Parmi les brefs que nous possédons, signés de Louis, il y en a un daté de Malte et deux de Rochegonde.

Louis de Lastic s'est fait aussi un renom dans les guerres

religieuses qui ensanglantèrent alors la France et plus particulièrement l'Auvergne. Néanmoins, son rôle a été moins important qu'il aurait pu l'être, car la nécessité où il se trouva de se rendre souvent à Malte ne lui permit de prendre part à ces luttes fratricides que d'une manière épisodique. Son neveu, Jean de Lastic de Sieujac fut, au contraire, complètement absorbé par elles. Aussi ce n'est que lorsque je serai amené à parler de ce dernier, que je ferai un rapide exposé de ces événements pour faire bien comprendre le rôle qu'il y joua. Pour Louis, comme pour Thibaud, il suffira d'énumérer les faits auxquels ils ont pris part. C'est précisément, à propos de l'impossibilité où il se trouva de se rendre en 1562 à Malte que nous apprenons, pour la première fois, la participation prise par Louis de Lastic à ces guerres intestines. « Antoine de Bressolles, commandeur de Montferrand, qui était après Louis de Lastic, le plus ancien à présider au Grand Prieuré d'Auvergne, déclara, par lettres du 1ᵉʳ juin de la même année 1562, que Monseigneur Louis de Lastic, Grand Prieur d'Auvergne, ne pouvait se trouver au Chapitre général de l'Ordre, attendu que le Roy Charles IX, par ses lettres du 14 avril précédent, luy ayant donné l'ordre de l'aller trouver, partout où Sa Majesté serait, il voulait se rendre agréable au Roy pour le bien et avantage de tout son Ordre. » (1) Il était, en effet, alors employé dans les guerres contre les religionnaires, et aidé du Vicomte de Polignac, des seigneurs d'Apchier, de Lestrange et autres, il ramassa autant qu'il put de troupes, en Auvergne, en Gévaudan et en Vivarais, avec lesquelles il marcha, au mois de septembre suivant, pour joindre le comte de Suze et le duc de Joyeuse, qui s'avançaient sur Montpellier, afin de réduire à l'obéissance du Roi les places que Baudiner (de la maison de Crussol), chef des religionnaires, occupait en Languedoc.

---

(1) *Histoire générale du Languedoc*, par Dom Vaissette. Tome V, page 238, ancienne édition.

La ville d'Issoire, comme nous le verrons plus loin, était devenue l'orgueilleuse citadelle des protestants. Ces derniers persécutaient indignement les quelques catholiques restés fidèles dans la ville, saccageant le monastère, l'église, détruisant les reliques de saint Austremoine. Chavagnac, leur chef, reçut durement ceux qui venaient réclamer contre de pareilles turpitudes. Les catholiques durent même quitter la ville et se réfugier dans les villages environnants. Montmorin Saint-Hérem, alors gouverneur d'Auvergne, réunit une armée pour reprendre la ville à Chavagnac. Le Grand Prieur d'Auvergne, Louis de Lastic, reçut le commandement de ces troupes. (1) « Le rendez-vous fut à Aulhat. (2) Il s'y trouva six cents hommes de pied et cent cavaliers dont Louis de Lastic reçut le commandement en sa qualité de lieutenant du gouverneur. Une instruction expresse lui enjoignit d'épuiser tous ses efforts pour s'emparer de Chavagnac mort ou vif. Celui-ci ne s'émut pas des préparatifs qui se faisaient presque sous ses yeux. Il ne prit aucune mesure, négligea complètement le soin de sa défense et dédaigna toute démonstration hostile envers cette poignée de soldats qui osaient vouloir tenter l'assaut contre la bonne ville d'Issoire. Il poussa la sécurité et l'imprudence jusqu'à faire publier que les habitants ne devaient en rien s'occuper du siège dont ils étaient menacés.

» Cependant la petite armée s'avançait vers Issoire, emmenant deux fauconneaux pris au château de Villeneuve, situé dans la vallée du Lembron, à deux lieues S. S. O. d'Issoire,

---

(1) Imberdis, auquel j'emprunte le récit suivant, nomme le Grand Prieur Jean Mottier de Hautefeuille, et le dit en même temps de la maison de Lastic. C'est une confusion. Ces Mottier étaient de la même maison que les Mottier de La Fayette. Mais à ce moment-là le Grand Prieur d'Auvergne était, sans contredit, Louis de Lastic, et c'est ce qui explique la confusion d'Imberdis. Aussi dans le présent extrait de son livre, j'ai simplement substitué le nom de Louis de Lastic à celui de Hautefeuille, pour rester plus clair. Mais c'est le même personnage.

(2) Aulhat, village à 5 kilomètres N. E. d'Issoire.

et trois bâtardes fournies par Clermont. Le Commandeur de La Roupère, de la maison de Crussol, en obtint la direction. Ces forces étaient sans doute insuffisantes pour réduire la place si Chavagnac n'eut fait défaut à son expérience dans l'art de la guerre. Oubliant sa confiance et son mépris premiers, à l'arrivée du corps expéditionnaire à La Sauvetat, il fut surpris, plia bagage brusquement et quitta Issoire à la faveur de la nuit. Il se retira chez lui. Les religionnaires se voyant sans chef, dans l'instant le plus critique, perdirent leur audace habituelle. Ils s'assemblèrent à minuit à l'hôtel-de-ville, supplièrent, par des émissaires choisis exprès, les catholiques absents de rentrer dans leurs foyers et récla-mèrent avec instance les conseils des quelques hommes qui étaient restés, afin de prévenir le sac de la cité. Le temps de leur ignoble despotisme venait d'expirer : les plus arrogants descendirent jusqu'à la plus humble prière. Les catholiques se laissèrent toucher. Une réunion générale se forma, et l'avis y fut ouvert de mettre sur le champ en prison les fauteurs du pillage de l'église, de rappeler les religieux dispersés, et de désarmer ainsi le gouverneur, en lui montrant que le corps commun des habitants n'avait point trempé dans la rébellion..,.. Cette proposition prévalut. Les nommés Jean Roche, Antoine Blayet, un flamand et un normand, furent incarcérés. Cela fait, en présence des religionnaires mornes et abattus, les catholiques invitèrent les principaux d'entre eux à sortir d'Issoire dans l'intérêt de leur propre sécurité. Force était d'obéir. Les protestants abandonnèrent lentement leurs maisons, accompagnés de femmes et d'enfants qui se lamentaient.....

» Après le départ des religionnaires, les catholiques se hâtèrent de dépêcher des députés auprès du Grand Prieur. Ils apportèrent la nouvelle que la ville d'Issoire et tous les habitants se soumettaient à l'obéissance du Roi et à la sienne, comme lieutenant-général. Chavagnac et les Huguenots s'étant retirés, il n'était plus besoin d'employer la force militaire pour dompter des rebelles qui n'avaient pas attendu

l'armée expéditionnaire. Louis de Lastic n'espérait pas un
succès aussi facile : il fut charmé de ce qu'il apprit, et accorda
aux députés toutes leurs demandes, surtout l'exemption du
pillage, l'honneur sauf des femmes et le casernement des
troupes hors des murs, la noblesse exceptée. Il promit
de tenir loyalement parole. Au retour des députés, la joie
fut vive parmi le peuple : précédé du clergé en apparat, il
vint au-devant des troupes royales. Une procession immense
entoura le Grand Prieur, et les clefs de la ville lui furent
présentés par les Consuls, tête nue, genou en terre. A la vue
de la croix qui brillait dans les groupes des prêtres, Louis
de Lastic descendit de cheval, s'inclina avec respect, et fit
son entrée au milieu de la noblesse et d'une foule d'habitants
qui poussaient des exclamations joyeuses et saluaient le chef
catholique des noms les plus flatteurs. Ainsi qu'il s'y était
engagé, Louis de Lastic ordonna à ses gens de pied de se loger
au faubourg du Pont. Mais ceux-ci, mécontents de cette
exclusion, enfoncèrent une porte pour entrer dans la ville.
Soudain le Grand Prieur, irrité de cette mutinerie, s'élance
à la rencontre des soldats, les repousse en désordre et en
tue deux de sa main. On fit venir le prévôt pour faire le procès
des captifs. Ils déclarèrent avoir agi d'après le commandement.
de Chavagnac : trois furent pendus, Blazet reçut le fouet
depuis la prison jusqu'au lieu de la potence. Il en fût quitte
pour ce honteux châtiment. Chavagnac ne trouva pas dans
son château la sûreté sur laquelle il comptait. Décrété de
corps et arrêté, nonobstant l'édit de pacification intervenu,
il se pourvut auprès du Roi, soutenant n'avoir point autorisé
le délit commis, et prétendait, au contraire, avoir fait arrêter
les coupables. Sans vérifier autrement le fait, Charles IX,
ordonna aux Sénéchaux d'Auvergne et de Clermont' de faire
cesser toute poursuite à ce sujet. Le Grand Prieur, après cette
courte expédition, quitta Issoire où il mit une forte
garnison » (1). Ceci se passait en 1564.

_____

(1) *Histoire des guerres religieuses en Auvergne*, par André Imberdis.
Tome I. pages 101 à 106.

En 1570 Montmorin Saint-Hérem, gouverneur d'Auvergne, ayant voulu reprendre la ville d'Aurillac aux protestants qui y avaient commis leurs atrocités habituelles, rassembla ses troupes à Murat, puis à Polminhac. Louis de Lastic vint l'y rejoindre. Nous ignorons quel fut le rôle particulier qu'il joua dans les opérations militaires qui en furent les conséquences. Aurillac ne fut pas repris. Des troupes importantes, venues du Midi et qui allaient rejoindre l'armée de Coligny, vinrent au secours des protestants et forcèrent l'armée catholique à se diviser et à aller défendre les diverses places dont ses chefs étaient originaires.

Il est bien établi que Louis de Lastic mourut en 1576. Nous avons vu plus haut qu'Etienne de Fragnes fut nommé Grand Prieur d'Auvergne le 29 octobre 1576, à sa place, et par suite de son décès. Dans une pièce d'une procédure entre Thibaud de Lastic et son fils Louis, on dit qu'il mourut le 15 septembre 1576 (1). Dans un arbre généalogique ancien (1605) (2), mais de peu d'importance, on prétend qu'il serait mort au cours d'un pélerinage à Jérusalem. C'est peu probable. La ville sainte était alors peu abordable aux chrétiens et encore moins à un hospitalier. Il est plus probable qu'il y eût confusion et que ce fut au cours d'un voyage à Malte, au siège de l'Ordre de Saint-Jean-de-Jérusalem. La consonnance du dernier mot a créé la légende. Il n'en faut pas souvent davantage.

Au cours de ce récit des actes de Louis de Lastic, j'ai eu l'occasion d'apprécier notre grand oncle dans les diverses phases de sa vie. Je n'ai pas caché mon opinion à cet égard. Je répète ici qu'il est triste de voir un des hommes les plus remarquables de notre maison et de son époque, laisser ainsi ternir ses belles qualités d'intelligence et de courage, par une conduite privée aussi peu conforme aux vœux qu'il avait contractés. La faute en ait en grande partie aux troubles qui

---

(1) Archives de Parentignat. H. 52 à 55 orig. sur pap.
(2) *Ibid.* Carton supplémentaire. I. 39. orig. sur pap.

marquèrent le XVIe siècle, le plus mouvementé peut-être de notre histoire au point de vue des mœurs et des idées.

D'après le livret de famille, après Louis, nous trouvons *Georges*, dans l'ordre des enfants de Louis de Lastic et d'Anne de La Fayette. Il serait né le lundi 18 février 1511. Il joue en somme un rôle très obscur dans l'histoire de notre maison. Clabault lui consacre un assez long article, dans lequel il rappelle une foule de petits actes sans intérêts, dont je n'ai trouvé mention qu'en partie dans nos archives. J'ignore où il a trouvé les autres. En somme nous retrouvons Georges dans tous les actes de famille que nous avons déjà énumérés à propos de son frère aîné Jacques. Celui-ci, ayant treize ans de plus que lui, fut son tuteur à partir de la mort de leur père Louis. Nous ne reviendrons pas sur ces arrangements de famille relatifs au réglement du douaire de leur mère Anne de La Fayette en 1523, 1524, 1527 etc. Jacques, étant mort en 1529, Georges est porté sur son testament (1), que nous avons donné plus haut, comme héritier universel et au même titre que lui-même, de la succession de leur père. Il devenait ainsi le chef de famille. Etait-ce au détriment de Claude, le seul de ses frères aînés qui ne se fut pas fait religieux ? C'est ce que j'essaierai d'établir plus loin. Quoiqu'il en soit, à partir de ce moment-là, il fait acte de chef de famille. C'est ainsi que de 1530 à 1538, il reçoit quittance de Jean de Sailhens, mari de sa tante, Anne de Lastic, et de leurs héritiers, pour une rente de cent livres qui restait due sur les droits qu'elle pouvait avoir sur la succession de son père Antoine de Lastic, le mari de Christine de Montrhodat. Des hommages de ses vassaux, des réglements de dettes cités par Clabault et qui paraissaient puisés à des sources sérieuses quoique inconnues, le prouvent aussi. Lorsque Louis de Lastic, le futur Grand Prieur, fit valoir ses prétentions à la succession de son père,

---

(1) Archives de Parentignat. F. 27 à 29. orig. sur parch.

contrairement aux termes du contrat de mariage de celui-ci, c'est contre Georges qu'il commence la procédure à partir de 1533, procédure que j'ai étudiée tout au long à propos de Louis (1). C'est aussi par ce dossier que nous apprenons sa mort survenue le 18 mars 1538, lorsque la procédure continua entre Louis et Thibaud, restés seuls. C'est à titre de mémoire que je signalerai un acte conservé dans nos archives et que je classerai au nombre des pièces suspectes. Dans une transaction de 1530 (2), Georges aurait abandonné à son frère Thibaud tous ses droits à la succession de leur père, à la condition que ce dernier verserait dix mille livres à chacun des enfants de Georges, Jacques « lorsqu'il serait d'âge, » et Louise « lorsqu'elle prendrait party de mariage. » Cette pièce qui n'est, du reste, qu'une copie notariée insérée dans une sorte de cartulaire de famille, m'a paru toujours fort suspecte, malgré cette marque d'authenticité. Georges n'avait alors que dix-neuf ans, et il est peu probable qu'il fût alors marié légitimement et eût déjà deux enfants. De plus, étant l'héritier de tout le patrimoine de la maison de Lastic par les termes du testament de son frère aîné Jacques, de 1529, il pouvait transmettre ses biens, valant beaucoup plus de vingt mille livres, à ses enfants. Quoiqu'ils soient désignés dans cet acte comme légitimes, si nous supposons néanmoins qu'ils pourraient être simplement bâtards, Georges, possédant toute la fortune, pouvait en distraire ce qu'il aurait voulu, sans avoir recours à son frère Thibaud, plus jeune que lui. Ce dernier n'avait que quinze à seize ans au plus, et il paraît extraordinaire qu'il émit déjà des prétentions injustifiées à la possession du patrimoine, du vivant de son frère aîné. Les Lastic de Vigouroux, qui avaient recueilli dans leur cartulaire cet acte plus ou moins authentique, n'ont jamais osé en faire état pour établir leur filiation devant qui de droit. Il dut être introduit, à un moment donné, pour faire croire à la non

---

(1) Archives de Parentignat. F. 55. orig. sur pap.
(2) *Ibid.* S. 13. registre sur pap. page LLIII.

bâtardise de cette branche, quoique le moyen fut assez
maladroitement préparé. Il est étonnant cependant de voir
successivement Jacques et Georges qui ont été en possession
d'une grosse situation, ne pas se marier et ne pas chercher
à continuer la descendance. Il fallait que l'époque fut bien
troublée pour cela.

Thibaud, dont nous avons maintenant à nous occuper, n'est
pas inscrit sur le livret de famille. Mais il ne peut y avoir
de doute sur ce qu'il était bien le frère des précédents, par
toutes les pièces que nous avons déjà vues. Cela prouve tout
simplement que l'on cessa, à un moment donné, de tenir au
courant ce livret de famille, et que les deux derniers enfants
de Louis de Lastic et d'Anne de La Fayette n'y furent point
inscrits. Georges, le dernier des inscrits, étant né le 18 juin
1511 et Louis étant mort certainement en 1520 ou 1521, c'est
dans cette période que naquirent Thibaud et Madeleine,
probablement plus près de 1511 que de 1520. Quel était
l'aîné des deux ? C'est ce qu'il est impossible de savoir.

La première mention qui est faite de Thibaud dans nos
archives, c'est dans l'acte de 1522, que nous avons déjà
mentionné plusieurs fois à propos de ses frères, et dans
lequel il est qualifié de mineur et sous la tutelle de son frère
aîné Jacques. Il est cité en la même qualité dans tous les actes
relatifs au règlement du douaire d'Anne de La Fayette. Nous
avons vu également que dans le testament de son frère aîné
Jacques, de 1529, il est déclaré héritier universel à la suite
de son frère Georges, si ce dernier mourait sans enfants
légitimes. C'est ce qui arriva en 1538. Je ne reviendrai pas
non plus sur la longue procédure, qui se déroule de 1530 à
1566, au sujet des droits de succession réclamés par Louis.
J'en ai parlé fort longuement au sujet de ce dernier. Je
rappellerai seulement l'arrêt du Parlement de Paris, de 1566,
par lequel celui-ci semble avoir donné raison à Thibaud, en
n'accordant à Louis que la jouissance de la terre de Rochegonde,
sous certaines conditions, et déclarant que cette terre, restant
la nue propriété de Thibaud, reviendrait à lui ou à ses héritiers,

après la mort de Louis. Nous verrons plus loin qu'il en fût ainsi en 1576. Par la mort de tous ses frères et la disparition momentanée de Claude, Thibaud devient ainsi le chef de notre maison, et possesseur de son riche patrimoine. On conviendra cependant que ce fait est au moins curieux, quand on songe qu'il était le plus jeune des quinze enfants et des neuf garçons de Louis de Lastic et d'Anne de La Fayette. Aussi, à partir de 1538, après la mort de Georges, nous le voyons, jusqu'en 1563, acquitter toutes les dettes dues encore à Jean de Sailhens (1). Il règle aussi les autres obligations sans importances antérieures à sa prise de possession du patrimoine (2).

Il se marie par contrat du 4 avril 1542 (v. s.), à l'âge de trente ans environ, et du coup fait un mariage des plus brillants. Je ne reproduirai pas *in extenso* ce contrat qui est fort long et rempli de formules peu intéressantes. Je n'en donnerai que quelques passages et analyserai le reste (3).

« Au nom de Dieu le Créateur soyt notoire à tous présens et advenir comme à la louange et honneur de notre Seigneur, ayt esté traicté de faire et passer mariage lequel s'accomplira par Dieu et Sainte Mère Eglise, se y accordant entre noble et puissant Monseigneur Messire Thibault de Lestic (*sic*), seigneur et baron dudit lieu et plùsieurs autres places et seigneuries, habitant du lieu de Montsuc, au diocèse de Sainct-Flour d'une part, et Magnifique et généreuse damoyselle Madamoyselle Anne de Ancezune, habitante de Caderousse, au diocèse d'Orange, filhe naturelle et légitime de feu Magnific et puissant seigneur Messire Jehan de Ancezune, en son vivant, chevalier conseigneur dudit lieu de Caderousse, et de Magnifique dame Madame Marie de Crussol, d'autre. — Or est il que au jourd'huy quatrième d'avril, l'an de l'Incarnation Notre Seigneur, mille cinq cens quarante deux avant pasques, règnant notre souverain et très chestien prince Francoys par la grâce de Dieu, Roy de France, en la présence des tesmoins cy après nommés et de moy notaire royal de la Retenue (*sic*) soubsigné : Establis en personne les dites parties, sçavoir est mon dit seigneur et baron de Lestic d'une part, lequel de son bon gré, bonne voulonté, certaine science, et propre mouvement, suré, bien advisé, conseillé

(1) Archives de Parentignat. F. 30 à 54. orig. sur parch.
(2) Archives de Parentignat. F 56. orig. sur parch. et G. 4 orig. sur parch.
(3) *Ibid*. G. 6 et 7. orig. sur parch. ·

pourveu et délibéré, a promis et par ces présentes promet à ma dicte damoyselle Anne de Ancezune, présante et acceptante de la prendre pour sa femme et espouse, en face de Sainte Mère Eglise suyvant l'ancienne coustume quant par elle en sera requis et que sera advisé, délibéré et conclu entre eulx, leurs parents et amys, et ainsi l'a promis et juré sur sa bonne foy et serement de son corps presté sur les Saintes évangilles de Dieu, ès mains de moy notaire soubsigné, et de l'autre part ma dicte damoyselle Anne de Ancezune laquelle avec licence, conseil et bon plaisir de ma dicte dame Marie de Crussol sa mère, ensemble de Magnific et puissant seigneur Messire Aymar de Ancezune, chevalier, conseigneur de Caderousse, son oncle et de Magnifique dame Madame Jehanne de Genoilhac, dicte Galiotte, dame de Couzac, vicomtesse d'Uzès, et de ses autres parents et amys illec aux fins dessus assemblés, de son bon gré, etc.... a promis et par ces dites présentes, promet à mon dit seigneur de Lestic, présant et acceptant de le prendre pour son mary et espoux, en face de Sainte Mère Eglise, etc..... ».

Anne de Ancezune se constitue en dot tous ses biens, droits et actions, meubles, immeubles, autres présents et à venir. Comme une partie de ses biens consiste en vaisselle d'argent et or, et en argent monnayé, le seigneur de Lastic sera tenu et promet lui reconnaître cette vaisselle et cette somme qui resteront la propriété de ladite demoiselle dans le cas de restitution, « marc pour marc ». Tout le blé qui se trouvera dans les greniers sera vendu au profit de ladite demoiselle et l'argent en provenant, en sera remis au seigneur de Lastic, qui en devra compte comme dans le cas précédent. En ce qui concerne le mobilier meublant, le seigneur de Lastic ne sera tenu de le rendre que dans l'état où il se trouvera à ce moment-là. Le seigneur de Lastic devra « abilher de accoutrements nuptiaulx ladicte damoyselle Anne à son plaisir et voulonté », et ces vêtements appartiendront à ladite demoiselle, qui n'en devra aucun compte au seigneur de Lastic, même au cas de dissolution de mariage. Le seigneur de Lastic sera aussi tenu de « aorner et enjoyer ladicte damoyselle Anne de Ancezune, de bagues et joyaulx jusques à la somme de huict cens escus d'or », lesquels appartiendront à ladite demoiselle comme dans le cas précédent Il a été stipulé en plus, que la place et baronnie

de Lastic et le mandement de Cassanholes « autrement dit
de la Chaumette », avec toutes leurs dépendances quelconques,
tels qu'ils ont toujours été de tout temps et qui « se meuvent
en fiefs et hommaige franc et noble de Monsieur le baron de
Mercuers », appartiendront à celui des enfants nés du
mariage, qui sera « esleu et nommé l'esné de ces dits enfants
mâles ». Cette donation est faite en préciput des autres
enfants, tant mâles que femelles à naître dudit mariage. En
plus ladite demoiselle donne à l'un de ses enfants mâles, issu
dudit mariage « et qui par elle sera esleu », ou a l'aîné à
défaut d'élection, la somme de deux mille livres tournois,
en préciput des autres enfants. Cette somme ne sera payable
qu'après sa mort. En cas de prédécès du seigneur de Lastic,
celui-ci donne à sa future la place et baronnie de Montsuc
avec toutes ses dépendances quelconques, excepté les bois de
haute futaie, sur lesquels elle ne pourra prendre que ce qui
sera nécessaire à l'entretien du château et son bois de chauffage
dont elle jouira sa vie durant « tant qu'elle vivra en viduité et
soubs le nom dudict seigneur de Lastic ». Dans le cas où elle
viendrait à se remarier, le château et baronnie de Montsuc et
ses dépendances reviendront à la sucession qui servira, dans
ce cas, à la dite demoiselle une pension viagère de quatre cents
livres tournois, payable en deux fois, de six mois en six mois.
Les futurs époux, en garantie des stipulations précédentes,
hypothèquent, l'un envers l'autre, tous leurs biens meubles
et immeubles, présents et à venir, « aux forces, rigueurs,
contrainctes, scels et juridictions de courts temporelles et
espirituelles du seigneur d'Uzès, défunt seigneur d'Ancezune,
présidial et conventions royaulx de Nimes. » etc. « Cet acte
faict, récité et stipulé..... au château baronnial et en la
la petite salle d'iceluy, en présence de nobles, vénérables et
agreiges personnes, Messire Aymar de Ancezune, chevalier,
conseigneur de Caderousse, Jacques de Sarrat, docteur ès
droicts, seigneur de Bernis, Jehan de Malingas, seigneur de
Gausac, Jacques Saret, docteurs ès droicts, conseigneur de
Saint-Privat, Jehan de Serron. docteur en la Sainte théologie,

viccaire de 'Monsieur l'évesque d'Uzès, Jehan Blanchon, docteur ès droicts, seigneur d'Ayran, plusieurs autres personnages tesmoins à ce présens et appellés. Et de moy Jehan de Médicis, notaire royal de la Retenue, habitant de la Cité dudict Uzès, etc. etc. » Au bas, les signatures de Marie de Crussol, Lastic, Anne de Ancezune, F. de Bosigues (1). Lastic (2), Saint Privat, F. Malingas, G. de Clavières, de Médicis.

La Maison d'Ancezune, des ducs de Caderousse, vicomtes de Cadenet, était une des plus anciennes et des plus illustres de la Provence et du Comtat Venaissin. Elle descendait de Guillaume d'Ancezune, qui vivait en 1080, et avait part aux seigneuries d'Orange, de Caderousse, d'Entraigues et de de Cadenet (3). Ses alliances étaient avec les maisons de Poitiers, de Saint-Just, d'Hugolen, de Laudun, de La Baume de Cornillan, de Falcas, de Montdragon, de Rochemaure, de Pontevès, de Cadart etc. etc. Les d'Ancezune furent faits ducs de Caderousse par le pape Alexandre VII en 1663. La mère d'Anne d'Ancezune était Marie de Crussol, sœur du premier duc d'Uzès, d'après la Chesnaye des Bois, et sa tante d'après le P. Anselme. La grand'mère de la future était une Gourdon de Genouilhac. Nous la voyons figurer au contrat. Elle était la fille du fameux Galiot de Genouilhac,

---

(1) *F. de Bosigues*, comme nous le verrons plus loin, était le beau-frère de Thibaud, ayant épousé sa sœur aînée *Isabeau*. Il était de plus languedocien et parent des maisons d'Ancezune et d'Uzès par les Brancas.

(2) Il est regrettable que dans le corps de l'acte, on n'ait pas donné les noms de tous les témoins. Il eut été intéressant de savoir quel était ce *Lastic*, qui a signé en bas de la minute de l'acte. Il n'est pas probable que ce soit Louis, le Grand Prieur, avec lequel Thibaud était en procès. Etait-ce le bâtard, fils de Jacques, qui pouvait avoir à ce moment-là au moins vingt ans?

(3) *Dictionnaire de la Noblesse.* De La Chesnaye des Bois Edition de 1770. p. 244 et suivante.

Histoire généalogique et chronologique de la Maison de France, des Pairs et Grands Officiers de la Couronne. etc. Par le P. Anselme. Edition de 1728. Articles : Gourdon de Genouilhac et Crussol d'Uzès.

grand Maître de l'artillerie sous François I, et un des meilleurs généraux de France à cette époque. C'est lui qui avait construit le beau château d'Assier, en Quercy, très abîmé aujourd'hui, mais considéré encore comme monument historique. Cette « Galiotte » de Genouilhac, étant la dernière de sa maison, apporta la terre d'Assier dans celle de Crussol d'Uzès, et celle-ci constitua, selon l'usage d'alors, un second patrimoine pour une branche cadette, dont le chef se fit protestant et fut un des plus brillants de ce parti. Elle-même épousa en deuxième noces un Comte Palatin du Rhin. Chose curieuse, cette Marie de Crussol, qui devenait la belle-mère de Thibaud de Lastic, se trouvait être l'arrière petite fille d'Hélis de Lastic, qui avait épousé, on s'en souvient, Giraud Bastet de Crussol. Fut-ce grâce à cette parenté que Thibaud fit ce brillant mariage, ou grâce à son beau-frère François de Bosigues ? C'était la première fois qu'un Lastic contractait une union aussi loin de son nid familial. Le château d'Uzès, où fut signé ce contrat, existe encore. On l'appelle aujourd'hui le Duché, et l'on voit encore, en parfait état, la salle où l'on s'était réuni pour cela. On y voit même, parmi les vieux portraits qu'elle renferme, celui de Marie de Crussol, mère d'Anne d'Ancezune. Ce serait un gros travail de rechercher la parenté procurée ainsi à Thibaud par cette alliance. Les trois maisons d'Ancezune de Caderousse, de Gourdon de Genouilhac, et de Crussol d'Uzès sont trop connues pour qu'il soit utile d'insister.

Rien, dans ce contrat, n'attire spécialement notre attention. Les conditions en sont toujours les mêmes, un préciput important assuré à l'aîné des enfants mâles, qui reçoit les terres patrimoniales, mais en partie seulement. C'est ainsi qu'il n'y est pas question de Rochegonde que se disputaient alors Louis et Thibaud, et qui constituait, de l'aveu de ce dernier, le plus beau fleuron de notre couronne. D'après les termes des arrangements faits entre les deux frères, Rochegonde reviendrait à la succession seulement. Anne

6

d'Ancezune reçoit pour son douaire le château de Montsuc. J'ai déjà dit ce que je pensais de cette forteresse perdue dans les forêts et les montagnes, loin de tout bourg et de tout chemin. Je pense qu'Anne, élevée dans les plaines ensoleillées de la Provence et dans les salles des gais châteaux de Caderousse et d'Uzès, ne dût pas aller habiter souvent une région aussi froide et aussi triste. Néanmoins on avait à cette époque là, une compréhension de la vie tellement différente de la nôtre, qu'il n'en faudrait pas jurer.

Pour en finir de suite avec les relations de Thibaud avec sa belle famille, je dirai quelques mots du testament du grand père de sa femme (1), que nous possédons dans nos archives et qui nous donnera la situation de fortune d'Anne d'Ancezune. Cet acte, qui est daté du 15 janvier 1529 (v.s.) (2), est en latin. Il est dressé au nom du pape Clément, le château de Caderousse se trouvant dans le Comtat Venaissin. Le testateur s'intitule Magnifique seigneur Guillaume (Guilhermus) d'Ancezune, seigneur des lieux de Codolet, Saint Alexandre, conseigneur de Saint-Michel-d'Euzet, au diocèse de (effacé), et des lieux de Brissac, de Cassilhac, et de « Calcis cile », au diocèse de Maguelone, de Frigolet et conseigneur de Caderousse, au diocèse d'Avignon, et visiteur général des Gabelles et du sel du Languedoc, du Duché d'Aquitaine et dans les parties du Quercy et de l'Auvergne, pour le très sérénissime et très chrétien seigneur le Roi de France. Après un préambule qui tient presque la moitié de l'acte et dans lequel il règle ses obsèques et fait des donations pieuses, il donne de l'argent monnayé à sa fille Jeanne d'Ancezune, femme de noble Louis de Rochemaure, seigneur de Besset, à son autre fille Louise d'Ancezune, femme de Magnifique et puissant seigneur Jean de Pontevès, seigneur de Colinhac, puis à ses

---

(1) Il ressort de cette charte que Jean d'Ancezune mourut avant son père Guillaume, et que ce fut le testament de ce dernier qui devint ainsi efficient à l'égard de ses enfants et des petits enfants.

(2) Archives de Parentignat. Y. 1 orig. sur parch.

petites filles, Françoise, Anne, Louise et Jeanne d'Ancezune, filles de feu noble Jean d'Ancezune, brave chevalier, son fils légitime. Il donne à ces dernières la moitié de l'île du lieu de *Codolet*, au diocèse d'Uzès, plus les terres, vignes, près, bois, droits de pêche, de chasse, cens et tous les biens immobiliers se trouvant dans les lieux et territoires de *Cadenet* et de *Gicon* (Gigonas ?), au dit diocèse d'Uzès, plus le château seigneurial et les droits de haute, moyenne et basse justice et autres droits féodaux supérieurs dans les lieux de *Brissac, Cassilhac*, et de « *Calcis cile* » au diocèse de Mague-lone, ainsi que les vignes, terres cultivées ou incultes, les prés, les bois, les pâturages, les forêts, les moulins, les droits de pêche et de chasse, les droits de justice et tous autres droits et actions quelconques dans les lieux de *Brissac*, de *Cassilhac*, et de « *Calcis cile* », tels qu'ils appartiennent jusqu'à présent au testateur. En plus tous les droits de péage sur le fleuve du Rhône, tels que le dit testateur en avait joui jusqu'à présent, dans les lieux et territoire de *Mornas*, ainsi que les îles qui sont dans son territoire, qu'on appelle l'île de *Canabier* ou *Castanier*. De plus il leur laisse une grange ou bastide sise dans le territoire de Caderousse au lieu dit de *Cayrance* (?), avec des terres, des prés, des bois, etc., avec tous leurs droits de toute espèce, plus une autre grange ou bastide située dans le territoire de la ville d'Orange au lieu dit de *Bassan* avec les mêmes dépendances qu'au-dessus (1), plus une certaine autre bastide située près d'Orange, appelèe *A Meynis*, toujours de même, plus le moulin de (nom effacé), avec un jardin et un pré, plus mille écus d'or. La fin renferme une énumération fastidieuse de conditions diverses que le mauvais état de la charte rend difficile à comprendre. On y voit, entre autres, qu'il fait quelques legs à quelques parents et amis qu'il nomme personnellement. Cet acte a été fait et lu à Caderousse, dans le château du testateur, dans la

---

(1) On donne l'étendue de toutes ces terres.

chambre qui est dans la partie orientale de la cour supé-
rieure, en présence d'égrège seigneur Arnaud Garin de
Thomas de Crest, du diocèse de Die, André Bellon, Hector
Bonnier. etc., habitants du lieu de Caderousse.

Voyons encore l'acte de partage fait entre ces demoiselles,
une fois mariées, et cela trente et un ans après le testament
précédent. Cet acte est, en effet, daté du 26 mars 1560
(v. s.). (1) Le partage a lieu entre « Noble et magnifique
damoyselle Françoise d'Ancezune, vesve à feu magnific
seigneur Gaspar de Brancas, en son vivant, seigneur et baron
de Creste (Cereste), Anne d'Ancezune, fame à magnific
seigneur Thibaud de Lestic (sic), seigneur et baron de Lastic,
et Loyse d'Ancezune, fame à hault et puissant seigneur
Christoffle de Sàint-Chamond, seigneur et baron de Saint-
Chamond, aux diocèses d'Orange et d'Uzès, respectivement
des places infrascriptes qu'elles ayent, tiennent et possèdent
par commun et indivis aux cités, villes et lieux d'Avignon,
Aurange (sic), Caderousse, Châteauneuf-du-Pape, Bannes,
Gigondas, Saint-Alexandre, Saint-Michel d'Euzet et Saint-
Gervais. » On énumère d'abord la part de Françoise, puis
celle d'Anne, dont voici la contenance : — La moitié des
juridictions et de tous les droits féodaux de haute. moyenne
et basse justice et autres droits possibles de la terre de
Caderousse. Une. maison sise à *Orange* dans la rue Sainte-
Martine, a côté de celle de M. de Montclar. Deux étables
sises à côté. Des moulins et leurs dépendances, terres et prés,
situés sur la rivière de la Meyne *sive* de la Roubine, au
terroir d'Orange, ces moulins appelés moulins des *Avents,*
plus un moulin à papier, toujours sur la rivière de la
Meyne, appelé le *Moulin neuf,* toujours aux appartenances
d'Orange, plus des terres diverses et une grange appelée de
Largentière, toujours au terroir d'Orange, toujours des
terres, des prés, des « bosigues », une petite maison dans le

---

(1) Archives de Parentignat. H. 1. Orig. sur parch.

même endroit, plus une autre grange et maison, toujours
au terroir d'Orange, au lieu dit de *Granolher*, toujours avec
des terres, des prés, des vignes, encore une autre grange,
située dans le même terroir, au lieu dit « *en mernilhes* » (?),
avec des appartenances, prés, jardins, terres, vignes, etc.
En plus Anne reçoit tous les droits de cens et féodaux sur
la cité d'Orange, restés indivis avec le seigneur Rostaing
d'Ancezune et autres, parmi ces droits, toutes les langues
de bœufs qui se tuent à la boucherie de la dite cité d'Orange
en indivis avec le Prince d'Orange et le seigneur Rostaing
d'Ancezune, plus une vigne et un verger sis à *Chateauneuf-*
du-Pape, plus une vigne située à Caderousse au terroir de
la *Cauquine*, plus une autre, au terroir d'*En bayard*, plus
une luzerne autrefois vigne, toujours à Caderousse, au
terroir « *au chemin de Saint-Martin* », plus trois cent cinquante écus d'or. « Fait à Avignon à la maison appartenant
à la dite dame Louise (la dernière de ces demoiselles) dans
la salle haulte d'icelle, en présence de Jean de Neuvéglise,
écuyer, seigneur du dit lieu, noble Jacques de Pradal,
seigneur du dit lieu (1), paroisse des Chazes, au diocèse de
Saint-Flour, en Auvergne, François Goathet, Fournier et
Pierre de Bornes, habitants d'Avignon. »

Il faudrait connaître la valeur de ces terres pour estimer
cette fortune. J'ai l'impression néanmoins qu'elle devait être
considérable, et Françoise qui resta seule vivante des enfants
de Thibaud de Lastic et d'Anne d'Ancezune, devint ainsi
une très riche héritière.

Nous connaissons la vie de Thibaud surtout par les procès
qu'il eût à soutenir. Nous avons vu celui qu'il eut avec Louis

---

(1) Ces deux témoins avaient dû être amenés par Thibaud de Lastic.
Peut-être étaient-ils ses écuyers. Chose curieuse : ce Jean de Neuvéglise
est celui que nous voyons paraître au contrat de mariage de Claude de
Lastic, et le dernier de sa race. Après lui la terre de Neuvéglise passa par
achat ou par héritage à Jean de Lastic de Sieujac. C'est à noter et à
méditer.

au sujet de Rochegonde. Nous allons le voir maintenant essayant de revendiquer une partie du patrimoine qui avait quitté notre maison, quelques générations plus haut. Pour cela il faut nous rappeler que Jean Bompar de Lastic avait épousé en 1358 Hélis de Montalez qui était vraisemblablement la dernière héritière de sa maison. Elle avait apporté dans la nôtre d'importants biens, Unzac et Segonzac. Mais ces biens ne restèrent pas longtemps dans la branche aînée. Il était alors couramment d'usage, lorsque la mère était très riche, que l'on constituât avec ses biens, comme un second patrimoine, que l'on donnait à un cadet, qui formait ainsi une nouvelle branche, quelquefois aussi apanagée que la branche aînée. C'est ce qui arriva pour les enfants de Jean Bompar de Lastic et d'Hélis de Montcelez. La fortune de celle-ci fut donnée au second de leurs enfants, Bertrand, dit Bayard, qui épousa, en 1395, Jeanne de Montlaur. Bertrand reçut en plus une part du patrimoine de la maison de Lastic, les terres d'Enval et du Boscharat, à la suite d'une tran-saction avec son frère aîné, que nous avons rappelée en son temps. Pour la compréhension de ce qui va suivre, il est utile que je donne ici une généalogie rapide de cette branche. Cette Jeanne de Montlaur, qui avait épousé Bertrand de Lastic, appartenait à l'importante maison du même nom, qu'il ne faut pas confondre avec d'autres maisons de Mont-laur, moins puissantes et dont l'une existe encore. Celle des Montlaur-Montlaur, comme l'appelle leur descendant par alliance, le marquis de Vogüé, tirait son nom d'un château de Montlaur, situé à peu de distance des sources de la Loire, dans la paroisse de Coucouron, actuellement chef-lieu de canton de l'Ardèche. Ce château était en quelque sorte à cheval sur la ligne de partage des eaux entre les vallées de l'Allier, de la Loire et du Rhône. Ses seigneurs étaient donc les maîtres de passages de la plus haute importance. Plus à l'est les seigneurs de Mezenc, dont sont sorties les maisons de Fay et de Capdeuil, plus à l'ouest les fameux barons associés de la Garde-Guérin, aux sources de l'Allier, du Lot

et de la Cèze, étaient des féodaux du même genre, qui des-
cendaient volontiers de leurs montagnes, tantôt au nord,
tantôt au sud, pour faire valoir leurs droits plus ou moins
légitimes. Les Montlaur, attirés par le soleil, finirent par
être les maîtres de presque tout le bassin supérieur de l'Ardèche, et construisirent sur la terrasse d'Aubenas, dominant
au loin la plaine, ce beau château existant encore, qui renferme dans ses vastes murs à la fois l'Hôtel-de-ville, le
Tribunal de commerce et la condition des soies de cette
capitale commerciale du Vivarais. Aussi cette branche des
Lastic prit-elle de suite de l'importance et la branche aînée,
dans ses moments de défaillance, s'appuya sur elle. Robert
Bompar, le fils aîné de Bertrand et de Jeanne de Montlaur,
joua un rôle important dans les guerres contre les Anglais et
ensuite dans la répression des d'Armagnac. Nous verrons
cela plus tard. Il fut lieutenant du maréchal de Sancerre,
conseiller chambellan et panetier de Louis XI. Il épousa,
en 1435, Antoinette de Maubec, qui appartenait à une
importante famille du Dauphiné, et je crois bien que ce fut
un de ses enfants qui fut l'auteur de la branche dauphinoise
de notre maison, celle des seigneurs d'Urre et de Saou,
C'est aussi l'avis de Clabault. Il eut plusieurs enfants dont
l'aîné fut *Hector*. Celui-ci fit un très gros mariage, en
épousant, en 1510, *Germaine d'Espagne de Comminges*, qui
appartenait à une des plus puissantes familles de Gascogne,
branche cadette de la maison de Foix et alliée aux rois
d'Aragon, dont elle était probablement issue. Nous avons vu
cet Hector paraître dans divers actes de la branche aînée,
entre autres comme curateur de Louis de Lastic, le futur
Grand Prieur, en 1522, dans l'arrangement qu'il fit avec son
frère Jacques, pour se faire donner, au moment d'entrer
dans l'Ordre de Saint-Jean-de-Jérusalem, une somme de
six cents livres et une rente annuelle de quarante. Cet Hector
était, en effet, le cousin issu de germain d'Antoine et de
Louis de Lastic, et par conséquent l'oncle à la mode de

Bretagne de Thibaud de Lastic. C'est ce qui va être cause du procès suivant.

Pour nous en rendre bien compte, le plus simple est de nous reporter à une pièce très postérieure, datée du 15 mars 1649 (1). C'est un mémoire de l'un des Chabrol, cette illustre lignée de jurisconsultes de Riom, au profit de Louis de La Rochefoucault, chevalier, marquis dé Langeac, qui était le petit-fils de Thibaud de Lastic par sa femme, Louise de la Guiche, dont la mère, Françoise de Lastic, était son unique héritière. Ce procès durait encore à ce moment-là entre Louis de La Rochefoucault et Urbain de Noé, héritier de Germaine d'Espagne de Comminges, la veuve d'Hector de Lastic. D'après Chabrol, ce procès aurait commencé en 1540 entre Thibaud de Lastic, héritier naturel d'Hector de Lastic, et Germaine d'Espagne, sa soi-disant donataire. Les terres d'Unzac, Segonzac, Laval et le Boscharat étaient, sans contredit, la propriété d'Hector de Lastic. Celui-ci mourut sans enfants, le 2 août 1540. Hector en aurait disposé en faveur de sa femme, Germaine d'Espagne, laquelle en aurait disposé elle-même en faveur de son frère Roger d'Espagne. Pour faire valoir ses droits sur ces terres, Thibaud se basait sur une substitution réciproque faite entre Etienne de Lastic et son frère Bertrand, qui avait eu en partage les terres contestées. Cette substitution, arguée par Thibaud, soit qu'elle ait disparu dans l'incendie du château d'Unzac, soit autrement, comme le prétendaient certains témoins, n'existait plus. Aussi ne pouvait-on en tenir compte. Il fallait donc chercher autre chose. Alors on voulut savoir à quel titre Germaine d'Espagne se prétendait héritière des dites terres. Elle s'appuyait pour cela sur une donation mutuelle, datée du 18 avril 1533, par laquelle Hector de Lastic lui aurait cédé, entre vifs, ces terres et tous ses autres biens, dans le cas où il décèderait sans enfants

---

(1) Archives de Parentignat. X. 62. Orig. sur pap.

et que Germaine lui survécût, et réciproquement cette
dernière lui aurait cédé tous les siens, si elle mourrait avant
lui, sans laisser d'enfants. Louis, frère et héritier de Germaine, s'appuyait aussi sur un acte du 7 juillet 1538, par
lequel Hector donnait, sans conditions, tous ses biens à
Germaine, biens qui composaient non seulement les terres
disputées, mais encore celles de *Lugeac*, *Meyronne* et de
Montmonedier. Il s'agissait donc de savoir tout simplement
si ces deux actes étaient valables. Thibaud de Lastic obtint,
le 13 octobre 1553, un jugement du Sénéchal d'Auvergne
qui le mit en possession de ces terres contre Roger d'Espagne, second frère et second héritier de Germaine, après
la mort de son frère aîné Louis, qui avait entamé le procès.
Ce jugement annulait la donation mutuelle, car, selon la
coutume d'Auvergne, dont dépendaient les terres en
question, les femmes et même les fiancées n'ont pas le droit
de disposer de leurs biens, étant sous la puissance de leurs
maris ou fiancés. De plus Germaine d'Espagne n'avait à ce
moment-là reçu que sa dot, se montant à sept mille livres
sur la terre de Valentine, en Gascogne, et les dots sont
inaliénables. La donation de Germaine à son mari étant
nulle par ces moyens, la donation que son mari lui avait
faite, se trouvait également nulle de ce fait, puisqu'étant
réciproque, elle n'avait plus de contre-partie. De plus, par
un acte du 27 septembre 1529, Germaine avait déjà donné à
son frère tous ses biens, dans le cas où elle n'aurait pas
d'enfants. Elle n'aurait donc pas eu le droit d'en disposer
après et aurait ainsi trompé son mari. Tel avait été le jugement du Sénéchal d'Auvergne. Néanmoins une enquête fut
ordonnée par la Cour du Parlement de Paris sur « l'usance
de la dite coutume ». Roger d'Espagne sentant lui-même
que sa cause était bien chanceuse, produisit devant la Cour
la donation directe citée plus haut, en 1555. Aussitôt Thibaud
l'attaqua comme fausse. Il réclama la minute de cette pièce,
et comme on ne put la produire, Michel de Narbonne,
héritier de Roger d'Espagne, présenta en 1571, à la place de
la minute, une grosse sur papier, sur laquelle se serait

trouvée la signature d'Hector de Lastic avec celles de Jacques d'Oradour et de Valentin de Bordelles (Bourdeilles), témoins de la donation. Thibaud ayant encore réclamé contre l'authenticité de cette pièce, le procès fut arrêté par les troubles de la Ligue et le décès des parties. C'est alors qu'il fut repris en 1608, par Urbain de Noé, d'une part, et par Gabrielle de Foix et Louise de la Guiche, petites-filles et héritières de Thibaud, de l'autre. Cela traîna pendant quelques années et le 8 janvier 1628 seulement une information fut ordonnée pour confronter les signatures. Le mémoire de Chabrol va chercher à démontrer non-seulement que les signatures sont fausses, mais encore que l'acte l'est aussi pour plusieurs raisons, entre autres que la minute n'en a jamais été retrouvée chez un notaire, qu'Hector de Lastic n'a jamais été seigneur de *Lugeac*, de *Meyronne* et de *Montmonedier* et qu'il n'a donc pu en faire donation, et qu'enfin Pierre de La Volpilière, qui était devenu par achat propriétaire des terres d'Unzac et de Segonzac, était connu comme homme « *subtil et adroit à contrefaire toute sorte de signature* » et avait été condamné pour cela à « *estre pendu par les pieds* » par sentence des officiers de Riom, dans une cause analogue. De plus Chabrol déclare la pièce nulle en elle-même. D'abord le soi-disant notaire, qui avait rédigé cette grosse sans minute, était tout simplement un serviteur de Germaine d'Espagne, qui avait déjà fabriqué d'autres pièces. Mais le plus grand grief de nullité est que la donation étant faite à Germaine d'Espagne « assistante et acceptante », celle-ci aurait dû signer l'acte. Or, elle ne l'avait pas fait.

Nous ne possédons pas le jugement définitif qui mit fin à ce procès. Il dura plus de cent ans. Il manque énormément de pièces dans le dossier, quoiqu'il nous en reste encore beaucoup (1). Comme je n'ai pu trouver ailleurs à qui étaient

---

(1) Archives de Parentignat. G. 24 et 25. Orig. sur parch.— G. 41 à 56. Orig. sur parch. — X. 59. Orig. sur pap. X. — 60 Orig. sur pap. — X. 62. Orig. sur pap.

restées finalement les terres d'Enval et de Boscharat, comme nous l'avons vu lorsque j'ai parlé de celles-ci, ni celles d'Unzac et de Segonzac, il est probable que nous ignorerons toujours la solution de cette longue affaire. Dans les notes que le comte de Lastic a laissées, à droite et à gauche, dans ses papiers, il semblerait que cet Hector de Lastic se serait marié assez vieux avec cette Germaine d'Espagne beaucoup plus jeune que lui, et que tout avait été préparé par la famille de cette dernière en vue d'accaparer le patrimoine des Lastic d'Unzac. Je ne crois pas qu'il en soit tout à fait ainsi. Hector s'est marié en 1510 et ne mourut qu'en 1540, c'est-à-dire qu'il resta marié près de trente ans. De plus il semble que les pièces fausses n'ont été fabriquées que par les héritiers de Germaine d'Espagne, et c'est ce qui fut cause des grossières erreurs qui s'y glissèrent, ces héritiers étant mal renseignés sur la situation d'Hector. J'ai trouvé aussi que Germaine d'Espagne, une fois veuve d'Hector de Lastic, avait épousé un seigneur dauphinois, Louis de Sassenage. Quelques papiers nous révèlent que ce personnage était un ivrogne et qu'il battait sa femme. Mais comme j'ai trouvé cela dans une procédure fort incomplète, entre Germaine d'Espagne et son second mari, il ne faut rien affirmer.

Si nous nous en rapportons à Clabault, généralement assez exact, et qui a eu entre les mains des actes aujourd'hui disparus, nous apprenons que par lettres du 25 avril 1542, les Prieurs et religieux du prieuré conventuel de La Voûte reconnurent avoir reçu de Thibaud la somme de trois cents livres tournois pour le capital d'une fondation faite en leur église par Pons, seigneur de Lastic, le 17 mars 1484, moyennant quoi ces religieux s'obligèrent à l'achat d'une rente perpétuelle pour entretenir cette fondation. Par ces mêmes lettres ils lui donnèrent encore quittance de la somme de quatre cents livres pour le rachat de plusieurs dîmes qui leur avaient été vendues par Jacques de Lastic. Le Procureur du Couvent des Frères Prêcheurs de Saint-Flour lui donna aussi quittance pour la fondation faite en ce couvent par ses prédécesseurs. Ces quittances sont datées des années 1541, 1548, 1549, 1551, 1554 et 1555. Le Chapitre de la Cathédrale de Saint-Flour lui avait cédé, le 22 novembre 1553, dix livres de rente censuelle, à prendre sur la terre de Lastic, laquelle rente leur avait été vendue par feu Louis de Lastic, son père, par acte du 6 juin 1517, moyennant la somme de quatre cents livres tournois. Toutes ces fondations avaient été déjà énumérées en leur temps. Cela prouve que Thibaut cherchait à décharger ses terres des hypothèques qui leur avaient été imposées par ses ancêtres, ceux-ci n'ayant pas disposé d'autant de numéraire que lui.

Le 26 mars 1578 (1), au château de Montsuc, Thibaud de Lastic, chevalier de l'ordre du Roi, seigneur et baron de Lastic, Montsuc et Rochegonde, émancipe son fils Louis et le reconnaît majeur de vingt-cinq ans, en raison des services qu'il a reçus de lui, et voulant qu'il puisse désormais acquérir librement terres et seigneuries et « icelles soy réserver et approprier, non obstant la puissance paternelle ». Une fois cette formalité remplie, le même jour, le 26 mars 1578 (2), il lui fait donation des deux tiers de ses biens, meubles et immeubles, droits, cens, etc. Je n'entrerai pas dans le détail de ces actes, mais ce qui est curieux, c'est que, peu de temps après, le 15 septembre 1578 (3), Louis de Lastic, donataire de son père, résidant au château de Rochegonde, redonne à celui-ci tous les biens qui lui avaient été donnés par le dit seigneur « rien en iceux retenus, s'il n'est les usufruits pour le cours de sa vie », et après avoir rendu les dits biens à son père, il déclare qu'ils reviendront ensuite à « dame Françoise de Lastic, dame de Mardogne, fille naturelle et légitime du dit seigneur Messire Thibault, et

_____

(1) Archives de Parentignat. H. 47 et 48. Orig. sur parch.
(2) *Ibid.* H. 46. Orig. sur pap.
(3) *Ibid.* H. 49 à 61. Orig. sur pap. et H. 52 à 54, orig. sur pap.

sœur du dit seigneur Loys, donateur. Cette donation est faite sous la seule condition que Louis décéderait sans enfants légitimes. Pourquoi cette double donation en aussi peu de temps ? L'époque était alors fort troublée par les guerres de religion et la Ligue. Louis n'était pas marié. Thibaud, qui devait mourir peu de temps après, se sentait malade. L'un et l'autre devaient être exposés à disparaître d'un moment à l'autre. La fortune de Thibaud était fort considérable, comprenant tout le patrimoine de notre maison. Craignait-il que sa fille, restée seule, eût à disputer son héritage à ceux qui pouvaient le convoiter plus ou moins légitimement ? Les enfants de Claude de Lastic pouvaient se trouver dépouillés. Les enfants naturels de Louis, le Grand prieur, pouvaient agir comme leur père et se montrer aussi âpres à revendiquer une bonne part de l'héritage. Le fait est que toutes ces pièces sont ratifiées par une transaction définitive entre Thibaud et Louis, le 29 novembre 1579 (1). Cet arrangement fut fait quelques jours seulement avant la mort de Thibaud, puisque dans l'une des pièces annexes, nous apprenons sa mort survenue dans le courant de cette année 1579, et par conséquent après le 29 novembre. Nous verrons plus loin, à propos de Françoise de Lastic ce que nous pouvons penser de cette triple donation.

Nous allons maintenant étudier le rôle joué par Thibaud dans les événements historiques contemporains. Il est assez obscur et nous ne pouvons en savoir que peu de choses. Il semble cependant avoir occupé une situation assez élevée comme chef de troupes. Nous trouvons, en effet, dans nos archives, un petit cahier en papier, daté du 10 décembre 1567 (2), qui est le « Rolle de la compaignie des gens de pied de Monseigneur de Lastic, gouverneur pour le Roy en la ville et prévosté de Saint-Flour, cappitaine de cent arquebusiers à cheval et trois cents hommes de pied dont la reveue et

---

(1) Archives de Parentignat. H. 55. Orig. sur parch.
(2) *Ibid.* H. 16. Orig. sur pap.

monstre à esté faite en la ville de Sainct-Flour, le XXe de décembre mil V cent soixante-sept, lequel jour ont esté payés par la main de Francoys de Raynauld, consul du dit Saint-Flour ». Suit alors la liste des officiers. Malheureusement, cette partie est horriblement tachée, Il est donc impossible de connaître les noms de ceux-ci. Dans le reste, on relève le nom des officiers subalternes : André de Cardilhac, Adrien de Courte, Guillaume de Blassac, Anthoine de Riom. Dans le cours du cahier, Thibaud donne quittance des sommes qui lui ont été payées, avec les signatures autographes : Lastic, Grasset ou Grassal, Reynauld, consul. Les habitants de Saint-Flour trouvèrent bientôt que c'était une lourde charge pour eux d'entretenir à leurs frais une pareille troupe. Ils demandèrent donc à en être déchargés et ils obtinrent, en 1569, les lettres royaux suivants (1) :

« Charles, par la grâce de Dieu, Roy de France, à nos baillifs, seneschaulx, juge d'apeaux de Carladays, leurs lieutenans et chascun d'eulx présents, sur ce requis. Salut et dilection. Les habitans en la ville de Saint-Flour au hault pays d'Auvergne, Nous ont faict remonstrer que puis naguère nous avoit esté exposé que ceulx de la nouvelle oppinion tenoient la dicte ville en leur pouvoir, commandans en icelle et lesquels commandans aux officiers et consuls et estoient voulu rebeller. A raison de quoy Nous aurions escript à notre très cher et bien aymé le Sr de Sainct-Hérem de y poster garnison et mettre pour commander le seigneur de Lasticq. Sur quoy les dits habitans nous ont faict entendre que les dicts de la nouvelle oppinion estoient en nombre de douze seullement, lesquels n'ont jamais heu et n'ont de présent aulcun pouvoir ni authorité en la dite ville. Et que ceulx qui y ont esté suyvant notre commandement dessaisis d'armes. Aussi en la dite ville n'y eust jamais ne a de présent exercice de la dite nouvelle religion et en laquelle il y a siège de baillage auquel tous les officiers et le nombre de huit à dix mil habitans (2) sont catholiques, nos bons subjects et

---

(1) Archives de Parentignat. B. H. 134. Orig. sur parch.

(2) Nous apprenons ainsi que Saint-Flour avait alors de huit à dix mille habitants, et cela à une époque de misère relative. M. Marcellin Boudet avait estimé cette population à sept mille environ, au moment où éclata la guerre de cent ans. Actuellement, cette population est à peine de quatre à cinq mille, en comptant les habitants des hameaux qui font partie de la commune.

fidèles serviteurs, lesquels ont faict et font très bon debvoir et dilligence pour la garde de leur ville, sentinelle, corps de garde et garde des postes jour et nuict et que la dicte ville et pays a demeuré et est encore en notre obéissance. Et par ainsi n'ayant fait acte que de bons et fidèles subjects, pour éviter à la foulle et despens qui leur commendait faire tant pour estat et gaiges du dict de Lasticq que la garnison susdicte, Nous ont très humblement supplié les vouloir exempter et descharger de la dicte garnison et gouverneur de Lastic, à tout le moings leur vouloir octroier commission pour monstrer de ce que dessus et ce faict y estre pourveu comme il appartiendra et ce pendant fait surcoye à poser la dite garnison et de Lastic gouverneur. Sur quoy et pour la dicte surséance Nous avons escript au dict seigneur de Sainct-Herem d'icelle faire. A ces causes, pour entendre la vérité des dicts faicts et informer et prouver à nos dicts sujets sur ce dessus, Nous mandons, commectons et très expressément enjoignons par ces présentes des dicts faicts et aultres qui vous seront plus amplement par les dicts exposans bailhés et déclairés, nous informer bien et deuement, et l'information sur ce faicte, nous l'envoier close et secrète, pour y estre procéddé comme de raison, enjoignons à nos advocat et procureur au dict siège tenir la main à ce que dessus et faire les poursuites nécessaires. Mandons et commandons à tous nos justiciers et officiers que à vous en ce faisant obéissent et entendent dilligemment. Car tel est nostre plaisir. De ce faire nous donnons pouvoir, authorité, commission et mandement espécial. Donné à (en blanc), le (en blanc). jour de (en blanc), l'an de grâce mil cinq cens soixante-neuf et de notre règne, le (en blanc). »

J'ignore si la ville de Saint-Flour obtint gain de cause.

Malgré la haute situation qu'accusent les pièces précédentes, Imberdis (1) ne nous parle qu'une seule fois de Thibaud, dans son long récit des guerres de religion. C'est à propos de la bataille de Cognat, à laquelle il prit une part importante. Cognat, où elle eût lieu, est situé dans la banlieue de Gannat, sur la route de Vichy. Les catholiques venus du Forez, où ils avaient vaincu les protestants à la bataille de Champoly, vinrent s'installer à Gannat pour couper les communications de leurs ennemis avec leurs bases de ravitaillement, et les empêcher ainsi de reconstituer leurs forces. Ils parvinrent cependant à rassembler quelques troupes et commandés par Poncenac, seigneur de Changy, et par

----

(1) Imberdis. *Histoire des guerres religieuses en Auvergne.*

Verbelais, ils vinrent s'établir en avant du village de Cognat. C'était le 6 janvier 1568. « L'armée catholique, moins forte d'infanterie, se trouvait, en cavalerie, supérieure aux protestants. Saint-Hérem, Saint-Chamond, *le baron de Lastic*, de Gordes, d'Urfé, Bressieu, le seigneur de Cognat et l'évêque du Puy, se partagent le commandement. Ce dernier, le casque en tête, la cuirasse sur le dos, offre bien moins l'aspect d'un grave prélat de l'église romaine, que l'attitude d'un bouillant guerrier qui va lever sur les protestants sa masse redoutable. Le combat ne pouvait s'éviter. Les confédérés rangent l'armée en bataille (1). » Les catholiques firent quelques reconnaissances aventureuses qui leur coûtèrent du monde. Malgré cela, étant beaucoup plus nombreux, ils essayèrent d'envelopper l'armée protestante et se déployèrent sur une grande étendue de terrain. Les protestants en profitèrent pour attaquer violemment leur centre. « Les enseignes de Montclar et de Mouvans se replient et appuient l'aile gauche qui va envelopper ainsi dans un cordon de fer les lanciers catholiques et les arquebusiers à pied ; vaincus, ils reculent, malgré les prodiges de valeur du *baron de Lastic* et de Saint Chamond. » Trois chefs catholiques : le seigneur de Cognat, Bressieu et de Lupé, lieutenant de la compagnie d'Urfé, sont tués. Saint Chamond a son cheval tué sous lui ; l'évêque du Puy est grièvement blessé. La réserve catholique perd ses positions et plie. La cavalerie privée de son chef (Bressieu), se débande. L'infanterie prend la fuite. C'était, pour les protestants, la revanche de Champoly. Ce fut surtout le manque de cohésion qui fut cause de la défaite des catholiques. Chacun commandait les siens de son côté. Les protestants, au contraire, rassemblés en un corps compact et discipliné, se jetèrent à tour de rôle sur ces corps éparpillés en quelque sorte et les vainquirent l'un après l'autre. Sachons seulement que si notre grand-

(1) Imberdis. *Histoire des guerres religieuses en Auvergne.* Tome I, pages 122 et suiv.

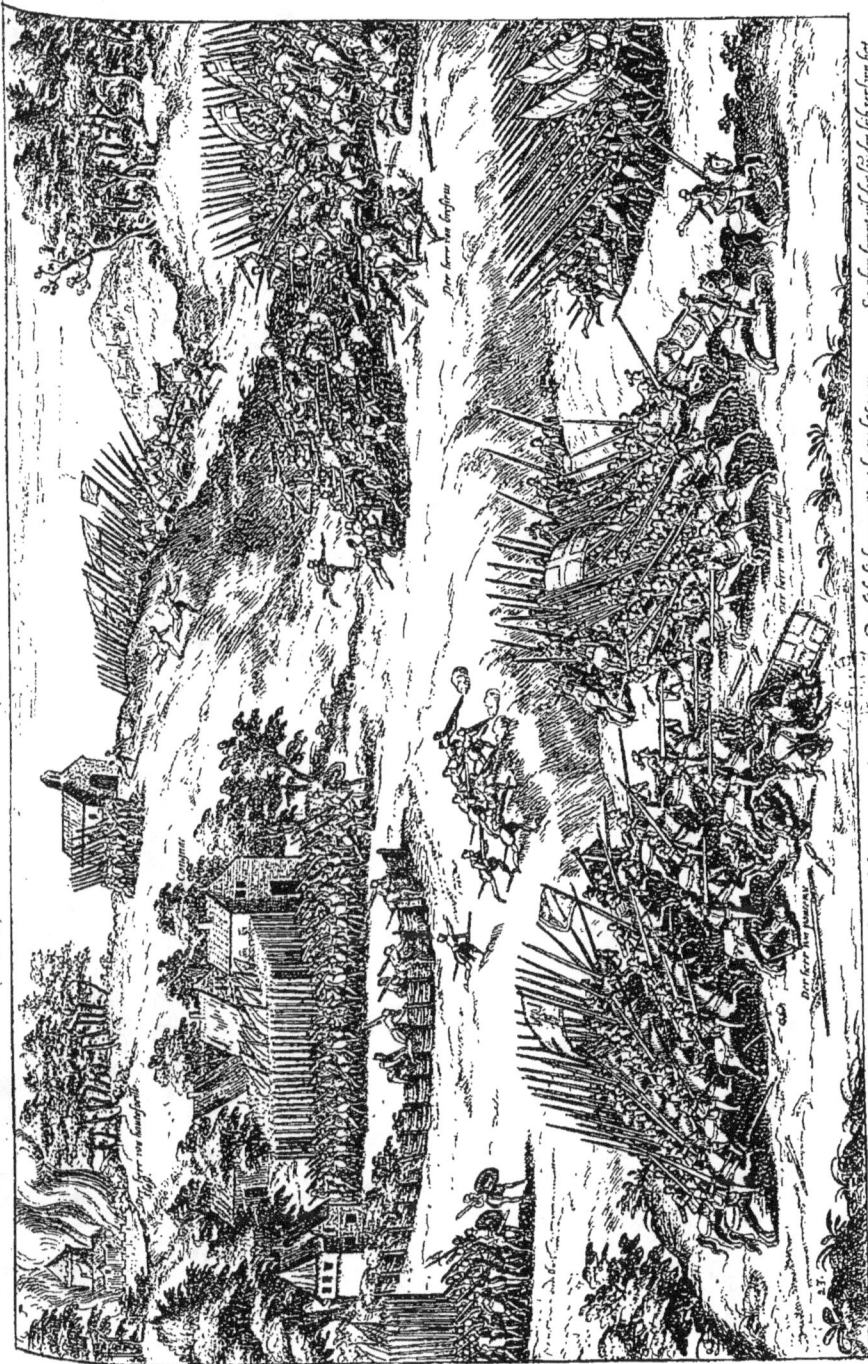

23   Ein trefflich scharmutz gehalten wurde   Und den Papist bei Cognac in Auueran   Das sich die herrn von Montcler und Sabaunin   Er aber, sampt vil der fürsten leib verlorn hett
Zwischen dene von der religion reformirt   Dan der herr von Brißacs weit verhindern dir   Mit irem hauffen zum Conde nicht fugen gans   Auff des Conde seit. Der herr von Pensenac[?]
Am VI. Ianuar, Im jar M. D. LXVIII.

La bataille de Cognat, d'après une ancienne estampe allemande

oncle fut malheureux, ce ne fut pas par manque de courage.
Il est fort probable que Thibaud dût prendre part à d'autres
combats. Il disparut de la scène précisément au moment où
son illustre neveu, Jean de Lastic de Sieujac, commençait
à jouer un rôle de plus en plus actif.

Nous avons vu, dans un acte, Thibaud qualifié de chevalier
de l'ordre du Roi. Dans l'acte de légitimation de son fils
naturel Jacques, en 1618 (1), il est qualifié de « chevalier de
nos ordres ». Comme c'est inscrit dans un acte émanant de
la Chancellerie royale, il est probable que c'est exact, mais
l'ordre du Saint-Esprit n'ayant été fondé qu'en janvier 1578,
par Henri III, et Thibaud étant décédé fin 1579, il aurait fallu
qu'il eût été du nombre des premiers nommés. Peut-être
dût-il cette distinction à sa situation de cousin-germain par
alliance du premier duc d'Uzès, qui était dans l'intimité
d'Henry III, dont il était le Grand Pannetier.

De son mariage avec Anne d'Ancezune, Thibaud eut deux
enfants, un garçon et une fille, *Louis* et *Françoise*. Nous ne
connaissons pas les dates de leurs naissances ; néanmoins, il
est probable que Françoise était l'aînée.

Louis, ne s'étant pas marié et étant mort sans enfants, ne
continua pas la descendance. Nous allons donc nous occuper
de lui de suite. Nous en savons, du reste, fort peu de choses.
Fort jeune, il était porte-guidon de la Compagnie de son
oncle, le Grand Prieur d'Auvergne. Nous l'apprenons par la
quittance suivante, du 23 novembre 1567 (2). Il devait avoir
alors à peine quatorze à quinze ans.

« Nous Loys de Lastic, seigneur et baron du dit lieu, porte-guidon de
la Compagnie de Monsieur le Grand Prieur d'Auvergne, confessons avoir
reçu comptant de Maistre Odet de Boullon, conseiller du Roy, et trésorier
ordinaire des guerres, par les mains de Jehan Fournier, commis au

---

(1) Archives de Parentignat. X. 37. Copie collationnée du 27 septembre 1669.

(2) Bibliothèque nationale. Cabinet de M. de Gaignières. Vol. 109,
n° 9766.

7

paiement de la dite Compagnie, la somme de cinquante livres tonrnois en testons à douze sols pièce, à nous ordonnée par le dit seigneur pour notre dit estat de guydon, durant ung mois et demy du présent quartier d'octobre, novembre et décembre mil cinq cens soixante et sept, de laquelle somme de cinquante livres nous nous tenons content et bien payé et en quictons les dits de Boullon, Fournier et tous autres par la présente signée de notre main et scellée du scel de nos armes. A Paris, le vingt-troisième jour de novembre, l'an mil cinq cens soixante et sept. » — Signé : LASTIC et un sceau à nos armes.

Nous avons vu, à propos de son père, que Louis avait été émancipé en 1578, et que Thibaud lui avait fait, à la même époque, donation des deux tiers de ses biens ; que Louis avait redonné ces mêmes biens à son père et à sa sœur Françoise, par acte de la même année 1578, quelques mois après. J'avais cherché en vain la cause de cette double donation réciproque, mais, chose curieuse, le 11 octobre 1580 (1), Françoise, alors veuve de haut et puissant seigneur Messire Joseph de Foix, seigneur et baron de Mardogne, redonne à son frère Louis ce que celui-ci lui avait donné, après son père, à savoir les deux tiers des biens de celui-ci. On avouera que cette triple donation réciproque devient des plus compliquées et des plus difficiles à expliquer. Le plus simple et le plus sage est de s'en abstenir. Puis, en 1587, Louis redonne les mêmes biens à sa nièce Gabrielle de Foix. Mais à ce moment-là, cela peut peut-être se comprendre. Françoise s'était remariée, en 1582, avec Jean de La Guiche. Il se peut que ce mariage ait déplu à son frère. De plus, une lutte de famille semble s'engager à ce moment-là entre Françoise et sa fille Gabrielle, à laquelle on veut faire épouser, malgré sa mère, François de Dienne. Louis craint-il que si ses biens tombaient entre les mains de sa sœur, elle ne cherchât à déshériter en partie sa fille Gabrielle de Foix, au profit de son autre fille Louise, née de son second mariage avec Jehan de La Guiche ? Une longue procédure, que nous

---

(1) Archives de Parentignat. I. 3 et 4. Orig. sur pap.

verrons plus tard, me le fait présumer, et alors cela expli-
querait cette quatrième donation anticipée faite par Louis à
sa nièce Gabrielle. Mais c'est une pure hypothèse, je
m'empresse de le dire. En 1582 (1), Anne d'Ancezune fait
donation de tous ses biens à son fils Louis. En 1588, il est
encore question de celui-ci à propos de l'achat d'une
couleuvrine par des partisans ligueurs (2). Nous verrons cela
avec Jean de Lastic de Sieujac, qui est aussi mêlé à l'affaire.
Dans un acte, que nous reverrons plus loin, on dit qu'à cette
même date de 1588, il était « lors absent de ce royaulme » (3).
Et puis on n'entend plus parler de lui. Il dût mourir à cette
époque, soit de maladie, peut-être tué dans un de ces
nombreux combats qui eurent lieu à cette époque. Clabault
prétend qu'il était alors chevalier de l'ordre du Roi. Cela est
possible, car on le prodiguait beaucoup, mais nous n'en
avons pas la preuve. Il devait avoir alors environ trente-cinq
ans. Il est curieux qu'il ne se soit jamais marié. C'était
cependant un fort riche parti, et les alliances de sa famille
lui permettaient de faire un très beau mariage. L'ordre de
primogéniture appartenait aux enfants de Claude, mais par
suite d'un arrangement de famille, difficile à expliquer, que
je relaterai plus loin, Louis possédait le patrimoine de notre
maison tout entier. Il aurait donc dû tenir à continuer la
descendance.

Françoise a une histoire plus mouvementée que celle de
son frère. La première pièce où il est question d'elle dans nos
archives, est son contrat de mariage (4), du 30 janvier 1569.
Elle épousait puissant seigneur Joseph de Foix, seigneur
et baron de Mardogne, La Nobre, Auzelles, Chaméane,
Marmiesse, Moissac et le Chastel, résidant en son château de
Mardogne, paroisse de Joursac, au diocèse de Saint-Flour.

---

(1) Archives de Parentignat. I. 5. Orig. sur pap.
(2) *Ibid.* I. 16. Orig. sur parch.
(3) *Ibid.* I. 20. Orig. sur parch.
(4) *Ibid.* H. 21 et 22. Orig. sur parch.

On n'y indique pas, comme cela se faisait couramment alors, les noms de ses père et mère. Quant à la fiancée, elle est dite habitante du château de Montsuc, paroisse de Soulages, au même diocèse. Thibaud donnait à sa fille la somme de douze mille livres, somme considérable pour l'époque, plus six robes garnies de devant de soie, dont une de velours cramoisi, une autre de velours blanc, une autre de velours noir, une autre de satin cramoisi, une autre de damas violet et une autre de damas blanc. Moyennant cela, Françoise reconnaît avoir reçu sa juste part et renonce au reste de la succession. De son côté, Joseph de Foix donne en douaire à sa femme la somme de mille livres de rente à prendre sur les places de Chaméane et d'Auzelles. Ce contrat est passé au château de Montsuc, en présence de puissant seigneur Jacques de Léotoingt, seigneur de Montgon, noble François de Léotoingt, écuyer, seigneur de La Valette, noble Louis de Clémensat, seigneur du dit lieu, et noble Anthoine de Dyanne (Dienne), seigneur du Pont, voisins de terres ou parents et autres personnages moins importants.

Ce contrat est fort simple. Il nous montre que les deux parties sont fort riches. Il n'y a rien d'étonnant à cela. Nous avons vu, à propos de Thibaud, que sa situation était fort belle et qu'il avait fait un brillant mariage. Nous allons voir que celui de Françoise ne lui était pas inférieur. Ce Joseph de Foix était le fils aîné de Louis de Foix, baron de Mardogne et de Gabrielle de Dienne. Il était le petit-fils de Germain de Foix, vicomte de Couserans, et de Jeanne de Tinière, dame de Mardogne. Germain de Foix était le troisième fils de Jean de Foix II, seigneur de Rabat, et d'Eléonore de Comminges. Jean de Foix, l'oncle de Joseph, avait épousé Constance de Mauléon, et cette branche s'éteignit dans la maison de Mauléon, par le mariage de la fille de Jean avec François de Mauléon. Nous verrons aussi qu'elle s'éteignit, du côté de Joseph, qui n'eût de Françoise de Lastic, qu'une fille, Gabrielle. Celle-ci épousa successivement François de Dienne et Philibert d'Apchier, qui n'eurent d'enfants ni l'un

ni l'autre, en sorte que les biens de cette branche de la maison
de Foix passèrent entre les mains de leur tante, Germaine de
Foix, sœur de Joseph, qui épousa Michel d'Aujony, seigneur
d'Aujony, de Falsimagne et de Tournemire, dont la
descendance a relevé le nom de Foix. Il est encore porté
actuellement par des membres de la famille Pélissier de
Féligonde, qui en descendent. La branche aîné des comtes
de Foix, vicomtes de Rabat, s'éteignit à la fin du xviiᵉ siècle,
en la personne des marquises de Castelnau, de La Capelle et
de Sabran, filles de François-Gaston de Foix, vicomte de
Rabat et de trois femmes différentes. On sait que les comtes
de Foix de la seconde race, sont sortis de la maison de
Grailly, dont un des membres, Jean de Grailly II, avait
épousé Blanche de Foix, fille de Gaston, comte de Foix et de
Jeanne d'Artois, en 1328. Cette maison de Foix était sortie
elle-même de Roger I, fils puiné de Raymond I, comte de
Carcassonne, et de Garcinde de Béziers. Leurs terres étaient
considérables et comprenaient à peu près ce qui constituait
le comté de Foix au moment de la Révolution, c'est-à-dire
environ la moitié du département actuel de l'Ariège. Leurs
alliances étaient naturellement fort belles. J'ai cité celle de la
branche de Mardogne, qui nous intéresse particulièrement (1).

Françoise fut bientôt veuve de Joseph de Foix. Nous la
voyons alors occupée de divers arrangements avec son frère
Louis. Nous avons vu, en effet, que celui-ci, en 1578, lui avait
fait don de tous les biens que son père lui avait donnés
lui-même par un acte conclu quelques mois avant seulement.
Il les lui donnait seulement dans le cas où il n'aurait pas
d'enfants légitimes, et en les rendant d'abord à son père,
qui devait en jouir jusqu'à sa mort. Puis, en 1580, après la
mort de ce dernier, survenue en 1579, Françoise redonnait
ces biens à son frère Louis. J'ai dit alors que je ne parvenais

(1) *Histoire généalogique de la Maison de France et des Grands Officiers
de la Couronne*, etc., par le P. Anselme, éd. de 1728, t. III, p. 366

à m'expliquer la cause de ces donations successives. Deux ans après, en 1582, Françoise de Lastic se remariait. Nous ne possédons pas son contrat de mariage et nous l'apprenons d'abord par une lettre d'elle, écrite de sa main même, et adressée à son frère Louis pour lui en faire part. Cette pièce constitue un des plus beaux autographes de nos archives (1).

« Monsieur mon frère, la présente me servira, si vous plaise dexcuze de la faulte que je puis avoir commise en votre endroict, mestant mariée sans votre consentement, chose dont je suis aultant marie que de chose qui madvint jamais, pour la peur que j'ay que mesloiniez de vos bonnes grâces, que jestimerois le plus grand malheur qui madvint jamais, vous suppliant très humblement, Monsieur mon frère, me voulloir pardonner et me tenir tousjours en vostre amitié et souvenance et croire que j'ai espouzé ung gentilhomme d'honneur et que luy et moy vous renderons tant de service qui vous donnera occasion de nous pardonner, si vous plaize vous servir de nous comme de ceulx sur qui vous avez toute puissance, et sur ceste voulonté finiray la présente, après vous avoir très humblement baizé les mains et prié Dieu,

Monsieur mon frère, vous donner en parfaite santé heureuse et longue, vie. De Merdoigne, le XV° may 1582.

Votre très humble seur à vous servir
F. DE LASTIC.

Françoise ne dit pas le nom du « gentilhomme d'honneur » qu'elle a épousé, mais nous savons qu'il s'agit de Jean de La Guiche, baron de Bournoncles. On a prétendu qu'il était prieur de Sauxillanges et religieux profès. Le comte de Lastic, dans ce mémoire dont nous avons déjà parlé, où il se plaint de tant de choses, l'accuse d'une quantité de faits malpropres. Nous savons ce qu'il faut croire de ce que raconte notre ancêtre, qui prenait souvent ses désirs pour des réalités. Néanmoins, certaines pièces nous laissent quelques doutes sur la situation réelle de Jean de La Guiche. J'ai trouvé, entre autres, un extrait des registres des Grands Jours d'Auvergne, daté du 12 novembre 1582 (2). Le voici :

---

(1) Archives de Parentignat. I. 5. Orig. sur papier.
(2) *Ibid.* A. F. 1 et 2. Cop. signée du XVIII° siècle. Orig. sur parch.

« Veu par la Cour des Grands Jours, céants à Clermont, à trois briefs jours obtenus en icelle et vingt-sept et derniers jours d'octobre et troisième jour de novembre dernier passés par le procureur général du Roy, demandeur selon le contenu de l'arrest de la Cour des Grands Jours de seizième jour d'octobre mil cinq cent quatre-vingts-deux et requérant le profit et adjudication des dits deffaulx, à l'encontre de frère Jehan de La Guiche, cy-devant prieur de Soucillange, notoirement religieux profès, et à présent marié deffendeur et adjourné à trois briefs jours, à faulte de comparoir et défaillant, la demande sur le proffit des dits deffaulx, exploits et tout ce qui a été mis et promis et tout considéré. *Dict a esté* que les dits deffaulx ont étés bien et deument obtenus et auparavent que procéder à l'adjudication du proffit d'iceulx, ordonne la ditte Cour que les témoings ouïs et examinés et informations faittes contre le dit de La Guiche seront recollés sur leurs despositions, par l'un des conseillers de la ditte Cour, qui sera pour ce faire commis pour le dit recollement, valoir confrontation, suivant l'ordonnance. Faict à Clermont ès dits Grands Jours, le douzièsme novembre mil cinq cent quatre-vingts-deux. »

Signé : Audiger (1).

Cette pièce n'est pas décisive, en ce sens qu'elle n'est qu'une partie d'une procédure dont nous ne possédons pas les autres pièces. Mais elle est très accusatrice, émanant d'une juridiction de cette importance. Il est probable, cependant, que cette procédure n'a pas abouti à une décision quelconque. Jean de La Guiche devait avoir de hautes protections. Agirent-elles justement ou injustement ? C'est difficile à affirmer. Il semble que cette affaire fut étouffée par l'arrêt suivant, extrait des Registres du Parlement, enregistrant les Lettres du Roi (2), d'autant plus probablement que nous n'en entendrons plus parler de rien :

« Extrait des Registres du Parlement

« Ce jour, la Cour a receu les lettres du Roy, desquelles la teneur ensuit : De par le Roy, à nos amés et féaulx, Nous vous mandons et ordonnons très expressément surçoir la poursuite par Vous ès commencée contre la personne de Jehan de La Guiche, sieur de Bournoncle, et de Mr Jehan

---

(1) La signature : *Audiger* est lisible sur la copie du xviii° siècle, mais illisible sur la grosse en parchemin.

(2) Archives de Parentignat. A. F. 3. Orig. sur parch.

Chardia (sic), prieur de Socillanges jusques à ce qu'ayant esté informés du mérite du faict comme nous désirons estre par vous, nous vous ayons ordonné passer oultre. Sy ny faicte faulte. Car tel est nostre plaisir. Donné à Paris, le troisième jour de novembre mil cinq cent quatre-vingt-deux. Signé : Henry, et plus bas de Neufville, et sur la suscription : à nos amés et féaulx les gens de nostre Cour de Parlement de Paris, tenant les dits Grands Jours à Ryoms en Auvergne. Faict (trois mots illisibles), Grands Jours de Clermont, le mercredy quatorzième de novembre mil cinq cent quatre-vingts deux.

Signé : ·illisible).

Les lettres du Roi sont antérieures de neuf jours à l'arrêt précédent des Grands Jours d'Auvergne. Mais la date de l'enregistrement est postérieure de deux jours. Elles furent donc efficiantes.

Si l'on ajoute à cela que Jean de La Guiche occupa de hautes situations à la cour et que sa fille épousa un des plus grands seigneurs du royaume, on est en droit de se demander quelle est la vérité de cette histoire. Ce serait encore un mystère à élucider.

Ce Jean de La Guiche était le troisième fils de Gabriel, seigneur de La Guiche, de Chaumont, de Saint-Géran, de Torcy et de Coudun, chevalier de l'ordre du Roi, bailly de Mâcon, échanson du Roi, gouverneur de Bresse, et de Anne Soreau de Saint-Géran. Il avait comme frère aîné, Philibert, seigneur de La Guiche et de Chaumont, Grand Maître de l'artillerie de France, gouverneur de Lyon, Lyonnais, Forez, Beaujolais, et Claude de La Guiche, seigneur de Saint-Géran. Il avait quatre sœurs : Marie-Henriette, qui épousa en premières noces Jacques de Goyon-Matignon et en secondes noces Louis de Valois, duc d'Angoulême, fils de Charles de Valois, lui-même fils naturel de Charles IX et de Marie Touchet, et gouverneur d'Auvergne ; Anne, mariée au Maréchal de Schomberg ; Eléonore, non mariée; et Peyronne, femme d'un vicomte de Pompadour. Un frère plus jeune que lui, François, fut abbé de Saint-Satur, prévôt de Saint-Pierre de Mâcon et prieur de Moutiers. Cette maison de La Guiche était des plus anciennes du Mâconnais. Son premier auteur était Renaud, seigneur de Digoinne, en 1200. Ses alliances étaient avec les maisons de Nanton, de Lespinace, de Damas, de La Baume, de Jaucourt, de Choiseul, de Vienne, de Chazeron, de Montmorin, et plus tard d'Isserpent, de Tournon, de Warignies, de Beauveau, de Roye, de Châteaumorand, etc. (1). Françoise y entrait précisément au moment où elle acquiérait le plus d'honneurs et de richesses.

Elle eut alors l'idée de fiancer, par un contrat de mariage anticipé, sa fille Gabrielle, qu'elle avait eue de son premier mariage avec Joseph de Foix, à son neveu, Philibert de La Guiche, fils de son beau-frère Claude, et de Suzanne d'Isserpent. Ce jeune garçon devait être un jour le chef de la maison de La Guiche, puisque le chef de famille actuel, Philibert de La Guiche, Grand Maître de l'artillerie de France, n'avait eu de son mariage avec une Châteaumorand, qu'un fils mort en bas âge. Nous possédons dans nos archives le contrat de mariage lui-même, dont les clauses ne furent pas exécutées, parceque ce jeune Philibert mourut à Paris, au cours de ses études. Nous avons aussi une donation faite, à cette occasion, en juillet 1584, par Françoise de Lastic, de certains biens en faveur de ce mariage et où on en rappelle les termes (2).

Voici le résumé de cet acte fort intéressant et curieux. Feu Joseph de Foix, premier mari de Françoise de Lastic, avait donné à celle-ci les seigneuries de Moissat, le Chastel, la Chirouze, Lachamp, Le Verdier, Peysagn et La Martine. Depuis Françoise de Lastic avait épousé Jehan de La Guiche, chambellan ordinaire de Monseigneur fils et frère (*sic*) du Roy. Elle a consenti au mariage de sa fille, Gabrielle de Foix, issue de son premier mariage, avec Philibert de La Guiche, fils de Claude de La Guiche, seigneur de Saint-Géran, « par

---

(1) *Histoire généalogique de la Maison de France et des Grands Officiers de la Couronne*, par le P. Anselme. Edition de 1728, t. VII, p. 444.

(2) Archives de Parentignat. I. 8 Orig. sur parch. et A. F. 4. Orig. sur parch.

le moyen duquel mariage le dict sieur de Saint-Géran auroyt esté chargé de la tutelle de la dite damoyselle ». A cette occasion, Françoise de Lastic donne à sa fille Gabrielle les terres précédentes qui lui ont été données par Joseph de Foix, et comme compensation, le sieur de Saint-Géran, en sa qualité de tuteur de Gabrielle de Foix, promet de donner à Françoise de Lastic la somme de six mille six cent soixante-six écus, revenant à vingt mille livres. Pour s'en libérer, le sieur de Saint-Géran paiera à la dite Françoise une rente annuelle de six cents livres, à moins de lui payer le tout en trois ans. Il paraît étrange qu'avant même que le mariage soit accompli, Gabrielle entrât en possession de ce qui devait constituer sa dot. Françoise s'était-elle laissé tromper par Claude de La Guiche ? Gabrielle n'avait alors que sept ans, comme nous le verrons plus loin, et Philibert de La Guiche, onze. Ce dernier, étant mort avant l'accomplissement du mariage, son père Claude resta tuteur de sa future belle-fille manquée et voulut la marier à sa guise. Cela ne plut pas à Françoise, qui va chercher à lui faire enlever la tutelle par le conseil de famille, composé des parents de la maison de Foix. Cela ressort d'une lettre autographe écrite par elle à M. de Foix, vicomte de Rabat, chevalier de l'ordre du Roi, capitaine de cinquante hommes d'armes de ses ordonnances, qui était le cousin de Joseph de Foix, et le chef de la maison ;

« Monsieur,

» Mestant toujours promise que fesiez cest honneur à ma filhe que de la tenir de vos parantes et moy de vos plus humbles et affectionnées à votre service, est occasion que je vous supplie me voulloir escuser sy je ne vous envoye ung gentilhomme. Mais le temps est tellemeut misérable en ce pays qu'il fault que nous nous servyons des gens de peu pour avoir moyen de passer. Donques Monsieur me ferez cest honneur me vouloir de tant gratiffier que de voullolr accorder ceste procuration, daultant qu'il y a trois ou quatre ans que l'accord de ma filhe estant faict avecq le fils aynet de mon beau-frère, lequel est décéddé depuis dix-huit mois en ça ou par ce mariaige mon beau-frère avoict heu la tutelle et maniements de la personne et biens de ma filhe, et du despuis se sont présantés quels ques gentishommes pour rechercher ma dicte filhe sans mon seu ni d'autemps

ses parants et ne désirant marier ma filhe sans votre advis et des aultres
seigneurs ses parans, on la veult marier oultre mon gré et sans votre
advis, qui ma occasionné vous supplier de rechiefz me voulloir de tant
honnorer que de me voulloir passer ceste procuration estant ma filhe votre
sy proche que je scay que votre bon naturel et le lieu où elle est yssué,
désirerez quelle soict logée en quelque bon et advantageux lieu pour elle ou
en recompance, Monsieur, ma filhe et moy nous randrons a jamais service
je dietz de telle affection que prieray le Créateur, Monsieur, vous donner
très heureuse et longue vie et accomplissement de vos haults et génereux
dessaincts. A Bournoncle, le premier juillet 1588.

» Votre très humble et plus affectionnée à vous servir.

F. DE LASTIC. »

Françoise ne se contenta pas seulement de s'adresser aux
parents de sa fille du côté de son père, mais aussi à ceux du
côté Lastic. Nous possédons les procurations qu'elle obtint
d'Yves de Tourzel, « marquis d'Aleigre, seigneur et baron
de Milhiau (Meilhaud), cappitaine de cinquante hommes
d'armes des ordonnances du Roy (1) », parent fort éloigné,
puisque cette parenté remontait à Draguinet de Lastic, c'est
à dire à quatre générations en comptant la sienne. Celui-ci
résidait alors au château de Croissy-en-Brie. Par cette
procuration, il demandait au sénéchal d'Auvergne de donner
la tutelle de Gabrielle de Lastic à sa mère, Françoise de
Lastic, et de l'enlever à Claude de La Guiche, son tuteur
actuel. Il déclarait que tel était son avis, la tutelle n'ayant
pas lieu d'être maintenue à celui-ci. Il y est dit, en effet, que
Philibert de La Guiche n'avait que dix à onze ans, lorsqu'il
fut question de son mariage avec Gabrielle de Foix et que
celle-ci n'avait alors que sept ans et demi. Philibert « estayt
lors aux universités de cette ville de Paris », quand il mourut.
Le sieur de Saint-Géran, son père, qui avait été nommé
tuteur au moment du mariage projeté, aurait refusé de « se
dessaisir de la garde et nourriture de la dicte fille, laquelle
il détient », quoique ce ne soit plus de son intérêt, ni de
son droit, depuis le décès de son fils. Malgré cela, il prétend

---

(1) Archives de Parentignat. I 20. Orig. sur parch.

disposer de la personne et des biens de la jeune fille, qui
« n'est encore en laage de puberté, et qui n'est aagée que de
dix ans quatre moys ». Il veut la donner en mariage au sieur
de Dienne, contre le gré et volonté de sa mère, qui ne veut
pas encore la marier et faire valoir son bien. Elle prétend
devoir lui trouver un parti plus avantageux que le sieur de
Dienne, qu'elle reconnaît néanmoins être « homme d'honneur
et de maison illustre », mais « inégal en biens et facultés ».
Dans ce but, M. de Saint-Géran aurait rassemblé, à Riom,
une douzaine de personnes, dont quatre à peine étaient
parents de la jeune fille, et, entre autre, on n'y avait pas
convoqué le sieur de Lastic, principal parent de la jeune
fille, qui est son propre oncle maternel et frère de sa mère
Françoise, et dont « la succession duquel, grande et ample,
doit escheoir », à la dite demoiselle. Le sénéchal d'Auvergne
ayant cassé la décision de ce conseil de famille, un autre
avait eu lieu, composé de six gentilshommes seulement,
tandis qu'il aurait fallu qu'il y en eût de dix-sept à dix-huit,
dont six parents du côté paternel et six du côté maternel. Et
encore parmi ces six parents, il y en avait qui se disaient
cousins, sans que ce fut bien établi et qui étaient à la
dévotion des sieurs de Saint-Géran et de Dienne. Quelques
jours après, le 13 septembre 1588 (2), le Roi rendait une
commission exécutoire par laquelle Gabrielle était enlevée à
la tutelle de Claude de La Guiche, et rendue à sa mère,
Françoise.

Quoi qu'il en soit, Gabrielle épousa quand même François
de Dienne. Louis de Lastic, son oncle, étant mort sur ces
entrefaites, Françoise va faire tout son possible pour empêcher
sa fille Gabrielle d'entrer en possession des biens qui
peuvent lui revenir soit de son père, soit de son oncle. Un
procès fort long et fort compliqué s'ensuit. Mais il ne faut
pas oublier que nous sommes en pleine guerre de religion,

---

(2) Archives de Parentignat. I. 21. Orig. sur parch.

que tous les seigneurs du pays étaient plus ou moins armés et portés par conséquent à se faire justice eux-mêmes avec les armes et les troupes dont ils disposaient. François de Dienne en profita donc pour s'emparer des châteaux de Lastic, de Montsuc et de Rochegonde. Il était bailly des Montagnes d'Auvergne, ce qui lui facilitait beaucoup les choses, car il pouvait s'en emparer, au nom du Roi. Mais le sénéchal d'Auvergne ne partagea pas l'opinion de son collègue du baillage, et le 27 août 1590 (1), il rendit un arrêt par lequel il déclara que tous les biens de Louis de Lastic appartenaient à sa sœur Françoise, puis qu'il était mort sans enfants légitimes et que François de Dienne s'en était emparé indûment. Mais comme il n'avait pas comparu devant le sénéchal, il fut encore condamné par défaut. De plus, il devait remettre les places de Lastic, Montsuc et Rochegonde, avec leurs dépendances et leurs meubles, à Françoise de Lastic, sous peine de dix mille écus d'amende, et devait les rétablir dans l'état où il les avait trouvés. François de Dienne ne se préoccupa pas plus de l'arrêt du sénéchal, que s'il n'avait jamais existé, et il continua à faire défaut. Le sénéchal rendit un arrêt encore plus sévère contre lui (2). Mais en 1592, François de Dienne mourut, nous ne savons comment. Gabrielle de Foix, sa veuve, qui n'avait alors que quatorze ans, refusa également de comparaître et fut également condamnée, le 18 février 1592 (3). Il semblerait qu'elle ait été poussée à cela par sa belle-sœur, Madeleine de Dienne, sous prétexte que celle-ci, étant l'héritière de son frère, devait prendre l'affaire en mains. Elle s'empara des propriétés et fit également défaut (4). Un arrêt du Parlement de Paris, rendu le 26 octobre 1592 (5), donnait encore à Françoise de Lastic

---

(1) Archives de Parentignat. 1. 24 Orig. sur parch.
(2) Ibid. 1. 27. Orig. sur parch.
(3) Ibid. 1. 34. Orig. sur parch.
(4) Ibid. 1. 23. Orig. sur parch.
(5) Ibid. 1. 35. Orig. sur parch.

provision de tous les biens laissés par le décés de Thibaud et de Louis de Lastic. Cet arrêt fut suivi, le 2 janvier 1593 (1), de lettres royaux le rendant exécutoire. Le 23 septembre 1594 (2), Gabrielle de Foix, qui n'avait alors que seize ans environ, épousa en secondes noces Philibert d'Apchier. Le procès continua avec ce dernier. Un nouveau défaut fut pris contre eux, le 21 novembre 1594 (3); en même temps que contre Madeleine de Dienne, qui venait d'épouser Jean-Claude de Beaufort-Canillac. L'affaire se corsait de plus en plus. Le 6 février 1595, intervint un nouvel arrêt du Parlement qui condamna les inculpés à payer d'abord quatre mille écus d'amende à Françoise de Lastic et ordonna aux rece-veurs et fermiers des domaines de Lastic, Montsuc et Rochegonde, de ne pas disposer des revenus des domaines sans le consentement de Françoise (4). Les guerres intestines étant à peu près terminées, le calme et l'ordre ayant repris en Auvergne, le Parlement de Paris ordonna une nouvelle enquête sur tous ces événements, le 21 mars 1595 (5). Je n'entrerai pas dans tous les détails de cette enquête, qui nous mènerait trop loin. Les officiers, qui gardaient les lieux du litige, probablement stylés, se refusèrent à rendre leurs comptes à Françoise de Lastic, et celle-ci fut obligée d'adresser une requête au Parlement (6), en février 1596. Celui-ci rendit alors un arrêt exécutoire des plus sévères, déclarant les inculpés complètement déchus du droit d'héritier, même des biens non contestés, les condamnant à cinq mille écus d'amende et les menaçant de prise de corps Cela devenait très sérieux. C'est alors que quelques parents et amis intervinrent pour arranger les choses. Ces arbitres furent Messire Philibert de La Guiche, chevalier des deux

(1) Archives de Parentignat. l. 36. Orig. sur parch.
(2) *Ibid*. l. 37. Orig. sur parch.
(3) *Ibid*. l. 38. Orig. sur parch.
(4) *Ibid*. l. 39 et 40. Orig. sur parch.
(5) *Ibid*. l. 41. Orig. sur pap.
(6) *Ibid*. l. 43 et 44. Orig. sur pap.

ordres, et Messire Jacques de Miollane, sieur de Chaource.
Ces Messieurs prirent l'avis de plusieurs avocats et conseils,
et se firent assister par le sieur de Sieujac (Jean de Lastic),
proche parent des dites parties (1), et par Messire François
Bourlin, seigneur de La Chaux, bailly de Sauxillanges.
Voici les termes de eette transaction : La dame de Bournoncle
(Françoise de Lastic), devait avoir les châteaux, maisons,
domaines, seigneuries de Lastic, de Rochegonde, de
Caderousse, avec leurs appartenances et leurs dépendances,
pour en disposer à son gré. La dame d'Apchier (Gabrielle
de Foix) devait avoir le château et seigneurie de Montsuc,
avec ses appartenances et dépendances, pour en disposer
aussi à son gré. De plus, Françoise de Lastic abandonnerait
à sa fille tous les droits de douaire et autres qu'elle aurait
pu conserver sur les terres de Mardogne et ses dépendances.
Gabrielle de Foix serait déclarée quitte de tous les dépens,
dommages et intérêts, amendes auxquels elle avait été
condamnée. Elle renoncerait de plus à tous les droits qu'elle
pourrait avoir sur les biens de la maison de Lastic et la
succession de sa mère Françoise. Cette dernière devrait
remettre, à la Noël prochaine, la somme de cinq cents écus à
sa fille, et quand tous ces détails seraient réglés, on passerait
un contrat d'arrangement définitif, le 15 septembre suivant,
en la ville de Brioude. Ce projet de transaction fut signé, le
31 août 1596, dans la ville de Riom et porte les signatures :
La Guiche, Miolanne, de Lastic, Bourlin (2). Nous ne
trouvons plus de pièces concernant cette affaire jusqu'en
l'année 1604. Elles ont dû s'égarer, car nous nous trouvons,
à cette époque, en présence d'une nouvelle transaction assez

(1) Jean de Lastic de Sieujac était alors un grand personnage. Dans un
événement de cette importance, où il s'agissait de disposer du patrimoine
de notre maison, on crut bon de prendre l'avis de celui qui en était le
chef, non seulement par fait de primogéniture, mais encore par la situation
qu'il s'était faite dans le pays.

(2) Archives de Parentignat. Carton supplémentaire I. 38, Copie collationnée du 9 juin 1780.

différente de la première. Il est vrai que Françoise de Lastic était morte en 1602, et que la transaction qui était devenue une sorte de partage, devait comprendre en plus sa succession (1). Cette fois-ci, les contractants furent : Messire Philibert, comte d'Apchier et dame Gabrielle de Foix, son épouse, âgée de vingt-six ans « estant à présent en ceste ville de Paris, au logis où pend pour enseigne l'aigle d'or, rue Saint-André », d'une part, et Messire Jehan de La Guiche, baron de Bournoncle, « estant aussy à présent demeurant rue de Saint-Christofle en la Cité », tant au nom de père et tuteur de Louise de La Guiche, sa fille unique, qu'en son propre nom, d'autre part. Les arbitres furent MM. de Rambouillet, de La Rochepot, de Flaghac, de Brezons, d'Autherive et de Saint-Géran, amis communs, et Maistres Pierre du Lac, Louis Buyson, Anthoine Arnault et Pierre Maugnan, avocats en Parlement. Il fut décidé que Louise de La Guiche recevrait le château, terre et seigneurie de Rochegonde avec toutes ses appartenances et dépendances, et Gabrielle de Foix aurait les terres de Lastic, de Montsuc et de Caderousse avec leurs appartenances et dépendances. Quelques conditions de peu d'importance étaient ajoutées pour régler quelques petites dettes et hypothèques. On ajoutait que si l'une des deux sœurs mourait sans enfants de légitime mariage, les biens en question reviendraient à sa sœur ou aux héritiers de celle-ci. Gabrielle de Foix, étant morte sans enfants, malgré ses deux mariages, Louise de La Guiche, qui épousa, en 1611, Louis de La Rochefoucaud, seigneur de Chaumont et de Langeac, devint héritière de tout le patrimoine de notre maison, qui entra ainsi dans celle de La Rochefoucauld. Une partie s'y trouvait encore au moment de la Révolution. Ainsi se termina cette longue affaire qui avait duré plus de quarante ans.

---

(1) Archives de Parentignat. Carton supplémentaire. J. 99 et 100. Orig. sur parch.

Revenons à Françoise de Lastic. Le 16 mars 1602 (1) elle fait à sa fille Louise de La Guiche une donation qui est dressée en la ville de Sauxillanges et en la châtellenie d'Usson, c'est-à-dire dans la ville même où se trouvait le monastère dont son mari avait été prieur et où l'on disait qu'il avait été religieux profès. Cela paraît d'autant plus étrange que ni les Lastic ni les La Guiche n'y possédaient de propriété. C'eut été vraiment le comble du cynisme et du scandale que de voir un ancien prieur et ancien moine s'installer d'une manière définitive à côté du monastère où se serait écoulée la première partie de sa vie, et cela avec sa femme ! J'aime donc à croire que la calomnie avait joué un grand rôle dans toute cette histoire, et que Jehan de la Guiche se contentait d'être, tout laïque qu'il était, prieur commandataire de cet important bénéfice religieux, et qu'il venait y administrer ses intérêts, ce qui était déjà peu édifiant, mais malheureusement dans les mœurs de l'époque, depuis la main-mise par la couronne sur les biens ecclésiastiques. Quoiqu'il en soit, par cet acte, Françoise donnait, entre vifs, aux enfants nés et à naître de son mariage avec Jehan de La Guiche, la terre et seigneurie de Rochegonde avec ses dépendances de toute espèce. Elle organisait à cet effet, au moyen de cette terre, un majorat reversible sur sa fille Louise dans le cas où elle n'aurait pas d'enfant mâle, et mettait pour condition à cette donation que dans ce cas le premier mâle à naître du mariage de Louise de La Guiche « soict tenu de prendre et porter le nom et armes de la maison de Lastic. » Elle avait ainsi l'air de ne pas vouloir reconnaître l'existence ou la légitimité de Jean de Lastic de Sieujac, et cependant, peu d'années auparavant, en 1596, elle l'avait accepté, à son corps défendant peut-être, comme arbitre dans son différent avec sa fille Gabrielle de Foix.

---

(1) Archives de Parentignat. l. 110 et 111. Orig. sur parch.

Cette Françoise de Lastic semble avoir eu ainsi un caractère des plus quinteux et des plus fantasques.

Elle devait être très malade à ce moment-là et peut-être
était-ce son entourage, et plus particulièrement son second
mari, Jean de La Guiche, qui lui avait imposé de faire cette
donation. En effet, le lendemain 17 mars 1602, (1) elle faisait
son testament qui précédait sa mort de quelques jours. Par
celui-ci elle demandait à être enterrée au tombeau de ses
prédécesseurs à Rochegonde, elle réglait ses obsèques,
donnait à Jacques de Lastic, (2) son frère naturel, la somme
de quatre cents écus payable en une seule fois, faisant des
legs à Maître Jean Soulhart qui s'était occupé de tous ses
procès et à ses domestiques, et faisant son héritière universelle de tous ses biens meubles et immeubles, sa fille Louise
de La Guiche, à laquelle elle déclarait avoir fait auparavant
donation entre vifs de sa terre de Rochegonde, donation à
laquelle il ne serait « rien déroger ne altérer. » Elle nommait
pour son exécuteur testamentaire le sieur de Gondras et
Gabrias. Parmi les témoins présents à cet acte, on trouve
plusieurs religieux du monastère de Sauxillanges, parmi lesquels le cellérier Dom Jehan Pannuyer !

Comme nous l'avons déjà vu, de son mariage avec Joseph
de Foix, Françoise avait eu une fille *Gabrielle* qui épousa en
premières noces François Comte de Dienne, fils de Jean de
Dienne et d'Anne de Rouffignac. Il était chevalier de l'ordre
du Roi, Conseiller de Sa Majesté et Bailly des Montagnes
d'Auvergne. Il joua un certain rôle dans l'histoire des
guerres religieuses en Auvergne, comme nous le verrons à
propos de Jean de Lastic de Sieujac. Il était le dernier
représentant de la branche aînée de sa maison, et il voulut
par son testament faire relever son nom par son beau-frère

---

(1) Archives de Parentignat. I. 106 à 109. Orig. sur parch. et copies
collationnées de 1622 et du 18ᵉ s.

(2) C'était le fils naturel, plus tard légitimé, de Thibaud de Lastic et de
Jeanne Var, auteur de la branche de Lastic de Fournels.

Claude de Beaufort-Canilhac. (1) Cependant il existait d'autres branches de sa maison, et celle-ci est encore représentée de nos jours. En secondes noces Gabrielle de Foix épousa Philibert, comte d'Apchier, fils de Jean d'Apchier et de Marguerite de Chazeron. Il fut aussi chevalier de l'ordre du Roi, capitaine de cinquante hommes d'armes de ses ordonnances, gouverneur de la Haute-Auvergne pour la Ligue, où il joua un rôle important. Il fut assassiné le 30 janvier 1605, dans la cathédrale de Mende, par Annet de Polignac, seigneur de Villefort, pour une question de préséance. (2) Pour ce crime il fut condamné à mort par la Grand'Chambre du Parlement de Toulouse et exécuté. (3) Le comte de Lastic, dans ce fameux mémoire auquel j'ai déjà fait allusion plusieurs fois, voit encore dans ce crime une phase du complot tramé contre la branche de Sieujac de notre maison pour lui enlever son patrimoine. Je n'ai pas besoin de dire que toute cette histoire est sortie en entier de son imagination et qu'il en a inventé au moins la moitié à l'appui de sa thèse.

De son second mariage avec Jean de La Guiche, Françoise avait eu aussi une fille, Louise de La Guiche. qui épousa, en 1611, Louis de La Rochefoucaud, dont nous avons déjà parlé. Il était le fils de Jacques de La Rochefoucaud, chevalier de l'ordre du Roi, capitaine de cinquante hommes d'armes de ses ordonnances, seigneur de Saint-Ilpize, et de Françoise de Langeac dernière de la branche aînée de cette maison. Françoise de Lastic dut mourir aussitôt après son testament, car nous n'entendons plus parler d'elle.

Thibaud de Lastic eut aussi d'une maîtresse nommée Jeanne Var, un fils naturel, *Jacques*, nommé dans le testa-

---

(1) Archives de Parentignat. A. E. et *Nobiliaire d'Auvergne*, par Bouillet. Tome II, page 346.

(2) *Histoire généalogique de la maison de France et des Grands Officiers de la Couronne*, par le P. Anselure. Tome III, page 821.

(3) *Preuves de la maison de Polignac*. Tome III, pages 147 à 149.

ment de sa sœur Françoise. Il fut légitimé en 1618. (1) et
devint par son mariage avec Marie d'Apchier d'Auteville,
fille elle-même de Jean bâtard d'Apchier et d'Anne de
Maumont, le chef de la branche de Lastic de Fournels. Il y
eut entre cette branche, qui était ainsi descendante directe
de la branche de Thibaud et celle de Sieujac, une lutte qui
eut un moment épique au xviiiᵉ siècle, entre le comte de
Lastic de Sieujac et Dominique de Lastic de Fournels,
évêque de Conserans.

Nous avons vu, l'un après l'autre, tous les fils de Louis de
Lastic et d'Anne de La Fayette. Il ne nous reste plus qu'à
passer leurs filles en revue.

L'aînée, qui était en même temps l'aînée de tous les
enfants, était *Gisleberte*, que le livret de famille fait naître le
lundi 22 juin 1494. Elle est rappelée dans le premier
testament de son frère Claude, de 1524, (2) où elle est
qualifiée d'abbesse de Mègemont. Elle est également rappelée
dans le testament de son frère aîné Jacques, en 1529, (3) où
elle est encore qualifiée d'abbesse de Mégemont. Enfin dans
une pièce du grand procès entre Louis et Thibaud de Lastic,
en 1533, (4) elle est encore qualifiée du même titre. Il n'y a
donc pas de doute à cet égard. L'abbaye cistercienne de
Mègemont était située dans le massif du Mont-Dore, entre
Ardes et Besse, à l'altitude de mille mètres, dans un pays
très froid et très sauvage. Elle avait été fondée en 1287 par
les Dauphins d'Auvergne dans leurs propres terres. Elle
semble n'avoir jamais été très importante. En 1611 les
religieuses, prétextant l'insalubrité du climat, obtinrent de
transporter leur abbaye à Clermont. Gisleberte de Lastic
n'est pas citée parmi les principales abbesses, tandis que l'on
fait mention d'*Agnès* et de *Jacquette* de Lastic vers 1500.

---

(1) Archives de Parentignat. X. 59. Orig. sur pap.
(2) *Ibid.* F. 9. Orig. sur parch.
(3) *Ibid.* F. 27. Orig. sur parch.
(4) *Ibid.* F. 55. Orig. sur papier.

Nous n'avons jamais trouvé leurs noms dans des actes de nos archives ni d'ailleurs. Parmi les autres principales abbesses, on cite les noms de Marie de Besse, de Dauphine de Rochefort, d'une Dauphine d'Auvergne, d'Isabeau de Chaslus, de deux d'Autier de Villemontée, d'Hélène de Clavières de Murat, de Françoise de Nerestang, etc. (1).

La seconde, *Isabeau*, naquit, d'après le livret de famille, le vendredi 8 mai 1495. Dans l'acte de prise de possession du château de Rochegonde, de 1522, Isabeau est dite veuve de Pierre, seigneur et baron de Pierrefort. En 1529, dans le testament de son frère aîné Jacques, elle est dite, à ce moment-là, femme de François de Geoffroi, seigneur et baron de Bousigues, fils de Barthélemy de Geoffroi et d'Isabeau de Brancas. C'est ce François de Bosigues que nous avons vu témoin en 1542, du mariage de Thibaud de Lastic, son beau-frère, avec Anne d'Ancezune, ce qui était tout naturel, puisqu'il était doublement parent du marié, par sa femme, et de la mariée par les Brancas. Ces Geoffroy de Bousigues étaient de la maison « *la meilleure du diocèse d'Agde.* » (2) Elle s'éteignit en 1698. Isabeau eut un fils, Pierre de Geoffroi de Bousigues qui se maria dans la maison de Rochemaure, d'où postérité. Le village de Bouzigues est sur l'étang de Thau. On y voit encore les restes d'un grand château. Peut-être dans son église est ensevelie cette grande tante, descendue comme moi de nos austères montagnes vers les coteaux ensoleillés du Languedoc. J'ai évoqué souvent son souvenir dans mes nombreuses excursions aux rives classiques de ce bel étang.

La troisième *Gabrielle*, née le lundi 3 avril 1497, n'est citée qu'une seule fois dans le registre de 1533, comme étant déjà morte.

_____

(1) *Dict. historique du département du Puy-de-Dôme*, par A. Tardieu. Article : Mègemont.

(2) *Annuaire de la noblesse du Languedoc*. par M. Louis de La Roque. Tome I, page 225.

La quatrième *Françoise*, née le jeudi 10 août 1508, est dans le même cas.

La cinquième *Marie*, née le jeudi 6 septembre 1509, n'a pas plus d'histoire.

La sixième *Madeleine*, la plus jeune de tous les enfants probablement, n'est pas inscrite sur le livret de famille, comme son frère Thibaud. Nous la voyons comparaître, en 1524, sous la tutelle de son frère aîné Jacques, dans le règlement du doùaire d'Anne de La Fayette. M. de Lastic Saint-Jal la marie le 1er juin 1543 à un certain Gaspard de Foureau qui, paraît-il, aurait donné à sa belle-mère une quittance de trois cents livres. Comme d'habitude, la source n'est pas indiquée, et je n'ai rien pu trouver à cet égard.

II

Les branches issues
de la deuxième génération

Avant de nous occuper de la onzième génération, celle de Claude de Lastic et de Marguerite de Farges, je crois devoir revenir en arrière pour aborder une question qui, par suite de sa complexité, a besoin d'être étudiée à part.

Nous avons vu que la nombreuse génération de Louis de Lastic et d'Anne de La Fayette se composait de quinze enfants légitimes. En dehors de ceux-ci, Louis avait eu un fils naturel, *Hector*, qu'il rappelle dans son testament. Jacques, son fils aîné, en eut un également nommé *Jacques*, comme son père, qui est rappelé aussi dans le testament de son père. Enfin Thibaud en eut un aussi, nommé également *Jacques*, d'une certaine Jeanne Var, que nous connaissons par le testament de sa sœur paternelle Françoise et par son acte de légitimation, prononcée par Lettres royaux de 1618, que nous avons cités.

Il faudrait ajouter à ces neuf garçons légitimes et à ces trois bâtards, tous les enfants naturels de Louis de Lastic, le Grand Prieur, dont un légitimé, *Jean* et quatre autres, *Jacques*, autre *Jean*, *Antoine* et *Thibaud*, sans compter les filles. Cette génération a donc produit, à elle seule, neuf garçons légitimes et huit bâtards, soit en tout dix-sept garçons dont plusieurs ont porté le nom de *Jean* et de *Jacques*, et qui, par suite, ont été la cause de nombreuses confusions.

C'est d'eux que sont sorties les quatre branches de notre maison qui, dans l'ordre *officiel* de primogéniture, sont les branches de *Sieujac*, de *Gabriac* ou *Saint-Jal*, de *Vigouroux* et de *Fournels*. Quels sont les auteurs de ces branches et sont-elles légitimes ou bâtardes ?

La légitimité de la branche de Sieujac est établie :

1° Sur le contrat de mariage de Claude de Lastic et de Marguerite de Farges, que nous possédons dans nos archives.

2° Sur le deuxième testament de Claude de Lastic, dans lequel il nomme ses enfants légitimes, Jean, autre Jean et Antoine, que nous possédons également dans nos archives.

3° Sur le contrat de mariage de Jean de Lastic, fils aîné de Claude et de Marguerite de Farges, avec Madeleine d'Espinchal, acte qui se trouve aussi dans nos archives.

4° Sur d'importantes présomptions que j'énumérerais plus loin.

Les doutes qui ont pu planer sur cette légitimité sont basés :

1° Sur ceux qui ont été émis à l'égard de l'authenticité des pièces précédentes par d'Hozier dans un manuscrit retrouvé à la Bibliothèque nationale. (Manuscrits. Cabinet d'Hozier, volume 207.)

2° Sur cette coïncidence, au moins curieuse, que l'une des maîtresses de Louis de Lastic, le Grand Prieur, reconnue mère de sa fille Catherine, porte le même nom sans la particule, que la femme légitime de Claude. Elle se nomme *Marguerite Farges* au lieu de *Marguerite de Farges*.

3° Parmi les cinq enfants certains de ce même Louis de Lastic, il y en a trois, *Jean,* autre *Jean* et *Antoine*, qui restent seuls vivants, à la fin du XVI° siècle, en même temps que *Jean,* autre *Jean* et *Antoine*, fils légitimes de Claude. C'est encore une coïncidence au moins curieuse.

4° Marguerite Farges et ses fils *Jean*, *Jacques*, autre *Jean*, *Antoine* et *Thibaud* de Lastic, font des achats nombreux autour de Sieujac, comme s'ils voulaient agrandir cette terre. Ils s'intitulent même, dans les derniers, seigneurs de Sieujac, en même temps que le fils de Claude.

Reprenons les preuves qui viennent à l'appui de la légitimité de la branche de Sieujac. Le contrat de mariage de Claude de Lastic et de Marguerite de Farges est du 15 janvier 1537 (v. st.) (1). Cet acte a toujours été reconnu comme authentique. Il a été admis comme tel lors des preuves faites, à Riom, devant Bernard de Fortia, en vertu d'un arrêt du Conseil du Roi du 22 avril 1666, pour établir la noblesse de François de Lastic, arrière petit-fils de Claude, le 10 juillet 1667. (2) On n'était à ce moment-là qu'à un siècle des événements et si ces Lastic avaient passé pour bâtards, ou si les pièces produites avaient été notoirement fausses, il eut été facile de le reconnaître à la suite d'une enquête. Or, ce n'est qu'un siècle plus tard que d'Hozier émet des doutes à cet égard, et encore non pas de lui-même, mais comme il le dit dans son manuscrit, parce qu'un certain M. de Murat-Villeneuve « gentilhomme d'Auvergne, bien instruit des familles nobles de la province me l'a dit. » Il en paraît étonné d'abord car « le contrat de mariage de 1537, le testament de 1545 et le contrat de 1573 m'ont paru tous hors de suspicion. » Ce n'est donc que sur les racontars de M. de Murat-Villeneuve qu'il examiné de plus près les actes, et alors il croit y reconnaître « nouveauté du parchemin, couleur jaune de l'encre, caractère de l'écriture qui n'est pas du temps. » Et comme il n'en est pas bien sûr, il soumet ces actes à l'expertise de « M. Melat, l'un des gardes de la Bibliothèque du Roy, Dom Pernot, bibliothéquaire de Saint-Martin-des-Champs et Dom Tassin,

---

(1) Archives de Parentignat. F. 58 et 59. Orig. sur parch, et cop. sur pap.

(2) *Ibid.* 32 et 33. Orig. sur pap.

chargé de l'ouvrage de la diplomatique », et ces Messieurs
« dont la science et la probité sont également connues, ont
certifié, le 17 novembre 1756, que ces trois actes estoient bien
et véritables, ce qui ne laisse aucun doute sur la réalité de
la filiation. » Et quel est ce M. de Murat-Villeneuve qui a
jeté des doutes dans l'esprit de d'Hozier ? C'est un voisin
de terres des Lastic de Sieujac, qui, comme nous le verrons
plus loin, dans le chapitre concernant ces terres, vendait les
siennes au comte de Lastic, dont le patrimoine s'augmentait
ainsi au détriment de celui de ce voisin, probablement
devenu jaloux, chagrin et cancanier. Du reste, doit-on
donner à un brouillon, annoté, barré, effacé, l'importance
d'un document définitif ? Or, le manuscrit de d'Hozier n'est
pas autre chose que cela si on veut bien l'examiner de près,
et la meilleure preuve en est que d'Hozier lui-même, n'en a
tenu aucun compte, et a reconnu la légitimité des Sieujac. (1)

Un autre argument très sérieux, qui n'a pas été indiqué
dans le manuscrit de d'Hozier, ou au moins à peine effleuré,
mais qui m'a vivement frappé, est basé sur ce que la femme
légitime de Claude de Lastic, *Marguerite de Farges*, et l'une
des maîtresses de Louis de Lastic, appelée *Marguerite
Farges*, reconnue par lui comme mère de sa fille Catherine
par l'acte de légitimation de janvier 1574, portaient exactement le même nom, sauf la particule. D'autre part, à partir
de l'année 1557, nous trouvons toute une série d'actes faits

---

(1) M. le docteur de Ribier, dans un ouvrage récent sur les preuves
faites par les familles d'Auvergne pour les pages de la Grande Écurie, a
mis en note un extrait de ce manuscrit qui tendrait à faire croire que la
branche de Lastic de Sieujac est d'origine bâtarde Ayant fait copier *mot
pour mot, ligne par ligne, avec toutes les parties barrées*, le texte même
du manuscrit, je l'ai présenté à l'auteur de ce livre et il a été obligé de
s'incliner devant les faits. N'ayant pu faire la rectification dans l'ouvrage
qu'il avait publié, parce qu'il ne devait pas s'en tirer une deuxième édition, il la fit paraître dans un ouvrage postérieur sur les preuves faites
par les familles d'Auvergne pour les demoiselles de Saint-Cyr.

aux noms de nobles *Jean, Jacques*, autre *Jean, Antoine* et
Thibaud de Lastic, dont on ne nomme pas le père, mais
dont on nomme la mère *Marguerite Farges*, avec quelques
variantes dans l'orthographe de son nom. Dans un acte du
26 avril 1561, (1) elle est qualifiée leur mère et tutrice. Le
24 octobre 1566, (2) *Jean, Jacques*, autre *Jean* et *Anthoine*, se
disent seigneurs de Sieujac et en même temps fils de *Marguerite Farges*. Je ne cite pas tous ces actes tant il y en a. Ils
remplissent presque complètement le carton H parmi les
titres de famille et les cartons D. V et D. X parmi ceux de
propriété. Or, à la même époque, dans son testament du
11 mars 1545, Claude de Lastic, nomme les trois enfants
qu'il a eu de sa femme légitime *Marguerite de Farges*, *Jean*,
autre *Jean* et *Antoine*. Devant de telles coïncidences on reste
fort perplexe.

En dehors de ces preuves contradictoires que je pourrais
qualifier, les unes et les autres, de *péremptoires*, il y a une
foule de faits remarqués çà et là dans d'autres titres, qui
entraînent ma conviction tantôt d'un côté, tantôt de l'autre,
et laissent ainsi ma raison et ma conscience dans le doute
absolu.

D'autre part il serait étonnant que, si Jean de Lastic de
Sieujac eût été un simple bâtard, il ait pu épouser Madeleine d'Espinchal qui appartenait à une des familles alors des
plus considérées du pays, voisine de terres des Lastic, et que
son fils, Philibert, ait été agréé comme gendre dans la
maison de Beaufort-Canillac qui occupait alors en Auvergne
le premier rang avec les La Rochefoucaud-Randan. Le fils de
Claude est accueilli par tous les grands seigneurs du pays
comme un égal et il devient bientôt, jeune encore, un des
principaux chefs des catholiques et de la Ligue. Que dire
aussi de ce fait que lui et sa descendance soient restés
détenteurs de tous les actes de famille ?

(1) Archives de Parentignat. H. 6. Sur parch.
(2) *Ibid.* H. 13. Sur parch.

Je laisse à d'autres qui verront les choses de plus loin et d'une manière plus désintéressée sans doute, le soin de se faire une opinion. Je souhaite qu'ils y parviennent et qu'ils en soient certains !

Selon que l'on admettra que la branche de Sieujac est légitime ou bâtarde, la branche de *Gabriac* ou de *Saint-Jal*, suivra son sort. Ces deux branches sont, en effet, intimement liées l'une à l'autre. Une foule de pièces nous prouvent que Jean de Lastic qui épousa, par acte du 18 août 1568, (1) au château de Gabriac en Rouergue, Gabrielle d'Hérailh de Lugans, était le propre frère de Jean de Lastic de Sieujac. Nous avons vu déjà quelques-unes de celles-ci et nous en retrouverons d'autres plus tard. Je citerai ici, comme des plus probants, l'acte du 21 novembre 1619 (2). C'est le contrat de mariage de Marguerite de Lastic, fille de Jean de Lastic de Sieujac, avec Jacques de Sévérac, baron de La Garde-Roussillon. Celle-ci a perdu son père. Elle est alors assistée par Jean de Lastic, seigneur de Gabriac « *son oncle paternel* » et en même temps son tuteur. C'est écrit tout au long dans le contrat, et il y en a bien d'autres preuves.

Nous venons ainsi de voir que les branches de Sieujac et de Gabriac ou de Saint-Jal pouvaient être légitimes ou bâtardes, suivant que l'on acceptait une des deux opinions précédentes. Mais pour les branches de *Vigouroux* et de *Fournels*, il n'y a plus de doute. Elles sont bâtardes toutes les deux. La filiation de la seconde est très bien établie et nous avons dans nos archives tout ce qu'il faut pour cela. Elle descend de *Jacques*, fils naturel de Thibaud de Lastic et d'une nommée Jeanne Var, qui a été légitimée par lettres royaux de mai 1618 et qui avait épousé en 1616 Marie d'Apchier d'Aulteville ou d'Hauteville, fille elle-même de Jean, bâtard d'Apchier, seigneur d'Hauteville et d'Anne de Maumont.

---

(1) Archives de Parentignat. X. 21 Cop. coll. du xviii⁰ siècle. Sur pap.
(2) *Ibid.* l. 56 et 57. Orig. sur parch. et sur pap.

Quant à la branche de *Vigouroux*, il est plus difficile d'établir de qui elle descend. Clabault ne s'en est pas occupé. Seuls MM. Paul de Chazelles et le Comte A. de Lastic Saint-Jal ont osé affirmer son origine. Ces auteurs ont établi une filiation de Louis de Lastic et d'Anne de La Fayette avec une telle fantaisie, un tel mépris pour les actes existant, que ce n'est plus de l'histoire. Le premier place Thibaud, le plus jeune des enfants, aussitôt après l'aîné Jacques, le vieillissant ainsi de plus de quinze ans. Il invente un Jean-Jacques dont il fait l'auteur des Lastic de Vigouroux. Il invente aussi un Hector, une Jacquette, une Jacqueline, le tout absolument sans preuves et a supprimé tous les autres, au gré de sa fantaisie. Quant au second il a suivi à peu près le livret de famille. Cependant il a placé Claude aussitôt après Jacques, et il a trouvé la manière d'introduire le Jean-Jacques de M. Paul de Chazelles entre Antoine et Philippe, sans prendre garde qu'il n'y a que seize mois entre les dates de naissance de ces deux enfants et qu'alors son Jean-Jacques ne peut physiologiquement être né à cette époque. Donc Jean-Jacques n'a jamais existé, et les Vigoureux, par conséquent, ne peuvent en descendre. Cherchons maintenant quel peut être ce Jacques, auteur de cette branche. Nous le voyons se marier le 1er janvier 1556 (v. s.). (1) avec Anthonia ou Antoinette de Julhen, dame de Jary, et en deuxièmes noces, le 12 juin 1578, (2) avec Antoinette de Tordes, veuve de Méric de Fontanges. Il eut trois filles du premier mariage, deux garçons et une fille du second, qui continuèrent la descendance bien établie par actes authentiques et réguliers. De qui ce Jacques pouvait-il être le fils ? Nous trouvons à cette époque Jacques, fils bâtard de Jacques de Lastic, l'aîné des quinze enfants de Louis de Lastic et d'Anne de La Fayette. Toutes les dates coïncideraient bien. Il aurait eu environ vingt-sept ans au moment de son premier mariage, cinquante environ

---

(1) Archives de Parentignat S. 1 et 2. Orig. sur parch.
(2) *Ibid.* S. 8 à 11. Orig. sur parch. et cop. sur pap.

au moment du second, et il aurait fait son testament en 1595, à l'âge de soixante-sept ans. Tout cela est dans l'ordre des choses possibles. J'ai cité à propos de Georges de Lastic l'extrait d'un registre qui attribuait deux enfants légitimes à ce dernier, dont l'un s'appellerait Jacques et aurait été l'auteur de la branche de Vigouroux. J'ai dit à ce moment-là les raisons pour lesquelles je trouvais que cette pièce manquait de caractère suffisant d'authenticité. Je n'en tiendrai donc pas compte. Louis de Lastic, le Grand Prieur eut aussi un fils naturel nommé Jacques, mais d'après les actes où il figure, ce Jacques aurait été beaucoup plus jeune et très probablement dans l'impossibilité de contracter un mariage en 1536. Il me semble donc que si nous devons trouver le Jacques, auteur de la branche de Vigouroux, parmi ces trois Jacques, c'est plutôt le plus âgé de tous, le fils naturel de Jacques, fils lui-même de Louis de Lastic et d'Anne de La Fayette qui devrait l'être. Mais ce pourrait être aussi un quatrième, et ce n'est là qu'une simple hypothèse.

Il résulte de tout ce que nous venons de dire que les quatre branches issues de la dixième génération de notre maison doivent venir dans l'ordre suivant :

1° La branche de *Sieujac* issue de Jean, fils aîné de Claude, huitième enfant de cette génération et de Marguerite de Farges.

2° La branche de *Gabriac* ou de Saint-Jal, issue d'autre Jean, deuxième fils du même.

3° La branche de *Vigouroux*, issue de Jacques, fils naturel, de Jacques, aîné de la dixième génération et d'une femme inconnue.

4° La branche de *Fournels*, issue de Jacques, fils naturel, plus tard légitimé, de Thibaud, quatorzième enfant de la dixième génération et de Jeanne Var.

Si l'on admettait, au contraire, la bâtardise des branches de Sieujac et de Saint-Jal, toutes les branches étant alors bâtardes, il faudrait placer la première, par ordre de primogéniture, la branche de *Vigouroux*, issue du fils aîné de cette génération, puis celles de *Sieujac* et de *Saint-Jal*, issues de Louis, dixième enfant, et enfin celle de *Fournels*, issue de Thibaud, quatorzième enfant.

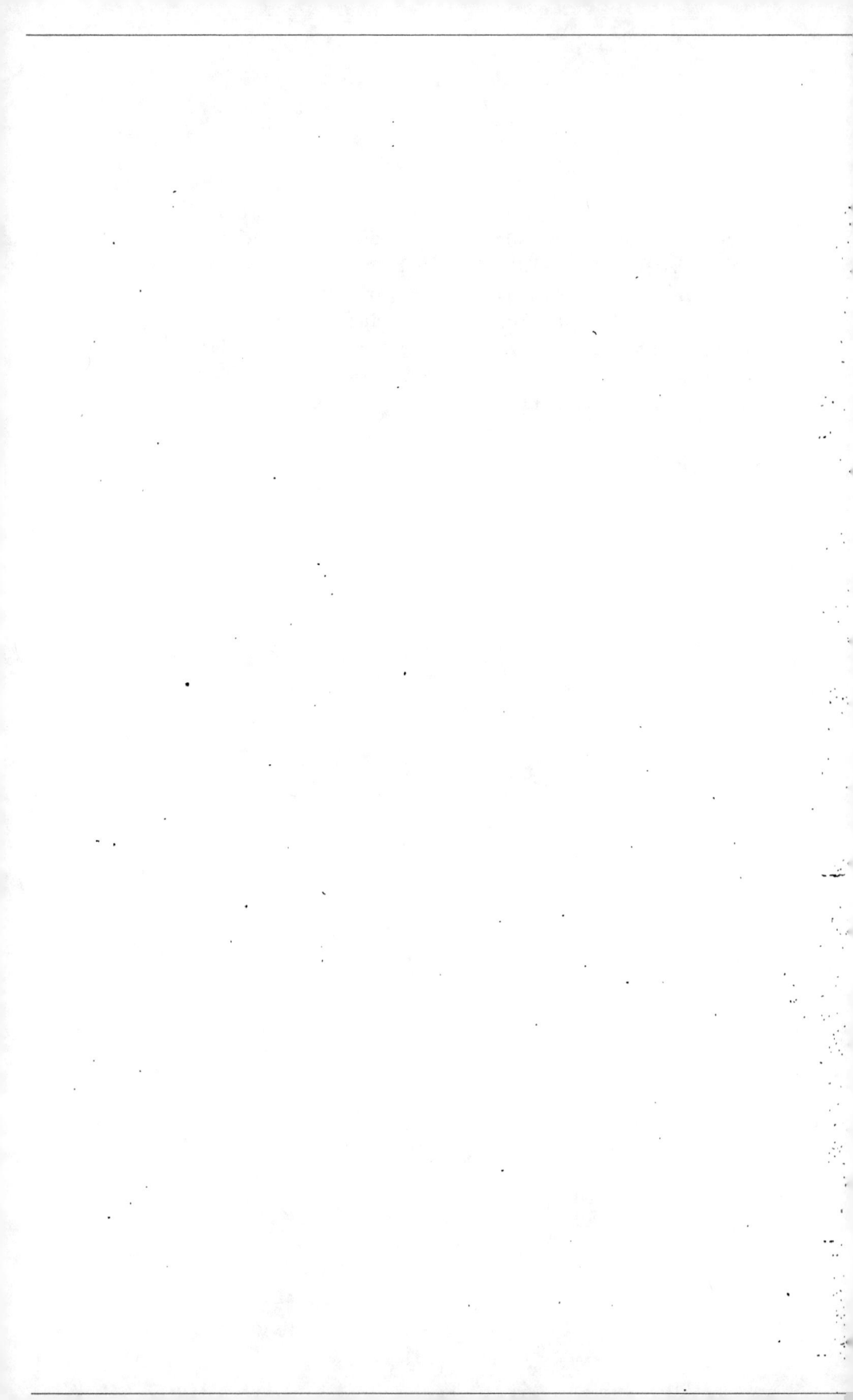

III

Onzième génération

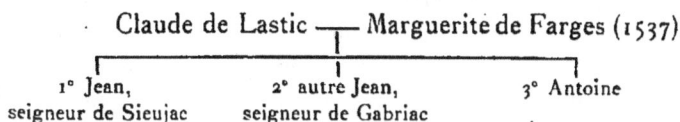

Claude de Lastic —— Marguerite de Farges (1537)

1° Jean,	2° autre Jean,	3° Antoine
seigneur de Sieujac	seigneur de Gabriac	

Claude, d'après le livret de famille, était le huitième enfant et le cinquième garçon de Louis de Lastic et d'Anne de La Fayette. Il devint le chef de la onzième génération de notre maison par le fait que son frère aîné Jacques ne se maria pas et mourut ainsi sans enfants légitimes. Les autres frères aînés Christophe, Antoine et Philippe, étaient, le premier et le troisième, chevaliers de l'Ordre de Saint-Jean-de-Jérusalem, et le deuxième chanoine de la Cathédrale de Saint-Flour. Comme j'ai déjà cité, dans d'autres occasions, les premiers actes qui parlent de Claude, je ne ferai que les mentionner rapidement. Il assiste aux diverses opérations de la liquidation du douaire de sa mère Anne de La Fayette, soit en personne, soit représenté par son frère aîné Jacques, en 1522 et 1523. Nous le voyons encore paraître, sous la

9

tutelle de celui-ci, au règlement définitif de cette affaire
en 1524, puis deux jours après, son frère Jacques ne se
déclare plus son tuteur mais son héritier. En effet, nous
trouvons, à la date du 13 avril 1524 (1), un premier testament de Claude. Il est passé « *coram me notario imperiali vel
apostolico infrà signato.* » Claude s'y dit fils d'Antoine
(Anthonii) (2) de Lastic, chevalier. Il se dit *sanus mente et
intellectu ac in bonà et sacrà mentis memorià, licet debile cor-
pore.* » Il élit sa sépulture dans l'église des Frères Mineurs,
dits Cordeliers, de la ville de Novarre « au-delà des monts »
(où il fait son testament), dans la chapelle ou à côté de la
chapelle de Sainte-Catherine de la dite église. Il fait de nombreuses donations à ces moines pour dire une grand'messe
des Morts au grand autel de leur église, le jour de ses
obsèques. Il donne pour cela quatorze livres tournois. Il veut
qu'il soit célébré dans l'église de Lastic une quarantaine
de quarante messes des morts et une autre sur le tombeau de
ses ancêtres, sans désignation de lieu. Il donne ensuite des
détails sur la manière dont doivent être célébrées ses obsèques à Novarre. Il donne à sa sœur Anne (3), religieuse de
Mègemont, la somme de cent livres tournois. Il donne aussi
à sa mère (un trou) de La Fayette (4), l'usufruit de tous ses
biens mobiliers et immobiliers. Il donne treize sous d'or à
Jean de la Laure, six écus d'or à Guillaume de la Digèze (?),
son écuyer, et deux sous d'or à Jean de La Fresnay, son page.
Il fait aussi une donation, dont on ne peut lire la valeur, à
cause du mauvais état de la charte à..... (illisible), seigneur
de Vendenesse et au maréchal des logis de la compagnie du

(1) Archives de Parentignat, F. 9. Orig. sur parch.

(2) Claude était réellement fils de Louis et non d'Antoine, son frère
aîné, qui n'eut qu'une fille.

(3) Le mot d'*Anne* a été surchargé de celui de *Gilberte*. Cette dernière
était, en effet, la sœur de Claude, tandis qu'Anne n'était que sa cousine
germaine.

(4) Il semblerait que ce trou ait été fait en voulant gratter le prénom
d'Anne de La Fayette.

dit seigneur, plus un sou d'or au nommé Longeval et au nommé Bort, hommes d'armes de la dite compagnie, plus onze sous d'or à Barron et Pierre Bessières, toujours hommes d'armes de la compagnie de Vendenesse, plus cinquante-deux sous tournois à Jacme Chamborn (1), prêtre, seigneur de Veneyrols. Il veut que son héritier universel fasse les frais d'un pèlerinage à Saint-Jacques-de-Compostelle. Cet héritier universel sera son frère aîné, Jacques de Lastic. Et comme exécuteur testamentaire il désigne puissant seigneur Christophe d'Allègre, seigneur de Veneyrols, auquel il donne tous pouvoirs. Fait et donné à Novarre, au-delà des monts, le 13 avril 1524. En présence de nobles hommes Armand de Synzelles, Géraud de Lestang, Anthoine de Crozèt, Claude de Montrozier et de Pierre d'Iscarre (?) témoins appelés à cet effet. « Et moi Jacques Chamborne, prêtre, notaire *apostolicus et imperialis*, j'ai reçu ces présentes et en foi de quoi les ai signées de mon seing manuel. »

Ce testament est fort curieux. Il nous apprend d'abord que Claude était homme d'armes de la compagnie de M. de Vendenesse. Or, à la date de ce testament, peu après la bataille de Biagrasso, l'Amiral Bonnivet qui commandait en 1524 l'armée française en Italie, battit en retraite, par suite du manque de vivres et de la maladie qui s'était répandue dans son armée. Les Espagnols, parmi lesquels se trouvait le trop fameux Connétable de Bourbon, le suivaient de près et harcelaient l'armée française. La retraite était protégée par Bayard. Dans une de ces escarmouches continuelles « le gentil seigneur de Vendenesse » qui commandait une des compagnies composant l'arrière-garde, fut blessé mortellement et quelques jours après le Chevalier Bayard

---

(1) C'est le même nom que celui du notaire « *imperialis vel apostolicus* », qui signe l'acte. Jacme Chamborn n'aurait-il pas servi de notaire sans l'être, et ne sachant au juste s'il se trouvait en territoire d'empire ou dépendant du Saint-Siège, il a dû s'intituler à la fois « *imperialis et apostolicus.* »

lui-même reçut un coup mortel et y fit la fin glorieuse que l'on sait. (1) Or, cela se passait précisément en avril 1524 et Novarre se trouvait sur le parcours de l'armée française en retraite. Claude de Lastic fut-il grièvement blessé, ou fut-il atteint par la maladie qui obligeait Bonnivet à battre en en retraite ? Nous ne pouvons le savoir. Ce que nous ne savons pas non plus, c'est si Claude mourut alors. Un testament ne fait pas mourir. Ce qui est étrange dans cet acte, ce sont ces confusions de noms et ces grattages. Claude n'a jamais été le fils d'Antoine. Il n'a jamais eu de sœur nommée Anne, et on a si bien gratté le prénom de sa mère qu'on a fait un trou dans l'acte. Ces anomalies peuvent s'expliquer. Claude devait être malade et devait très difficilement s'exprimer. Son entourage chargé de dresser un acte régulier d'après les quelques indications que pût donner le moribond, fit des confusions que l'on tâcha de corriger ensuite. Puis Claude ne dut pas mourir de ses blessures ou de sa maladie. Il tomba entre les mains de ses ennemis et resta probablement longtemps prisonnier. L'année d'après, en 1525, François Ier, fait prisonnier à la bataille de Pavie, ne fut libéré qu'au bout de quatre ans. Beaucoup de gentils-hommes français partagèrent sa captivité. On peut donc expliquer l'absence du nom de Claude dans tous les actes de notre maison à cette époque, par un fait analogue des plus plausibles. Lorsqu'au bout d'un certain nombre d'années il reparut en Auvergne, ses frères qui pouvaient le croire mort, furent très embarrassés. Jacques était mort en 1529, laissant par testament l'héritage paternel à ses frères Georges et Thibaud qui se l'étaient partagé et qui étaient en procès à

(1 *Histoire du gentil seigneur de Bayard*, par le loyal serviteur. Ed. Loredan Larchay, pages 485 et 486. Nous trouvons également dans cette histoire que Christophe d'Allègre, qui était le fils d'un Lastic, combattait alors dans les rangs de l'armée française et qu'il s'y signala par sa valeur. C'est une preuve de plus en faveur de l'authenticité du testament de Claude, malgré ses irrégularités.

son sujet avec leur frère Louis leur aîné, chevalier de l'Ordre de Saint-Jean-de-Jérusalem. Claude, peut-être fatigué par ces guerres et sa longue captivité, sans ambition, au lieu de revendiquer le patrimoine auquel il avait droit, dût chercher à s'arranger avec ses frères, et alors paraît la convention, datée du 10 avril 1537, (1) que nous possédons dans nos archives. Elle est passée entre Claude de Lastic et Loys de Lastic, « chevalier de Rhodes et de l'Ordre de Saint-Jean-de-Jérusalem », d'une part et Georges de Lastic, alors chef de famille, en vertu du testament de leur frère aîné Jacques, d'autre part. Par cet acte Claude abandonne à son frère Georges « tous et chascuns des droicts successifs, part et portion héréditaire que le dit Claude de Lastic povoit espérer et prétendre ès dits biens », moyennant la somme de trente-six mille livres tournois, sur laquelle Georges verse de suite celle de dix-huit mille livres « en bonnes espèces de monnoye d'or et d'argent. » Quant aux dix-huit mille livres restant à payer il « est convenu et accordé que le dit Georges de Lastic délaisse et quitte par ces dites présentes au dit Claude de Lastic la jouisssance de la terre et seigneurie de Montsuc jusqu'à l'actuel et parfait payement et remboursement de la dite somme. » Suivent d'autres conventions en faveur de Louis et de Thibaud. Cet acte est passé à Chaudesaigues, en présence de noble Pierre d'Oradour, seigneur de Saint-Gervazy, François de Montvallat, seigneur du dit lieu et de Marnat, Jehan de Miramont, seigneur du dit lieu, Guérin de Neuvéglise, seigneur du dit lieu, honorable homme Pierre de Clavières, licencié ès-lois, de la ville de Saint-Flour, etc., etc. Claude vendait ainsi son droit d'aînesse. Il venait, du reste, de se marier, assez médiocrement, sinon au point de vue de la fortune, du moins au point de vue du rang occupé par la famille de sa femme, comme nous le verrons plus tard. Il était âgé de trente-quatre ans,

---

(1) Archives de Parentignat. F. 63-66. Orig. sur pap. et copie du dix-huitième siècle sur papier.

étant né le 26 avril 1503, ce qui était un âge avancé pour se marier à cette époque, Aussi fit-il peu de temps après son testament, qui est le deuxième que nous connaissons de lui. Celui-ci est daté du 11 mars 1545. (1) Il donne à son second fils, autre Jehan et à son troisième fils Antoine, à chacun la somme de dix mille livres, et institue pour son héritier universel son fils aîné, Jehan, dans tous ses biens. Il fait sa femme, Marguerite de Farges, et Jean de Neuvéglise, tuteurs de ses enfants mineurs. Il est à remarquer que, sauf l'élection de sa tombe dans l'église de Rochegonde, il ne nomme aucune de ses terres.

En 1549 il est vaguement question de lui dans un arrangement entre Thibaud, son plus jeune frère, et Jean, son fils aîné, comme s'il était déjà mort. Il reste donc bien effacé. C'est ce fils Jean, l'aîné, qui relèvera la situation de cette branche par ses actions d'éclat.

Claude épousa le 15 janvier 1537 (v. s.) (2) Marguerite de Farges, fille de noble Pierre de Farges, seigneur du dit lieu et de Siougheac, et de Jehanne de Neuvéglise. Elle recevait en dot la somme de quatre mille écus d'or (environ douze mille livres tournois, somme considérable pour l'époque.) Guérin de Neuvéglise, oncle de la mariée, intervient et promet « de nourrir et entretenir les dits futurs conjoints et leur équipage conformément à leur qualité dans sa maison et chasteau de Neufvéglise pendant cinq ans. » Le marié donne à sa future « par dorures, bagues, la somme de trois cent cinquante escus d'or ». Il lui donne en douaire la somme de trois cent trente-trois écus d'or et un tiers à prendre sur la terre de Montsuc et son habitation et demeure dans ce château, sa vie durant. Cela ne concordait pas avec le contrat de mariage de Thibaud qui, cinq ans après, en 1542, en épousant Anne d'Ancezune, lui assurait également son douaire et sa résidence dans ce même château de Montsuc.

---

(1) Archives de Parentignat. F. 63-66. Orig. sur parch.
(2) Ibid, F. 58 et 59. Orig. sur parch

Mais entre ces deux dates, Claude avait peut-être reçu de son frère Thibaud le reste de la somme de trente-six mille livres qui lui avait été promise par sa renonciation du 10 avril 1537, et par suite, il lui avait rendu la terre de Montsuc dont on lui avait donné la jouissance en garantie de cette somme.

La famille de Farges est absolument inconnue. Il n'en est fait mention nulle part. Quant à celle de Neuvéglise, elle était de très vieille extraction. Au XIIIᵉ siècle les Neuvéglise étaient *viguiers* du bourg dont ils avaient pris le nom en haute Auvergne. Le plus ancien dont il soit question est Sicard de Neuvéglise en 1239. Puis l'on trouve Pierre en 1286, Bertrand en 1322. Il semble qu'ils n'aient pas su soutenir leur rang. Leurs alliances, sauf quelques exceptions ne sont pas dans les familles de haute féodalité. On y trouve les Montclar, les Mouriers, les Montjoie, les Bénavent, les Saint-Paul, les Giou, les Mérulé ou Merle, les Curières, les d'Hauteroche, les de Riom, les de Crestes, etc., etc. Ce sont toutes des familles de bonne noblesse, très ancienne, mais de second ordre. Nous possédons probablement dans nos archives presque tout le chartrier de cette famille. Comment nous est-il arrivé ? Est-ce parce que Marguerite de Farges en était la dernière héritière par sa mère Jehanne de Neuvéglise, comme semblerait l'indiquer son contrat de mariage, ou bien parce que ces titres se trouvèrent mélangés aux titres de propriété de la terre ds Neuvéglise. quand celle-ci fut achetée par Jean de Lastic de Sieujac ? En tous cas ils occupent presqu'un carton entier de nos archives. (1) Le plus ancien date de 1378. Ce sont des quittances de dot, des contrats de mariage, des testaments, des émancipations, des transactions, des donations, des brevets, commissions ou provisions, des bulles papales, etc., etc., tous des plus précieux et qui permettent d'établir toute la généalogie de cette maison depuis 1378 jusqu'en 1522, peu avant son extinction.

_____

(1 Archives de Parentignat. A. H. 1 à 45. Orig. sur parch.

On y trouve des choses fort intéressantes. Ce dossier à lui seul pourrait constituer le sujet d'une intéressante monographie.

D'après son testament, Claude eut de ce mariage trois garçons seulement :

1° Jehan qui formera la douzième génération de notre maison et dont il sera parlé plus loin,

2° Autre Jehan, que M. de Lastic Saint-Jal appelle Jean-Jacques parce qu'il est un peu embarrassé par cette similitude de nom.

3° Antoine.

Autre *Jehan* ne s'est jamais appelé Jean-Jacques. Pas un seul des actes qui parle de lui ne le désigne sous ce double nom. Nous avons vu que dans son testament de 1545, Claude avait donné à son second fils, autre Jehan, la somme de dix mille livres, dont cinq mille payables le jour où il aurait atteint sa majorité de vingt-cinq ans, et les autres cinq mille payables deux mois après. Il devait, à cette condition, renoncer à tous ses droits à la succession de son père. Mais son frère aîné Jehan devait le nourrir et l'entretenir, en attendant sa majorité, et cela selon son état, à ses propres frais avec un serviteur et deux chevaux. Il lui désignait pour tuteur son oncle Jean de Neuvéglise, fils de Guérin, frère de sa grand'mère. Il se maria, le 18 août 1568, (1) au château de Gabriac. paroisse d'Orlhaguet en Rouergue, (2) avec Gabrielle Hérailh, fille de Charles Hérail. seigneur de Lugans et de Saint-Gualh et de Jeanne de Gimel, assistée de Louise de Gimel, sa sœur, veuve de feu noble Antoine de Gordeige, seigneur de Gabriac. La future recevait en dot le château de Gabriac, ses appartenances et dépendances, tel que le possédait feu Antoine de Gordeiges, et autres avantages énoncée à l'acte. Quant à Jehan de Lastic,

---

(1) Archives de Parentignat. X. 21. Cop. coll. sur pap. du xviii° siècle.
(2) Orlhaguet, commune du canton de Sainte-Geneviève, arrondissement d'Espalion (Aveyron).

il apportait en dot la somme de sept mille livres en deniers comptant ou « debtes et obligations actives », dont il versait de suite quatre mille cinq cents livres. On trouve dans ce contrat les clauses ordinaires en faveur d'un des enfants mâles nés du mariage. En cas de prédécès, le survivant conserverait pour lui le quart de la dot de son conjoint. La La famille d'Hérailh de Lugans était une des plus importantes du Rouergue. On la disait issue des Hérail de Brisis, et elle a été substituée aux deux grandes maisons de Pierrefort et de La Roue qui se sont éteintes dans son sein. Le plus ancien membre connu de cette maison est Josselin Hérailh ou Hérail qui fit son testament en 1200 et possédait déjà à cette époque la terre de Lugans. Cependant la descendance ne semble bien établie que depuis la fin du xive siècle. Il semble aussi que la branche de Lugans s'éteignit dans la personne de Gabrielle, femme de Jehan de Lastic et de ses sœurs Madeleine, femme de Jean de Montlaur, seigneur de Murles près de Montpellier, et Antoinette, femme d'Antoine de Carcassonne, seigneur de Poujols et de Soubès, près de Lodève. La seconde branche, celle des seigneurs de Buzareingues, fut fort puissante et hérita des biens de la maison de Pierrefort de Ganges et de celle de La Roue. Elle s'éteignit dans la personne de Marthe-Gabrielle d'Hérail de Pierrefort de La Roue, épouse de Joseph-Hyacinthe de Saint-Martin-d'Aglié, marquis de Rivarolles, en 1670. Les alliances de cette maison étaient avec celles du Cayla, de Borne d'Altier, d'Adhémar, de Vézins, de Rochebaron, de Morlhon, d'Estaing, d'Izarn de Fraissinet, de Gimel, de Montlaur, de Carcassonne, de Pierre de Pierrefort, de La Roue, de Chalençon, d'Espinchal, de Brou, d'Hostun, de Talaru, de Saint-Martin-de-Rivarolles, etc.. etc., toutes familles de premier ordre du Gévaudan, du Rouergue, du Velay, du Limousin, du Languedoc, du Forez et de Gascogne. (1) Quant à la

(1) *Documents historiques et généalogiques sur les familles et les hommes remarquables du Rouergue*. De Barrau. Tome III, p. 385 et suivantes.

terre de Gabriac, dont il est question dans ce contrat, il
semblerait bien qu'elle ait constitué une sorte de terre patri-
moniale qu'on voulait maintenir intacte, et que l'on ait voulu
faire relever à Jehan et à sa femme le nom d'une race éteinte
dont je n'ai pu retrouver le signalement nulle part en
Rouergue. Jehan de Lastic devint ainsi l'auteur de la branche
de notre maison appelée de Gabriac ou de Saint-Jal, qui est
encore représentée de nos jours par deux branches et dont
nous parlerons à son tour.

Quant à *Antoine*, nous ne savons ce qu'il est devenu. La
seule fois où il soit question de lui, c'est dans le testament
de son père où, comme son frère Jehan, il reçoit dix mille
livres dont cinq mille le jour de sa majorité de vingt-cinq
ans et les cinq mille autres, deux mois après, et en attendant
il doit être nourri, logé et défrayé de tout avec un serviteur et deux chevaux dans la maison de son frère aîné.

IV

Douzième génération

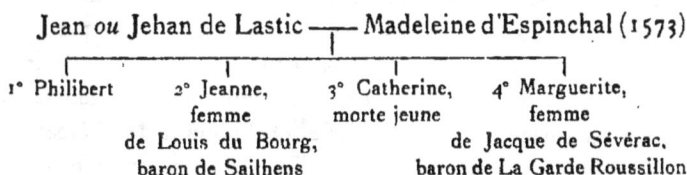

Jean *ou* Jehan de Lastic ——— Madeleine d'Espinchal (1573)

1° Philibert	2° Jeanne, femme de Louis du Bourg, baron de Sailhens	3° Catherine, morte jeune	4° Marguerite, femme de Jacque de Sévérac, baron de La Garde Roussillon

On pourrait écrire un volume entier sur Jean. C'est certainement, après son homonyme et grand-oncle Jean, le Grand Maître de Saint-Jean-de-Jérusalem, le personnage le plus intéressant de notre maison. Peut-être pourrait-on faire passer avant lui son propre oncle Louis, le Grand Prieur, mais dans l'état actuel des documents que nous possédons sur celui-ci, nous connaissons incontestablement beaucoup mieux la vie et les actes du fils de Claude de Lastic et de Marguerite de Farges. Mais ce qui place pour nous Jean bien au-dessus de son oncle, c'est sa vie sans tâche et de toute loyauté. Jean est le type, par excellence, du chevalier sans peur et sans reproche, uniquement préoccupé de son devoir et entièrement dévoué à la cause catholique, dont il fut le plus noble champion en Auvergue, de l'avis de tous les historiens de notre province. C'est une noble figure, qu'une plume plus éloquente que la mienne pourrait seule faire ressortir.

Comme je l'ai déjà fait pour les personnages importants de notre maison, nous étudierons Jean d'abord dans ses rapports avec sa famille, et ensuite dans son rôle historique.

Le premier acte où il est question de lui, c'est le testament de son père Claude, de 1545, (1) où celui-ci le fait héritier universel de tous ses biens, sans désigner ceux-ci, à charge de régler tous ses legs, de donner à chacun de ses frères, autre Jehan et Antoine, la somme de dix mille livres dont cinq mille au jour de leur majorité de vingt-cinq ans et les cinq autres deux mois après, et de les héberger en attendant chez lui, en les défrayant de tout avec un serviteur et deux chevaux. Cette charge ne fut pas longue à supporter en ce qui concerne son frère Jehan puisque celui-ci se maria avant lui en 1568. Nous le voyons se marier ensuite lui-même le 28 février 1573 (2), cinq ans par conséquent après son frère cadet. Dans le contrat il est qualifié seigneur de Sieujac, de Saint-Maurice et de Nouvialle et habitant le château de Sieujac. Il épousait Madeleine d'Espinchal, sœur de François d'Espinchal, seigneur des Ternes et de Tagenac, habitant du château des Ternes. On ne donne pas le nom de ses parents, mais nous apprenons, au cours de l'acte qu'elle était fille de Jeanne de Léotoingt de Montgon, qui vivait encore à ce moment-là. Elle recevait en dot la somme de deux mille six cent soixante-six écus deux tiers, dont une partie était versée immédiatement, plus deux cents écus pour la corbeille. L'écu d'or à cette époque valait à peu près trois livres, ce qui faisait que la dot s'élevait à environ huit mille livres. Moyennant cela elle renonçait à tous ses droits à la succession de ses père et mère, et de ses oncle et tante,

---

(1) Archives de Parentignat G. 13 à 16. Orig. sur parch.
(2) *Ibid.* H. 26. Orig. sur parch.

Louis et Antoinette d'Espinchal. Jean donnait à sa future la somme de deux cents écus pour sa corbeille. Un majorat des deux tiers de ses biens était créé au profit de l'aîné des enfants mâles, avec substitution ordinaire aux cadets et aux femelles dans l'ordre de primogéniture et de sexe. Madeleine recevait en douaire la somme de mille livres assignée sur la terre de Sieujac avec demeure à vie dans le château, sauf son remariage. Ce contrat était passé au château des Ternes, en présence de Thibaud de Lastic, qui semblait ainsi s'être réconcilié avec son neveu, et qui se disait seigneur de Lastic, Montsuc et Rochegonde, ce qui prouve que celui-ci par contre renonçait à ses revendications sur le domaine patrimonial. Parmi les témoins on voyait Jacques de Léotoingt. seigneur de Montgon. Jean de Lastic, seigneur de Gabriac, frère de Jean, Aymar de Calvisson, seigneur et baron de Saint-Alban, Jehan d'Apchier, seigneur d'Aulteville, ses amis et compagnons de guerre, Claude de Beauregard, Anthoine de La Volpillière, trésorier de l'église cathédrale de Saint-Flour, et parmi les personnages moins importants Jehan Rolland, licencié ès lois, advocat ès cours, qui était probablement le même qui épousa Françoise de Lastic, fille de Jacques de Lastic, seigneur de Jarry et d'Antoinette de Julhen, auteur présumé de la branche de Lastic de Vigouroux. Si nous observons d'autre part que la fille de Jehan d'Apchier d'Aulteville épousa Jacques de Lastic, auteur de la branche de Lastic de Fournels, on voit que les représentants des diverses branches de notre maison s'étaient réunis pour célébrer ainsi le mariage de celui qu'ils reconnaissaient pour le chef de la famille.

La maison d'Espinchal était une des meilleures familles féodales de l'Auvergne. Elle était sortie d'un château situé à près de mille mètres d'altitude dans les montagnes de Besse, entre le Mont-Dore et le Cézallier. Le premier dont il soit parlé. était Bertrand d'Espinchal, chanoine comte de Brioude en 1266, Dès 1341, cette maison était déjà propriétaire de ce château des Ternes, près de Saint-Flour, où fut signé le

contrat de mariage de Jean de Lastic et de Madeleine d'Espinchal, et dont le puissant donjon carré, qui constitue à lui
seul un véritable château, a été entièrement restauré de nos
jours. A partir de l'année 1409, les d'Espinchal devinrent
propriétaires en partie de la terre de Massiac, où ils construisirent plus tard un grand château, dernière résidence de
la famille au moment de la Révolution et dont les restes
servent d'Hôtel-de-Ville et d'écoles à cette petite ville du
Cantal. Cette maison a fourni un chambellan de Charles VIII,
de braves guerriers qui furent tués à l'ennemi à la tête de
la noblesse d'Auvergne, des officiers généraux dont un commanda l'avant-garde de l'armée française à la bataille de
Denain, et un autre fut ministre de la marine en 1758.
Emigrés et ruinés par la Révolution, ils disparurent tous à
ce moment-là, sauf le dernier de sa race, le comte Hippolyte
d'Espinchal, chevalier de Malte, qui fit les campagnes de
Napoléon Ier, et mourut dans le courant du siècle dernier à
Issoire, où nos parents l'ont beaucoup connu. Il a laissé des
mémoires fort curieux, qui ont été édités dernièrement. Les
alliances de cette maison sont avec les maisons de Tourzel,
de Rochefort d'Ally, d'Hauteville, de Montclar, de la Tour
de Rochebrune, de Léotoingt-Montgon, de Saint-Germain-
d'Apchier, d'Hérail de La Roûe, de Polignac, de Lévis de
Châteaumorand, de Montmorin Saint-Hérem, de Chavagnac,
de Gaucourt, etc., etc. (1) Le fameux marquis Gaspard était
le petit-neveu de Jean de Lastic, et nous possédons dans nos
archives un exemplaire ancien de son contrat de mariage (2).
Nous verrons plus loin comment Jean maria de son vivant
sa fille aînée Jeanne avec Louis du Bourg de Sailhens ou
Saillans, car les autres beaucoup plus jeunes ne se marièrent
qu'après sa mort. Sa vie fut tellement absorbée par les luttes
religieuses que nous ne savons presque rien de lui en dehors
du rôle qu'il joua dans celles-ci. Il semble n'avoir pas habité

---

(1) *Nobiliaire d'Auvergne* par Bouillet. Tome II. Espinchal.
(2) Archives de Parentignat. A. E. 35. Orig. sur pap.

Sieujac d'une manière continue. Le contrat de mariage de sa fille fut bien signé à Sieujac, mais certains actes sont signés du château de la Trémollière, qu'il avait nouvellement acquis. C'est même là qu'il mourut. Nous aurons à nous occuper de ses nombreuses acquisitions par la suite, quand nous parlerons des terres. Même après les guerres de religion, Jean continua à servir dans l'armée, prenant part aux sièges de Lyon, de Cambrai, de La Fère. Il fut donc peu chez lui. Puis dans ses vieux jours il dut habiter Paris, lorsque la reine Marguerite de Valois, rentrée en grâce depuis le jour où elle avait consenti à son divorce avec Henry IV, s'était établie dans cette ville où elle tenait une cour très brillante et très élégante. Il avait été nommé chambellan de cette Reine. Nous l'apprenons par une lettre de committimus du 12 décembre 1606 (1) où il est qualifié ainsi « Jehan de Lasticq, escuier, sieur de Siogeat...., gentilhomme d'honneur ordinaire servant de (illisible) la Royne Marguerite. » Dans un autre titre du 9 octobre 1607 (2), il est encore qualifié « Messire Jehan de Lastic, chevallier, gentilhomme d'honneur de la Royne Marguerite, sieur de Sieugheat, de Neufvéglise, estant de la suite de la dite Dame, de présent en ceste ville de Paris. » Sa femme, Madeleine d'Espinchal, était aussi dame d'honneur de cette Reine. Voici l'un de ses brevets que je donne in extenso par curiosité :

« Marguerite Royne (3), duchesse de Vallois, comtesse de Senlis, Auvergne, Clermont, Rouergue, Agenois, Condomois, Lauraguais. Dame des quatre jugeries de Rieux, Rivière, Verdun, Albigeois et des baronnyes de La Tour et La Cheyre au dict pays d'Auvergne, A tous ceulx que ces présentes lettres verront, salut. Sçavoir faisons que pour la bonne et entière confiance que nous avons de la personne de notre chère et bien-aimée Magdeleine de Spinchal (sic) et de ses sens, suffisance, vertus, mérites, affection et fidélité à nostre service, et icelle pour ces causes et autres à ce nous mouvants, avons donné et octroyé, donnons et octroyons

---

(1) Archives de Parentignat. I. 95, Orig. sur parch. un sceau.
(2) *Ibid.* I. 89. Orig. sur parch.
(3) *Ibid.* I. 86-88. Orig. sur parch. Un sceau.

par ces présentes, l'estat et l'office de nostre dame ordinère pour icelle avoir doresnavant, tenir, exercer et en jouir aux honneurs, authorité, prérogatives, prééminences, franchises, libertés, gaiges, droits, proffits, revenus et esmoluments au dit estat et offices appartenants tant qu'il nous plaira. En possession et saisine duquel l'avons mise et installée, la mettons et installons par ces présentes. Si donnons en mandement a celluy qui est ou sera par Nous commis au faict et payement des gaiges de nos officiers, domestiques, pages, baillés et deslivrés chacun au contant aux termes et à la manière accoutumée à la dicte de Spinchal, les gaiges à elle ordonnés par les rooles et estats qui seront par Nous faicts de nos dicts officiers, domestiques, et rapportant ces présentes ou vidimus d'icelles deument collationné pour une foys seullement avec quitance de la dicte de Spinchal sur ce suffisante. Voulons et entendons tout ce que payé et desliyré aura esté à l'occasion susdict, estre passé et alloué en la despence de ses comptes, et rabattre de la recepte pas ceux de nostre Conseil que nous commettons à clorrè, veoir et arrester nos dicts comptes. Car tel est nostre plaisir. En tesmoing de quoy de nous signé ces présentes de nostre main, et icelle faict apposé le scel de nos armes, et contresigné par l'un des conseillers et secrétaires de nos finances. Donné à Paris le dernier jour de décembre, l'an de grâce mil six cent sept. »

Dame ordinère,

MARGUERITE. (1)

Marguerite devint même, comme nous le voyons dans une requête ou protestation de nullité, faite par elle, au sujet d'un procès que nous verrons plus loin, « première dame de la reine Marguerite de Valois. (2)

Tout semble nous prouver que Jean de Lastic avait une grosse fortune et pouvait disposer de grosses quantités de numéraire. Au cours des guerres de religion nous le verrons faire des avances pour l'entretien des troupes catholiques et ligueuses. On lui fait souvent des emprunts qu'on ne lui rend pas ou qu'on lui fait longtemps attendre. A la fin de sa vie, tandis qu'il vivait à Paris, à la cour de la reine Marguerite de Valois, on dut abuser de sa bienveillance. Le 9 octobre 1607 (3), il semble avoir répondu d'une dette de huit

---

(1) Ces deux mots et la signature sont autographes.
(2) Archives de Parentignat. I. 83. Orig, sur parch.
(3) *Ibid*. I. 89 à 93. Orig. sur parch. et sur pap.

mille livres, pour laquelle on avait enfermé à la Conciergerie du Palais du Parlement de Paris, Alexandre de Castelnau, chevalier, seigneur de Clermont de Lodève et de Perdenon en Quercy. Ce dernier qui devait cette somme à Christophe, comte d'Apchier, par crainte d'être arrêté, s'était sauvé et « s'était retiré en son païs qui est à près de denx cens lieues. » Le 25 septembre précédent (1607), le Parlement de Paris avait ordonné qu'il « sera prins au corps et amené prisonnier en la dicte Conciergerie du Palais. » Pour ce on fera « au besoyn ouverture et rupture des portès, des maisons fortes où le dict Castelnau se pourra être retiré, même y mener le canon tant qu'enfin la force demeurera au Roy et à Justice. » Arrêté, il obtint le 4 octobre 1607, d'être mis en élargissement sous la garde de César Duval, huissier au Parlement, pendant les deux mois qui suivront l'élargissement. Jean de Lastic avait été déjà incarcéré une première fois, le 29 septembre 1607, pour n'avoir pas représenté Alexandre de Castelnau en fuite. Lorsque ce dernier fut pris, Jean de Lastic fut relâché, mais Castelnau qui avait été en quelque sorte remis en liberté sous caution, s'étant encore placé hors de portée de la justice, le malheureux Jean fut de nouveau incarcéré à sa place, quoique chambellan de la Reine Marguerite et malgré les protestations de sa femme qui en était alors la première dame. Combien de temps resta-t-il en prisoñ ? Notre dossier est tellement incomplet, que l'on se tromperait en affirmant quelque chose à cet égard. Le 20 janvier 1609, un arrêt du Parlement ordonne l'élargissement de Jean de Lastic et d'Alexandre de Castelnau qui, probablement, devaient être en liberté sous caution. Cette affaire ne devait pas être réglée pour cela, car en 1610, nous trouvons une lettre de committimus du roi Louis XIII en faveur de Jean de Lastic, toujours gentilhomme d'honneur de la reine Marguerite, duchesse de Vallois « estant à cause de ce en nostre protection et sauvegarde », par laquelle il était mis à l'abri de toutes recherches, de toute poursuite et de prise de corps pour dettes ou autres causes quelconques, on ne dit pas à quelle occasion, mais très probablement pour la même affaire. Néanmoins Jean dut faire un arrangement avec Christophe d'Apchier en lui cédant certains droits sur ses terres. Nous en trouvons la trace dans le dossier. Après sa mort, le 8 juin 1613 et le 10 avril 1614, (1) nous voyons sa veuve, Madeleine d'Espinchal et son fils Philibert de Lastic, encore en procès avec cet Alexandre de Castelnau et une certaine veuve Amadou qui m'a l'air de jouer dans cette affaire le rôle de prêteuse louche.

Jean de Lastic avait été aussi pourvu de la capitainerie de Châteauneuf-en-Carladez, par brevet du 11 novembre 1602. (2) Il est dit dans ce brevet qu'en considération des divers services rendus par Jean de Lastic, le Roi lui donnait « l'estat et charge de capitaine de Châteauneuf-en-Carladez que naguère soloit tenir Jacques de La Laure, dernier paisible posesseur d'icelle, à présent vacant par la résignation pure et simple qu'il en a aujourd'huy faicte en nos mains par son procureur, etc ». Je n'ai pu trouver nulle part en quoi consistait cette charge. Je crois que c'était surtout un titre honorifique, qui, comme le dit le brevet précédent, devait faire jouir son bénéficiaire de certains avantages et prérogatives. Le château de Châteauneuf-en-Carladez était situé autrefois dans la paroisse de Miallet, près de Chaudesaigues, ce qui l'avait fait appeler quelquefois du nom de Châteauneuf de Miallet. Il a dû disparaître depuis longtemps ; peut-être même n'existait-il plus déjà à cette époque. Cette charge devint héréditaire dans notre famille jusqu'à sa suppression au cours du xviiie siècle. (3)

Le 12 juin 1610 (4) Jean de Lastic donnait entre vifs à son

---

(1) Archives de Parentignat. J. 76. Orig. sur parch.
(2) *Ibid.* J. 102 et 103. Orig. sur parch.
(3) Voir dans la troisième partie de cette *Chronique* quelques détails nouveaux sur cette capitainerie.
(4) Arch. de Parentignat. J. 79 et 89. Orig. sur pap.

fils Philibert, encore en bas-âge, tous les biens qu'il possédait en haute Auvergne, dans les seigneuries de Sieujac, Neuvéglise, Le Buisson, Alleuze, La Trémollière « comme le dit seigneur les a acquises » à la charge de payer, après son décès, à Marguerite de Lastic « sa fille puisnée » à l'occasion de son mariage, la somme de quinze mille livres, à moins qu'elle ne se mariât du vivant de lui donateur. Ces biens appartiendront, après le décès de son fils Philibert, au prémier de ses enfants mâles, tout en lui laissant le choix, et dans le cas où Philibert décèderait sans enfants avant son père, la dite donation deviendrait nulle, et s'il mourait sans enfants après son père, tous les biens reviendraient à Marguerite qui, elle-même les donnerait à un de ses enfants mâles, en lui faisant relever les nom et armes de la maison de Lastic. Jean de Lastic semblait ainsi déshériter sa fille aînée Jeanne. Mais celle-ci était veuve depuis huit ans et ne s'etait pas remariée. Elle n'avait eu qu'une fille de son mariage avec Louis du Bourg.

Cette donation avait été précédée d'un acte plus important. Jean de Lastic avait fait son testament depuis longtemps, le 25 mars 1600. (1) Comme c'est un testament olographe et autographe, et le premier que nous possédons de ce genre, je le donne in extenso :

« Nous Jehan de Lastic, seigneur de Sieugheat, La Trémollière, Neufvéglise, et autres places, soubsigné, avons faict et faisons nostre testament et disposition dernière comme s'ensuict. Après avoir fait le signe de la croix et disant : *In nomine patris et filii et spiritus sancti, amen.* avoir recommandé nostre âme à Dieu le Créateur, à la génereuse Vierge Marie, à tous les saincts et sainctes de paradis ; voullons après nostre décès, nostre corps estre ensevely en l'église paroichialle du dict Neufvéglise au tombeau des feus seigneurs du dict Neufvéglise. Pour nos funérailles,

---

(1) Archives de Parentignat. J. 73 et 75. Orig. sur pap.

honneurs funèbres, sépulture, quarantaine et bout de l'an et autres prières....., nous en remectons à damoyselle Magdeleyne d'Espinchal nostre consorte cy après nommée. Donnons et léguons par droict d'institution particulière à damoyselles Catherine et Marguerite de Lastic, nos filles à marier et à chacune d'icelles la somme de sept mil' livres payables par nostre héritier contre achapt à chacune d'icelles, lorsqu'elles seront d'aige pour se marier aux teneurs et conditions qu'il sera lors convenu et accordé. Cependant voullons que soyent nourries et entretenues aux despens de nostre héritier et avons aussi donné et légué à damoyselle Jehanne de Lastic, nostre fille aînée, femme à puyssant seigneur Loys de Bourg, sieur de Sailhens, la somme de (cinq mille escus ?) oultre le contenu de son contract de mariage lequel voullons sortir son entier effect. Donnons aussi à la dicte damoyselle Magdeleyne d'Espinchal nostre consorte sa vye durant en jouyssance et fruicts de la métayrie (?), fours et moulin du dict Neufvéglize oultre le douaire que luy a esté accordé par le dict contract de mariage et aussy sa demeure au chasteau et maison de Sieugheat que luy a esté baillé en douaire par le dict contrat de mariage, et oultre voullons que la dicte damoyselle soict administraresse des personnes et biens de ses dicts enfants, s'en remectant entièrement à icelle sans qu'elle soict tenue de faire son inventaire de ses biens par justice ni autrement. Et avec ne voullons que les susnommés ne prendront autre chose de nos biens et succession. Et avons faict et ordonné nostre héritier général et universel en tous nos biens meubles, immeubles, noms, debtes et actions présents et advenir, noble Philibert de Lastic, nostre fils naturel et légitime et de la dicte damoyselle nostre consorte, à la charge de payer les susdicts légats, charges et debtes, et pour exécuteurs de notre présent testament faysons et nommons le dict sieur de Sailhens (1) et le seigneur de Gabriac,

---

(1) Louis du Bourg de Sailhens étant mort deux ans après, ne fut pas exécuteur testamentaire.

frère au dict sieur testateur, cassant tous aultres testaments
cy devant faicts et en foy de ce avons signé nostre présente
ce vingt cinquiesme jour de mars, l'an mil six cens. » (1).
Jean de Lastic ne mourut que onze ans après, comme nous
le verrons.

En 1610, Charles de Noailles, promu à l'évêché de Saint-
Flour, vint prendre possession de son évêché. Jean de Lastic,
qui était alors seigneur du Buisson, voulut faire revivre un
vieux droit féodal. Il se trouvait en cette qualité, vassal de
l'évêché de Saint-Flour, et à l'occasion de l'entrée de chaque
évêque dans sa ville épiscopale quand il y venait pour la
première fois, le seigneur du Buisson devait tenir son cheval
par la bride et le conduire ainsi de la porte de la ville jusqu'à celle de la cathédrale. Moyennant quoi le vassal avait le
droit de prendre possession du cheval et de son harnache-
ment. Dans les papiers que nous possédons de la terre du
Buisson, nous trouvons plusieurs procès-verbaux de cette
cérémonie. Voici celui qui la relate pour Jean de Lastic. Cela
se passe le 28 septembre 1610. (2)

« Comme par debvoir le seigneur du Buisson, vassal du
seigneur Evesque de Sainct-Flour soict tenu à sa nouvelle
entrée en la présente ville mener et conduire par la bride le
cheval ou mule sur lequel le dit seigneur Evesque est monté
et d'admener et conduire depuis le premier oratoire estant
près le mur des portes de la dicte ville, jusques au devant la
grande porte de l'esglize cathédrale du dict Sainct-Flour.
En mettant le dict seigneur pied à terre, le dit S^r du
Buisson à l'instant faisant une révérence prend le dict cheval
ou mule et l'en admène ou bon luy semble. Ainsi que du dict
debvoir appert par acte et instrument par devant feu Bernard
de Prato, vivant, notaire royal du dict Sainct-Flour, du

---

(1) Le testament est scellé d'une sorte de cachet recouvert d'une petite
empreinte composée d'un A et d'un M entrelacés voulant dire probablement *Ave Maria*.

(2) Archives de Parentignat. C. H. 22. Orig. sur parch.

dimanche vingt cinquiesme jour de julhiet l'an mil quatre cens quatre-vingt quatre par lequel est faicte mention que feu Révérend Père en Dieu messire Charles de Joyeuse, évesque et seigneur du dict Saint-Flour, etc (1).,... et soict ainsy que puissant seigneur Jehan de Lastic, Sr de Sieugheac, Neufvéglize, La Trémolière, Aleuze et du dict lieu du Buysson se soict ce jourd'huy datté des présentes mis en debvoir et présent en personne devant Révérend Père en Dieu messire Charles de Noailhes, seigneur évesque de la dicte ville de Saint-Flour, abbé de l'abbaye Sainct-Géraud d'Aurilhac prest à faire sa nouvelle entrée à la dicte ville et au devant la croix de fer de la dicte ville, auquel seigneur par devant moi notaire royal soubsigné et en personne et témoins bas nommés et de grande multitude de peuple illec assemblée. Le dit Sr de Sieugheac a faict la révérence en ce cas due et accoustumée, estant le dict seigneur évesque monté sur ung cheval blanc garny d'ung harnoy de soye violette avec une grande housse dessus de mesme couleur. Le dict sieur de Sieugheac en la qualité susdicte a prins le dict cheval par la bride, mené et conduict puis la dicte grand croix en entrant à la porte des Lacs de la dicte ville et tout du long de la dicte rue des Lacs et de celle du Mazel presque au devant la grande porte de l'esglize cathédralle du dict Sainct-Flour. Ou estant le dict seigneur évesque a mis pied à terre pour entrer dans icelle, et ce faire le dict seigneur de Sieugheac comme seigneur du Buysson luy a faict une grande révérence et après a prins et mené le dict cheval harnaché d'une selle de velours noir sur lequel cheval est monté et l'a admené ou bon luy a semblé conformément au dict acte. A quoy le dict seigneur de Sainct-Flour a reçu le dict Sr de Sieugheac sans préjudicier à son exception (?) et autres droicts et debvoirs seigneuriaux si aucuns

---

(1) On mentionne ici le texte d'un procès-verbal précédent que nous possédons dans nos archives, et que nous reverrons quand nous parlerons de la terre du Buysson,

luy en sont deubs par le dict Sr de Sieugheac et le dict
Sr de Sieughac, etc.. etc....

Et de tout ce recquierons les dits seigneurs acte et instrument leur estre octroyé, que leur ont esté octroyées ces
présentes pour leur servir ainsi qu'il appartiendra par raison,
en présence de honorables hommes Raymond Benzic, Guillaume Jordy l'aisné et Anthoine Béchat, maréchaux du dict
Sainct-Flour, et les dicts seigneurs et tesmoings ont signé à
l'original des présentes demeuré envers moy du vouloir des
dicts seigneurs, le vingt-huictiesme jour de septembre
après midy l'an mil six cens et dix. »

Jean de Lastic dut mourir au commencement de 1611, car
nous trouvons à la date du 28 juillet de cette année (1) un
procès-verbal d'ouverture de son testament de l'année 1600,
fait dans la salle du château de Neuvéglise devant Jehan de
Sistrières, Docteur ès droicts, lieutenant général au baillage
du duché des Montagnes d'Auvergne, au siège d'Andelat. Nous
y apprenons le décès récent de Jean de Lastic. Mais cette
mort remontait à quelques mois, car nous trouvons, datée
d'avril 1611 (2), deux feuilles de papier extraites d'un calepin
renfermant l'état des dépenses qui furent faites à l'occasion
de ses obsèques. Ce document est assez curieux en lui-même
pour que j'en donne un extrait :

« S'ensuict ce qua esté fourny despuy le samedy seizième
du présent moys d'apvril 1611 que l'on apporta le corps de
feu Monseigneur en lesglise de St-Georges (3).

« Premièrement le dit jour pour le souper de cinq prêtres
qui dirent les scaultiers (sic) la nuict sur le corps de feu
mondict sieur, comme aussy pour leur soupper les dimanche,
lundy et mardy ensuyvant que l'on apporta le corps de feu
mondict sieur à Neufvéglise.

---

(1) Archives de Parentignat. — J. — 73 à 75. — Orig. sur pap.
(2) Id. — J. — 72. — Orig. sur pap.
(3) Cela fait supposer que Jean de Lastic mourut au château de La
Trémolière, car si c'était Vabres qui en était la paroisse, St-Georges en
était tout près et Jean y possédait des droits seigneuriaux importants,

Vin cinq pots . . . . XXV s

Pain blanc. . . . . , . . XV s

Crn (1) cher ou fromaige . . . . XV s

Plus aux sonneurs des cloches pour leur avoir donné à boire les dicts jours de samedy qui sonnaient depuis l'heure des Vespres le dict jour du samedy jusques au dimanche et lundy de l'heure des Vespres jusqu'à deux heures de nuict et recommençoient une heure devant le jour, jusques au commencement de l'office et le mardy. Incontinent après avoir achevé l'office recommencèrent jusques à une heure après midy de puys le dict jour de mardy au soir et mercredy matin sur commandement de Madame.

Pain gros quarante huict livres. XXX s

Vin dix neuf chaupines. . . . . XXX s IX d

Quelque peu de cher et de fromaige pour cinq sols . . . . . V s

Plus le dict jour de mardy à Messieurs les prestres qui allèrent accompaigner le corps, pour leur souper.

Vin quatre cartes. . . . . XX s

Pain blanc quatorze livres. . . . . XIIII s

Crn pitance. . . . . XXI s

Vin XIII cartes et vin chaud . . .

Pain blanc . . . . XXIX l

Pain gros. . . . . CVIII l

Pitance. . . . . XLL s

Le tout en argent   X^H XIII s IX d (2)

Plus le dimanche se sont dictes troys messes basses, l'une de Nostre Dame, l'autre du Saint-Esprit, et l'autre des Martyrs.

_____

(1) Crn voudrait-il dire *carne*, viande de deuxième qualité ?

(2) J'ignore comment on faisait les additions à cette époque mais « le tout en argent » ne correspond pas du tout aux détails. Peut-être s'agit-il plutôt là de la somme versée directement en numéraire à ces prêtres.

Plus aux prestres qui ont dit les scaultiers, fault bailher pour avoir dict les dict scaultiers. Plus pour la distribution des prestres pour avoir fait le service de mardy et mercredy auxquels fault fere seize payes, et donner pour chaque paye.

Plus aux sonneurs des cloches pour avoir sonné les dicts jours de samedy, dymanche, lundy, mardy et mercredy quy sont quatre lesquels choses..... » (le reste illisible) (1).

Le président de Veruyes qui a écrit des mémoires fort intéressants sur l'époque des guerres de religion en Auvergne, mais pas toujours exacts, prétend que Jean de Lastic fut un des plus grands hommes de son temps et le plus brave capitaine que la Ligue ait eu dans cette province. Un autre historien de cette époque, Jean de Mordezun, prétend aussi qu'il était fort expert dans les armes et il ajoute qu'ayant voulu, à soixante-dix ans, dompter un jeune cheval, il fit une chute des suites de laquelle il mourut. Quoique nous ne connaissions pas la date de sa naissance, cela correspondrait bien, en ce qui concerne l'âge de Jean au moment de sa mort, avec les dates relevées dans les divers actes que nous possédons.

Nous allons aborder maintenant la tâche difficile de raconter la vie militaire de Jean de Lastic. Pour cela, il est absolument nécessaire que j'expose en même temps les faits contemporains concernant les guerres de religion en Auvergne et principalement dans le haut pays. Un seul ouvrage d'ensemble en a été fait. C'est l'*Histoire des guerres religieuses en Auvergne aux* xvie *et* xviie *siècles*, par André Imberdis. Malheureusement, cet ouvrage a deux défauts, d'abord de ne pas être très exact au point de vue documentaire, puis, comme c'était alors l'habitude à l'époque de sa publication, d'avoir voulu viser à l'effet par des récits sortis en grande partie de l'imagination descriptive de l'auteur. Malgré son désir d'impartialité, on sent chez lui un penchant

---

(1) Cette dernière partie, où les prix ne sont pas indiqués, n'est pas de la même écriture que le reste.

pour la parti huguenot. Il était de mode alors d'avoir l'air libéral et de protester contre la tyrannie catholique. Je me suis donc contenté d'y puiser les grands faits historiques, à peu près incontestables, qui m'ont servi à relier entre eux les divers documents que nous possédons sur Jean de Lastic et à les faire comprendre. Ce récit pourra ainsi répondre à la critique la plus sévère.

Imberdis donne pour origine aux guerres de religion en Auvergne, la révolte provenant de l'esprit nouveau d'examen et de la liberté de la pensée. Je ne crois pas que ce soit la seule cause de ce grand bouleversement. On profita du trouble jeté momentanément dans l'ordre des choses établi, pour s'opposer par les armes à des abus d'une autre espèce. Il y en avait un peu partout. Enfin, depuis la guerre de cent ans et pendant la guerre d'Italie, il y avait toujours eu des aventuriers qui cherchaient à profiter des moindres prétextes pour jeter le trouble partout et tâcher d'en profiter. Il y en eût d'abord dans le parti protestant, parce que ce fut celui qui donna le signal de la révolte, mais il y en eût également dans les autres partis, quand la conflagration fut générale. La Ligue eut les siens, comme le protestantisme. On en voyait même qui passaient d'un parti à l'autre, suivant qu'ils y trouvaient leur avantage. Dans ces conditions, la religion n'était qu'un prétexte. En Auvergne, c'est ainsi que cela se passa ; c'est incontestable. La bourgeoisie des villes voulut combattre la puissance des seigneurs féodaux restée encore importante dans ce pays de montagnes hérissées de forteresses. Il y eût aussi des rivalités de ville à ville, en sorte que lorsque l'une d'elles entrait dans un parti, la voisine entrait dans l'autre : telles Clermont et Riom, Aurillac et Saint-Flour. Puis les petits seigneurs, de souche récente, voulurent s'emparer des terres pour agrandir leur patrimoine. Des familles ennemies voulurent vider leurs querelles au nom de la religion. Il y eut cependant des convaincus. Ils servirent aux autres. Jean de Lastic fut de ceux-là. Catholique avant tout, très riche pour l'époque, en particulier en numéraire, les grands chefs voulurent se l'attacher. On le verra par les lettres qu'il reçut d'eux. Il est considéré dans tous les partis. Les protestants, en la personne de Chavagnac et de du Bourg, cherchent à traiter avec lui. Le jeune du Bourg épousera même sa fille aînée, lorsque leurs querelles seront vidées. Les royalistes, qui marchèrent avec les deux Henry et reconnurent Henry IV, même protestant, Charles de Valois, le comte de Dienne, Calvisson de Saint-Alban, essayèrent de l'attirer dans leur parti. Les chefs de la Ligue, Mayenne, Nemours, Saint-Hérem, Canillac, Randan, Joyeuse, Saint-Vidal, d'Apcher lui écrivirent des lettres flatteuses pour le maintenir à leurs côtés et l'entraîner dans leur révolte. Il se plut avec ces derniers, grâce à leurs aventures chevaleresques, à l'austérité de quelques-uns, à leur piété, à leurs idées entières, « intégrales », comme on dirait aujourd'hui. Mais quand Henry IV eut abjuré le protestantisme, quand il vit que la Ligue n'avait plus aucun prétexte honorable d'exister, il se rangea à l'obéissance loyale, sans qu'il paraisse en avoir été payé, comme quelques-uns. Ce vieux guerrier impénitent finit ses jours dans la peau d'un courtisan de cour, mais dans la cour d'une princesse qui avait été l'âme du catholicisme et de la Ligue, malgré les fautes personnelles qu'on ait eues à lui reprocher. C'est une justice qu'il faut rendre à Jean de Lastic, c'est la droiture continue de sa conduite. C'est ce que je m'efforcerai de faire ressortir.

C'est en 1535 que l'hérésie pénétra en Auvergne. C'est une décision prise par le chapitre cathédral de Clermont, contre un livre intitulé : « l'*Ave Maria ou la Salutation de l'Ange* », qui en fut le prétexte. Les esprits se montèrent et peu de temps après, en 1540, un jacobin d'Allemagne, venu à Issoire, y convertit au protestantisme deux consuls de cette ville, Charles Bonnel et Jean Vidal. Ceux-ci lui firent prêcher le carême. Il prêcha contre la croix, contre la vénération des saints et de la Vierge, contre le purgatoire, contre la transubstantiation, etc. Il fit de nombreux prosélytes. D'autres personnages notables d'Issoire, Annet Duprat, Guillaume

Florat, firent venir un cordelier de Clermont. Il y eut lutte, en pleine église, entre les deux prédicateurs. Le cordelier resta maître du terrain, mais l'impulsion était donnée. Plus de deux cents personnes abjurèrent et même un moine du monastère bénédictin, Lecourt, cellerier, qui en profita, du reste, pour séduire une jeune fille et partir avec elle pour Genève. La guerre civile ayant éclaté dans les rues d'Issoire, le bailli de Montferrand fit arrêter les plus bruyants, entre autres Jean Brugière. Celui-ci, condamné à Paris par le Parlement, fut brûlé vif sur la principale place d'Issoire, le 3 mars 1547. Son supplice, supporté avec un grand courage, fit un effet profond sur les nombreux assistants. Le nombre des nouveaux luthériens en fut notablement augmenté. On sévit terriblement contre eux. D'autres furent arrêtés, condamnés et brûlés sur la place de La Rodade, à Montferrand. Les moines d'Issoire se montrèrent favorables à la réforme. Des scandales éclatèrent en pleine église. Le culte catholique fut troublé, tourné en dérision, les croix furent brisées, les processions maltraitées. Les Issoiriens firent même venir un ministre de Genève, Guy de Moranges, et se mettant en révolte ouverte contre les pouvoirs publics, appelèrent Christophe de Chavagnac pour commander leur ville. Cela se passait en l'année 1559.

Pendant ce temps-là, l'hérésie s'était développée dans toute la France et la guerre civile avait éclaté partout. Aurillac, comme Issoire, était devenue un des foyers de la réforme. En 1561, cette ville ayant voulu se mettre en révolte ouverte, Louis de Brezons reçut l'ordre de l'occuper militairement. Il se montra d'une violence inouïe dans la répression. Le baron des Adrets, venu de son côté en Haute-Auvergne, avec une armée de huit mille protestants, mit tout à feu et à sang sur son passage. La guerre civile prit dès lors une tournure horrible. Les aventuriers commencèrent à affluer de toutes parts. Le baron en était le plus célèbre. La Forest de Blacons en fut un autre. Lui se chargea du Velay. Chassé du siège du Puy, qu'il avait tenté, il alla détruire

Saint-Paulien et la belle abbaye de la Chaise-Dieu, qui était
alors le plus beau monument religieux de l'Auvergne. Notre
province avait alors pour gouverneur un homme énergique,
Montmorin Saint-Hérem, et le parti catholique eut bientôt à
sa tête de rudes lutteurs, Saint-Chamond, la Tour Saint-
Vidal. Les villes commencèrent à se déclarer en général pour
la réforme, tandis que les campagnes restèrent plutôt
soumises à leurs seigneurs, qui tinrent pour le parti
catholique. A ce moment-là, il n'y en avait encore que peu
acquis à la nouvelle religion. Chavagnac était presque une
exception en Auvergne. Mais quand les seigneurs arrivèrent
du Dauphiné et surtout du Languedoc, pillant tout sur leur
passage, bien des petits seigneurs, par goût d'aventure et
amour du lucre, firent défection et se joignirent à eux.
François de Saint-Nectaire ou plutôt de Senecterre, comme
on écrivait alors depuis quelque temps, se laissa séduire.
Saint-Amand Tallende, Carlat et surtout Aurillac avec sa
vieille abbaye de Saint-Géraud, furent ruinées de fond en
comble (1568). Montmorin Saint-Hérem, accompagné du
Grand Prieur d'Auvergne, Louis de Lastic, accourut à son
secours, mais arriva trop tard. Antoine du Bourg, neveu du
fameux chancelier Dubourg (il orthographiait ainsi son nom),
dont le cousin, Anne du Bourg, avait été écartelé en Place
de Grève pour cause d'hérésie et que les protestants comptent
comme un de leurs premiers martyrs, fut assiégé dans son
château de Saillans, près de Saint-Flour, et brûlé vif dans
son four, sans qu'on ait pu savoir sur l'ordre de qui. Saint-
Hérem s'en défendit. Les uns assurèrent que les soldats,
surexcités, le firent sans ordre. D'autres prétendirent que du
Bourg, malade, pour ne pas être fait prisonnier, s'y était
caché et qu'on l'y enferma par inadvertance. Quoi qu'il en
soit, sa veuve, la vaillante Nicolle d'Ondredieu, devint une
des héroïnes de la Réforme, et Chavagnac l'épousa quelque
temps après.

Pendant ce temps-là, en Basse-Auvergne, Issoire était
toujours le centre de la nouvelle religion et la citadelle de ses

partisans. Ils en avaient expulsé les derniers catholiques, saccagé le monastère et l'église, détruit même les reliques de Saint-Austremoine, si vénérées dans le pays. Chavagnac se montrait très dur pour tout ce qui était encore catholique. Montmorin Saint-Hérem jura. alors de faire disparaître ce foyer de la Réforme. Il en chargea, comme nous l'avons vu, Louis de Lastic, Grand Prieur d'Auvergne. La ville fut prise, Chavagnac en fut chassé, mais put se sauver. Le Grand Prieur se. montra moins cruel que le grand chef protestant. Il se contenta de mettre les chefs en prison. Il n'y eût aucun massacre ; aucunes représailles ne furent exécutées. Une grande procession eut lieu pour célébrer la victoire pacifique des catholiques. La mansuétude de Louis de Lastic est d'autant plus méritoire, qu'à ce moment-là, les chefs, les protestants en particulier, se montrèrent d'une dureté et d'une cruauté sans exemple.

Ce fut dans le nord de la province que les hostilités principales se portèrent alors. A Champoly, près de Noirétable, sur les confins de l'Auvergne et du Forez, les protestants se firent battre par les catholiques. Mais ils se reformèrent de nouveau et rencontrèrent à Cognat un groupe de catholiques commandés par Montmorin Saint-Hérem, Saint-Chamond, l'évêque du Puy et Thibaud de Lastic. Les catholiques se firent battre, faute de discipline. Nous en avons parlé à propos de Thibaud. Les protestants en profitèrent pour piller toute la région, depuis Charroux en Bourbonnais jusqu'à Thiers. L'indiscipline commençait à se mettre dans les rangs des catholiques. Il y avait des jalousies entre les grands seigneurs qui se disputaient le commandement des troupes. Montmorin Saint-Hérem, malgré sa valeur personnelle, manquait-il de l'autorité nécessaire pour s'imposer aux autres ? En tout cas, ce ne devait pas être commode. Toute cette noblesse d'Auvergne avait conservé encore son indépendance du moyen-âge, facilitée par la configuration du pays. Avec cela, les partisans devenaient de plus en plus nombreux. Les campagnes s'étant appauvries, les paysans eux-mêmes se mirent à piller. « L'espoir du butin, la facilité des courses, la grossière indépendance que procuraient les camps, changeaient en soldats pillards et sanguinaires de jeunes villageois qui avaient vécu jusque-là dans les paisibles habitudes de la vie agricole (1). »

C'est alors que, le 24 août 1572, éclata la Saint-Barthélemy. En Auvergne, elle ne fut pas terrible. Imberdis prétend que Montmorin Saint-Hérem ne reçut pas l'ordre de Charles IX, parce qu'il avait été intercepté en route par un huguenot qui en avait été averti. Je ne le crois pas. Saint-Hérem, s'il ne l'exécuta pas à la lettre, fit faire cependant quelques arrestations. A Aurillac, où la lutte entre catholiques et protestants avait toujours été très vive, il y eut des massacres.

Le capitaine Mathieu Merle, de sinistre mémoire, commence alors ses exploits dans nos régions. Imberdis, comme beaucoup d'autres historiens, le fait fils d'un cardeur de laine de la ville d'Uzès en Languedoc. Mais il est bien établi maintenant qu'il appartenait à une famille noble de cette ville, originaire soit du Vivarais, soit du Gévaudan. J'aurais quelques raisons de croire qu'il descendait d'une famille de *Meruli* (en français de Merle), dont j'ai trouvé la trace en diverses circonstances dans cette dernière province. Quoi qu'il en soit, il avait été recommandé par Jacques de Crussol à son beau-frère, Astorg de Peyre, l'un des plus riches barons du diocèse de Mende, qui lui confia la garde de sa baronnie. Astorg de Peyre, ayant été, à Paris, l'une des victimes de la Saint-Barthélemy, sa veuve, Marie de Crussol, jura de le venger, et en chargea son lieutenant, le jeune Mathieu de Merle. C'est ainsi qu'il fit ses premières armes et constitua la troupe avec laquelle il devait ravager toute l'Auvergne et commettre les actes les plus ignobles. Avec le baron des Adrets, c'est certainement la personnalité la plus

---

atroce de cette triste guerre, et ils appartenaient tous les deux au parti huguenot. C'est le 15 octobre 1575 qu'il surprit Issoire. Il fit un massacre épouvantable de tout ce qui tomba sous sa main. Il essaya de brûler la belle église de Saint-Austremoine, mais elle était tout en pierre, recouverte en dalles volcaniques, en sorte qu'il ne put réussir. C'est donc malgré lui, que ce beau morceau d'architecture nous a été conservé. Comme l'avaient fait autrefois les brigands au service de l'Angleterre pendant la guerre de cent ans, Merle s'installa à Issoire, la fortifia et en fit un centre dont il rayonnait pour rançonner ou dévaster toute la région environnante plus riche que le Gévaudan, qu'on l'avait cependant chargé de défendre. Il dévasta Champeix, Saint-Sandoux, Saint-Saturnin, Saint-Amant-Tallende, etc. Il fut surtout terrible pour les prêtres, qu'il faisait périr dans les plus horribles supplices. Il faisait même déterrer les morts pour s'emparer des joyaux qu'ils pouvaient porter. Il dût dégoûter même ses partisans, car il fut remplacé dans le commandement de la place d'Issoire, par Chavagnac.

Il serait trop long de suivre, même rapidement, tous les détails des événements, plus ou moins confus, qui se passèrent alors dans toute la province. La guerre civile sévissait alors dans toute son ampleur et dans toute son horreur. Aussi je sauterai tout ce qui n'intéressera pas directement le sujet qui nous occupe. Je signalerai seulement les exploits d'une troisième femme protestante, Madeleine de Senecterre, qui, comme Nicolle d'Ondredieu et Marie de Crussol, défendit avec acharnement, après la mort de son mari Guy de Miremont, la forteresse qui lui avait été confiée, contre le fameux baron de Montal, le chef des catholiques du Quercy.

Le parti huguenot augmentait tous les jours en nombre et en puissance. Les *Malcontents* et les *Politiques* se joignaient à eux. Devant le danger qui les menaçait et se croyant abandonnés par la Cour, les catholiques, au lieu de rester, comme jusqu'alors, les défenseurs naturels de la Monarchie, se constituèrent en parti politique, sous l'influence des

Guises, La première *Ligue* allait ainsi se former. L'Auvergne fut une des provinces de France où elle fut accueillie avec le plus d'enthousiasme. Elle se présenta, dès le début, sous la forme d'une véritable association, dont les membres devaient prêter le serment suivant : « Je jure Dieu le Créateur, touchant cet évangile et sous peine d'anathème et damnation éternelle, que j'entre en cette association catholique selon la forme du traité qui m'a été lu présentement, justement, loyalement et sincèrement, soit pour y commander ou y obéir et servir ; et promets sur ma vie et mon honneur de m'y consacrer jusqu'à la dernière goutte de mon sang, sans y contrevenir ou m'en retirer pour quelque mandement, précepte, excuse ni occasion que ce soit. »

Précisément, à ce moment-là, Jean de Lastic arrivait à l'âge où, à cette époque, on était dans toute sa force. Quoique nous ne connaissions pas la date de sa naissance, nous savons qu'il mourut en 1611, à l'âge d'environ soixante-dix ans. En lui donnant donc trente-cinq ans en cette année 1576, nous ne devons pas nous éloigner beaucoup de la réalité. Il avait dû déjà prendre part à toutes les luttes de l'époque, à côté de ses oncles le Grand Prieur, qui mourait précisément cette année-là, et de Thibaud, qui disparaissait aussi deux ans après. Il avait dû déjà se créer ainsi une certaine notoriété, car, le 15 juin 1576, Charles de Lorraine, duc de Mayenne, frère du duc de Guise, chef de la Ligue, lui adressait la lettre suivante (1) :

« Monsieur de Saujeat, gentilhomme ordinaire de la chambre du Roy,
» Monsieur de Saujeat, par la commodité de ce gentilhomme présent porteur, vous serez assuré que sur tous les amis que vous avez entre tous, ayant bien fort grande envye de vous en faire une bonne preuve en quelque bonne occasion où je me pourray employer qui sera si suffisante que vous serez de tout assuré de quelle bonne volonté je vous ayme et honnore, priant sur ce le Créateur qu'il vous donne, Monsieur de Saujeat, très heureuse vie. E. de Paris le XVe jour de juin 1576.
» Votre entièrement meilleur amy,   » Charles DE LORRAINE. •

_____

(1) Archives de Parentignat. B. H. 141. Orig. sur pap. Les derniers mots et la signature sont autographes.

Une autre lettre avait dû lui être adressée, venant du même parti. Elle émanait d'un personnage important, qui fait allusion à un gouvernement dont il allait prendre le commandement et qui signait simplement « Chevreuse ». Comme elle n'est pas datée, il est difficile de savoir si elle est antérieure ou postérieure à la précédente. D'après mes recherches, elle pourrait avoir pour auteur le cardinal de Lorraine, frère du duc de Guise et du duc de Mayenne, qui mourut en 1574 et qui prit un moment le titre de duc de Chevreuse. Elle serait donc antérieure à la précédente de deux ans au moins. Voici cette lettre (1) :

> » A Monsieur
> » Monsieur de Sulejac (*sic*),

> » Monsieur, le départ inopiné de la Roine (2) et son acheminement vers Loches aiant donné subject au Roy de craindre que quelques ungs mal affectionnés à son service, voulussent dans le désordre entreprendre sur quelques places de la province, auront esté cause que Sa Majesté m'a commandé d'en advertir tous ses serviteurs affin qu'ils aient à prendre garde que rien ne se passe à son préjudice, comme aussi de se tenir prest pour la servir aux occasions qui se pourront offrir lorsque je seray dans mon gouvernement qui sera incontinent après l'arrivée du sieur d'Arbouze. Je me promets votre assistance et celle de vos amis que vous adviserez de se tenir en équipaige pour monter à cheval aussi tost que j'y arriveray. Cependant contez estre assuré que je ne vous oublieray en ce que je pourray vous témoigner que je suis
> » Monsieur
> » Votre très affectionné et assuré amy,
>
> » CHEVREUSE. »

Toute la noblesse d'Auvergne, à peu d'exception près, se laissa entraîner vers le nouveau parti et si elle ne se mit

---

(1) Archives de Parentignat. B. H. 137. Orig. sur pap. Les derniers mots et la signature sont autographes.

(2) L'incident relaté dans cette lettre du départ de la reine-mère (Catherine de Médicis) pour Loches, aurait pu me permettre de lui assigner une date à peu près certaine. Malheureusement, dans aucune histoire détaillée, je n'ai pu trouver l'énoncé du fait. Il semblerait aussi, à la lecture de ce document, que le gouvernement auquel il est fait allusion est celui d'Auvergne, mais précisément, à ce moment là, aucun gouverneur ne porte le nom de Chevreuse, directement ou indirectement.

pas en révolte ouverte contre la royauté, elle ne cacha pas ses préférences. Le gouverneur d'Auvergne, Montmorin Saint-Hérem, lui-même était un partisan déclaré de Guises.

Les Etats Généraux se réunirent à Blois, le 16 août 1576. Les protestants, non convoqués, furent mécontents des décisions qui y furent prises et la guerre civile recommença de plus belle. Le capitaine Merle, dépité de n'avoir pu garder Issoire, alla s'emparer d'Ambert et y renouvela ses ignobles procédés de massacre et de pillage. Jehan de Beaufort et de Montboissier, marquis de Canillac, fut alors nommé gouverneur particulier du haut pays d'Auvergne, Montmorin Saint-Hérem ne suffisant plus à la tâche. Une nouvelle tentative fut faite pour reprendre Issoire. Ce fut Louis de Gonzague, duc de Nevers, qui reçut le commandement d'une armée royale envoyée exprès à cet effet. Il était accompagné de Philippe-Emmanuel de Lorraine, duc de Mercœur, frère de la reine et cousin du duc de Guise. Cette armée se composait, dit-on, de plus de vingt mille hommes. Henri III, dans cette circonstance, voulut s'assurer l'appui de toute la noblesse d'Auvergne. Il écrivit alors à Jean de Lastic la lettre suivante (1) :

> « Monsieur de Syeughac,
>
> » Monsieur de Sieugheac, encores que je vous estime tant zélateur du bien de mon service et du repos de ce royaume, qui m'assure n'estre besoin de vous exciter à y rendre l'office qui se peult désirer d'un gentilhomme de votre qualité, si est ce que faisant estat de vous entre mes bons serviteurs et fidèles subjects, je n'ay voulu laisser de vous escryre pour vous prier qu'aux occasions qui s'offriront, vous voulliez de plus en plus faire paroistre l'affection que vous avez au service de vostre roy et conservateur de vostre patrie, assuré que je n'oublieray le bon devoir que vous y ferez. Priant Dieu, Monsieur de Sieugheac, vous avoir en sa garde.
>
> » Escrit à Bloys, le XVIᵉ jours de mars 1577.
>
> » HENRY. »

Le siège d'Issoire commença le 20 mai 1577. Il dura plus d'un mois. Les assauts furent extrêmement meurtriers, et,

---

(1) Archivés de Parentignat. B. H. 138. Orig. sur pap. La signature seule est autographe.

malgré la valeur des chefs catholiques, ce ne fut que le 13 juin que la ville fut prise. Au dernier moment, le duc d'Anjou, lui-même, frère du Roi, était venu prendre le commandement de l'armée catholique. Le duc de Guise y vint aussi et se couvrit de gloire téméraire. Montmorin Saint-Hérem y trouva la mort. Imberdis prétend que la ville fut complètemeut rasée, et qu'à sa place, le duc d'Anjou fit élever un poteau avec l'inscription : « *Ici fut Yssoire.* » Il est probable que c'est très exagéré. Le duc avait fait faire auparavant des propositions de reddition très douces, et, à La Charité, dont il s'était emparé quelque temps avant, il s'était montré fort libéral. Les soldats commirent quelques excès, c'est certain, mais les chefs firent tout ce qu'ils purent pour les en empêcher. Guise fit même arrêter et brûler les pillards et les incendiaires. Il fit transporter les femmes au loin, dans les villages, pour leur éviter les derniers outrages. Chavagnac échappa encore une fois, mais on détruisit ses châteaux. Ce qui semblerait prouver qu'Issoire ne fut pas aussi détruit qu'Imberdis le prétend, c'est que, quelque temps après, le procureur général de La Guesle, originaire des environs, obtint du Parlement de Paris que la ville fut réintégrée dans ses privilèges, et, en 1579, c'est-à-dire deux ans après, elle était déjà pourvue d'une nouvelle enceinte, ce qui semblerait indiquer que l'ancienne n'avait pas été entièrement démolie. Jean de Lastic prit part à ce siège. Il était alors guidon de la compagnie de trente lances des ordonnances du Roi, sous les ordres de M. de La Fayette, comme il appert d'un reçu qu'il donna alors, le 15 juin 1577, a Estienne Galmet, trésorier ordinaire des guerres, pour ses gages, et ce reçu est justement daté « au camp estant à Yssoire (1) ». Quoique ce grade né paraisse pas élevé, à cette époque il devait jouir dans sa région d'une grosse influence, car quelques jours après, il recevait du duc d'Anjou la lettre suivante (2) :

---

(1) Bibliothèque nationale. Cabinet de M. de Gaignières. Vol. 109, n° 156.
(2) Archives de Parentignat. B. H. 143. Orig. sur pap. Les derniers mots et la signature sont autographes.

« A Monsieur de Soujac,

» Monsieur de Soujac, j'ai esté bien ayse d'entendre que suivant ce que je vous avais cy devant mandé en faveur de Longueville, l'un de mes serviteurs (ou secrétaires), vous aviez promis de lui ayder et tenir la bonne main à ce qu'il puisse estre satisfaict de ce que luy debvoit feu Louchon. qui estoit le bailly du hault pays d'Auvergne, ce que je vous prie encore ung coup de faire et de lui monstrer en cest endroit de quel prix aura esté ma prière pour le bon effect que lui en ferez sentir en la satisfaction de son deu. Ce que attendant de vous, je prieray Dieu, Monsieur de Soujac, qu'il vous aye en sa sainte garde.

» Escript à Ryom, le 11ᵉ jour de juillet 1577.

> Vostre bon amy,

» FRANCOYS. »

En Haute-Auvergne, la guerre devenait de plus en plus favorable aux huguenots. Avec l'aide du capitaine Merle, ils osèrent même attaquer Saint Flour. Ils essayèrent de la prendre par surprise, mais n'y réussirent pas, grâce à la vigilance du consul Brisson (9 et 10 août 1578). Le Gévaudan, qui touchait à la Haute-Auvergne, et qui vivait de la même vie, était alors aux mains des religionnaires. Merle, dont c'était presque le pays d'origine, y régnait en maître. Les catholiques de cette région appelèrent leurs voisins à leur secours, et c'est alors que nous voyons, pour la première fois, Jean de Lastic arriver dans ces régions. Canillac, gouverneur de la Haute-Auvergne, lui adressa la commission suivante, pour agir dans cette contrée (1) :

• Mandement de M. le marquis de Canillac, à M de Sieugeat,

» Jehan de Beaufort et de Montboissier, marquis de Canillac, chevalier de l'ordre du Roy, conseiller en son conseil privé, cappitaine de cinquante hommes d'armes de ses ordonnances, lieutenant général et gouverneur pour Sa Majesté au hault païs d'Auvergne, conte de Saint-Cirgues, seigneur et baron de Châteauneuf, etc., etc , au sieur de Sieughat, salut. D'aultant que ceux qui destiennent le Coufour (2), qui se disent de la relligion préthendue réfformée, font et commettent plusieurs meurtres,

_____

(1) Archives de Parentignat. I. 1. Orig. sur pap. La signature seule est autographe.

(2) Le Confour : petite seigneurie assez forte, aux environs de Chaude-saigues, sur les confins de l'Auvergne et du Gévaudan.

bruslements, ravaigements et rançonnements dans le dit païs, ce que vous empeschés tant qu'il vous est possible, et désirant vous en donner plus de moien et obvyer aux dicts désordres, avons advisé estre besoing et nécessaire que soyés assisté d'aulcungs gens de guerre à cheval. Nous à ces causes et pour votre dextérité et expérience au faict des armes, vous avons permis et permettons par ces présentes de faire levée de douze cuyrasses, pour auxquels commander vous avons esleu et nommé, eslizons et nommons leur chef, affin de leur commander à l'effect susdict où verrez que sera nécessaire pour la conservation, bien et service du dict païs. De quoy nous en avons donné et donnons plain pouvoyr, puissance, authorité, commission et mandement spécial par ces présentes, à la charge toustes fois de leur faire bailler ordonnance pour leur solde et entretretiennement. Donné à Saint-Cirgues, soubs nostre seing et scel, le XVIIᵉ janvier l'an mil cinq cens quatre-vingts

» Canillac. »

Peu de temps après et dans le but d'appuyer les ordres de son lieutenant, le Roi écrivait à Jean de Lastic la lettre suivante (1) :

« Monsieur de Syeujac,

» Monsieur de Syeujac, en meilleure occasion ne sçauriez vous faire paroistre la bonne affection que vous portez au bien de mon service que celle qui s'offre à présent avec le sieur marquis de Canillac, lequel m'ayant faict entendre que vous l'estes aller trouver en fort bonne volonté et équipage de me faire service, j'ai bien voullu vous faire ceste lettre pour vous dire et tesmoigner que je vous en sçay fort bon gré et vous prie de vous emploier par de là et pour mon service et le repos de mon dict païs. Avec assurance que je vous gratiffieray volontiers en temps et lieu. Cependant je prie Dieu, Monsieur de Syeughac, vous avoir en sa sainte et digne garde. Escript à Saint-Maur-des-Fossés, le XVIᵉ jour de juillet 1580.

» Henry. »

Jean de Lastic dut donc porter toute son activité sur cette partie de la Haute-Auvergne et du Gévaudan, qui semblait être à ce moment-là à la merci des religionnaires.

Une conférence eut lieu alors à Nérac, dans laquelle on convint de donner aux huguenots quatorze places de sûreté. Pour faire exécuter cette convention, on désigna en Auvergne

---

(1) Archives de Parentignat. B. H. n° 145. Orig. sur pap. La signature seule est autographe.

deux commissaires. Ce furent, pour les catholiques, Montmorin Saint-Hérem, le fils de l'ancien gouverneur qui avait été tué au siège d'Issoire, et pour les protestants, Chavagnac. Mais ils ne réussirent pas à s'entendre. Jean-Louis de La Rochefoucault, comte de Randan, venait d'être nommé gouverneur d'Auvergne, à la place de Montmorin Saint-Hérem. Comme nous le verrons, il se montra encore plus disposé pour les Guises que son prédécesseur. Les hostilités continuèrent dans le Haut-Gévaudan et le Carladez, entre protestants arrivant du sud par le Rouergue et catholiques auvergnats. Aurillac et le Mur-de-Barrez sont attaqués par Lavedan (un Bourbon-Malauze). Rastignac, seigneur de Messilhac, le chasse de Mur-de-Barrez. Ce fut dans une de ces escarmouches que Jean de Lastic fut fait prisonnier, en 1582. Imberdis raconte en termes un peu arrangés, la manière dont il s'évada : « Un trait d'audace presque incroyable signala à ce temps le neveu du Grand Prieur d'Auvergne, Jean de Lastic, seigneur de Sieujac. Ce gentilhomme, qui se posera bientôt comme chef de la Ligue dans la Haute-Auvergne (1), avait été surpris par un escadron ennemi et conduit prisonnier à Marvejols. Il était affable, doux, très serviable et élevé d'une manière distinguée (2). Il plut aux officiers de la place qui allégèrent sa captivité, en le laissant vivre au milieu d'eux. On le surveillait à peine. Un jour que la garnison avait fait quelques exercices à cheval, Lastic, regardé comme un excellent cavalier, fut prié de caracoler un instant sur la terrasse de Marvejols ; il y consentit. On lui amène un coursier magnifique dont il se servait ordinairement en

---

(1) Jean de Lastic ne fut jamais chef de la Ligue en Haute-Auvergne. Il conserva toujours une certaine indépendance, comme je compte le faire ressortir. Le véritable chef de la Ligue, en Auvergne alors, était Randan, jusqu'à la bataille de Cros-Roland.

(2) Où Imberdis a-t-il trouvé ces renseignements ? Notre ancêtre passait peut-être pour doux relativement aux gens de son temps, mais je me le représente plutôt rude d'aspect et non le gentilhomme xviii° siècle que l'historien de nos guerres de religion voudrait en faire.

campagne et qu'il avait parfaitement dressé. Il se mit en selle avec grâce, pirouette, fait des bonds, va, vient, se lance, s'arrête, aux applaudissements des spectateurs émerveillés de tant d'adresse. Mais pendant qu'ils admiraient l'aisance et la bonne mise du cavalier, Sieujac se ressouvint qu'il était captif : poussant tout à coup son cheval dont un coup d'éperon déchira le flanc, il lui fait franchir la terrasse, le retient, le force à caracoler de nouveau, comme pour rassurer ses hôtes stupéfaits d'un saut aussi périlleux, leur dit adieu du sourire et de la main, pique des deux et s'évade (1) ». C'est le cas de dire : « *Si non e vero...* » Que ce soit de cette manière galante ou d'une autre, Jean de Lastic s'évada et alla rejoindre les siens.

Le duc d'Anjou, frère d'Henri III, mourut sur ces entre-faites. Ce dernier n'ayant pas d'enfants, ce fut Henri de Navarre qui devint l'héritier légitime de la couronne. Il était protestant. La plupart des catholiques ne purent se faire à l'idée d'avoir, le cas échéant, un souverain appartenant à cette religion et à un parti contre lequel ils luttaient d'une manière si sanglante depuis de nombreuses années. Les Guises, c'est-à-dire les princes de la maison de Lorraine, cherchèrent à se substituer aux Bourbons et ne cachèrent pas leurs intentions. En Auvergne, où l'on était déjà fort disposé pour eux, le parti de la Ligue se renforça et trouva des adhérents nombreux et résolus. Paris s'était tourné aussi du côté de la Sainte Union. Les Espagnols le soutenaient, tandis que les protestants trouvaient surtout un appui du côté des princes allemands. Il ne faut pas chercher lequel des deux partis se montra le plus patriote. Les historiens de l'école dite libérale ont voulu faire croire que le parti protestant représentait alors le parti national. C'est une erreur profonde. Je dirai même que ce n'est pas une erreur, mais une opinion partiale et voulue. Si le patriotisme d'alors doit être considéré sous

---

(1) *Hist. des guerres religieuses en Auvergne.* Imberdis, t. I, p. 458.

la forme où nous l'admettons de nos jours, il est certain que les deux partis avaient autant de reproches à se faire l'un que l'autre. Imbertis a voulu, à diverses reprises, faire de Jean de Lastic un partisan systématique des Guises. Rien ne le prouve. Je suis persuadé que si notre ancêtre fut plutôt sympathique, au fond, aux idées et aux hommes de la Sainte Union, il ne consentit jamais à se faire l'agent de leurs intrigues secrètes, Tant que Randan et Canillac furent les représentants officiels de la Royauté, il marcha avec eux. Ce ne fut qu'après l'assassinat d'Henri III, qu'il parut se rapprocher de Mayenne et de Nemours, Mais quand Henri IV abjura le protestantisme, il se soumit sans hésitation.

Les villes, comme les seigneurs, furent entraînées, tantôt d'un côté, tantôt de l'autre, suivant leurs intérêts, beaucoup plus que par conviction. Riom se montra franchement ligueur. Clermont se maintint, au contraire, dans une certaine hésitation et pencha plus tard du côté purement royaliste. En Haute-Auvergne, on fut généralement contre la Ligue du côté d'Aurillac, et tout à fait pour elle du côté de Saint-Flour. Rastignac commandait les catholiques autour de la première, Sieujac les commandait autour de la seconde. Pour les villes comme pour les seigneurs, les rivalités personnelles jouaient un grand rôle. Montmorin Saint-Hérem et La Rochefoucaud Randan, les deux gouverneurs successifs de la province, étaient tous les deux Auvergnats, et naturellement ils avaient dans le pays leur amis et leurs ennemis personnels. Très grands seigneurs tous les deux, intrépides guerriers, ils avaient des admirateurs enthousiastes, mais aussi des adversaires implacables. La jalousie y jouait un grand rôle, comme dans tous les temps. On prévint Henri III d'avoir à se méfier de son gouverneur d'Auvergne et il le fit surveiller par d'Allègre et Rastignac. Randan s'en aperçut. Il se décida alors à faire une sorte de tournée d'inspection dans son gouvernement et se fit accompagner de forces importantes. Il avait amené avec lui Jean de Lastic, qui était devenu son véritable lieutenant, comme nous le verrons dans une lettre de l'évêque de Mende. Randan voulut se faire craindre et il se créa ainsi plutôt des embarras, car à cette époque de vaillance, on avait perdu l'habitude de trembler.

C'est alors que Marguerite de Valois vint en Auvergne, en lutte ouverte contre son mari Henri de Navarre. Elle s'établit d'abord au château de Carlat, où elle commença à mener cette vie de plaisirs, qui attira autour d'elle une foule de jeunes gentilshommes séduits par sa beauté et par sa grâce. Comme elle s'était déclarée ouvertement pour la Ligue et qu'elle intriguait pour elle sans vergogne, Henri III voulut la faire enfermer. Elle se réfugia chez un petit gentilhomme de ses amis, au château d'Ybois, près d'Issoire, en 1586. Là, Canillac fut chargé de l'arrêter et de la transporter au château d'Usson, situé à peu de distance, et qui était alors une des plus belles forteresses du pays. Ce château, qui faisait partie directement du domaine royal, lui avait été donné, en 1582, par Charles IX. Elle y vécut donc au moins autant en châtelaine qu'en prisonnière. La légende dit même qu'elle avait su séduire son gardien, Canillac. Elle n'en continua pas moins ses intrigues en faveur de la Sainte Union et devint l'âme du parti. Elle prit sur tous les seigneurs ligueurs un ascendant considérable et quelques années plus tard, lorsqu'Henri IV converti, voulut employer des moyens pacifiques pour faire rentrer ses sujets dans le devoir, il eût recours à son influence pour y parvenir. Ce fut même une des causes qui lui permirent de voir cesser sa captivité, de pouvoir retourner à Paris et d'y tenir une cour des plus élégantes. Elle y amena notre ancêtre et sa femme, comme nous l'avons vu.

C'est le Gévaudan qui va nous occuper de plus en plus maintenant. Il était devenu un de foyers du protestantisme, et Marvejols, le centre de ravitaillement de bandes huguenotes, qui remontaient de temps à autres vers les hauts plateaux et y semaient la terreur. Jean de Lastic, qui était spécialement chargé de la surveillance de cette région, reçut de Jehan de Sistrières, lieutenant général du duché des montagnes d'Auvergne au siège d'Andelat, le 3 avril 1586 (1), commission pour informer contre les ennemis du Roi dans la ville de Marvejols, « qui faisaient discours pour affermir leurs pernicieulx et détestables décrets », et lorsque la dite information serait terminée de l'envoyer, « cloze et scellée », au sus dit lieutenant général, pour être communiquée au procureur général du Roi. Il fallut que ces renseignements fussent des plus graves, car quelques temps après, le 7 mai 1586 (2), Henri III faisait parvenir à Jean de Lastic la lettre suivante :

« Mons' de Sieugeat,

» Monsieur de Sieugeat, le regret que je porte des longues misères et calamités de mes bons subjects de Vellay, Auvergne, Rouergue et Gévaudan, m'a fait résouldre à y envoyer ung bon nombre de forces conduictes par mon cousin le maréchal d'Aumont, pour repurger les dicts pays des désordres qui s'y commectent ordinairement par mes ennemis, au grand préjudice de mes affaires et ruine de mes dicts subjects, espérant que le voiage de mon dict cousin succèdera si heureusement que mes dicts subjects en recevront le soulagement que je leur désire et moy le contentement que j'en attends. Et par ce qu'entre ceulx qui sont affectionnés par de là au bien de mon service, je faicts principallement estat de la bonne volonté que vous y avez toujours démontrer, je vous prie de favoriser en tout ce qui se présentera, une si saincte et salutaire entreprise et assister aultant qu'il vous sera possible mon dict cousin le maréchal d'Aumont pour en advancer l'exécution. Au moyen de laquelle vous participerez non moins qu'à ma bonne grâce et bienveillance dont je vous ferai bien volontiers ressortir les effets en tout ce qui se présentera pour vostre bien et advantaige, ainsi que vous entendrez plus particulièrement du sieur Doulac, par les mains duquel vous recevrez la présente. Vous lui adjouterez sur ce sujet pareille foy qu'à moy même, qui prie Dieu, Monsieur de Sieugeat, qu'il vous ait en sa garde De Paris, le VII' jour de may 1586.

» HENRY. »

Le maréchal d'Aumont tomba malade et fut remplacé dans le commandement de cet armée, par l'amiral de Joyeuse, le favori d'Henri III, un de ses mignons. Avec ce nouveau chef, l'expédition prit une tournure beaucoup plus importante. Il

---

(1) Archives de Parentignat. l. 10. Orig. sur pap.
(2) Id B. H. 147. Orig. sur pap

ne s'agissait plus seulement de pacifier le Velay, le Gévaudan et le Rouergue. Joyeuse avait sous ses ordres une armée considérable. Il ne devait pas seulement traverser la région montagneuse du centre de la France ; il devait encore descendre en Gascogne, pour prendre Henri de Navarre à revers, pendant que Mayenne devait l'attaquer de front par le nord de la Guyenne.

L'armée de l'amiral descendit sur Moulins. où elle fut retardée par une forte indisposition de son chef. Puis elle s'empara de Brioude sur son passage. Là, elle fut rejointe et notablement renforcée par toutes les troupes que lui amenèrent d'un côté Saint-Vidal, de l'autre Canillac. Parmi ces dernières se trouvait Jean de Lastic, qui commandait la compagnie de M. de Randan en son absence. On s'empara d'abord du Malzieu, puis on menaça le château de Peyre, qui avait appartenu à un des plus vaillants partisans de la Réforme, mort depuis longtemps. Sa veuve, Marie de Crussol, défendait le château qui, à un moment donné, avait été commandé par le capitaine Merle. Mais sur le conseil de Saint-Vidal, qui prétendait « qu'il fallait avoir plustost la poule que les œufs, lesquels on aura après facilement », on se détourna de Peyre pour marcher sur Marvejols.

Avant d'entreprendre le récit du siège mémorable de cette ville, il faut parler des chefs de l'armée royale catholique. Joyeuse est trop connu et il n'est pas Auvergnat. Il nous intéresse donc moins. C'était un raffiné, plein d'orgueil, un des mignons les plus aimés d'Henri III. Il s'était « mis en marche avec une pompe qui ressemble mieux au faste des rois de Perse qu'à l'équipage d'un homme de guerre (1) ». Mais le baron de Saint-Vidal était d'un type tout différent. Je ne sais pourquoi, mais je m'imagine que notre ancêtre, Jean de Lastic, devait lui ressembler, avec un peu moins de rudesse cependant, si nous en croyons l'un et l'autre et particulière-

---

(1) De Thou. *Histoire universelle*, t. IX, p. 595.

ment Imberdis, qui voudrait même en faire presque « un gentil seigneur ». Mais d'autres traits de lui me font croire qu'il s'est trompé en partie et qu'il était d'un aspect plus austère. Aussi je crois devoir reproduire ici le portrait très vivant du baron vellave, qui doit ressembler, jusqu'à un certain point, à celui du baron auvergnat. « M. de Saint-Vidal, chef des ligueurs, était gouverneur et sénéchal du Gévaudan, gouverneur du Velay, chevalier de l'ordre du Roy, capitaine de cinquante hommes d'armes, baron de Saint-Vidal et de Cénaret, sénéchal du Puy et grand maître de l'artillerie de la Ligue (1). C'était le Montluc de ces contrées. Son costume variait peu : un maillot collant en tiretaine rouge, avec un juste-au-corps de velours violet, un grand manteau noir et le feutre à larges bords. Son ceinturon, en peau de buffle, était muni d'une boucle de cuivre à laquelle il accrochait son couteau de chasse, et d'une poche contenant son livre d'heures (car il lisait régulièrement les offices deux fois par jour). Ses oreilles étaient ornées d'un anneau d'or. Son regard était clair et dur. Laid et petit, il avait la tête rasée, mais sa barbe, de teinte rousse, était démesurément longue... Jamais justice n'était plus expéditive que la sienne : « Par Saint-Antoine de Viennois, déclarait-il à Lysias de Maubourg, un jour de chasse, je donnerais bien trois bonnes années de ma vye, pour tenir au bout de l'arquebuse que voilà quelques quartiers de ces parpaillots d'hérétiques, tant seulement le petit Béarnais, le Condilon et ce damné d'amiral (Henri de Navarre, Condé et Coligny). Vois-tu, camarade, crois-moi, nous n'aurons ni paix, ni trève, que le Roy, notre Sire, n'ait pendu haut et court aux plus belles fourches de son royaume, tous ces croquans de la vache à Colas !... Qu'ils viennent me sortir de mes chasteaux, et nous verrons ! Ah ! mes drosles, vos guenilles ne sont pas assez passementées, vos escarcelles ont les mailles trop larges ; à ce qu'il me paroit, vous

---

(1) Un peu plus tard.

voudriez mes escus d'or et mes pourpoints !... Je me ferois plustost écrouler ma tour de Saint-Vidal, mes chasteaux de Cénaret et de Montferrand sur le corps, que de vous en laisser prendre une pierre, vile canaille ! (1) »

Tel était le chef réel de cette expédition. Marvejols allait en voir de dures. Jean de Lastic, plus doux, tempéra les ordres du fougueux montagnard.

Ce fut le mercredi 13 août 1586, sur les onze heures du matin, que l'armée catholique, venant du côté d'Antrenas (2), parut devant la ville. Personne ne s'attendait à une aussi prompte attaque. On croyait Joyeuse occupé au siège de Peyre. Les défenses de la ville n'étaient pas entièrement prêtes. Les assiégés y pourvurent en toute hâte. « Il n'y avait pas de distinction de religion, ni de différence de qualités de personne parce que chascung travaillait pour la protection de sa vie et celle de la ville ; car les catholiques romains... prévoyoient bien que leur condition ne seroit pas meilleure que ceulx de la religion (3). » Les capitaines prirent leurs dernières dispositions. Le sieur de Pierrefiche occupa le quartier de l'Hôpital ; Vachery protégea le clocher et y fit hisser deux pièces de campagne ; La Roche fut à la porte du Théron. L'armée catholique mit quatre jours à investir la place. Ses douze canons étaient répartis en trois batteries. Les sommations furent faites par Sieujac et Canillac, le lundi 18 août Etant restées sans réponse, le feu fut ouvert par un coup de canon tiré sur la tour de l'hôpital, « au milieu des armoiries du Roi ». Le 21, l'artillerie tirait toujours.

---

(1) Prouzet. *Histoire du Gévaudan*, t. III. Manuscrit (archives de la Lozère), cité par Roucaute, dans le *Pays du Gévaudan au temps de la Ligue*, pages 156-158.

(2) Antrenas, petit village avec château, au nord-ouest de Marvejols, sur la route de l'Aubrac.

(3) *Récit du siège et de la prise de Marvejols...*, par un religionnaire anonyme, dans *Documents historiques et inédits sur les guerres de religion en Gévaudan*, publiés par F. André, dans le *Bulletin de la Société d'agriculture, industrie sciences et arts de la Lozère*. Récit probablement très partial et exagéré sur certains points, mais assez vrai dans l'ensemble.

Marvejols avait reçu deux cents boulets en trois jours. Chacune des batteries catholiques avait fait une brèche ayant au moins « quinze ou vingt pas de long ». Les soldats de Joyeuse approchaient des remparts ; l'assaut était imminent. Les habitants de Marvejols avaient compté sur un secours venant du Languedoc, mais il n'arrivait pas. L'armée catholique passait pour si formidable que personne n'osait l'affronter avec des forces bien inférieures. Découragés, ils demandèrent à leur gouverneur, le capitaine La Roche. de ménager une capitulation, « à quoi il ne se fit guère tirer l'oreille », dit le chroniqueur huguenot. Le 22 août, le premier consul, M. de Rodes et le sieur Barreau, juge de la terre de Peyre, furent envoyés à l'Amiral pour lui rendre la place, moyennant les meilleures conditions possibles. Malheureusement pour eux, ce fut Saint-Vidal qui fut chargé de traiter l'affaire. Il leur fut accordé qu'aucun des assiégés ne serait passé par les armes. Les malades, les blessés, les femmes enceintes sortiraient à cheval. Les autres habitants, escortés par trois gentilshommes au service de l'Amiral, chargés de les protéger contre tout excès, devraient défiler au milieu de l'armée royale ; mais la ville serait livrée au pillage. Le capitaine La Roche accepta ces conditions. L'exode commença par la porte du Soubeyran. Il y passa de cinq a six mille personnes, femmes, vieillards, enfants et soldats. Canillac et deux autres hommes les accompagnaient. Mais ils les abandonnèrent bientôt, et ils furent livrés à la fureur des troupes de l'Amiral. Je ne ferai pas ici le récit de toutes les horreurs qui se commirent. Ce fut horrible et ma plume se refuse à transcrire ce que j'ai lu dans le récit fait par le manuscrit du religionnaire anonyme. J'espère, pour la mémoire de l'Amiral et de Saint-Vidal, que ce récit a été fortement exagéré. Dans beaucoup d'autres circonstances, nous avons la preuve qu'il en fut ainsi. Ceux qui purent échapper aux fureurs de la soldatesque, se dirigèrent vers le causse de Sauveterre, où ils espéraient trouver du secours ou au moins de la piété de la part des paysans pacifistes de

cette région. Mais ils furent bien déçus. Les Caussenards se
montrèrent aussi cruels que les soldats de l'Amiral. On
prétend que celui-ci, quand il apprit tout cela, entra dans
une grande fureur, qu'il monta à cheval et que, suivi de
quelques gentilshommes, il arrêta le massacre, tuant de sa
propre main ceux qui enfreignaient ses ordres. Il aurait pu
s'épargner cette peine en s'y prenant plus tôt. Imberdis
raconte que Jean de Lastic fut un de ceux qui s'opposa le
plus à ces horribles choses (1). Il paraît que des catholiques,
confiants dans la similitude de leur religion avec celle des
vainqueurs, étaient restés dans la ville, mais que Saint-
Vidal, furieux qu'ils se fussent associés à la défense de la
ville, donna ordre de les massacrer. J'espère que là aussi, le
récit du religionnaire anonyme, qui avait dû quitter le pays
pour se mettre à l'abri, doit être exagéré. Quoi qu'il en soit,
la répression fut terrible et des plus sanguinaires. Plus la
guerre durait, plus les haines s'attisaient, et la fureur des
soldats, difficile à maintenir, ne connaissait plus de bornes.
Le sac de la ville dura cinq jours. M. Roucaute ajoute que
Saint-Vidal, de sa propre autorité, ordonna de mettre le feu
aux quatre coins de la ville dont il venait d'obtenir de
l'Amiral le gouvernement. « Telle fut la violence du vent,
que quarante maisons seulement restèrent debout (2). » Je
crois que c'est exagéré. Nous possédons, en effet, dans nos
archives, tout un dossier relatif à la destruction de la ville de
Marvejols. C'est d'abord une commission adressée par
l'amiral de Joyeuse à Jean de Lastic et dont voici les
termes (3) :

---

(1) M. Felgère, l'historien de Chaudesaigues, qui connaît bien les
documents relatifs à cette région, m'a dit que les efforts faits par Sieujac
pour éviter cette boucherie, sont restés dans le souvenir des chroniqueurs
de ce pays. Il m'a cité à l'appui de son dire un manuscrit que je n'ai pu
malheureusement consulter.

(2) Roucaute. *Le Pays de Gévaudan au temps de la Ligue.*

(3) Archives de Parentignat. l. 12. Orig. sur pap.

« Anne de Joyeuse, pair et admiral de France, gouverneur et lieutenant général pour le Roy, au pays et duché de Normandie et lieutenant général de Sa Majesté, en son armée d'Auvergne, Velay, Gévaudan et Rouergue, au sieur de Sieoujac, tout ainsy que nous avons employé tout le soing et dilligence qu'il nous a esté possible pour la reprise et réduction de la ville de Marvejols en l'obéissance du Roy, dont Dieu nous a donné ung si bon et heureux succès, désirant de mesme pourveoir au repos et soullagement que les bons subjects de Sa Majesté en ont espéré, après tant d'oppressions et misères qu'ils ont de si longuement souffertes et ressenties en tout le dict païs par l'occupation de la dite ville. Ce qui nous faict aussy considérer qu'il leur seroit à cette occasion impossible d'entrer en aucune despence pour la garnison qu'il seroit nécessaire d'y entretenir pour la maintenir soubs l'authorité de sa dicte Majesté, Nous avons par l'advys des seigneurs et principaulx gentilshommes qui nous assistent en cete dicte armée, deslibéré et résolu de faire entièrement desmanteller la dicte ville, raser et esplanader les murailles et fortiffications d'icelle, en sorte que les ennemys de sa dicte Majesté ne s'en puissent désormais emparer et prévalloir contre le bien de son service. A l'effect de quoy estant besoing d'employer quelque personnage d'expérience, affection et fidélité requises, à cause mesmement que le seigneur de Saint-Vidal, commandant pour le service de Sa Majesté en ce dict païs de Gévaudan n'y pourroit vacquer et donner ordre pour le besoing que nous avons d'estre assisté de luy en toutes les occasions qui se présentent en cette dicte armée, à plain confiant de votre suffisance, fidelle direction au dict service de Sa Majesté et bonne dilligence, Nous vous avons commis, ordonné et deppulté, commectons et ordonnons et depputons par ces présentes, en vertu de nostre dict pouvoir, pour en l'absence du dict sieur de S'-Vidal faire incontinent et en toute dilligence travailler au dict démantellement et destruction de murailles, remparts et fortiffications de la dicte ville de Marvejols, tant par les pionniers qui y seront à cete fin envoyés que par les habitans des paroisses circonvoisines qu'on y pourra semblablement employer, selon et aussy que par le dict sieur de S'-Vidal sera plus particulièrement advisé et ordonné, en manière que la dicte ville demeure sans aucune déffense, dont les dicts ennemys de Sa Majesté se puissent servir en quelque façon que ce soit à l'advenir, et générallement faire en tout ce que dessus, et ce qui en dépend, soubs et en l'absence du dict sieur S'-Vidal, comme dic'. est, tout ce que vous verrez et jugerez estre expédient et à propos pour l'effect de notre présente intention. De quoy faire vous avons donné et donnons plain pouvoir, authorité, commission et mandement spécial et exprès par cestes dictes présentes, par lesquelles mandons et commandons à tous, cappitaines et soldats qui sont et seront en garnison en la dicte ville, durant la dicte démolition et à tous ceux à qui il appartiendra, de vous obéyr, recongnoistre et entendre diligemment en tout ce qui leur sera par vous commandé et ordonné pour l'exécution de vostre dicte charge. Donné au camp estant dans la dicte ville de Marvejols, et le vingt septiesmé jour d'aoust mil cinq cent quatre-vingt-six.

» Anne DE JOYEUSE. »

12

Il ne s'agissait pas, dans cette commission, de la destruction complète de la ville, mais seulement de son démantèlement, c'est-à-dire de l'opération par laquelle on met les ouvrages d'une place forte hors d'état de servir à la défense. Jean de Lastic n'était pas homme à outrepasser ses instructions ; au contraire. Actuellement, on trouve encore dans les rues de Marvejols de nombreuses maisons antérieures à la fin du XVIᵉ siècle. Les trois principales portes, celle de Chanelle, au sud, sur la route de La Canourgue ; celle de Soubeyran, au nord, sur la route de Saint-Chély, enfin celle du Théron, à l'est, sur la route de Montrhodat, attestent que les fortifications elles-mêmes ne furent pas entièrement détruites. Combien de villes qui n'ont pas subi un siège pareil, possèdent-elles autant de restes du temps passé ? Jean de Lastic se contenta donc de mettre la ville dans l'impossibilité de devenir un foyer de révolte et d'incursion protestantes.

Ce travail devait naturellement demander un certain temps. Craignit-on que Sieujac ne pût s'y livrer en toute sécurité, sans être inquiété par les attaques des bandes huguenotes ? Il semble que l'on ait résolu de construire un fort et d'y mettre une garnison assez importante, toujours sous les ordres de Sieujac. C'est ce qui paraît ressortir de l'ordre du jour suivant donné par Saint-Vidal pour le paiement de cette garnison (1) :

« Anthoine de La Tour, seigneur et baron de Saint-Vidal et de Senaret, chevalier de l'ordre du Roy, cappitaine de cinquante hommes d'armes de ses ordonnances, gouverneur et lieutenant pour Sa Majesté ès pays de Velay et Gevauldan, sénéchal de Mende, aux corps communs, syndic et députés du dict Gevauldan, salut. D'aultant que pour le .... pouvoir desmolir et razer les murailles, tours et fortifications de la ville de Marvejols et icelle mettre en estat que les ennemis d'icelle ne puissent aulcunement ny après s'en prévalloir ruyner et endommager de là comme ils ont faict par le passé les bons et fidelles subjects, suivant la commission qu'a plu en expedier Monseigneur le duc de Jouyeuse, il fut incontinent après la

_____

(1) Archives de Parentignat. l. 12 *bis*. Orig. sur pap. Cette pièce est en très mauvais état. Certains mots, presque effacés, sont illisibles. Néanmoins, le sens général se comprend facilement.

reduction de la dicte place par l'armée du sieur evesque de Mende et plusieurs tant de la Noblesse que tiers état estant .. .. au dict Marvejols résolu d'y construire ung fort en forme de citadelle dont nous aurions donné le commandement au sieur de Sieujac pour employer au dict le nombre de deux cents arquebusiers à pied, y résister aux violences des rebelles au cas qu'ils voulussent empescher l'exécution de la commission du dict sieur duc touchant au rasement et desmolition des remparts et........ de la dicte place, estant très-raisonnable pourvoir au payement des dicts....... hommes affin qu'ils y fassent et continuent tant que le besoing sera........... à ceste cause nous vous ordonnons et mandons très expressément d'y satisfère et pourvoir promptement aux payements des dicts..............,.,... hommes suivant les règlements et ordonnances de Sa dicte Majesté après la revue et monstre desquels faictes par devant le S^r juge maije en la présente séneschaussée ou tel aultre officier d'icelle qu'il verra à commettre et deux consuls de la ville de Mende au lieu et place du commissaire et contrerolleur. Le serment presté en tel cas requis et acoustumé de fère........... de la dicte monstre..........,.... laict signé et rapourté par........ d'icelle monstre......... et ce suivant les dictes ordonnances et règlements que nous avons cy-devant eus de Sa dicte Majesté.

» De ce fère nous donnons créance susdicte.....,....... et consuls pouvoir, authorité et mandement spécial par ces présentes, mandons à tous justiciers, officiers ou subjects du Roy, ce faisant nous obéir en diligence.

» Faict à La Canourgue le XVIIe de septembre 1586.

» Saint-Vidal. »

Jean de Lastic dut trouver que ces travaux se prolongeaient beaucoup. Des occupations nombreuses devaient l'appeler ailleurs. A la fin de novembre, il se fait donner une décharge et fait remettre le commandement de la ville à une autre personne.

« Acquit pour le seigneur de Sieujac (1), de la citadelle de Marvejols,

» Nous, Antoine de La Tour, seigneur et baron de Saint-Vidal et de Senaret, chevalier de l'ordre du Roy, cappitaine de cinquante hommes d'armes de ses ordonnances, gouverneur et lieutenant pour Sa Majesté, ès pays de Vellay et Gévaudan, sénéchal de Mende, soubsigné : certiffie à tous qu'il appartindra que le sieur de Sieujac, suivant la promesse qu'il nous en aurait faicte, signé de sa main, après ce que par commission de Monseigneur le duc de Joyeuse..............., il se seroit chargé de prendre le commandement de la citadelle de Marvejols et servir à la garde d'icelle dignement et valeureusement, suivant la requeste de icelle puys de la dicte

---

(1) Archives de Parentignat. I. 12 *ter*. Orig. sur pap.

promesse jusques à aujourd'huy, que suivant icelle il nous auroit rendu, et mis en main ou du s' de Costerigol qui en a pris la charge et que nous aurions commis....,... . pour la démolition et destruction, rasement d'icelle citadelle, gardes et.......... sous l'obéissance de sa dicte Majesté et du dict sieur duc, sans qu'il y soit survenu aulcune faulte. Et par ce en quictance le dict sieur de Sieujac et de sa dicte promesse ce jourd'huy mercredy XXVI° jour de novembre mil vc° quatre vingts six. En fermeté de quoy et pour sa descharge de la dicte place et citadelle du dict Marvejouls, j'ay signé de ma main la présente et faict soubsigné de notre secrétaire.

» SAINT-VIDAL. »

Jean de Lastic put ainsi rentrer dans ses terres où des affaires urgentes devaient l'appeler.

Une affaire assez curieuse venait de se passer à propos de sa terre du Buisson. Elle se liait aux événements du jour par plus d'un point et c'est pour cela que j'ai cru préférable d'en parler ici, que lorsque nous nous occuperons de la terre à laquelle elle se rapporte en partie. Une certaine Jeanne d'Apchier, probablement une des nombreuses bâtardes de cette maison qui en avait alors encore plus que la nôtre, femme d'Antoine Gaschon, seigneur en partie du Buisson, avait été condamnée, par sentence du 17 mai 1586 (1) émanant du lieutenant général du baillage des Montagnes d'Auvergne, à avoir la tête tranchée sur la place de Murat, pour tentative d'empoisonnement sur la personne de Jean de Lastic, seigneur de Sieujac, et celle de son page Claude de Gibertès, après les avoir fait prendre par surprise et amener prisonniers à Marvejols. Nous ne possédons que le texte du jugement, sans le détail de l'affaire. Comme l'on n'y indique pas la date à laquelle le crime avait eu lieu, il est très probable que ce fut pour cette raison que nous avons trouvé Jean de Lastic prisonnier dans cette ville en 1582, et c'est à cette occasion qu'il s'évada de la manière originale contée par Imberdis. Celui-ci, qui a eu connaissance de la tentative de Jeanne d'Apchier, prétend que les protestants cherchaient tous les moyens pour se débarrasser de Jean de Lastic. Antoine

_____

(1) *Id.* l. 11. Orig. sur parch.

Gaschon était, en effet, un personnage assez influent du parti
protestant dans cette région. Imberdis, écrivant l'histoire des
guerres de religion, leur attribue la cause de tous les crimes
qui se commettent à cette époque. Le comte de Lastic, imbu
de son idée fixe que l'on cherchait à faire disparaître la
branche aînée de notre maison, est persuadé que Jeanne
d'Apchier était poussée par ceux qui avaient intérêt à cette
disparition. La cause en fut probablement tout autre. Comme
nous le verrons plus tard, Jean de Lastic avait acheté, à
Antoine de La Laure, sa part de la terre du Buisson. Des
discussions graves durent s'élever entre les deux co-proprié-
taires au sujet de certains droits féodaux, et comme l'un était
protestant et l'autre catholique, et qu'on était alors en pleine
guerre civile, on en vint probablement aux violences. En
l'absence de son mari, Jeanne d'Apchier dut commencer les
hostilités en employant les moyens les plus déloyaux pour
se débarrasser de Jean de Lastic, espérant que ce meurtre
passerait au compte de tout son parti, comme acte de guerre.
Probablement, des preuves furent trouvées contre elle et elle
fut seule inculpée. L'année d'après, un procès-verbal
d'enquête, daté du 20 juillet 1583 (1), nous apprend que Jean
de Lastic s'étant rendu au Buisson avec son juge pour tenir
ses assises, accompagné de son page Claude de Gibertès et
du seigneur de Cheylade, se vit refuser l'entrée du château
par Antoine Gaschon. Ayant sommé celui-ci de lui ouvrir,
il partit du château un coup d'arquebuse qui atteignit au
cœur le page de Jean de Lastic et le tua. Comme cette enquête
est faite au profit de notre ancêtre, il se peut très bien que
ce récit ne soit pas très exact, et que Jean de Lastic, se
voyant refuser l'entrée du château, ait voulu y pénétrer de
force. Une sorte de combat s'en suivit, au cours duquel
Claude de Gibertès perdit la vie. Le 23 août 1583 (2), nous
trouvons les conclusions du procureur du Roi au baillage de

---

(1) Archives de Parentignat. C. H. 13. Orig. sur pap.
(2) Archives de Parentignat. C.H. 14. Orig. sur pap.

Saint-Flour. Il requérait qu'Antoine Gaschon, co-seigneur du Buisson « soit pendu et étranglé en la potence dressée au milieu de la place de la ville de Saint-Flour », et le nommé Saint-Chély, son serviteur, exilé, « pour avoir mortry et homicidé d'un coup d'arquebusade tiré de sa maison du Buisson », feu noble Claude de Gibertès, page de noble Jean de Lastic, seigneur de Sieujac, celui-ci étant en l'assise générale du mandement du Buisson. Il demandait aussi que le dit Gaschon fut condamné à cinq cents écus envers le Roi, ses autres biens confisqués, la maison du Buisson démolie, rasée de fond en comble, et pour servir d'exemple à la postérité « soit mise et apposée au lieu et place, une colonne sur laquelle soit escrit la cause du démolissement ». Gaschon avait été enfermé dans les prisons de l'évêché de Saint-Flour, pendant que cette affaire se plaidait en cour de Parlement, encore en 1586. C'est alors qu'en cette même année surgit le jugement de Jeanne d'Apchier, que nous avons vu plus haut. Avait-on réuni les deux affaires ensemble ? L'état incomplet de ces dossiers ne permet pas de tirer de conclusions, d'autant plus qu'à partir de ce moment-là, nous n'en entendons plus parler.

Sieujac était allé rejoindre Randan qui voulait faire une nouvelle tournée de police, comme la précédente. Il commandait sous ses ordres quatre cents cuirasses et seize cents arquebusiers, ce qui constituait à cette époque une assez forte armée. Ils se présentèrent d'abord devant Murat qui ferma ses portes et s'apprêta à une vigoureuse résistance. On passa outre. A Salers ce fut la même réception. Laissant encore cette place de côté, Randan marcha droit sur Aurillac. Rastignac, que l'on désignait généralement sous le nom de sa terre de Missilhac, et qui était devenu le chef du parti catholique modéré, beaucoup plus par jalousie contre Randan que par conviction, vint au secours de la ville avec le baron de Pestels. Randan fut battu dans trois rencontres différentes. Sieujac fut fait prisonnier contre le droit des gens. Venu sans escorte pour traiter avec Missilhac d'une suspension d'hostilités, celui-ci eût l'indignité de le faire désarmer et de le retenir plusieurs jours captif. Imberdis cite, à ce propos, une lettre d'Henri III, adressée aux habitants d'Aurillac, les félicitant de leurs succès, et leur nommant pour gouverneur le baron de Pestels. Il y a là évidemment une erreur de date. La lettre d'Henri III est du 26 mai 1589, c'est-à-dire d'au moins un an après les faits ci-dessus. De plus Randan était encore officiellement gouverneur d'Auvergne, en tournée de police, et le Roi n'aurait pas félicité une ville de s'être opposée par la force à l'entrée de son représentant dans ses murs. Après l'assassinat de Guise, Henri III ayant joint sa cause à celle du roi de Navarre, Aurillac se trouva alors du côté royal, mais à cette époque il ne l'était pas encore.

Il règne, du reste, à ce moment-là un désordre inextricable en Haute-Auvergne. Il ne s'agit plus de la lutte plus ou moins franche entre catholiques et protestants. Chacun travaille pour soi. Aussi ne faut-il pas s'étonner de voir, comme dans le fait précédent, un chef catholique lutter contre un de ses corréligionnaires. Le récit d'Imberdis devient lui-même fort confus. Dans nos propres archives, les documents eux-mêmes deviennent difficiles à expliquer. Il faut se contenter de les citer, sans trop chercher à les approfondir. On risquerait de commettre de grossières erreurs. C'est ainsi que nous trouvons à la date du 20 mars 1588, (1) une pièce qui porte les signatures autographes de presque tous les grands chefs du parti catholique en haute Auvergne et Gévaudan : Montbrun, Calvisson, d'Apchier, etc. Jean de Lastic s'y plaint de ce qu'Aymar de Calvisson, seigneur et baron de Saint-Auban (Saint-Alban), syndic de la noblesse du Gévaudan, s'était emparé d'une couleuvrine qui lui appartenait et qu'il avait emmenée à Saint-Chély, chez Philibert d'Apchier. Calvisson lui répond que les délégués de la noblesse du Gévaudan l'avaient achetée aux sieurs de

---

(1) Archives de Parentignat. I. 16. Orig. sur pap.

Lespinasse et de Neuvéglise, chargé des affaires du baron de Lastic (Louis fils de Thibaud), qui habitait alors le château de Rochegonde. La chose n'a pas d'importance en elle-même, mais elle prouve que l'accord ne régnait pas complètement entre gens, qui, deux ans auparavant, avaient combattu ensemble contre les huguenots de Marvejols et du Languedoc.

Jean de Lastic passait pour être fort riche, et spécialement en numéraire. Aussi le mettait-on souvent à contribution. Il avait levé des troupes à son propre compte. Mais on lui demandait souvent aussi de l'argent pour l'entretien des armées catholiques. A la date du 28 juillet 1588 (1), nous trouvons une obligation par laquelle le comte de Randan, gouverneur et lieutenant général pour le Roy en haut et bas pays d'Auvergne, reconnaissait lui devoir la somme de quatre mille soixante écus, dont deux mille en argent monnayé qui lui avaient été versés de sa part par les échevins de la ville de Clermont; et deux mille soixante écus par cession de quatre cents doubles septiers de blé, froment ou seigle, pour l'entretien de l'armée conduite en haute Auvergne. Le comte de Randan s'engageait à faire rembourser cette somme au sieur de Sieujac par les délégués, députés et habitants du pays d'Auvergne ; sinon il s'en déclarait personnellement responsable. Jean de Lastic ne fut jamais remboursé de cette somme, car nous voyons en 1629 son fils Philibert plaidant contre les héritiers du Comte de Randan pour se la faire rendre.

Une autre affaire du même genre avait eu lieu quelque temps auparavant. Imberdis qui en parle longuement, (2) a dû se tromper dans les conclusions qu'il en tire. Nous possédons, en effet, dans nos archives, une copie ancienne et authentique de l'acte sur lequel il s'appuie et qu'il semble avoir mal lu. D'après cela Jean de Lastic avait dû s'emparer

---

(1) Archives de Parentignat. I. 18. Cop. notariée du 29 déc. 1629.
(2) Imberdis. Ouvr. cité. Tome II, page 63.

Le château de Saillant, près de Saint-Flour, forteresse des Huguenots, prise deux fois et occupée par Jean de Lastic de Sieujac

du château de Saillans, une des places les plus fortes des environs immédiats de la ville de Saint-Flour. Son propriétaire, Louis du Bourg de Saillans, était un huguenot très ardent. Il avait de qui tenir. Il était le fils d'Antoine du Bourg, qui avait été brûlé dans son four en défendant contre Montmorin Saint-Hérem ce château de Saillans, et de la célèbre Nicole d'Ondredieu, une des héroïnes du protestantisme, et neveu à la mode de Bretagne d'Anne du Bourg, le protomartyr de la nouvelle religion à Paris. Il s'était emparé de son côté du château de Lastic, qui n'appartenait pas à Jean de Lastic, mais à son cousin germain le baron Louis, qui venait de mourir ou qui allait mourir, car on ne connaît pas exactement la date de sa mort survenue en 1588. Tout le monde devait commencer à en avoir assez de ces guerres intestines et les grands chefs étant absents, on décida, entre voisins, de passer un traité, dont je donnerai seulement de larges extraits. Il est daté du 15 mai 1588 (1). Les parties contractantes étaient « Messieurs de Dienne, bailly du haut pays d'Auvergne, de Massebeau, du Cambon, de La Salle, de Ransillac, de Lescure, de Chalier, de la Volpilière, de La Voûte, de la Chaumette, Landraux (?), le lieutenant-général de Saint-Flour, Coutel, sieur d'Alleret, Garène, La Roussière, de Leren (sic), et Trauvesse, députés de la ville de Saint-Flour, faisant tant pour le dit haut pays que pour le bas pays du dit Auvergne, en l'absence des députés du dit bas pays, qui n'ont pu à ce se trouver pour la difficulté des chemins et en ensuivant le pouvoir donné au dit sieur de Dienne par Monseig^r de Randan, gouverneur au haut et bas pays, soubs son bon plaisir, d'une part, et les Srs de Chavagnac, de Begoule et du Babaury, faisant le dit Sr de Chavagnac pour le Sr de Saillens pour la reddition des chasteaux de Lastic et de Saillens, d'autre part. » Voici, en abrégé, quels en étaient les principaux articles :

---

(1) Archives de Parentignat. B. H. 151. Cop. du dix-huitième siècle sur pap.

1° On devait verser au sieur de Saillens une somme de quatre mille écus, payable en trois versements.

2° La quittance de cette somme devait être remise entre les mains du sieur de Dienne qui la remettrait au sieur de Sieujac, en faveur duquel elle serait faite. Moyennant quoi on ne pourrait lui demander d'autre indemnité au sujet de la prise et de l'occupation par lui du château de Saillens.

3° Messieurs de la noblesse et du Tiers-Etat du dit pays, s'engageaient à participer pour trois mille écus à ce paiement.

4° Si le versement de quinze cents écus à faire à M. de Saillens n'était pas fait à la date fixée de Pâques, lui et ses amis seraient dégagés de tous leurs engagements.

5° Dans le cas contraire le sieur de Saillens s'engageait à rendre le château de Lastic lorsqu'on lui verserait la première échéance de mille écus.

6° En même temps le sieur de Sieujac devrait rendre le château de Saillens. Dans le même article Saillens, Chavagnac et leurs amis s'engageaient à ne plus reprendre les armes. Mais ils y mettaient des conditions tellement compliquées, qu'il semble certain qu'ils manqueraient à cet engagement à la première occasion. Ils déclaraient, en effet, qu'ils ne feraient plus « la guerre dans l'haut ni bas pays, sous quel prétexte et conditions que ce soit, bien pourrat-il un prince ou M. de Turenne venant y commander, le service de la personne seulement sans prendre charge pour y faire la guerre à son honneur sauve les accompagnera et le moins qu'il pourra et ne mettra dans sa maison aucuns de leurs gens pour faire la guerre au dit pays sous quelque prétexte que se déduise, et où ils voudroient le forcer de ce faire. »

7° Dans cet article on spécifiait quelques détails sur certaines choses que Sieujac aurait à rendre.

Parmi les signataires de l'acte on en trouve qui ne sont pas portés en tête comme parties contractantes : Ainsi les sieurs de Fontanges, d'Aujony, d'Apchier, de Brezons, de Ligonnès, d'Espinchal, de Lignerac, de Senecterre, de Brugier, de Neirebrousse. Imberdis avait compris que la somme de quatre mille écus serait à la charge de Jean de Lastic. D'abord ce n'est pas dit dans l'acte, où l'on se contente d'indiquer que le reçu de la somme sera donné au nom du sieur de Sieujac. Par le fait Jean en faisait seulement l'avance, mais dans l'acte lui-même la Noblesse et le Tiers s'engageaient à le rembourser. Ce qui fut fait, du reste, un an après, si nous en croyons la pièce suivante : (1)

« Nous Jean de Lastic, seigneur de Sieugeat confessons avoir reçu comptant de M⁴ Guillaume Tautail, commis à la recette et levée des tailles et creües imposées en la prévôté de Saint-Flour l'année présente, la somme de quatre mil écus soleil, à moi ordonnée par Monsieur de Dyene, bailli du haut pays d'Auvergne et commandant en icelui, par ordonnance du deuxième jour de juin 1589, laquelle Mʳˢ les gens des états de la prévôté de St-Flour nous ont accordés pour notre remboursement des grandes dépenses que nous avons faite pour la solde et entretenement durant deux ans de vingt-cinq soldats que nous avons été contraints de mettre en garnison pour la garde et deffense du château de Saillens proche la ville de St-Flour duquel nous nous étions emparés pour le bien et soulagement dudit par commandement de M. le comte de Randan, gouverneur et lieutenant-général en icelui, d'autant que la place appartient au Sᵗ de Saillens, gentilhomme de la prétendue religion et pourtant les armes, ou pour les réparations forcées et nécessaires à faire en ladite place pour la mettre en état de garde et deffense, laquelle à présent nous avons rendue et mise ès mains dud. Sᵗ de Dyenne afin de faire rendre le château de Lastic que led. Sᵗ de Saillens a cy devant repris avec ses troupes huguenotes faisant la guerre au pays à la grande ruine et foule du pauvre peuple qui à cette occasion en sera soulagé et déchargé, ainsi qu'il est plus au long contenu en lad. ordonnance et capitulation faite pour la reddition desd. places le 18 du mois de may et délibérations desd. états, de laquelle somme de 4.000 écus soleil nous quittons led. Tautail et tous autres. En témoin de quoi nous avons signé la présente et fait signer à notre requeste au notaire royal soussigné. A St-Flour le troisième jour de may 1589. »

Signé : DE LASTIC et ROUX, nottaire royal.

Jean de Lastic ne donne pas la vraie raison qui a motivé la dépense des quatre mille écus. C'est, en somme, une

_____

(1) Archives de Parentignat. I. 22. Cop. du dix-huitième siècle sur pap.

rançon, un rachat dont il est préférable de ne pas se vanter.
Ainsi est détruite aussi la légende, citée par plusieurs
auteurs, que Jean de Lastic s'était emparé du château de
Saillens le jour même où du Bourg s'était emparé de celui
de Lastic, et que les deux seigneurs, marchant l'un contre
l'autre par deux chemins différents, s'étaient croisés en
route s'en sans douter. Seulement l'auteur de la légende
n'avait pas fait attention à ce que Lastic n'appartenait pas à
notre ancêtre, mais à son cousin.

Le 17 octobre 1588 les Etats généraux s'étaient réunis à
Blois. Le duc de Guise y joua un grand rôle. Les députés
du haut et bas pays d'Auvergne étaient tout dévoués à sa
cause, grâce à l'influence de Randan. Le Balafré se montra
bientôt d'une telle insolence qu'Henri III profondément
blessé, ne pensa plus qu'à se débarrasser de lui. Il le fit
assassiner le 23 décembre 1588. Là veille même, il avait écrit
à Jean de Lastic la lettre que nous trouverons plus loin. Il
est probable qu'il en écrivit d'autres du même genre, au
moment où il allait rompre ouvertement avec le puissant
parti de la Sainte-Union. Peut-être comptait-il ainsi maintenir dans l'obéissance ceux qui pourraient hésiter encore.
Dans cette lettre il remerciait Jean de Lastic d'un service
qu'il venait de lui rendre ; il lui demandait de lui continuer
sa bonne volonté, et lui laissait entrevoir qu'il se montrerait
reconnaissant, mais il ne soufflait mot de son mécontente-
ment et de ses projets homicides :

« Monsieur de Cyoghac, lieutenant d'une compagnie d'hommes d'armes
de mes ordonnances soubs les charges du Conte de Randan. (1).

« Monsieur de Cyoghac, ayant sceu par les lettres que le trésorier
Pascal a escriptes aux gens de mon conseil de quelle volonté vous vous
estiez offert de favoriser l'exécution des lettres de commission que je lui ay
cy devant envoyées pour vériffier le mesnage que les receveurs des tailles
Guinallem (?) et Caillon du hault Auvergne ont faict en l'exercice de leurs
charges durant ceste année et les précédentes, j'ay bien voulu vous en
remercier par ceste-cy et vous dire que comme ceste offre est franchement

_____

(1) Archives de Parentignat. B. H. 149. Orig. sur pap.

provenue de la seule affection que vous avez au bien de mes affaires, sans en avoir été aultrement requis, que de mesme vous pouvez vous asseurer qu'en toutes les occasions qui se présenteront de vous gratiffier, je le feray très volontiers sans...... que de la souvenance que j'auray tousjours du tesmoignage qu'en cela vous m'avez rendu de vostre bonne volonté, laquelle je vous veux prier de continuer et d'en monstrer tous les effects que vous pourrez en ce dont le dict Pascal vous requerra pour le faict de sa dicte commission et recouvrement des droits qui me sont deubs en vos quartiers. En quoy sachant que vous pourrez beaucoup et que vous désirez encore plus pour mon service, je ne vous en feray plus longue lettre que pour prier Dieu, Monsieur de Cyoghac, vous avoir en sa saincte et digne garde. Escript à Bloys le xxii° jour de décembre 1588. •

HENRI.

L'assassinat du duc de Guise avait exaspéré les véritables Ligueurs au plus haut point. « Mort aux Valois ! », criait-on de toutes parts dans les régions où ils étaient les maîtres comme dans certaines parties de l'Auvergne. A Paris la surexcitation fut portée à son comble. La Sorbonne, le Parlement firent entendre de véhémentes protestations. Le duc de Mayenne remplaça son frère comme chef de la Sainte Union. Il est assez difficile de savoir quelle fut l'attitude de Randan. Il n'y avait pas de doute qu'il ne penchât fortement du côté des Guises. On avait prévenu Henri III qui, comme nous l'avons vu, le faisait surveiller. Mais ces soupçons, comme je l'ai laissé entendre, pouvaient être aussi le fait de la jalousie, d'autant plus que le gouverneur d'Auvergne passait pour être d'un caractère fort entier. Il se faisait cependant révoquer de son gouvernement, et dès lors il se joignait franchement à la Ligue. En Lyonnais, Charles Emmanuel de Savoie, duc de Genevois et de Nemours, plus connu sous ce dernier titre, essayait de se constituer une espèce de gouvernement avec Lyon pour centre, comprenant le Lyonnais, le Forez, le Beaujolais, l'Auvergne, le Bourbonnais, La Marche, etc. La lutte allait donc reprendre de plus belle dans cette région. Une violente épidémie de peste qui éclata alors (déc. 1388) fit de nombreuses victimes. Ce fut un véritable désastre.

Imberdis fait à ce moment-là passer à Jean de Lastic un nouveau traité avec Chavagnac et du Bourg. Il n'en donne pas le détail, mais il ajoute que pour le cimenter il donna sa fille Jeanne en mariage à Louis du Bourg. Or, ce mariage n'eut lieu que dix ans après en 1598. Il fait aussi voyager notre ancêtre dans le Levant, où il aurait été chargé d'une mission. Comme il n'en donne aucune preuve, je crois que là encore il a dù faire quelques confusions dans ses notes. On se demande, du reste, ce que Jean de Lastic aurait été faire dans ce Levant alors entièrement au pouvoir des Turcs, qui étaient à l'apogée de leur puissance. On avait bien autre chose à faire en France à cette époque. Du reste, des actes divers nous prouvent que Sieujac ne put guère s'éloigner d'Auvergne à ce moment-là. Nous le voyons recevoir d'Henri III une lettre flatteuse en décembre 1588. Il traite avec certains de ses voisins en mai 1589. Il reçoit en juillet de la même année une lettre de l'Evêque de Mende qui le montre très occupé à des chevauchées contre les protestants ; enfin en 1590 nous le voyons traiter avec l'Evêque de Saint-Flour. Or, il fallait bien compter à ce moment-là une année entière pour faire un voyage utile en Orient.

Randan entre alors en révolte ouverte contre la Cour. Il conserve, au nom de la Sainte Union, le gouvernement de l'Auvergne et convoque à Billom les Etats de la province. Nous ne trouvons pas à ce moment-là, de correspondance écrite entre lui et Sieujac, ni convocation de celui-ci à ces Etats. Le 20 avril 1589 Henri III, par le traité de Tours, faisait en quelque sorte alliance avec le Roi de Navarre et la lutte allait s'engager entre la Sainte Union et la royauté encore catholique cependant, mais unie aux protestants. Nous allions avoir trois partis en Auvergne : les ligueurs, les royalistes et les huguenots. Les villes qui se joignirent à la Ligue furent Paulhaguet, Brioude, Saint-Germain-Lembron, Langeac, Riom, Saint-Flour, Murat, Allanche, Pierrefort, Ruines, etc. Imberdis cite parmi les grands seigneurs qui se joignirent à Randan, les d'Apchier, les d'Espinchal, les d'Estaing, les de Dienne, les Lastic, les Montgon, les Montbrun, les Pierrefort, les Montmorin Saint-Hérem, les Canillac, etc. Un événement allait mettre un terme aux hésitations de quelques-uns. Henri III était assassiné le 1er août 1589 par Jacques Clément. Dès lors, le nouveau Roi étant protestant, Sieujac se dévoua corps et âme au parti de la Sainte-Union où il retrouvait tous ses amis et tous ses parents. Le cri de ralliement était devenu : « Point de roi huguenot ! plutôt mourir de mille morts ! » Le Parlement de Paris donnait la couronne de France au vieux Cardinal de Bourbon, oncle d'Henri IV et prisonnier des huguenots. Le duc de Mayenne devenait son lieutenant-général. Le nouveau Roi essaya de faire quelques concessions aux catholiques ; il mécontenta ainsi catholiques et protestants. Un parti puissant se forma autour de Randan. Mais son caractère difficile lui fit aussi bien des ennemis. Puis au fur et à mesure que le nouveau Roi donnait quelques gages à ses nouveaux sujets, le chef ligueur voyait le nombre de ses adhérents diminuer petit à petit.

Dans la province voisine, le Gévaudan, régnait, en quelque sorte, un prélat de haute allure, Adam de Heurtelou, évêque de Mende. Monsieur Roucaute, l'historien de la Ligue dans cette région, (1) nous fait un beau portrait de lui. Il le représente comme cherchant à concilier les divers partis de son diocèse. Sa situation était, en effet, très difficile. A la fois seigneur ecclésiastique et comte laïque, il était un des seigneurs féodaux les plus puissants de la région centrale de la France. Or, dans le Nord de son diocèse on était catholique ou ligueur, le dernier champion du protestantisme, le baron de Peyre, venant de rentrer dans le giron de l'église romaine, et dans le Sud on était protestant. Les barons cévenols, qui appartenaient à ce second parti, avaient

---

(1) Roucaute. *Le Pays de Gévaudan au temps de la Ligue.*

formellement déclaré leur sincère désir de rendre à Adam de
Heurtelou « le très humble service » qui lui était dû en sa
qualité de comte de Gévaudan, affirmant ainsi leur reconnaissance du pouvoir temporel du Prélat de Mende (1). Le
puissant évêque passa des traités avec Montmorency, le
sceptique et fin politique, qui gouvernait alors le Languedoc
et s'y conduisait plutôt en souverain. Il faisait révoquer
Saint-Vidal. Il semblait donc qu'il fût tout à fait acquis à la
cause royale. Or, nous trouvons dans nos archives une très
intéressante lettre de lui, adressée à Jean de Lastic et datée
de Mende du dernier juillet d'une année, qui ne peut être
que 1589. En effet, il dit au cours de cette lettre, en parlant
de Montmorency, « qu'il avait déjà procédé à l'assiègement
du Pont-Saint-Esprit, lequel et celluy de Laudun avaient esté
contrainct de lever avec honte et pertes des dicts ennemis. »
Or, si l'on s'en rapporte à l'*Histoire du Languedoc*, de Dom
Vaissette, l'on apprend que le siège de ces deux petites villes
eut lieu dans la première partie de l'année 1589. La lettre
que je vais donner plus loin semblerait alors indiquer
qu'Adam de Heurtelou jouait un double jeu, cherchant à
traiter d'une part avec Montmorency pour contenter ses
sujets protestants des Cévennes, et renseignant, d'autre
part les Ligueurs d'Auvergne sur les projets du gouverneur
du Languedoc et de ses lieutenants pour satisfaire les barons
« gavauds » du Nord. Cela ne peut s'expliquer que de
cette manière, à moins que l'on ne suppose que les soldats
de Villeserre et de Gentil fussent de simples bandits qui
agissaient pour leur propre compte et détroussaient tout le
monde, ligueurs et protestants, en sorte que l'Evêque de
Mende était trop heureux de s'en débarrasser d'une manière
quelconque. Voici cette lettre qui m'a vivement intrigué 2) :

---

(1) *Ibid.* p. 212.
(2) Archives de Parentignat. B. H. 136. Orig. sur pap.

« Pour faire seurement et incontinent tenir s'il vous plaist
à Monsieur
Monsieur de Sieugeac, lieutenant de la compagnie de Monsieur
de Randan, en son absence, au dit seigneur de Randan, chevalier
de l'Ordre du Roy, cappitaine de cinquante hommes d'armes et
gouverneur d'Auvergne.
La part que ce sera

« Monsieur   par la dernière qu'il pleut à Monsieur de
Randan m'escrire et par la vostre, sur l'advis qu'il eust que les ennemis
du bas Languedoc et Cévennes s'assembloient pour l'exécution de quelque
grande entreprise qu'ils avoient sur Saint-Flour, Rodez ou ceste ville
conduite par Villeserre et Gentil, il désiroit que je lui donasse advis de
la dicte assemblée et de tout ce qui se passeroit en ceste contrée pour 'la
commodité qu'il avoit, quant ses forces assemblées à Murat, de faire un
bon et signalé service au Roy, lequel d'aultant que l'occasion ne s'en
sauroit présenter mieulx à propos. J'ay estimé debvoir le tenir adverti par
vostre main de l'assemblée que font les ennemis à Saint-Jehan-de-
Gardonnenc et en quelques aultres endroits des Cévennes pour l'exécution
de ceste même entreprise, laquelle fut interrompue par Monsieur de Montmorency tant pour l'espérance qu'il avoit de faire lors pratiquer, comme
il essait (?) de faire, quelque réconciliation de ceux de Mareuiols et
aultres choses que pour avoir maulvais la dicte assemblée les faisant les
dicts Villeserre et Gentil sans son sceu et commandement et aussi qu'il
avoit déjà procédé l'assiègement du Pont-Saint-Esprit, lequel et celluy de
Laudun (1) avoient esté constraint de lever avec honte et pertes des dicts
ennemis. Le dict sieur enfin leur a accordé la dicte exécution pour laquelle
ils font estat d'estre de douze à quinze cens arquebusiers qu'est presque
toute la force qu'estoit devant le dict Laudun et environ deux cens chevaulx bons que maulvais, et chacun des dicts ennemis y vient fort
volontiers pour l'asseurance que les dicts Villeserre et Gentil ont donné au
dict seigneur de Montmorenci qu'il les fict pendre, au cas qn'ils n'éxécu-
tassent la dicte entreprise, laquelle à ce que je puis entendre est plustôt sur
la dicte ville de Saint-Flour que sur nul aultre. A quoi mon dict sieur de
Randan aiant encores ses forces droites à Murat, il peult entièrement
randre et faire un très signalé service à Dieu, au Roy, et pacifier tout le
Languedoc envoiant un ou deux de ses régiments et environ cent cinquante des deux cens chevaulx auxquels je m'asseure que Messieurs
d'Apchier et Saint-Auban et aultres gentilhommes de ce païs se joindront
bien volontiers. Il me semble que le rendez-vous seroit bien à propos à
Lanjac. Mais il fauldroit que ce fust dedans le septiesme du prochain s'il

(1) Pont-Saint-Esprit et Laudun, petites villes du bas-Languedoc, entre
Uzès et Viviers, furent assiégées par Montmorency en 1589. (Dom Vaissette. *Histoire du Languedoc.*)

estoit possible. Car ils délibèrent de marcher ou à même temps ou plus tôt en plain jour et néant moings se pourront trouver si l'assigne le dict seigneur et vous en aurez bon marché. Je ne fauldrai vous tenir adverti de jour à aultre par le moyen de Monsieur de Saint-Auban de l'arrivée des dits huguenaux à Espanhac(1), où ils ont pris leur rendez-vous. Les sieurs de Lignes, Péraut et autres chefs et capitaines du Languedoc y seront avec le sieur de Chastillon. J'escripts cependant un mot à Monsieur de Saint-Flour (2) prendre garde à la conservation de la dicte ville comme c'est bien besoing, tant ils se donnent peu de peine de faire bonne garde et de prouvoir à leurs portes. Attendant à bien de vos nouvelles je m'en vais vous supplier me faire cest honneur me tenir aux bonnes grâces de Monsieur de Randan et à la vostre. Priant Dieu vous donner

Monsieur, en bonne santé, heureuse et longue vie. »

A Mende ce dernier juillet.

Vostre très affectionné voisin à vous faire bien humble service. »

ADAM, e. de Mende (3).

Nous retrouverons plus tard l'Evèque de Mende s'efforçant d'accorder les éléments divers de son diocèse. Pour le moment nous allons suivre Jean de Lastic dans sa campagne aux côtés de Randan, dans la partie septentrionale de l'Auvergne. Issoire, depuis la prise de la ville par le duc d'Anjou, était restée entre les mains des Ligueurs. Comme elle avait été le premier foyer de la nouvelle religion au début des guerres civiles, les nouveaux alliés se firent un point d'honneur de la reconquérir. Il s'organisa pour cela à Clermont une armée qui fut mise sous les ordres de Chabannes-Curton. On y rencontrait des royalistes comme Chazeron, Rastignac, Lavedan, d'Effiat. le nouveau gouverneur d'Auvergne nommé à la place de Randan, d'Allègre et des protestants, Clermont-Chaste. du Bourg de Saillans, etc., etc. Randan, au lieu de les attendre dans Issoire, eut l'idée malheureuse, malgré l'avis de ses lieutenants, de marcher à

---

(1) Espanhac, aujourd'hui Ispagnac, petite ville entre Mende et Florac, à l'entrée des gorges du Tarn, avait un monastère, et fut toujours le poste avancé des catholiques du côté des Cévennes protestantes. Encore aujourd'hui Ispagnac est un des bourgs les plus religieux de la Lozère, à côté de Florac, un des foyers du protestantisme de cette région.

(2) L'Evêque.

(3) Les dernières lignes et la signature sont autographes.

leur rencontre et d'aller les attendre sur le plateau de Cros-
Rolland, à une lieue environ au nord d'Issoire, sur la route
de Clermont. Jean de Lastie commandait l'armée de la Ligue
sous ses ordres. Dès le commencement de la bataille, le
désordre se mit dans les rangs des royalistes par suite
d'une panique provenant d'un accident. Lastic conseilla d'en
profiter pour les attaquer. Randan s'y refusa. Les royalistes
eurent le temps de se reconnaître et prirent l'initiative du
combat. Ils furent d'abord repoussés. Mais un secours inespéré leur vint d'un détachement royaliste, qui arriva par le
Sud et vint prendre l'armée de Randan à revers. Lastic
aurait voulu envoyer quelques troupes dans cette direction
pour arrêter le secours. Randan préféra n'en pas tenir
compte et poursuivit les royalistes qui semblaient se replier.
Ceux-ci encouragés par l'arrivée de ce renfort inespéré,
firent face à l'attaque. Puis, contournant les hauteurs où
étaient installés les Ligueurs, ils essayèrent de défiler le
long de l'Allier. Là, un détachement, commandé par Lastic,
les attendait. « Chalus, qui dirigeait la première ligne des
Ligueurs, fonce faiblement à la tête de sa petite division ; il
est reçu de bonne grâce par cent arquebusiers royaux, qui,
mêlant leur feu à une décharge d'artillerie, le forcent à
s'écarter pour joindre la cavalerie de Rivoire. En ce moment
le second escadron s'ébranle à l'ordre irrité de Sieujac, qui a
reconnu le mauvais effet de l'engagement de Chalus : il se
heurte contre les cuirassiers de Florat et de Chappe ; le choc
est des plus terribles. ... Tout à coup, sous un effort redou-
blé de Chappe, les Ligueurs plient et sont ramenés au
grand trot vers Randan qui, désespéré de ce désavantage, se
jette sur le gros de l'armée royale et le fait reculer. Dès ce
moment on s'engage sur tout le front.... Il n'y a bientôt plus
de direction supérieure ; c'est une confusion générale ; tous
s'abordent et se battent avec une opiniâtreté qui accuse le
point d'honneur individuel..... Rastignac se trouve en face du
général ligueur, balançant la fortune par sa valeur bouillante
et l'exemple qu'il donne aux compagnons d'armes qui se

pressent à ses côtés. Les deux chefs se sont aperçus, ils se précipitent l'un contre l'autre ; un flot de combattants les sépare et les jette aux deux extrémités du champ de bataille. Alors Missilhac (Rastignac) pousse jusqu'au cœur de l'escadron de Randan et le hâche avec fureur. Lavedan (Bourbon-Malauze) se multiplie et porte la mort partout où frappe son épée. Corneilhan, Saint-Marc, Montfaon font des prodiges : ce dernier, renversé de cheval, va tomber entre les mains de Chappes, lorsqu'il est secouru par Lastic, qui n'a plus qu'un tronçon à la main. Les plus intrépides gentilhommes sont démontés ; il y a trois capitaines hors de combat. L'armée royale va être victorieuse, les Ligueurs perdent du terrain, ouvrent leurs lignes et se rompent : ils fuient. En ce moment Randan s'entoure de Châteauclou, de Montravel, de Châteauneuf, de d'Estaing : ralliant cent cinquante chevaux, il les masse, et sans dire un mot, il leur montre avec son fer ruisselant les royalistes qui chassent devant eux les débris de ses escadrons. C'était l'ordre solennel de vaincre ou de mourir ! Ils reviennent à la charge, comme des lions, contre le corps qui avait formé l'avant-garde...,.. Cette dernière charge ne fut pas longue : les cavaliers furent abîmés par une compagnie de mousquetaires. Les royalistes, Clermont-Chaste à leur tête, arrivèrent de tous côtés et enveloppèrent les Ligueurs qui ne cherchèrent plus qu'à se faire jour au travers d'une haie de hallebardes et de lances : beaucoup tombèrent devant ce rempart formidable. Lastic, blessé, se retira avec quelques capitaines dans le château de Montmorin. La victoire se décida en moins de vingt minutes ; la déroute des Ligueurs, dont les arquebusiers lâchèrent pied, fut bientôt complète. On les poursuivit pendant plus de deux heures..,... L'armée ligueuse éclaircie s'enfuit partie vers les faubourgs d'Issoire, partie vers Cros-Rolland.... Les vainqueurs taillèrent en pièces les premiers ligueurs qu'ils purent atteindre dans la plaine ; cette poursuite serait devenue une boucherie si Missilhac n'eût couru en avant, en criant : « Amis, nous sommes tous français, ne nous tuons pas les uns, les autres ! » Ces paroles magnanimes d'un guerrier d'ordinaire féroce et impitoyable, sauvèrent une foule de soldats qui avaient jeté leurs armes. ».

.... « Grièvement blessé de deux balles dans la cuisse droite, le malheureux Randan, après avoir illustré le champ d'honneur où se décima sa noblesse, se vit arrêté par un issoirien nommé Blois. « Sauve Randan et tu es riche ! », s'écrie le comte chancelant et se cramponnant au pommeau de la selle. Le jeune homme le guide pour gagner à la faveur des détours Saint-Yvoine occupé par une garnison ligueuse ; mais Lamothe-Arnaud les avait remarqués ; voyant qu'ils ne suivaient point le chemin d'Issoire, il pique des deux et barre la route en criant à Blois ; « Quel homme, conduis-tu, Issoirien ? — Je l'ignore, répond celui-ci, ne voulant pas nommer son prisonnier de peur de se voir arracher la rançon promise. Alors Lamothe-Arnaud s'approche du comte et lui commande de lever la visière de son casque s'il ne veut être frappé à mort. Randan n'eut pas la force d'obéir ; épuisé par le sang qu'il perdait, il ne put se tenir à cheval et tomba sans connaissance en murmurant ces paroles : « Je suis perdu, donnez-moi un prêtre. » Lamothe-Arnaud avait eu vivement à se plaindre du comte qui depuis peu avait pris, saccagé et rasé sa maison ; il oublia tout devant l'infortuné guerrier. Descendant de cheval promptement, il s'approcha du chef ligueur et se disposa à lui ôter son casque et son armure pour appliquer un linge sur sa large blessure. En cet instant Randan ouvrit les yeux et revint à lui..... Il reconnut Lamothe-Arnaud.... et tirant son gantelet de gauche, il le lui tendit en gage de foi..... Un charriot le reçut et le conduisit à Issoire où il expira une heure après, collant à ses lèvres un crucifix qu'il baisait dans son agonie, en poussant de douloureux soupirs. Lamothe-Arnaud ne l'avait pas un instant abandonné. Randan méritait de mourir au champ d'honneur ! Telle fut la fin de ce guerrier célèbre qui se montra en Auvergne le plus redoutable appui de la Sainte-Union et dont le souvenir vit encore dans la

contrée, témoin de ses faits remarquables. » (1) Cette
bataille eut lieu le même jour que celle d'Ivry, le 24 mars 1590.

Avec Randan la Ligue avait perdu sa tête en Auvergne.
Canillac le remplaça nominalement, mais il n'avait pas son
énergie. Sieujac avait eu toujours des tendances royalistes,
et la religion seule du Prince retardait sa soumission.
D'Apchier manquait de prestige et n'avait pas d'influence en
Basse-Auvergne. Aussi beaucoup de forteresses et de villes,
qui tenaient jusqu'alors pour la Sainte-Union firent leur
soumission au Roi.

Nemours qui s'était attribué l'Auvergne dans l'espèce de
vice-royauté qu'il avait organisée autour de Lyon, fit tous
ses efforts pour empêcher les derniers éléments de la Sainte-
Union de se dissoudre dans cette province. Il écrivit à Jean
de Lastic pour l'encourager dans la résistance. Il lui adressa
à cette occasion la lettre suivante : (2)

« Charles Emmanuel de Savoye, duc de Genevois et de Nemours, pair
et colonel général de la cavalerie légère de France, gouverneur de la ville
de Lion, païs de Lionnais, Forez, Beaujolois, du haut et bas Auvergne,
Bourbonnois, haute et basse Marche et baillage de Saint-Pierre-
le-Motier, au Sr de Sieujac. Nous vous avons ce jourd'huy même
escrit et prié de tempter tous moyens pour vous saisir et emparer des
maisons de Saillens et du Buisson, près la ville de Saint-Flour, au dit
pays d'Auvergne pour éviter aux trames, danghiers et surprinses que les
ennemis de la Sainte-Union (y ayant retraite) pourroient faire à la faveur
des dites deux maisons ou de l'une d'icelles sur la dite ville de Saint-Flour
et autres places de ce st party qui sont dans le pays ; à quoy nous vous
assurons que vous aurez l'œil et votre bon soing suivant nos lettres et
pour le zèle et l'affection que vous avez toujours eu pour la religion
catholique, et pour vous y mieux mouvoir, sur la promesse aussi que
nous vous faisons par ces présentes lettres de vous en dépescher notre
commission et mandement. A ces fins nous vous prions et exhortons par
la présente de vous employer vous et vos amis, avec tel nombre de gens
de guerre que vous croirez vous estre nécessaire pour la prinse et enlève-
ment en quelque sorte que ce soit desdites maisons de Saillens et du
Buisson, et si Dieu vous fait la grâce de les pouvoir prendre ou l'une

---

(1) *Histoire des guerres religieuses en Auvergne*, etc., par Imberdis.
Tome II, p. 302 et suiv.

(2) Archives de Parentignat. B. H. Orig. sur pap.

d'icelles, si ne pouvez les deux, mettez tout aussitôt gens après pour les démolir et raser de fond en comble, ainsi vous les rendrez non seulement hors de defense mais hors d'estat de pouvoir jamais plus loger, vous promettant en foy et parolle de prince de vous faire bien rembourser de tous les frais que vous y fairez, et des récompenses que vous pourriez donner et promettre à ceux qui vous y assisteront ou tiendront la main, et de vous reconnaître tout en particulier, de sorte qu'en serez comptant. Usez y seulement de toute la célérité requise de tant qu'aymez l'accroissement et la conservation de ce st party. La présente vous servira d'advis de commission, de mandement et de pouvoir. A Lion le xiiie jour de novembre l'an mil cinq cent quatre-vingt dix. »

CHARLES DE SAVOYE.

Celui-ci, cependant parent des Guises, ne s'entendait guère avec Mayenne. Mais tandis que Mayenne tendait à se rapprocher petit à petit de la royauté, Nemours cherchait à se constituer un état indépendant à son profit. Il avait l'air de travailler pour la Sainte-Union. Au fond, il travaillait pour lui-même. Quelques-uns commençaient peut-être à s'en apercevoir, en sorte que le parti de la Ligue perdait tous les jours de ses adhérents. En Auvergne, il ne se composait plus que de groupes séparés les uns des autres. Jean de Lastic commandait peut-être le plus important autour de Saint-Flour. Il avait à côté de lui celui qui occupait le haut Gévaudan, sous les ordres de d'Apchier. Aussi, la lutte entre royalistes et ligueurs devient-elle tout à fait épisodique. Les partisans de la Sainte-Union semblent ne plus combattre que pour l'honneur. Nemours paraît de temps en temps en Auvergne, venant au secours de ses partisans. Riom, Montpensier, Aigueperse, Saint-Pourçain résistent encore. Le maréchal d'Aumont, un des vainqueurs d'Ivry vint mettre le siège devant Saint-Pourçain. Nemours accourut pour dégager la ville. Les derniers ligueurs de la contrée, d'Urfé, Lastic, Canillac, vinrent le rejoindre en toute hâte. « Le maréchal eut d'abord le dessus : l'nfanterie ligueuse donna avec mollesse et se dispersa à la première charge ; la cavalerie fit mieux, mais elle essuya un feu d'artillerie qui ouvrit son front. Tout présageait la défaite des ligueurs. Lastic lui-même avait rejoint Nemours et d'Urfé pour régler l'ordre de retraite ;

c'est à cet instant que la fortune trahit d'Aumont, ce brave guerrier presque sexagénaire. Une caque ayant sauté par l'imprudence d'un artilleur, jeta l'épouvante et le désordre parmi les royalistes. Il fut impossible de les rallier..........La panique l'emporte et des rangs entiers jettent leurs armes, Si un escadron de cuirassiers, appuyé de la réserve, n'avait noblement soutenu l'honneur des armées royales, la déroute eût été une effroyable boucherie ; mais une poignée de braves sauva les lâches qui fuyaient.... Le maréchal fit sonner la retraite, qui s'opéra en bon ordre, jusque vers ses lignes ; il leva précipitamment le siège et quitta l'Auvergne (1) ». C'était pour les ligueurs la revanche de Cros-Rolland.

Nemours remonta ensuite en Haute-Auvergne avec Lastic. Les royalistes en furent chassés complètement. Lastic s'était emparé des châteaux de Saillens et du Buisson et les aurait rasés, paraît-il. J'en doute fort. Car ce qu'il en reste de nos jours, surtout du premier, n'indique pas un démantèlement bien sérieux. Notons en passant le fait assez curieux que Lastic était propriétaire en partie du Buisson, comme nous le verrons, quand nous parlerons de cette terre, et que sa fille épousa, quelques années après, le propriétaire de Saillens. Il s'empara aussi du prieuré de Saint-Michel-de-Brossadoul, à la porte de Saint-Flour. François de Dienne, bailli des montagnes d'Auvergne, le mari de Gabrielle de Foix, continuait à occuper le château de Lastic et d'autres. J'ai déjà expliqué le double intérêt qu'il y trouvait. Nemours lui fit abandonner ces places et Lastic fut rendu à sa propriétaire légitime, Françoise de Lastic, femme de Jean de La Guiche. Dienne, du reste, mourut sur ces entrefaites.

J'anticiperai un peu sur les années suivantes, pour suivre les rapports qui se continuèrent entre le personnage le plus

---

(1) *Histoire des guerres religieuses en Auvergne*, etc., par Imberdis. Tome II, p. 391 et suiv. Le récit d'Imberdis, malgré son grand désir de rester impartial, marque toujours sa préférence pour le parti protestant.

important de la Sainte-Union dans nos régions, et Jean de Lastic, qui y était en quelque sorte son lieutenant, surtout en Haute-Auvergne. Il est très certain que notre ancêtre fut plus que jamais mis à contribution par lui, et qu'il entretint à ses propres frais les troupes levées pour la Ligue dans ces régions. Nemours tâcha de l'en rembourser le mieux qu'il pût probablement, même avec les biens dont il n'avait pas le droit de disposer en principe. C'est ainsi que nous trouvons dans nos archives cette donation qu'il lui fit sous une forme assez curieuse (1) :

« Plaise à Monseigneur le duc de Genevois et de Nemours, pair de France, en considération des services que le seigneur de Sieugheat a fait au party de la Sainte-Unyon, soubs son authorité, et fera à l'advenir à Son Excellence, luy octroyer et accorder la jouyssance et usufruict durant sa vye d'une petite meterie et boys appelé Chabrial, en l'hault pays d'Auvergne, estant du domayne de la feue royne Ysabel, douayrière de France, concistant en quarante escus de revenus chascun au tant seullement, dont il a jouy cy devant à ferme, et ce sera lui donner moïen de continuer les services qu'il a voués et conservé à Son Excellence pour jamais.

» Accordé.

» Charles DE NEMOURS (2).

» Du IIIᵉ avril MVᶜ IIIIˣˣ XII. »

J'ignore où pouvait se trouver cette terre ; probablement aux environs de celles appartenant à notre maison. Peut-être que, comme le dit l'acte précédent, Jean de Lastic l'avait prise à bail à cause de son voisinage. J'ignore si Jean de Lastic entra en sa possession et s'il la garda, car, en dehors de l'acte précédent, il n'en est plus question dans nos archives. La pièce suivante, que nous trouvons alors à cette date, était-elle un reçu d'une somme prêtée à Nemours, ou de celle que Jean de Lastic avait avancée pour payer du Bourg de Saillens. Je crois plutôt à la première hypothèse.

---

(1) Archives de Parentignat. B. H. 158, Orig. sur pap.
(2) Le mot *accordé* et la signature sont autographes.

« Quitance de Monseigneur de Sieughac de la somme de
IIIIᶜ XXIIIIᵉ (1).

» Nous, Jehan de Lastic, seigneur de Sieujac, soubsigné, certiffions
avoir eu et receu comptant de Maistre Perre Bonafos, commis à la recepte
des tailles du hault païs d'Auvergne la somme de quatre cens vingt-quatre
escus en déduction de tant moings de la somme de quatre mil huit cens
quatre escus quinze sols à nous deue pour les frais et fournitures faictes et
avancées au mois de juillet dernier pour le dict païs, vériffiés par Monsieur
le comte d'Apchier et les présidans et esleus en l'élection de Sainct-Flour
et par ordonnance de Monseigneur le duc de Genevois et de Nemour, pair
de France, de laquelle somme de IIIIᶜ XXIIII escus nous quictons le dict
de Bonafos et tous aultres et promettons tenir quictes par la présente
signée de nostre main, que nous avons faicte signer au notaire royal
soubsigné à Bredon, le quatriesme jour du mois de juin M Vᶜ quatre-
vingt-treize. »

JE. LASTIC.   LEYMARIE, nʳᵉ.

Il nous faut maintenant revenir en arrière, lorsqu'après la
bataille de Saint-Pourçain, Jean de Lastic rentra en Haute-
Auvergne, d'où il semble n'avoir plus bougé jusqu'au moment
de sa soumission définitive. La politique d'Henri IV, encou-
ragée par des succès nombreux et par les dispositions
conciliatrices de certains gros personnages de la Ligue, fut
d'essayer des moyens doux et autres du même genre auprès
des ligueurs qu'il pouvait penser être accessibles à ces moyens.
Aussi nomma-t-il au gouvernement d'Auvergne, au lieu d'un
Montmorin Saint-Hérem, d'un La Rochefoucaud Randan
ou d'un Coëffier d'Effiat, un très gros personnage, étranger
au pays, et qui par suite, n'y avait pas d'ennemis personnels,
comme les précédents. Ce personnage fut Charles de Valois,
fils naturel de Charles IX et de Marie Touchet. Celui-ci
s'empressa d'adresser probablement des lettres aux principaux
seigneurs de son gouvernement, et voici celle que Jean de
Lastic reçut de lui (2) :

---

(1) Archives de Parentignat. I. 50. Orig. sur pap.
(2) Id. B. H. 154. Orig. sur pap.

« Monsieur de Sieugheac (sic),

» Monsieur de Chujeac (sic). Je ne doubte point de vostre affection au repos et tranquilité publicque de ceste province comme pour la gloire de Dieu et la pitié du pauvre peuple. Toutes gens de bien y sont obligées et le doibvent désirer. Conséquemment que n'aiez ceste bonne volonté de vous trouver à la prochaine assemblée d'estats. assigés suivant la tresve, en la ville de Pont-du-Châtau, aux premiers jours de février prochain, pour à cest effect vous y employez et apportez le bien qu'il vous sera possible. Néant moings, je vous ay bien voulu prier par ceste lettre de le fère et que, toutes choses passées ou oubliées, ce soit avec dellibération d'y proposer et rechercher de vostre part une entière réconciliation et paciffication entre les subjets du Roy Monseigneur de ceste dicte province soubs son obéissance et mon gouvernement, vous refigurant que la guerre ne peut estre suivie que de toute ruyne, impiété et dissolution et qu'au moien d'icelle il est attribué autant de faculté au moindre qu'au plus grand de tout, faire desseniger (sic) et entreprendre sans respect de supériorité, d'aage ni de sexe, tellement que par le continuation d'icelle, il n'y aura, dans peu de temps, personne qui ne soit exposé à la mercy du fort sur le faible, si Dieu n'a pitié de nous, et toutesfois nous avons esté si aveugles de le faire jusques icy, sans fondement ny raison, car quoy qu'on puisse dire et persuader, nous ne sommes nullement en dispute pour le faict de relligion ; il est question seullement de l'estat de la confirmation et manutention duquel tous bons Français sont obligés par nature. Car nous sommes principallement d'accord en ceste province du faict de la religion catholique en toutes ses circonstances, à laquelle ce n'est l'intention de Sa Majesté qu'il ne soit rien innové ny altéré, comme expressément et par pouvoir spécial elle m'a ordonné d'en donner toute asseurance de sa part à qui que ce soit qui en en pourroit doubter, comme de la mienne j'aymerois mieux mourir y estant nay, nourry et eslevé, que d'avoir servy d'instrument de la moindre chose que je puisse dire au préjudice et détriment d'icelle. Au reste quand vous m'aurez congnu et bien et considéré que Dieu m'a faict naistre du sang de nos Roys qui de père en fils, ont gouverné ceste couronne l'espace de six cens ans, il m'a donné les principalles et les plus seigneurialles facultés de ceste dicte province qui m'obligent de m'affectionner particulierement a la conservation d'icelle et d'y vuivre et mourir comme compatriote, vous trouverez que non sans cause le feu Roy de bonne mémoire et le Roy à présent régnant Monseigneur, m'ont pourveu de ce gouvernement, ayant eu esgard qu'il me seroit fort incompatible qu'ung aultre vint commander en leur absence dans ma propre maison. Comme il n'y a personne qui avec juste titre s'y puisse ingérer, ce que tant que la vie me durera, je deffendray et soutiendray envers qui que ce soit pour me rendre digne et capable de l'honneur que leurs Majestés m'onct faict et de l'amitié que ceulx qui me voudront aymer, obéir et recognoistre pour leur gouverneur, espérant par mes actions leur rendre tant de contentement qu'ils n'auront volonté de me changer ny d'en désirer ung aultre, n'estant venu de ça pour y oppresser ny tyranniser personne. Au contraire toutes et quantes fois que chacun s'y vouldra ranger à la raison, l'on me trouvera du tout disposé au soullaigement public, et a faire cesser ceste maudicte guerre qui ne s'estend que sur les tailles de Sa Majesté et sur les pauvres marchans et laboureurs auxquls on ne laisse, de part et d'aultre, avoir ny substance, ce que continuant vous et moy et tous les seigneurs qu'il y a seront en danger d'estre bien tost sans subjects, rentes ny revenus, chose que debvons bien considérer. Venez doncques à la susdicte assemblée bien résolu de m'aider à l'établissement de quelque bon ordre. Je vous en prie de rechef et de fere estat de mon amitié particulière tout autant que le scauriez désirer. Cependant je supplieray le Créateur, Monsieur de Chujeac, qu'il vous conserve en sa saincte garde. Escrit à Clerment, le XV° jour de janvier 1591. »

» Votre bien affectionné amy,

Charles B. d'Orléans (1). »

Cette lettre sort de la banalité ordinaire. C'est un véritable manifeste, une déclaration de principes destinée à rallier les hésitants. Jean de Lastic hésita-t-il ? En tout cas, il ne se rendit pas à la réunion générale des Etats à Pont-du-Château. L'idée de s'incliner devant un Prince protestant devait lui répugner terriblement. Sa nature de montagnard austère devait le retenir dans sa rude intransigeance. Il semble s'être réfugié dans ses castels, se contentant d'y défendre sur place les dernières forteresses de la Ligue. Il y est l'arbitre de tous les différents, celui auquel on a recours dans toutes les situations difficiles. Pierre de La Baume, conseiller et premier aumônier du Roi, grand aumônier de la Reine, seigneur et évêque de Saint-Flour, se rendait dans sa ville épiscopale, lorsqu'il fut pris par une bande de partisans et emmené prisonnier au château de Saint-Just (2), où on le garda environ trois semaines. Pour le remettre en liberté, on exigea de lui une forte rançon. Dans l'impossibilité de la payer, il fut obligé d'emprunter, entre autres, deux cents écus au seigneur de Bournoucles (Jean de La Guiche), qui habitait à côté. Pour lui rembourser cette somme, l'évêque vendit à Jean de Lastic, ce qu'il possédait dans les lieux de Saint-Maurice,

---

(1) Cette dernière ligne et la signature sont autographes
(2) Saint-Just, c^{ne} du canton de Ruines, au sud de Saint-Flour.

du Buisson, de Nouvialle et de La Chalmette, ainsi que les rentes, écus et droits seigneuriaux qui lui revenaient dans les villages de Fraissenghes (Fressanges), de Cousteirac et de Verneujols, avec justice haute, moyenne et basse (8 juillet 1590) (1). Jean de Lastic fit-il là une bonne affaire ? Il était seigneur de Saint-Maurice, de Nauvialle et du Buisson et évidemment cela devait compléter ces acquisitions récentes, mais nous l'avons vu si souvent dupe, sans doute volontaire, de ces arrangements, que je serais étonné qu'il eût exploité là son évêque, lui, ce défenseur impénitent de la religion catholique.

Les habitants de Saint-Flour ont aussi recours à lui. Le 26 mai 1591, ils lui adressent la lettre suivante (2) :

« A Monsieur
Monsieur de Sieughac,

Monsieur   , Nous avons esté très marris que lisant nostre lettre, il vous aye pleu la juger toute aultre que nos intentions n'ont jamais pensé, d'aultant que parlant avecq vous familièrement et franchement et avecq moins de scrupule qu'à un aultre pour l'amytié et bonne voullonté que nous avons cogneue et esprouvé en vous, nous le pourrions avoir faict avec plus de liberté que nous n'aurions vollu 'entendre aultrement à vous desplaire. C'est pourquoy, Monsieur, nous vous supplyons bien humblement n'estimer aulcunement notre affection estre aultre envers Vous que telle que vous sçauriez désirer de personnes qui vous honorent et servent et qui ont leur totale confiance en vous, et en vostre secours, lequel nous vous supplyons de nous reffuser en affaire si importante et nécessaire qui se présente et qui semble vous regarder plus que tout aultre, dès qu'il conçoit (?) le bien et deffance de ce pays pour lequel vous avez tant de grandes et inimitables témoignages que nous serions très ingrats de le voulloir ignorer. Pour ceste cause nous vous supplyons nous continuer ceste mesme vollonté et vous préparer s'il vous plaist avec vostre compaignie pour nous ayder et deffendre et endommaiger nos ennemys qui sans vous nous donneront de la peyne, de quoi vous auriez regret. Par ainsy, nous espérons recevoir cette assistance de vous avecq l'advys qu'il vous plairra donner et juger utile et propre pour nostre bien et pour la dilligence que nous aurons affaire en ce faict vous ayant à cest effect envoyer (?) les s" (les noms sont laissés en blanc).

---

(1) Archives de Parentignat. B. H. 155. Orig. sur pap.
(2) Archives de Parentignat. I. 25. Orig. sur parch.

Pour vous en supplyer avecq la présente lesquels nous vous supplyons croire et que nous sommes tous disposés de vous complaire et obéyr avecq aultant d'affection que nous vous baisons bien humblement les mains et supplions Dieu, Monsieur   de vous maintenir en santé.

Très heureuse vie et longue.

De Sainct Flour, le XXVIᵉ may ı59ı.

(et au bas)

Vos biens humbles et affectionnés serviteurs :

La Ville, Chalchac, Herbot, Detravesse.

Pour Messieurs du Conseil catholique à Sainct Flour : Faucon. »

Sur la deuxième feuille de cette lettre et datée du 28 mai, c'est-à-dire deux jours après, on en trouve une autre presque indéchiffrable, tant elle est mal écrite, mais où l'on se rend compte, cependant, que les habitants de Saint-Flour informent Jean de Lastic qu'ils viennent d'apprendre l'arrivée de « quatre cens du Languedoc », conduits par « les lieutenants du cappitaine La Gardelle de Monsieur de Montmoransi », aux environs de Ruines, et le prient de hâter le secours qu'ils lui demandent. Cette lettre est suivie des mêmes signatures autographes que la précédente. Il est très certain, d'après les termes de la première, qu'une autre lettre avait été adressée à Jean de Lastic par les habitants de Saint-Flour, et qu'il avait dû là mal recevoir. Il semblerait, par le ton très humble de la seconde que, peut-être, ils en avaient pris un peu trop à leur aise avec leur puissant voisin et avaient exigé de lui des secours qu'il ne se croyait pas du tout obligé de leur fournir. Peut-être aussi, comme s'en plaignait également l'évêque de Mende, les habitants de Saint-Flour négligeaient-ils de mettre leur ville en défense, comptant un peu trop sur la bonne volonté des seigneurs environnants.

Nous possédons aussi une lettre du chapitre de Brioude, datée du 30 mai ı593 (ı), fort mal écrite, presque illisible. Cependant on y comprend que ces messieurs les comtes se plaignent beaucoup des déprédations que font leurs ennemis dans leurs propriétés et qu'ils comptent fermement sur la

---

(ı) Archives de Parentignat. B. H. ı59. Orig. sur pap.

protection de M. de Nemours et sur le secours que leur a promis M. de Sieujac. La lettre est signée de M. A. de Colombinés, bailli.

Si le maréchal d'Aumont avait essayé, à la tête d'une armée royale, de détruire la dernière armée ligueuse de l'Auvergne, Montmorency-Damville, gouverneur du Languedoc, essayait aussi, au moyen de bandes plus ou moins bien organisées, de harceler les troupes des derniers seigneurs ligueurs qui occupaient encore la partie montagneuse de son gouvernement en Haut-Gévaudan. Le haut pays d'Auvergne touchait immédiatement cette contrée et les relations entre eux étaient alors des plus étroites. Ils formaient ensemble un haut plateau qui constituait une citadelle difficile à réduire, par suite de la longueur des hivers et de la difficulté des chemins. Deux petites villes, Saint-Chély et surtout Saint-Flour, en étaient les centres. Sieujac autour de la seconde, d'Apchier autour de la première, s'en étaient constitués les défenseurs. Ce dernier venait d'épouser Gabrielle de Foix, veuve de François de Dienne, et était ainsi devenu le neveu à la mode de Bretagne de Sieujac. Quant à Canillac, qui possédait deux groupes de propriété importants, l'un en Basse-Auvergne, près de Brioude, l'autre en Gévaudan, près de Marvejols, il allait de l'un à l'autre, sans trop savoir ce qu'il voulait et perdait la tête.

Pendant ce temps-là, Adam de Heurtelou, l'intelligent évêque de Mende et comte de Gévaudan, s'efforçait d'arranger les choses entre les parties qui luttaient dans son diocèse et y entretenaient un désordre désastreux. Dans le nord de son diocèse, on était catholique et ligueur ; dans le centre, les catholiques étaient plus nombreux que les protestants. mais ils étaient royalistes ; dans le sud, les protestants dominaient et naturellement ils étaient aussi royalistes. Au moment où nous en sommes, le sud et le centre ont fini par s'entendre ; mais Adam de Heurtelou voudrait bien que le nord s'entendît aussi avec les deux autres parties de son diocèse et il va faire tout ce qu'il pourra pour cela. Je n'entrerai pas dans tout le détail de ces négociations fort intéressantes, mais qui ne concernent que fort peu Jean de Lastic. On les trouvera très bien expliquées dans l'ouvrage de M. Roucaute (1), auquel j'ai fait quelques emprunts. C'est par lui que nous apprenons que des traités successifs furent signés entre les Etats de Gévaudan, représentés par Calvisson de Saint-Alban, syndic de la noblesse du pays, et Philibert d'Apchier, chef des Ligueurs du haut pays. Mais ces traités étaient continuellement rompus, tantôt par d'Apchier, tantôt par Fosseuse, le frère de Montmorency-Damville, que celui-ci avait nommé gouverneur du Gévaudan à Mende. On se décida alors à signer une nouvelle convention et pour en prouver la sincérité « les deux gouverneurs, Apchier et Fosseuse, consentent à ce que trois ligueurs du pays, MM. de Sieujac, de Rancillac, de Montbrun et trois royalistes MM. de Peyre, de Beaune et de Saint-Alban se rendent « fidéjusseurs et responsables en leurs propres et privés noms...... de la foy..... des dicts sieurs gouverneurs et du dict païs » et promettent, sous obligation de leurs personnes et de leurs biens, qu'il n'y aura aucune contravention au traité ; si non, le coupable sera jugé par ces six personnes, qui le désigneront à celui des deux gouverneurs chargé de « réparer l'attentat commis (2). »

C'est alors que, le 25 juillet 1593, Henri IV abjura solennellement le protestantisme et entra officiellement dans le sein de l'Eglise catholique romaine. Ce fut un coup de foudre pour ceux des ligueurs qui, sous le prétexte de ne pas vouloir accepter un monarque de la religion réformée, travaillaient au fond pour eux-mêmes. Ceux qui étaient sincères firent leur soumission assez rapidement. Quelques-uns se la firent acheter. D'autres, déçus dans leurs espérances ou vendus à l'étranger, à l'Espagne surtout, refusèrent de s'incliner. L'Auvergne en possédait appartenant à ces trois catégories. Canillac et Lastic reconnurent leur roi légitime,

(1) *Le Pays de Gévaudan au temps de la Ligue*, par Roucaute.
(2) *Id.*, p. 242.

devenu catholique. D'Apchier, qui avait pris l'habitude des tractations avec Adam de Heurtelou, posa ses conditions, qui furent acceptées en partie. Quant à Nemours, que l'on savait irréductible, car il était trop ambitieux et trop compromis, on l'enferma dans la forteresse de Pierre-Encize, près de cette ville de Lyon, dont il voulait faire sa capitale. Il s'en échappa, mais mourut deux ans après, au cours d'une expédition qu'il préparait avec les Espagnols, contre cette même ville de Lyon. Les villes et le peuple furent à peu près unanimes et se rangèrent du côté de la soumission avec empressement. Le clergé catholique désarma partout. Ce fut l'archevêque de Bourges, l'ancien évêque de Mende avant Adam de Heurtelou, et métropolitain de l'Auvergne, qui reçut l'abjuration du Roi. Cela flatta et entraîna le clergé de cette province.

Pour Jean de Lastic, si nous n'avons pas de preuves qu'il fit quelques difficultés pour rentrer dans le devoir, nous n'en avons pas non plus qu'il fit sa soumission du jour au lendemain. Il est probable qu'il fallut des démarches pour en arriver jusque-là. Peut-être notre ancêtre fût-il retenu par une sorte de pudeur et qu'il se trouva un peu gêné à l'égard d'un Prince qu'il avait combattu toute sa vie avec tant d'acharnement. En tous cas, il avait dû donner tous les gages possibles de sa future fidélité, lorsqu'Henri IV lui fit l'honneur de lui adresser la lettre suivante (1) :

« Mon' de Sioujac,

» Mous' de Sioujac, si vous avez, jusqu'à maintenant, esté retenu du debvoir que tous Françoys me doibvent rendre comme à celluy que Dieu a constitué leur Roy et prince naturel, il fault qu'à présent que toutes excuses et prétextes cessent et que les principaux appuis de mes ennemys leur défaillent, que vous abandonniez leur pernitieuse ambition, sy ce n'est que, comme eulx, vous veillez vous rendre coupable de la violente usurpation qu'ils taschent fère de cest estat et contre tout droict divin et humain, livrer non vostre honnenr et réputation seulement mais vostre propre patrye, franchise et liberté, à une barbare et estrange puissance. A quoy

---

(1) Archives de Parentignat, B. H. 160. Orig. sur pap.

je suis asseuré que jamais navès pensé. Aussy, fais je estat certain qu'à l'example de tant de seigneurs et gentilzhommes signalés qui ont secoué le joug de ceste ambitieuse passion, vous soubmettant à l'obéyssance que me debvez, vous tâcherez de participer aux mérites de mes bonnes grâces qui vous seront aussy favorables et à vostre contantement que vous scauriez désirer. Sur ce, je prye Dieu qu'il vous ayt, Mons' de Sioujac, en sa saincte et digne garde. Escript à Parys, le XXIII' jour d'avril 1594. »

HENRY.

Dès lors, Jean de Lastic était prêt à donner des gages de sa fidélité absolue avec sa loyauté accoutumée. Il se tenait à la disposition et aux ordres de son souverain. Il lui offrait la science militaire qu'il avait acquise par plus de vingt ans de guerres civiles incessantes, ce courage à toute épreuve montré dans tant de circonstances. Deux mois après, en effet, Charles de Valois, gouverneur d'Auvergne, lui faisait parvenir le sauf-conduit suivant (1) :

« Le Comte d'Auvergne, gouverneur et lieutenant g^{al} pour le Roy, au dict pays,

» Nous prions tous ceulx qu'il appartiendra, mandons et enjoingnons aux aultres sur qui nostre pouvoir s'éstend, de laisser seurement et librement passer, aller, tant retourner que séjourner, par tous vos pouvoirs, oestroits et juridictions, le sieur de Cieughac avec sa compagnie, suitte, hommes d'armes, équipage et chevaulx, pour la négociation d'aulcuns importants affaires dont nous l'avons prié de traiter pour le bien du service de Sa Majesté, et ce sans luy permettre, ou donner, ny souffrir luy estre faict, mis, ordonné, ni............ aulcun trouble, destourbie, arrest ou empèchement pour quelque cause que ce soit, mais toute ayde, faveurs, secours, escorte et assistance où vous y serez requis, nous offrant envers ceulx sur qui auctorité ne sestend au......... cy pareillement......... grande occasion si requis...,..., ... Faict à Brioude, le XIIII' juing 1594. »

Charles B. DE VALOIS.

L'opposition à la nouvelle Monarchie n'existait plus pour ainsi dire en Auvergne.

Le vieux Canillac avait fait sa soumission, comme nous l'avons dit, l'année précédente, peu avant de mourir. Son fils, le marquis de Canillac, fut nommé lieutenant général « et reçut

---

(1) Archives de Parentignat. B. H. 161. Orig. sur pap.

en cette qualité le serment des seignéurs qui avaient tenu pour la Ligue. Ce fut une cérémonie à laquelle on donna beaucoup d'appareil (1). » Imberdis ne nous donne pas la date de cette cérémonie, ni les noms des seigneurs qui prêtèrent serment de fidélité au Roi. Elle eut lieu à Riom, capitale nominale de la Ste-Union dans ces parages. Cette ville avait envoyé une délégation faire sa soumission au Roi lui-même. On rendit à la ville les privilèges qu'on lui avait enlevés. En dehors de l'Auvergne, les chefs se montrèrent plus récalci-trants. Ce ne fut que le 24 janvier 1596 que le Roi « conclut son accomodement avec le duc de Mayenne et le duc de Joyeuse......,. (2) » Nous avons vu que Nemours refusa d'en faire autant.

Jean de Lastic n'a plus qu'à suivre sa carrière. Les renseignements que nous avons sur lui deviennent de plus en plus rares, Les quelques documents que nous possédons, nous le montrent prenant part probablement à toutes les guerres qu'Henri IV eut à soutenir contre ses ennemis. Il le convoque par des lettres fort flatteuses à venir le rejoindre avec ses troupes (3).

> « Mons' de Syoughac,

> » Mons' de Syoughae, après l'heureuse yssue qu'il a pleu à Dieu me donner du siège de ma ville de Laon, j'ay advisé pour le bien de mon service, avant que m'esloigner de ce païs, de donner ordre à ce qu'est nécessaire pour la seureté des frontières de Picardie et Champaigne, ce que j'espère avoir faict dans peu de jours, et aussytost m'acheminer en mon païs de Lyonnais pour, avec mon armée, empescher les desseings qu'ont mes ennemys sur ma ville de Lion. J'ay mandé pour cest effect à tous mes serviteurs des provinces de là de se tenir prests pour me venir trouver. En faisant estat que serez de ce nombre, je vous faicts la présente pour vous faire entendre ma vollonté et vous dire que s'offrant ceste occasion, je veus croire que ne la vouldrey laisser passer sans me faire paroistre l'affection qu'avez à mon service. Tenez vous donc prest pour me

---

(1) *Histoire des guerres de religions en Auvergne*, par Imberdis, t. II, pp. 458 et 459.

(2) *Histoire du Languedoc*, par Dom Vaissette, t. XI, p. 860.

(3) Archives de Parentignat. B. H. 162. Orig. sur pap.

venir trouver avec ce que vous pourrey assembler de vos amis pour me joindre sur mon passaige qui sera incontinant vous assurant que scauray bien recognoistre en toutes les occasions qui s'offriront pour vostre contentement. A quoy m'assurant que ne ferey faulte, je prierai Dieu vous avoir, Mons᷑ de Syoughac, en sa saincte garde. Escrit au camp devant Laon, le IIII᷑ jour d'aoust 1594. »

HENRY.

C'était en somme contre Nemours lui-même, qui menaçait alors Lyon, son ancienne capitale, que le Roi convoquait Jean de Lastic. On dit que Charles de Savoie mourut de chagrin de voir ses projets ambitieux sombrer complètement.

La guerre contre les Espagnols battait son plein. Henri IV fut victorieux du côté de la Franche-Comté, où son armée, composée de quelques régiments seulement, surprit celles de Velasco et de Mayenne à Fontaine Française, et les força à repasser la Saône, quoique bien supérieurs en nombre. Mayenne, dégoûté de la maladresse et du peu de courage de ses alliés, ne pensa plus qu'à faire la paix avec son vainqueur. Mais sur les frontières des Pays-Bas, nos affaires marchaient moins bien. Le gouverneur de cette province, Fuentès, était un chef de première valeur et ses troupes étaient les meilleures de l'Espagne. Il repoussa petit à petit devant lui les quelques troupes françaises qui lui étaient opposées et vint mettre le siège devant Cambrai. Le Roi fit alors appel à toutes les forces dont il pouvait disposer. Le gouverneur d'Auvergne, Charles de Valois, convoqua Jean de Lastic à venir le rejoindre avec les gentilshommes de son voisinage, par la lettre suivante (1) :

« Monsieur,
» Monsieur de Sioujeac,

» Monsieur, j'ay tout présentement receu lettres du Roy Monseigneur, par lesquelles Sa Majesté me commande l'aller trouver au plustôt et avec le plus de seigneurs et gentishommes que je pourray, pour donner bataille aux Espaignols qui tiennent et continuellement assiègent la ville de Cambray. Vous sçavey de quelle importance est ceste place et combien il y va du service du Roy et du bien du publicq à la conserver. C'est pourquoy

---

(1) Archives de Parentignat. B. H. 163. Orig. sur pap.

je vous en ay vollu particulièrement escrire pour vous pryer et conjurer, de tant que vous m'aymez et désirez les bonnes grâces de Sa Majesté, de vous tenir prest et avec le meilleur équipaige que vous pourrez, pour au premier jour que je vous escriray, me venir trouver au lieu que je vous manderay, avec assurance que vous prendrez de moy, ce que je sçauray si bien et si à propos représenter à Sa Majesté vos bons debvoirs et assistance, qu'il vous aura occasion de vous le tesmoigner et moi qui vous en demeureray particulièrement obligé. Faisant donc estat de vostre bonne volunté............,....... si bonne occasion, je vous en diray ad ce chose que vous asseurerez toujours.

    » Monsieur,

    » Votre bien affectionné à vous servir,

                              » Charles B. de Valois (1).

» A Clermont, le XXVIe septembre 1595. »

Malheureusement le secours appelé dut arriver trop tard, car la ville de Cambrai tomba entre les mains de Fuentès, le 7 octobre 1595.

Il manquait encore, pour faire l'unanimité française contre l'ennemi commun qui devenait ainsi bien dangereux, la soumission de quelques ligueurs qui, pour une raison ou pour une autre, mettaient plus de conditions que Sieujac. C'était, il est vrai, de plus gros personnages. Les négociations entamées, depuis Fontaine Française, avec Mayenne, aboutirent alors. Dans le traité que celui-ci passa avec le Roi, il tint à ce qu'il fut dit qu'il n'avait jamais trempé les mains dans un complot qui aurait eu pour but un démembrement quelconque du royaume, pour ne pas avoir l'air sans doute d'être confondu avec Nemours et quelques autres. Il voulut aussi que le Roi prit l'engagement de rester catholique et de soutenir cette religion. « C'était la justification de Mayenne et de la Ligue. Et quand Henri IV déclarait que « le chemin de son salut avoit aussi esté celui de ses sujets », ne reconnaissait-il pas la victoire que les ligueurs politiques, à la fois catholiques et patriotes, avaient remportée sur les partisans exclusifs du droit dynastique ? (2) » Sieujac et ceux

(1) Ces derniers mots et la signature sont autographes.

(2) Jean H. Mariejol. Dans *Histoire de France*, etc., sous la direction d'Ernest Lavisse, t. VI, p. 404.

de son bord avaient peut-être ainsi sauvé notre religion d'une disparition complète, en France, car sans eux le Roi serait peut-être resté protestant et la France le serait aussi devenue petit à petit, à la longue, comme cela se passa pour l'Angleterre.

Les Espagnols s'étaient avancés jusqu'à La Fère, dont ils s'étaient emparés. Henri IV voulut la leur reprendre et mit le siège devant la ville. Comme elle résistait, il fit appel à tous ses gentilshommes pour leur demander de venir l'aider dans une entreprise qu'il considérait de la plus haute importance pour l'avenir de la France. Voici la lettre qu'il adressa alors à Jean de Lastic (1) :

« A Mons' de Sieujac,

» Mons' de Sieujac, me voullant prévalloir du plus grand nombre de force que me sera possible pour opposer à celle que les Espagnols me veullent jetter sur les bras pour empêcher l'effect et le fruict prest à recueillir de l'entreprinse que j'ay faicte pour le siège de ceste ville de La Fère, je mande à mon neupveu, le Comte d'Auvergne, de me venir au plus tost trouver avec les trouppes qui sont soubs sa charge. Outre lesquelles je faicts encores estat avec son assistance de celle d'ung bon nombre de fidelles et affectionnés serviteurs qui sont en son gouvernement et de vous entre aultres que je convye à accompagner en ceste occasion et amener avec vous le plus que vous pourrez de vos amis. Vous ne pourrez vous employer en aulcune aultre dont vous rapportiez plus d'honneur et moy de contentement que la présente, à laquelle m'asseurant pour ce que vous ne manquerez selon l'instance que je vous en faicts et vous sera plus espressément dict par mon dict nepveu. Je prieray Dieu qu'il vous ayt, Mons' de Sieujac, en sa saincte garde. Escript au camp de St-Seny, le XVII' jours de mars 1596. »

HENRY.

Cette lettre était accompagnée d'une autre de Charles de Valois (2) :

» Monsieur de Sieujeac,

» Monsieur de Sieujeac, vous verrez le commandement que le Roy Monseigneur vous faict par sa lettre que je vous envoye suivant sa volonté. Je l'ay accompagné de la présente pour vous prier de vous préparer pour

---

(1) Archives de Parentignat. B. H. 164. Orig. sur pap.
(2) Id. B. H. 166. Orig. sur pap.

me venir joindre au premier mandement que je vous feray à ce que selon ma résolution je puisse aller trouver Sa Majesté avec ses serviteurs de ceste province et l'assister à la bataille qu'il veult donner aux espaignols s'il viennent, comme il se promect, secourir La Fere….. et promectant que vous ferez parroistre en ceste [occasion], l'affection que vous portez à son service. Je vous assure que je suis,

» Monsieur de Sieujac, votre très affectionné amy. »

Charles B. de Valois (1):

C'est la dernière pièce officielle de ce genre que nous possédons sur Jean de Lastic, qui cependant vécut encore jusqu'en 1611. Fut-elle vraiment la dernière, ou bien les autres ne nous sont-elles pas parvenues, comme c'est arrivé souvent dans notre fonds d'archives, où subitement des lacunes se présentent sans raison ? Quoi qu'il en soit, c'est regrettable pour nous, parce que cela ne nous permet plus de suivre notre ancêtre dans les quinze dernières années de sa vie. Nous savons seulement qu'il devint gentilhomme d'honneur de la reine Marguerite de Valois, dont sa femme fut en même temps dame ordinaire, puis première dame d'honneur.

Il résulte de ce que nous venons de voir que Sieujac, contrairement à l'opinion d'Imberdis, qui voudrait en faire un ligueur absolu, fut avant tout l'homme du devoir, sacrifiant au besoin sa fortune à la cause qu'il considérait la meilleure, n'ayant jamais brigué la première place, pour ne pas paraître le chef de partisans travaillant plus souvent pour leur compte particulier que pour les intérêts de leur cause. On ne cite de lui aucun de ces actes de pillage ou de ces massacres qui ont été malheureusement le fait de certains capitaines des deux partis comme Chavagnac, le baron des Adrets, Merle, d'Allègre, Joyeuse, Saint Vidal et même Randan. On ne peut accuser non plus Sieujac d'avoir été vraiment rebelle. Les lettres que nous venons de voir, nous le montrent fidèle à Henri III jusqu'à sa mort. Ce n'est qu'à Henri IV protestant qu'il refuse d'obéir. Du jour où celui-ci abjura la religion réformée, nous ne trouvons pas un acte qui

---

(1) Ces derniers mots et la signature sont autographes.

prouve qu'il ait continué à rester dans la rébellion. Il semble, au contraire, qu'il ait cherché dès lors à se rapprocher des royalistes tout simplement par l'intermédiaire de son supérieur hiérarchique, Charles, bâtard de Valois, comte et gouverneur d'Auvergne. Rien ne vient nous montrer qu'il ait fait payer sa soumission par le paiement d'une somme quelconque, la donation d'une terre convoitée, par une situation privilégiée, militaire ou civile. Et cependant, il n'avait pas mis seulement sa bourse au service de la cause de la Sainte Union, ce dont on n'était pas obligé de l'indemniser, mais encore à celui des armées régulières levées au nom du roi légitime par ses gouverneurs officiels les Montmorin Saint-Hérem, les Beaufort-Canillac, les La Rochefoucaud Randan. Quoi qu'il soit certain qu'il ne fut pas remboursé des sommes importantes dépensées à cette occasion, nous ne voyons pas qu'il ait adressé à ce sujet la moindre réclamation. Jean de Lastic est donc l'homme simple, droit, loyal, austère, courageux, énergique qu'il fallait alors pour relever notre maison qui avait semblé un moment devoir sombrer parmi les désordres et les vices dont cette époque troublée avait été la cause.

De son mariage avec Madeleine d'Espinchal, Jean de Lastic eut un fils et trois filles :

1° *Philibert*, dont l'article suivra à son tour.

2° *Jeanne*, épouse de Louis du Bourg, baron de Saillens.

3° *Catherine*, morte sans alliance.

4° *Marguerite*, épouse de Jacques de Sévérac, baron de La Garde-Roussillon.

Jeanne était très-certainement l'aînée de ses frères et sœurs. Elle se maria, en effet, en 1598, tandis que sa sœur, Marguerite, ne se maria qu'en 1619 et son frère, Philibert, en 1620. Jean, s'étant marié en 1573, dut donc rester quelques années sans avoir d'enfants, à moins de supposer que sa fille Jeanne se mariât à 25 ans, ce qui était un âge fort avancé pour l'époque. Il semble aussi avoir régné un assez long espace entre la naissance de Jeanne et des autres enfants. Les troubles de l'époque en furent peut-être cause. Les maris guerroyant sans cesse, les parents vivaient longtemps séparés. On peut aussi supposer que les mariages de convenance ne pouvant se faire que difficilement, les enfants de Jean de Lastic et de Madeleine d'Espinchal ne purent se marier que tard. Philibert était cependant encore mineur à la mort de son père, en 1611. C'est ainsi qu'il se maria en somme quarante-sept ans après son père. C'est un fait rare dans nos annales. A une autre époque, deux générations se seraient certainement intercalées pendant le même laps de temps.

C'est par son mariage que nous entendons parler de Jeanne pour la première fois. Le contrat en fut signé, le 21 juin 1598 (1), avant midi, devant le notaire de la baronnie de Rochegonde, au château de Sieujac. Les parties contractantes sont Louis du Bourg, seigneur et baron de Sailhens (2), et demoiselle Jehanne de Lastic, fille naturelle et légitime de Messire Jehan de Lastic, seigneur de Sieujhac et de demoiselle Magdeleine d'Espinchal. Le mariage est « accordé en face la saincte mère églize ». Ceci est à noter, car nous verrons que Louis du Bourg resta probablement protestant. Le seigneur de Sieujac constitue en dot à sa fille « pour tout droict, part et portion... la somme de sept mille escus sol vallant soixante sols pièce ». Quatre mille écus de cette somme seront constitués sur les terres de Saint Maurice et de Nouvialle, avec leurs dépendances de toutes sortes, à Loubessargues. Le sieur de Sieujac se réserve le droit de pouvoir reprendre ces terres dans six ans, moyennant le paiement de la dite somme

---

(1) Archives de Parentignat. I. 46 à 49. Un orig. et trois copies notariées sur pap. L'original qui est une sorte de minute porte les signatures des parties contractantes et des témoins.

(2) Sailhens s'est écrit de plusieurs manières : Sailhens, Saillens, Saillans, Saillant. C'est la forme actuelle. Nous avons vu qu'Anne de Lastic, fille d'Antoine et de Christine de Monthrodat, avait épousé un baron de Sailhens. Ce Sailhens qui s'écrit aussi aujourd'hui Saillans, n'est pas le même. Il est situé dans la commune de Saint-Nectaire. Ce mot de Saillans vient de ce que les lieux ainsi nommés étaient situés à côté d'une chute d'eau, d'une cascade ou d'une source bruyante.

de quatre mille écus. Quant aux trois mille écus restants, le sieur de Sieujac promet d'en payer mille « à la volonté et requeste » de Louis du Bourg, c'est-à-dire comptant, mille autres à la prochaine fête de Saint-Michel, en un an, et les derniers mille écus, à la fête de Saint-Michel un an après, c'est-à-dire en l'année 1600. En plus, le sieur de Sieujac donne à sa fille la somme de cinq cents écus sol pour ses robes, somme qui a été versée comptant et qui doit être employée de suite à la confection des dites robes avec cinq cents autres écus que le futur époux doit y ajouter de son côté et de sa poche. En cas de rupture de mariage, Louis du Bourg devra restituer les sept mille cinq cents écus à qui de droit. L'enfant désigné ou, à son défaut, le premier mâle provenant du mariage, recevra, en préciput, trois cents septiers de blé de rente ou dîme à prendre sur la terre de Sailhens, plus le château et la maison de Sailhens. Si le futur époux n'a que des filles de son mariage avec Jeanne de Lastic et qu'il vienne à se remarier, le dit préciput sera fait à l'une de ses filles, mais il sera réduit à la somme de trois mille écus, une fois donnée. La future épouse recevra en douaire, en cas de viduité, la somme de trois cents trente-trois écus et un tiers de rente chaque année, et la jouissance du château de Sailhens, meublé selon sa qualité. Si elle se remarie, elle devra se contenter d'une rente de cent soixante six écus et deux tiers. En cas de survie, elle conservera la somme de deux mille cinq cents écus en augmentation de sa dot, payables dans les deux années suivant son veuvage, et dans le cas où Louis du Bourg survivrait à sa femme, il conserverait la somme de douze cent soixante écus, qu'il y ait des enfants du dit mariage, ou non. Le futur époux devra « enjoailler » sa future épouse de bijoux de la valeur de six cents écus, dont elle pourra disposer à sa guise. Moyennant ces conditions, la future épouse renonce à tous ses droits à la succession de ses père et mère. Dans le cas cependant où le seigneur de Sieujac viendrait à mourir sans laisser d'enfant mâle ou femelle, la future épouse pourrait reprendre ses droits à la succession paternelle. Le contrat est fait en présence de Messire Gilbert d'Aubusson, chevalier, seigneur et baron d'Aubusson ; Philippe de Chavanhac, seigneur du dit lieu ; Jehan du Bourg, chevalier, commandeur de Celles ; Jehan de Lastic, seigneur de Gabriac ; Louis de Giou, seigneur de Caylus ; Jehan d'Apchier, seigneur d'Auteville ; Francois d'Espinchal, seigneur, baron du dit lieu et de la Clauze ; Louis de Chambeuil, seigneur du Chassang ; Claude de Dienne, seigneur de Sainte-Anastasie ; Me Pierre Jausserand, licencié ; Guillaume de Chaudesaigues, docteur, seigneur de Longueval ; Guillaume de Montvallat, seigneur du dit lieu ; Henry de Montvallat, seigneur de La Guyardie (*sic*) ; Michel du Bourg, seigneur de Ceilhoux (?) ; Jehan de Thiouzay, seigneur du dit lieu ; François d'Aulteroche, seigneur du dit lieu ; François de La Rochette, seigneur de La Fouillarade ; nobles Pierre et Gérôme de Chavanhac frères ; Guillaume de Laire, seigneur de Teyssonnières ; Jehan de Chavanhac, seigneur de Brive et honorable Jehan Chabot, docteur, lieutenant au siège de Saint Flour.

On voit que les témoins ne manquèrent pas à ce mariage. Ce sont en grande partie des voisins, quelques parents et surtout les personnages les plus importants de la région dans les deux partis catholique et protestant. Cette union du fils d'un des chefs du parti huguenot en Auvergne, neveu d'une de ses célébrités historiques à Paris, première victime de la répression violente, avec la fille d'un des plus ardents défenseurs du parti catholique intransigeant, inspire de nombreuses réflexions. Elle indique d'abord que la paix religieuse était complètement faite dans la région. Quoique, par son testament, il semble que Louis du Bourg soit resté protestant, il n'en accepte pas moins de se marier à l'église catholique, et son contrat de mariage ne renferme aucune clause relative à la religion de ses enfants, en sorte que s'il eût eu un fils de son mariage avec Jeanne de Lastic, celui-ci eût été très probablement fait catholique. C'est une preuve que les protestants de notre région n'étaient pas très convaincus, ·

car tous imitèrent leur chef, le Roi de France, et se firent petit à petit catholiques. Les Chavagnac eux-mêmes, qui, dans la noblesse d'Auvergne, avaient donné le signal en embrassant la nouvelle religion, furent des premiers à revenir à celle de leurs pères. Et je ne connais pas d'exemple d'une famille noble de notre province qui ait persisté dans cette erreur momentanée. Il en résulte que la religion ne fut en somme qu'un prétexte dans cette guerre civile, dont la véritable cause fut surtout dans de vieilles rancunes, des protestations contre des abus incontestables, et de vieilles habitudes guerrières restées profondément ancrées dans ces esprits encore imbus de féodalité récente. On rentrait dans les coutumes qui avaient précédé cette époque troublée. On se mariait entre voisins, appartenant au même milieu et de fortune à peu près égale. Les du Bourg étaient, en effet, tout à fait, de grands seigneurs. Ils étaient originaires du Vivarais. Le premier qui était venu en Auvergne, devait être un cadet, car il était simplement châtelain de la seigneurie de Châteauneuf du Drac, pour le baron de La Queuille, en 1487. Mais de suite ils s'élevèrent et occupèrent des charges importantes au Parlement de Paris. Antoine du Bourg fut Chancelier de France en 1535. Il était baron de Sailhens. C'est son fils, devenu protestant, qui périt en défendant son château, en 1569, contre Montmorin Saint-Hérem et c'est son petit fils Louis qui épousa Jeanne de Lastic. Anne du Bourg, conseiller au Parlement de Paris, qui fut brûlé en place de grève, en 1559, que les protestants considèrent comme un de leurs premiers martys, était le propre neveu du Chancelier, par conséquent le cousin-germain de celui qui fut brûlé vif dans son château de Sailhens et l'oncle à la mode de Bretagne du mari de Jeanne. Cette maison est encore représentée de nos jours par deux branches, dont l'une, fort éloignée de la nôtre, et qui porte le nom de du Bourg de Bozas, descend directement de la souche restée en Vivarais, et l'autre dont le chef actuel, Dom du Bourg,

bénédictin de Solesmes, habite Toulouse, descend des
du Bourg de Sailhens d'Auvergne (1).

Jeanne de Lastic fut veuve de bonne heure. Son mari,
Louis du Bourg, fit son testament le 31 janvier 1603 (2). Il
dut mourir peu de temps après, car on n'entend plus parler
de lui. Ce testament est curieux à certains points de vue. La
formule religieuse qui le précède est tout à fait différente de
celle employée d'ordinaire dans les testaments de cette
époque, ce qui fait présumer que Louis du Bourg était resté
protestant, au moins de conviction. Il s'exprime, en effet,
ainsi : « Quand Dieu luy plera l'appeler de ce monde en
l'autre, a recommandé son âme à nostre saulveur et rédemp-
teur Jésus-Christ. » et c'est tout. Pas de signe de croix,
pas de donations aux églises ou aux monastères, pas de
recommandations pour ses obsèques. On ne trouve qu'un legs
fait « aux pauvres de la religion réformée », qui consiste en
une somme de trois cents livres payables dans le courant de
l'année, « lesquels seront mis entre les mains des plus
antiens et capables de la dicte religion pour d'icelle somme
en faire distribuer à ceulx que par eulx sera advizé. » En
dehors de cela, il donne à sa femme Jeanne de Lastic, en
plus de ce qui lui revient par contrat, la somme de trois mille
livres, une fois payée. Il fait un legs de quatre mille cinq
cents livres à sa fille Louise de Bourg, *bâtarde*. Cette somme,
payable trois ans après son décès, devra être versée « entre
les mains de marchands solvables, pour le proffit de la dite
somme estre employée pour l'advensement (*sic*) de la dicte
Loyse du Bourg jusques alhors quelle sera en aige de se
maryer et quelle tiendra party raisonnable ». En attendant,
son héritier sera tenu de la nourrir et de l'entretenir selon
son état (3). Enfin, il fait diverses autres donations à ses

---

(1) Bouillet. *Nobiliaire d'Auvergne.*

(2) Archives de Parentignat. Y. 29. Orig. sur pap.

(3) Cette clause, qui oblige la famille légitime à accepter et à entretenir
l'enfant né hors du foyer, était reçue couramment à cette époque, et cela
remontait à une haute antiquité, comme je l'ai déjà fait observer. Les

deux filleuls Jean de Chavanhac et Louis de Layre, et à de nombreux domestiques, laquais, palefreniers, cuisiniers, etc., etc., ce qui semble indiquer qu'il avait une importante maison. Il nomme pour son héritier universel « le postume de ventre de la dite damoizelle de Lastiq, sa consorte, si elle se trouve hansaincte d'un fils ». Dans le cas où elle ne serait pas enceinte ou si elle accouchait d'une fille, il nomme pour son héritière universelle Catherine du Bourg, sa fille naturelle et légitime, à charge de payer tous ses legs et ses dettes. Il nomme pour son exécuteur testamentaire Christophle de Chavanhiat (sic), seigneur du dit lieu, et Georges du Bourg, seigneur de Clermont, gouverneur pour le Roy, en l'Isle-Jourdain, et comme « exécuteur honoraire », noble homme Messire François Charlet, seigneur de Garenne, conseiller du Roy et maistre des requêtes au Parlement de Paris.

Louis du Bourg et Jeanne de Lastic n'eurent qu'une seule fille, Catherine, qui fut par suite un gros parti. Elle épousa, par contrat du 11 juillet 1659(1), Jacques d'Estaing, chevalier, guidon de la compagnie de Monseigneur le Prince de Joinville, fils de François d'Estaing et de Gilberte de La Rochefoucauld. Je dirai seulement un mot des préliminaires de ce contrat qui sont d'une forme tout à fait nouvelle, et constituent une sorte d'avant-propos : « Ont comparu Catherine du Bourg, dame de Sailhens et noble Jehan de Lastic, seigneur de Guabriac, curateur décerné à la personne et biens de la dite dame, lequel sieur de Guabriac nous a exposé la dite dame estre en aige nubille et recherchée en

---

bâtards étaient devenus si nombreux à la fin du xvie siècle, que cela devait être une véritable charge dans certaines familles. Il semble bien qu'à Rochegonde, Anne de La Fayette se soit constituée ainsi une véritable gardienne de petits bâtards de ses enfants. Nous possédons même à Parentignat un testament d'une femme de la branche de Lastic Saint-Jal, qui fait non seulement des donations aux filles bâtardes que son propre mari a eues de sa portière depuis son mariage, mais qui recommande encore à ses propres filles légitimes de se montrer bonnes pour elles et de les traiter suivant leur rang.

(1) Archives de Parentignat. Y. 30. Orig. sur pap.

mariaige par Messire Jacques d'Estaing, chevallier, guidon
de la compagnie de Monseigneur le Prince de Joinville, et
ung des fils de Monsieur le vicomte d'Estaing, de laquelle
recherche le dit sieur de Gabriac ayant conféré avec les
principaulx parens de la dite dame tant de l'ung que de
l'autre estag (*sic*) et memes à dame Jehanne de Lastic, mère
et tutrice de la dite dame de Sailhans, ont tous concorda-
blement et d'une voix agréé la dite recherche et attendu que
le party est sortable et avantageux à la dite dame de Sailhans
et que la dite dame de Saihans leur a faict déclaration, comme
aussy à nous sur ce enquise qu'elle est portée de bonne
vollonté envers le dit sieur Jacques d'Estaing et désireroict
contracter mariaige avec luy, ont les dits parents advisé et
accepté la dite recherche et contracter le dit mariaige,
etc., etc. » Constatons aussi que les fortunes augmentent. Le
futur, qui est un cadet, reçoit une dot de cinquante sept
mille livres de son père et de dix mille de sa mère. Les
d'Estaing sont trop connus comme étant une des premières
familles de France, pour qu'il soit nécessaire d'en parler
longuement ici. Ils portaient les armes de France avec un
chef d'or pour brisure, depuis que Philippe-Auguste leur
en avait donné le droit, en souvenir du beau fait de guerre
dans lequel Dieudonné d'Estaing lui avait sauvé la vie à la
bataille de Bouvines et avait arraché l'écu de France aux
mains de l'ennemi. Jacques d'Estaing, l'époux de Catherine
du Bourg, fut l'auteur de la branche des barons puis marquis
de Saillens et de Ravel. Dans leur descendance, on remarque
Jean Philippe d'Estaing, lieutenant général, un des meilleurs
généraux de Louis XIV, et un autre plus célèbre encore qui
prit une part glorieuse à la conquête des Indes, puis, ayant
pris du service dans l'armée de mer, commanda, avec le titre
d'amiral, la flotte envoyée au secours de l'Amérique. Il fut le
dernier de sa race. Il possédait, au moment de sa mort, le
château de Murols et un de ses frères, évêque de Clermont,
avait fait construire le beau château de Lavaure, qui est

actuellement une des belles résidences des environs de Parentignat (1).

Nous ne suivrons pas Jeanne de Lastic dans les autres actes de sa vie. Ce sont de simples règlements de fortune sans intérêts avec son gendre d'Estaing, son frère Philibert et d'autres. Elle vivait encore en 1647.

Catherine, la deuxième fille de Jean de Lastic, nous est connue seulement par le testament de celui-ci, où il lui donne sept mille livres, et puis c'est tout. Elle dut mourir jeune ou bien elle se fit religieuse. De temps à autre, on trouve, sur des listes de religieuses appartenant à des monastères plus ou moins connus, le noms de certaines demoiselles de Lastic, que l'on ne sait à quelle génération de notre maison rattacher. Mais on n'en trouve aucune portant le nom de Catherine.

Marguerite, la troisième fille de Jean de Lastic, nous est plus connue. Dans une donation entre vifs faite par lui à son fils Philibert (2), Marguerite est spécialement désignée comme devant recevoir la somme de quinze mille livres, lors de son mariage. Elle doit même succéder à son frère, dans le cas où celui-ci mourrait sans enfants, dans la possession des biens patrimoniaux, et elle devra choisir, parmi ses enfants mâles, celui dont elle fera l'héritier universel de son grand père de Lastic et auquel elle devra faire relever le nom et armes de notre maison. Marguerite n'était cependant que la troisième de ses filles. Il est probable que, Louis du Bourg étant mort, on ne devait plus compter sur un mâle descendant de Jeanne et Catherine devait être alors décédée ou religieuse, puisqu'elle n'est pas nommée dans cette donation. Le testament de Jean de Lastic étant antérieur à l'acte précédent, la donation qui s'y trouvait en faveur de Marguerite d'une somme de sept mille livres, se trouvait annulée par le fait. Marguerite épousa, par contrat passé au château de Sieujac,

---

(1) Bouillet. *Nobiliaire d'Auvergne*.
(2) Archives de Parentignat. J. 79-80. Orig. sur parch.

le 21 novembre 1619, Messire Jacques de Sévérac, seigneur dudit lieu et baron de La Garde-Roussillon. Elle est assistée de son frère Philibert, de son oncle paternel Jean de Lastic, seigneur de Gabriac, et de sa mère, Madeleine d'Espinchal. Son frère lui constitue une dot de trente mille livres. On peut se rendre compte ainsi de la progression des fortunes à cette époque, puisque Jeanne, sa sœur aînée, qui s'était mariée vingt et un ans plus tôt, ne reçut que sept mille écus sol en dot, soit environ vingt mille livres, et que Jean de Lastic, en faisant sa donation de 1610, porta la dot future de Marguerite à quinze mille livres, et Philibert lui en donna trente mille en 1619, sans qu'il semble que Jeanne ait réclamé. Sur ces trente mille livres, deux mille cinq cents devaient être affectées à l'achat du trousseau. Or, pour Jeanne, on n'avait donné que cinq cents écus, soit environ quinze cents livres, à cet effet. Le douaire est réglé et la future épouse, devenue veuve, pourra habiter le château de Sévérac, en Rouergue, meublé suivant son état et en jouir sa vie durant. On règle aussi, suivant l'usage, la question du mâle avantagé, en commençant par l'aîné. Les noms des témoins, sur l'une et l'autre des copies notariées de l'époque que nous possédons, sont à peu près illisibles. On devine, sans en être sûr, les noms de Messire Laurent de Beringuier, seigneur de Montmouton ; Antoine de......., seigneur d'Oradour ; Jehan d'Espinchal, seigneur des Ternes ; Charles d'Espinchal, seigneur de Tagenac ; François de Montvalat, seigneur du dit lieu ; François de La Volpillière, seigneur de Beauregard ; Messire Thibaud de Lastic, seigneur des Ballats (?) (le fils aîné de Jean de Lastic-Gabriac), etc., etc. Marguerite n'eut pas d'enfants de son mariage avec Jacques de Sévérac.

Cette maison ne doit pas être confondue avec celle qui est sortie du magnifique château sis entre Rodez et Millau et qui fut une des plus puissantes de cette région. Ces Sévérac étaient cependant d'assez bonne extraction et prenaient leur nom d'un château sis entre Chaudesaigues et La Guiole sur les limites du Rouergue et de l'Auvergne. Ils étaient d'origine très ancienne et s'allièrent, dès le début, avec des familles d'origine féodale, les Vieille-Brioude, les Gibertès, etc. Cependant Bouillet n'établit leur filiation régulière qu'à partir de Louis de Sévérac, seigneur de Lieutadès, marié à Françoise de Baléguier, en 1508. Son fils Guyon avait épousé une Gouzon et son petit-fils François, une Beringuier ou Béranger de Montmouton, fille elle-même d'une la Croix de Castries. Il était seigneur de La Garde-Roussillon, qui était alors une des terres les plus importantes de la région de Chaudesaigues, dont une partie appartenait à l'ordre de St-Jean-de-Jérusalem, après avoir été aux Templiers. Son fils Jacques, le mari de Marguerite de Lastic, avait dû épouser en premières noces une Rochefort d'Ally, dont il avait eu un fils, qui épousa une La Rochefoucaud-Langeac. Cette branche s'éteignit de bonne heure. Une autre branche, sortie d'un frère de Jacques, s'est transmise jusqu'à nos jours (1).

---

(1) Bouillet. *Nobiliaire d,Auvergne.*

V

Terres acquises par Jean de Lastic de Sieujac

Avec Jean de Lastic, tout un lot de terres nouvelles est entré dans notre maison et est venu y constituer un nouveau patrimoine, qui a remplacé les terres primordiales du Bouscharat et d'Enval, sorties avec Bertrand de Lastic, puis celles de Lastic, Montsuc et Rochegonde, passées par Thibaud de Lastic et sa fille Françoise, dans la maison de La Rochefoucaud. Ce nouveau patrimoine fut constitué par les terres de Sieujac, Neuvéglise, Alleuze, Le Buisson, La Trémollière et Saint Georges, qui, avec d'autres, moins importantes, restèrent dans notre maison en grande partie jusqu'à la Révolution, Elles nous furent enlevées alors par les lois révolutionnaires pour la plus grande part, et le reste fut vendu successivement. Suivant la méthode que j'ai suivie jusqu'à présent, nous allons les étudier une à une, en commençant par Sieujac, entrée la première dans notre maison, et qui a donné son nom à la branche, dite aînée, dont nous nous occupons en ce moment.

Sieujac

Sieujac est un hameau de quelques maisons de la commune de Neuvéglise, à trois kilomètres environ de ce bourg. Il est situé à l'altitude de 894 mètres, sur une sorte de plateau entre les vallons de deux petits ruisseaux descendant à la Trueyre et à environ deux kilomètres de cette rivière, qui coule dans des gorges pittoresques et profondes. Sieujac est légèrement abrité des vents du Nord, par une hauteur un peu dominante du plateau, qui lui-même s'abaisse dans cette direction, en sorte que le climat y est relativement moins rigoureux qu'à quelques kilomètres plus au nord. La route nationale de Saint Flour à Rodez passe dans un ravin situé au-dessous de Sieujac, à un petit kilomètre. De cette route, assez fréquentée, on aperçoit le hameau, précédé d'une sorte de construction ayant l'allure d'un petit château, que l'on pourrait croire, au premier abord, être un reste de l'ancien. Il n'en est rien. C'est une belle habitation bourgeoise qui appartient à Mr Felgères, avocat à Paris, érudit, et l'auteur de l'*Histoire de la baronnie de Chaudesaigue*. Le jour de ma visite à Sieujac, j'ai eu la bonne fortune de rencontrer Mr Felgères, qui m'a montré l'emplacement de l'ancien château, dont il ne reste plus rien. Il me dit que dans son enfance il avait vu les vestiges d'une tour, qui avait été démolie et dont les pierres constituent aujourd'hui une masse considérable de débris. Ce château était situé un peu en avant de l'habitation de Mr Felgères, le long de la rue principale du village, dont il devait former un côté. De là, une prairie descend en pente douce jusqu'au vallon et à la route nationale. A moitié chemin, on aperçoit un grand vivier qui, paraît-il, était l'ancien vivier de château. C'est tout ce que j'ai pu apprendre à ce sujet. La position n'est pas celle d'un château féodal. Elle n'est nullement forte, au flanc d'un coteau à pente douce. Tout autour, des massifs volcaniques dominent l'emplacement. Sieujac ne fut donc jamais le centre d'un fief important, comme les documents le prouvent aussi, Ce devait être une petite seigneurie, dépendant des terres voisines comme nous le verrons, quoique nous n'ayons pas de grands renseignements à cet égard. Il ne dut jamais y avoir de construction bien importante, peut-être une tour défensive et quelques bâtiments plus ou moins voûtés pour recevoir les dîmes environnantes. Puis, petit à petit, au fur et à mesure que la seigneurie dût prendre plus d'étendue par l'adjonction de terres nouvelles, on dut y construire des corps de bâtiments divers. Lorsque Jean de Lastic en hérita, vers 1573, il est probable que l'on avait commencé à y organiser une installation plus importante. Lui-même dut rendre l'habitation plus confortable. Il en avait fait le centre de ses affaires, et nous savons qu'il était riche et un gros personnage pour son époque. Mais nous sommes obligés, pour tout cela, de faire des hypothèses qui peuvent être complètement fausses. Nous ne possédons, en effet, aucun document qui puisse venir les confirmer, avant la fin du XVIIIᵉ siècle. Dans le *Dictionnaire statistique du Cantal*, M. Paul de Chazelle dit que, de son temps, on voyait encore « des ruines importantes d'une forteresse ». Mais nous savons combien cet auteur s'est souvent laissé entraîner par son imagination. En 1777, c'est à dire à une époque où Sieujac n'était plus habité d'une manière régulière, une tour du château menaçait ruine. On la fit reconstruire et nous possédons à cet effet un devis avec le plan de la tour et de la partie avoisinante des bâtiments (1). Nous y apprenons que cette tour avait sept toises (13ᵐ· 64ᶜ·) de hauteur, sur neuf et deux pieds (18ᵐ· 20ᶜ·) de circonférence, cinq pieds (1ᵐ· 65ᶜ·) d'épaisseur au rez de chaussée et quatre et demi (1ᵐ· 48ᶜ·) au premier. Cette tour était placée entre deux cours et l'une de ces cours, appelée la première, touchait le donjon. La présence d'un donjon semble indiquer qu'il y avait là une sorte de

---

(1) Archives de Parentignat. D Y. 92 à 94. Orig. sur pap.

forteresse, qui pouvait être antérieure à la fin du xvi⁰ siècle, car à partir de cette époque, on n'en construisait plus guère. Mais tout est relatif et il est probable que ce donjon ne devait pas être de grande importance. C'était probablement le reste de la tour fortifiée primitive autour de laquelle s'était élevés petit à petit les autres bâtiments. Le plan partiel du château que nous possédons ne comprend qu'une trop faible partie de celui-ci pour que noue puissions nous rendre compte de l'ensemble. Nous y voyons une cour d'entrée, qui devait être celle dite la *première*, La tour est attenante à un corps de logis où l'on ne donne qu'une seule pièce, appelée *la salle à manger*. De l'autre côté, il y a un petit corridor que l'on appelle l'*ancienne galerie*, qui conduit à un autre corps de bâtiment dont la partie portée sur le plan est appelée *le cabinet de compagnie*. De l'autre côté de cette tour, en face de la première cour, s'en trouve une autre appelée la seconde cour, et c'est tout. Cette disposition assez bizarre d'une tour centrale séparant deux cours dans un sens et deux corps de bâtiments dans l'autre, complètement séparés l'un de l'autre, semble indiquer un ensemble de constructions assez vaste qui a dû être agrandi à différentes époques, au fur et à mesure des besoins, sans plan régulier. Quant à ce que renfermaient ces bâtiments nous ne le savons pas, car nous ne possédons aucun inventaire ni ancien, ni moderne (1). Une partie des tapisseries d'Aubusson, qui ornent actuellement Parentignat semble, cependant en provenir. L'une d'elles, à laquelle on avait ajouté nos armes et celles des Peyronenc de Saint-

---

(1) Depuis que j'ai écrit ces lignes, j'ai découvert une description assez complète de Sieujac dans un inventaire général de tous les immeubles de la succession de François III, marquis de Sieujac, mort en 1772. Le mobilier en était encore considérable et luxueux, mais on se rend compte que l'on n'y habitait presque plus, car la batterie de cuisine et le linge de service y sont presque complètement absents, tandis qu'on en trouve une énumération considérable à Parentignat et même à l'hôtel de Saint-Flour. Le mobilier semble, du reste, avoir été à ce moment-là transporté en partie à Parentignat En tout cas on n'y trouve aucune description du château en lui-même,

Chamarand, datait certainement de l'époque où François I
de Lastic habitait Sieujac d'une façon permanente. Les 16 et
20 germinal an II (1794) (1) on vendit les matériaux provenant
de la démolition des châteaux de Sieujac et de Neuvéglise.
Le second a été démoli par la municipalité de Neuvéglise.
Parmi les matériaux à vendre, il y a des boiseries, plan-
ches, etc. On donne aussi par adjudication à démolir la partie
restée debout qui menace ruine. Pour tout cela il faudra se
conformer aux lois et décrets de l'Assemblée nationale. Il est
donc probable que les démolitions furent faites révolutionnairement, légalement ou non. A ce moment-là, la Marquise
de Lastic, née de Montesquiou, tutrice de sa fille Octavie,
dernière représentante de la branche de Lastic-Sieujac,
depuis la mort récente de son grand-père, le comte de
Lastic, avait été enfermée dans les prisons de la Ferté-Gaucher
en Seine-et-Marne. On la croyait émigrée. On dut donc
commencer une saisie et une vente de tous nos biens, mais
cette vente fut arrêtée sur une réclamation de Madame de
Lastic, lorsqu'elle fut relâchée, après la mort de Robespierre.
Nous verrons cela plus au long, lorsque nous parlerons
d'elle. En Basse-Auvergne, grâce à un régisseur dévoué à
notre maison, on put sauver à peu près tout. Mais en
Haute-Auvergne, où nos biens consistaient surtout en droits
féodaux, les propriétés foncières, moins importantes et
disséminées, durent presque toutes disparaître, sauf quelques
lambeaux dont nous retrouvons la trace après la Révolution.
C'est ainsi qu'en ce qui concerne Sieujac, nous trouvons des
lettres de Madame de Lastic, réclamant le paiement du prix
de ferme des domaines des Andes et de Beauregard, quelques
années plus tard. Mais on ignore dans quel état ils étaient.
En effet, le dernier bail que nous possédons de l'ensemble de
la terre de Sieujac, est daté du 10 ventôse an II (1794) (2).
En 1812, le comte Joseph de Lastic vendait une rente perpé-

(1) Archives de Parentignat. D. Y. 106 et 197. Orig. sur pap.
(2) Arch de Parentignat. D. Y. 108. Orig. sur pap.

tuelle sur cette terre à Mʳ Amat, notaire à Neuvéglise (1).
Voici tout ce que nous savons sur Sieujac en ce qui concerne
le château.

Les documents sur l'histoire de la terre ne sont guère plus
nombreux. Nous avons vu qu'en 1281, Pierre Bompar, dans
un acte du *Cartulaire de Saint Flour,* cité par M. Marcellin
Boudet, était qualifié seigneur de Sieujac. C'est la seule fois
que nous voyons cette terre citée à cette époque dans nos
propriétés. Je pense donc qu'elle en faisait partie à titre de
fief tout à fait secondaire, dépendant alors de l'importante
terre suzeraine de Valeilles, située tout auprès. Or, à ce
moment-là, Pierre Bompar avait encore son père, et je
suppose que Sieujac lui avait été donné, par celui-ci, comme
une sorte de dot. Mais c'est une supposition purement
gratuite. Car dans le courant du Moyen-âge, Sieujac semble
faire partie des fiefs soumis à la terre de Châteauneuf de
Méallet ou de Montbrun, qui appartint à une famille de ce
nom. Elle passa plus tard dans la maison d'Apchier (1330) (2).
Mais la haute suzeraineté en resta à la vicomté de Murat,
comme nous le voyons dans un hommage rendu par Jean de
Lastic, au Roi, alors seigneur de Murat, le 5 février 1607 (3).
Les d'Apchier n'en restèrent pas moins seigneurs justiciers
jusqu'à un certain point, ce qui amena un procès entre leur
héritière Marguerite d'Apchier, duchesse d'Uzès, et un Lastic,
le 17 octobre 1686 (4).

Il y avait donc déjà une terre constituée à Sieujac, lorsque
Claude de Lastic épousa, en 1537, Marguerite de Farges,
dont le père, Pierre de Farges, se titrait seigneur de Sieujac.
Comme nous ne possédons aucun renseignement sur cette
famille et sur Sieujac à cette époque, il est impossible de
savoir qu'elle était son importance. Mais à partir du 22 septembre 1557 (5), nous trouvons dans nos archives une foule

---

(1) Arch. de Parentignat. D. Y. 108. Orig. sur pap.
(2) *Ibid.* E. A 34. Orig. sur pap.
(3) *Ibid.* E. B. 10 et 11. Orig. sur parch.
(4) *Ibid.* D. Y. 104. Orig. sur pap.
(5) *Ibid.* D. V. 22. Orig. sur parch.

d'actes d'achats de terres foncières ou de cens de rentes qui remplissent presque deux cartons de nos archives, ceux cotés D. V. et D. X. Tous les ans nous en voyons au moins un et certaines années plus d'une dizaine, depuis l'année 1557 jusqu'à l'année 1590. Les premiers de ces achats ont été faits aux noms de Marguerite de Farges ou de Jean, Jacques, autre Jean et Antoine de Lastic, ou de tous ces noms réunis ensemble. Plus tard, Jean est seul et l'on voit aussi plusieurs d'entre eux faits au nom d'Antoine de La Lore, mari de Catherine de Lastic. J'ai dit, en son temps, le soupçon que j'en avais éprouvé. Ces acquisitions doivent-elles être jointes ensemble et ont-elles contribué toutes à l'agrandissement de la terre dont Jean de Lastic avait hérité de sa mère? Ou bien quelques-unes ont-elles été aux bâtards de Louis de Lastic seuls ? Il faudrait, pour l'établir, un travail fort minutieux, sans être certain d'aboutir. En général, ces achats portaient sur des portions de terre de peu d'étendue, sauf le 2 juillet 1572, où Jean de Lastic achète, d'un seul coup, à Antoine de La Lore, les domaines de Cordesse et de Loubessargues, pour la somme de vingt deux mille cinq cents livres. L'ensemble est réparti sur un territoire fort étendu dans les villages de Fressanges, Verneujols, Costeirac, Cordesse, Tagenac, Neuvéglise, Sieujac, Les Andes, La Tailhade, La Bastide, Malafosse, Budiers, Oradour, Lieuriac, Metge, Mons, etc., etc., dont quelques-uns sont situés à 7 ou 8 kilomètres de Sieujac. Lors du mariage de Jean de Lastic, en 1573, Sieujac se trouvait en somme constitué dans son ensemble, tel qu'il est resté dans notre maison jusqu'à la Révolution. Nous verrons comment il ne constitua, un peu plus tard, au point de vue administratif, qu'une seule terre avec Neuvéglise, acquis peu après par Jean de Lastic, tellement leurs dépendances étaient entrelacées en quelque sorte les unes dans les autres.

Sous cette forme assez incertaine, Sieujac a constitué, pendant plus de deux siècles le centre principal de notre maison dans la Haute-Auvergne, et le seul pendant un siècle.

Jean de Lastic et son fils Philibert semblent bien avoir habité souvent la Trémolière, mais François. le fils de Philibert, y a résidé d'une manière continue pendant la deuxième moitié du xviiᵉ siècle, jusqu'à ce que son fils. le second des François et le mari de Mademoiselle de La Roche-Aymon, ait acheté Parentignat pour y faire l'installation définitive de sa maison. Or, il était riche et grand seigneur, allié à toutes les premières familles de la province et même du royaume. Il est donc probable qu'il dût avoir à Sieujac une installation si non luxueuse, au moins très-confortable, autant que l'époque le comportait. Il s'y plaisait certainement, lorsque blessé grièvement au combat de Salsonne, il dut renoncer à la carrière militaire qu'il avait embrassée. C'est le titre de « Marquis de Sieujac » que lui donne Louis XIV, dans la lettre qu'il lui adressa le 31 janvier 1695, pour le remercier des services qu'il lui avait rendus dans sa province, lettre qui constitue pour nous, à défaut d'autres, le principal acte de possession de ce titre porté par tous les nôtres depuis cette époque jusqu'à nos jours, et que nous possédons aujourd'hui.

NEUVÉGLISE

Neuvéglise est une des plus grosses agglomérations paroissiales et communales des environs de Saint Flour. Son territoire a plus de cinq mille hectares et sa population est d'environ dix-huit cents habitants. Le bourg même de Neuvéglise compte à peine deux à trois cents habitants. Il est situé à l'altitude de neuf cents mètres environ, sur une croupe peu élevée, qui domine un vallon où coule un petit ruisseau descendant à l'Epie, affluent de la Trueyre. La situation est plus dominante que celle de Sieujac. On aperçoit tout autour une assez grande étendue du plateau qui s'élève entre la gorge du ruisseau de Sieujac et celle de l'Epie. La route nationale de Saint Flour à Rodez, passe à peine à un kilomètre du bourg, qui est à peu près à moitié chemin entre les deux villes de Saint-Flour et de Chaudesaigues. Tout le plateau environnant, recouvert de terres volcaniques, est un des plus riches de la contrée et constitue la plus belle partie de la Planèze, que l'on a appelée le grenier de la Haute Auvergne. Le fait est que l'on y cultive avantageusement des céréales, malgré l'altitude de mille mètres. Le bourg est composé de belles maisons propres et bien tenues, ce qui est plutôt rare dans notre pays. En somme, la situation de Neuvéglise est tout autre que celle de Sieujac, et on se rend très bien compte qu'il ait pu y avoir là un centre féodal assez important.

Nous possédons sur Neuvéglise un dossier considérable, comprenant les titres les plus anciens, depuis la fin du xiii° siècle jusqu'à sa réunion à la terre de Sieujac. Ils sont renfermés dans douze cartons de D. V. à E. H. et sont au nombre d'environ quinze cents. De plus, le carton A. E. renferme un certain nombre de titres de famille concernant la maison qui a constitué cette terre et qui l'a habitée depuis les temps les plus reculés, jusqu'à la fin du xvi° siècle. Nous avons donné un rapide aperçu de ces derniers, à propos du mariage de Claude de Lastic avec Marguerite de Farges, qui, dans son contrat de mariage, est dite fille d'une Neuvéglise. On pourrait, avec tous ces titres, écrire une véritable histoire de cette terre, et il y aurait de quoi composer un volume entier, une véritable monographie des plus intéressantes. Mais je suis obligé de me restreindre.

Monsieur Paul de Chazelles, auteur de l'article sur Neuvéglise dans le *Dictionnaire statistique du Cantal,* ne dit pas un mot, ni du château, ni de la maison de Neuvéglise. Il semble même confondre cette seigneurie avec celle de Valeilles, située à plus de trois kilomètres, et cependant elles ont été très distinctes, ayant appartenu à deux races qui n'ont eu aucun rapport entre elles, que celui de vassal à suzerain. Il avait cependant nos archives à sa disposition. J'ai parcouru en vain le bourg de Neuvéglise pour y trouver des traces de l'ancien château. On m'en a montré l'emplacement derrière l'église. mais on n'y aperçoit rien qui vienne confirmer cette indication sommaire ; pas une muraille, pas un reste de tour, pas une pierre quelconque, jambage de porte, linteau de fenêtre, sculpture, encastrées dans les maisons voisines. L'emplacement me semble bien cependant être le mieux approprié à cela. Il est, en effet, situé dans la partie du village la plus élevée, le sol présentant une légère pente vers le sud, Il est malheureux que nous ne puissions avoir aucun renseignement sur l'importance de cette construction dont l'origine est certainement des plus anciennes. Dans l'important dossier que nous possédons, il est question une seule fois de ce que Jean de Neuvéglise possédait en 1413 dans ce bourg « *fortalicium* », c'est-à-dire une forteresse. (1) C'était probable, mais c'est la seule pièce qui en parle et elle ne nous donne aucuns détails à ce sujet. Nous verrons aussi qu'un certain Bertrand de Valeilles y posséda un « *hospitium* », mais il ne s'agit pas là du château qui devait exister à Neuvéglise. Il n'en est plus question jusqu'aux 16 et 20 germinal an II (1794) (2), lorsque nous apprenons, par une adjudication de matériaux, que le château a été démoli révolutionnairement et que la municipalité faisait détruire ce qu'il en restait, car cela menaçait ruine.

Voici comment cette terre entra dans notre maison, Le 3 août 1584 (3) Jean de Lastic se fit donner par Jean de Neuvéglise une promesse de vente de « sa maison de Neuvéglise » avec ses terres, prés, rentes et « autres choses encloses dans la terre et concistance de Neuvéglise, La Vastrie, Oradour et Espinasse. » L'acheteur déposa à cet effet chez Me Albaret, notaire royal, à la résidence de Rochegonde, la somme de cinq mille écus. A la date où cela se passait, en pleine guerre de religion, cela représentait, en valeur monétaire, une véritable fortune, une dot de demoiselle de condition. Jean de Neuvéglise dut se refuser

(1) Archives de Parentignat. E. A. 78-82. Orig. sur parch.
(2) *Ibid*. D. Y. 106 et 107. Orig. sur papier.
(3) *Ibid*. D. X. 66. Orig. sur pap.

à céder sa propriété. Car un procès s'éleva devant le Sénéchal d'Auvergne, procès qui aurait pu entraîner de gros frais. Les deux seigneurs s'en remirent alors à un tribunal arbitral, composé de Philibert d'Apchier, seigneur et baron du dit lieu, Aymar de Maubuisson (?), seigneur et baron de Montauban (1) et François d'Apchier, seigneur de Montbrun, Par un acte daté du 27 mars 1588 (2), il est décidé que si Jean de Neuvéglise continue à se refuser à vendre sa terre de Neuvéglise au seigneur de Sieujac, il devra lui donner une dédite de sept cent cinquante écus sol, qui devra lui être payée moitié à la Saint-Michel, l'autre moitié à la Noël prochaine. Mais Jean de Neuvéglise, s'étant déclaré dans l'impossibilité de payer la dite somme, il est convenu entre lui et le seigneur de Sieujac' que ce dernier lui accordera quatre ans pour se libérer, mais il devra en payer en sus les intérêts. Il lui laisse aussi la faculté de se libérer en lui vendant la totalité ou une partie seulement de sa terre de Neuvéglise. Il devait savoir que Jean de Neuvéglise n'était pas solvable et que tôt ou tard cette propriété lui reviendrait. Il voulait seulement le ménager. Jean de Neuvéglise se décida sur ces entrefaites et le 13 août 1590 (3), son héritier, noble François de Riom, seigneur de Prolhac, fait avec Jean de Lastic un échange de propriétés. Ce dernier cédait à l'autre tout ce qu'il possédait au lieu et place de Saint-Maurice, au village et mandement de La Chaumette, paroisse de Paulhac, pour tout ce que Jean de Neuvéglise avait laissé dans les lieux de Neuvéglise, Cordesse, Chassaigne, Oulhetes, Malesfosses, les Freaux, La Vernhe et autres lieux avec toutes leurs dépendances, leurs droits seigneuriaux, cens, rentes, etc., etc. Il s'agit là de toute la

(1) Le copiste ne se serait-il pas trompé et ne s'agirait-il pas là tout simplement d'Aymon de Calvisson, seigneur et baron de Saint-Auban (Saint-Alban), très lié à ce moment-là avec Jean de Lastic ?
(2) Archives de Parentignat. D. X. 68. Orig. sur parch.
(3) Ibid. D. X. 73. Orig. sur parch.

terre de Neuvéglise telle qu'en jouissait son seigneur. Jean de Lastic avait tout avantage à cet échange, car cette terre de Neuvéglise se confondait presque avec celle de Sieujac et formait avec elle un tout, lui apportant, ce qui lui manquait probablement, les droits honorifiques. Ces deux terres de Saint-Maurice et de La Chaumette étaient depuis peu de temps entre les mains de Jean de Lastic. Nous ne savons pas du tout comment il en devint acquéreur. Nous avons vu seulement qu'il les avait complétées par l'adjonction des droits divers qu'y percevaient les Evêques de Saint-Flour, lorsque l'année même de leur revente, il les avait acquis comme remboursement d'un prêt à Mgr de La Baume, destiné à payer une rançon de guerre. Dans l'échange précédent les titres relatifs à ces terres durent être remis à François de Riom, et c'est ainsi que nous n'en trouvons pas trace dans nos archives.

Tous les auteurs qui ont écrit sur notre maison y font entrer Neuvéglise par héritage. Ils l'expliquaient par ce fait que Margüerite de Farges, la mère de Jean de Lastic, étant fille d'une Neuvéglise, son fils était l'héritier naturel de son oncle Jean de Neuvéglise, dernier représentant de sa maison. Le Comte de Lastic, dans son fameux mémoire dont j'ai parlé plusieurs fois, se base sur ce fait pour soutenir un de ses principaux arguments contre les Lastic de Fournels. M. Paul de Chazelles en a fait autant et ses dires ont été acceptés par tous les autres, sans vérification. C'était si commode pour expliquer bien des choses. Le 12 mai 1710 (1), Louise de La Rochefoucaud, veuve de M. de Gibertès, Fulcrand, seigneur de Gibertès, Christophe de Gibertès, seigneur de Rochegonds, Laurent de Gibertès, seigneur de Cussac, les demoiselles Françoise, Marie-Jeanne, et Gabrielle de Gibertès. avec l'autorisation de leur mère Louise de La Rochefoucaud, ensemble cohéritiers par égales portions de feu Henry de Gibertès, seigneur de Verneujols,

---

(1) Archives de Parentignat. D. Y. 59. Orig. sur pap.

leur frère, coseigneur de Neuvéglise, vendait à François de Lastic tout ce qu'ils possédaient de cette seigneurie, droits, cens, rentes, droits de haute, moyenne et basse justice, le tout pour la somme de dix-neuf cent cinquante livres. Cette petite part de la terre de Neuvéglise provenait évidemment de ce que le seigneur de Rochegonde y possédait et qui, par l'extinction de la branche de Thibaud de Lastic, était échu à la maison de La Rochefoucaud, par le mariage de Louise de La Guiche, fille de Françoise de Lastic avec Louis de La Rochefoucaud-Langeac. Le 1er juillet 1720 (1), le marquis de Sieujac prit possession des droits honorifiques qu'il avait ainsi acquis. Son procureur, le sieur de Chadefaux, se rendit à l'église paroissiale de Neuvéglise, s'en fit ouvrir la porte, prit de l'eau bénite, puis, conduit par les mains par le notaire du lieu, il fut amené devant le grand autel, où il salua le Saint-Sacrement, baisa avec respect le dit autel, puis de là monta au clocher où il prit la corde de la grande cloche et donna avec elle trois coups de battant, De là, toujours conduit par la main par le notaire, il se rendit à l'église Saint-Jean, où il entra, prit de l'eau bénite, et après avoir salué l'image « du glorieux Saint-Jean-Baptiste », et baisé l'autel, il se retira. Il fut conduit ensuite « à la grande et petite place du dit Neuvéglise », où il fit plusieurs promenades pour marquer de sa possession. » Nous apprenons ainsi que Neuvéglise possédait deux églises. Il n'y en a plus qu'une aujourd'hui. Il est regrettable que nous n'ayions pas le procès-verbal de prise de possession du château, lorsque Jean de Lastic l'échangea avec M. de Riom. Nous en aurions eu ainsi une brève description. A partir de 1720, notre maison devint ainsi entièrement propriétaire de cette terre de Neuvéglise. Administrativement, elle fut jointe à Sieujac dont elle formait comme le complément, et elle disparut avec elle. Nous avons vu, à propos de Sieujac comment, à la Révolution, la terre fut vendue nationale-

(1) Arch. de Parentignat. D. Y. 60. Orig. sur papier.

ment, en l'absence de sa propriétaire que l'on croyait émigrée, et comment les quelques bribes qui en restèrent, furent aliénées en 1812 par le Comte Joseph de Lastic.

Le plus ancien titre qui concerne Neuvéglise dans nos archives est un hommage de l'année 1324 qui fait allusion à un acte plus ancien. Le titre de propriété proprement dit, le plus ancien, date de l'année 1390, et le titre de famille, de l'année 1378. Tous ces actes sont de simples acquisitions sans grand intérêt. Dès le début on se rend compte de la sujétion de Neuvéglise à Valeilles, dont les Lastic étaient déjà seigneurs, mais sans que cela puisse faire confondre les deux propriétés, qui sont complètement distinctes dans tous leurs éléments fonciers ou féodaux. En somme, les seigneurs de Neuvéglise sont complètement maîtres chez eux, jouissent des droits féodaux les plus élevés. Ils doivent seulement à ceux de Valeilles, plus tard Rochegonde, le simple hommage et l'obligation de passer certains actes relatifs à leurs propriétés de Neuvéglise sous le sceau de leur chancellerie. Nous le savons par les contestations qui s'élèvent entre eux. C'est ainsi que nous trouvons un acte non daté (1), probablement de la fin du XIVᵉ siècle, qui semble être une consultation en faveur de Jean de Neuvéglise, pièce fort intéressante à étudier et à analyser pour les points de droit féodal qu'elle soulève. Jean de Neuvéglise est possesseur d'un pré situé dans les appartenances du bourg. Etienne Bompar (de Lastic) le fait saisir et veut se l'approprier jusqu'à ce que Jean de Neuvéglise en ait prouvé l'accensement, c'est-à-dire la preuve qu'il en a bien reçu l'investiture féodale de son suzerain. Le 8 septembre 1470 (2), Jean de Neuvéglise veut faire un étang. Il fait des échanges pour cela avec certains habitants de son bourg et se charge de la construction d'une chaussée pour faire passer les chars et les bestiaux. Nous sommes loin là du seigneur féodal

---

(1) Arch. de Parentignat. D. V. 5, Orig. sur parch.
(2) *Ibid*. D. V. 11. Orig. sur parch.

agissant à sa guise, quand il désire quelque chose. En somme, les droits des uns et des autres sont absolument délimités. Les habitants de l'endroit ne laisseront pas leur seigneur empiéter sur les leurs, et il sera obligé de traiter avec eux d'égal à égal pour changer l'assiette de sa propriété. Bien des propriétés féodales qui, au premier abord, paraissent des usurpations monstrueuses, ne proviennent que d'échanges faits pour cause d'utilité réciproque. Le seigneur féodal exige certains droits, mais par contre il est obligé à certaines charges. Croit-on que celle qui consistait à chevaucher plus ou moins perpétuellement pour guerroyer et défendre le bien de tous, ne méritait pas en échange certains privilèges?

La plupart des actes sont d'un intérêt réel pour l'histoire de la terre. Je le répète, on y trouverait de quoi écrire une monographie fort curieuse pour l'histoire et les coutumes locales. Mais ici je me contenterai de signaler les pièces les plus importantes et les plus curieuses. C'est ainsi que parmi les achats fort nombreux faits par les seigneurs de Neuvéglise, au cours des siècles, et qui ne consistent souvent qu'en quelques lopins de terre et même quelques cens, on en trouve de plus conséquents qui comportent une installation complète, permettant à une famille entière de subsister largement. Le 10 janvier 1508 (1) Garin de Neuvéglise achète d'un seul coup un domaine avec ses appartenances et dépendances sis à Neuvéglise pour la somme de cent quatre-vingt livres tournois. On y trouve maison d'habitation, bâtiment agricole, jardin, champs, prés, constituant un tout complet. On en trouve un autre du même genre à la date du 21 mai 1556 (2).

Les titres purement féodaux nous renseignent sur les rapports entre le seigneur de Neuvéglise et ceux de Valeilles.

_____

(1) Arch. de Parentignat D. V. 13, Orig. sur parch.
2) *Ibid.* D. V. 19. Orig. sur parch.

Le 29 septembre 1324 (1), Etienne Bompar, chevalier, seigneur de Lastic et de Valeilles passe avec Perrot de Neuvéglise, damoiseau, une convention par laquelle ils règlent leur situation respective dans la partie de la terre de Neuvéglise comprise entre le chemin venant de Saint-Flour et conduisant à Chaudesaigues jusqu'au ruisseau de la Pie (l'Epie). Comme ils ne peuvent arriver à s'entendre, ils prennent comme arbitre Bertrand de Rochefort, chevalier. Voici ce qui est décidé. Perrot de Neuvéglise reconnaît devoir tenir en fief d'Étienne Bompar, en sa qualité de seigneur de Valeilles tout ce qui est compris « depuis la route qui vient de la cité de Saint-Flour et va vers celle de Chaudesaigues, jusqu'à Venteujol (Verneujol ?), vers Neuvéglise et vers Valeilles et le ruisseau de la Pie, au-dessous de Valeilles et du château de Neuvéglise, à l'exception du Mas d'Oetz et le droit que Perrot de Neuvéglise possède à Fressanges, Malassaignes, aux Chazeaux, et à l'exception aussi des champs et des prés qui font partie de l'affar (affario) de Chamalières, depuis la route jusque vers Neuvéglise, excepté aussi le mas de Lher avec ses dépendances, excepté aussi le territoire appelé Jorcalen, situé entre Cordesse et Chassaignes, excepté aussi ce qu'il reste du mas de Cordesse, dont le père du dit Perrot avait fait reconnaissance et hommage, et excepté aussi le droit que Bertrand de Valeilles, damoiseau, possède ou peut posséder « in hospitio » (2). Pour toutes ces choses énumérées ci-dessus, Perrot de Neuvéglise rendra l'hommage « de et pro hospitio suo Novæ ecclesiæ », cela à la requête d'Etienne Bompar. Je n'entre pas dans les détails et me contente de citer les clauses principales. Perrot de Neuvéglise doit aussi à Etienne Bompar

---

(1) Arch. de Parentignat. E. A. 1 à 3. Orig. sur parch.

(2) *Hospitium*, voulait dire à cette époque *hôtel, habitation*. Ce Bertrand de Valeilles, parent d'Etienne Bompar, devait être le dernier de sa race, peut-être un bâtard, et avait conservé une sorte de pied-à-terre à Neuvéglise.

« l'*albergium* » (1). Mais désormais lui et les siens en seront
dispensés moyennant une rente de cinq cartons seigle et de
sept demies émines de vin. Les hommes (2) qu'Etienne
Bompar a dans Neuvéglise, devront faire cuire leur pain
dans le four de Perrot de Neuvéglise. Etienne Bompar ne
pourra construire de four dans une étendue de territoire
déterminée autour de Neuvéglise. Les hommes de Perrot
pourront toujours faire moudre leur blé dans les moulins de
leur seigneur, toutes les fois qu'ils fonctionneront, mais,
dans le cas contraire, ils devront le faire moudre dans les
moulins d'Etienne Bompar (3). Bertrand de Rochefort
reconnaît que Perrot de Neuvéglise a les droits de haute,
moyenne et basse justice dans sa terre et même le droit de
« couper la tête et de mutiler jusqu'à ce que mort s'en
suive. » (4) Il a le droit aussi de tenir des assises sur la place
de Neuvéglise. Les témoins sont en dehors de Bertrand de
Rochefort, chevalier, Aymeric Ratier, Bertrand de Neuvéglise, Etienne d'Allanche, damoiseau, Pierre Delgriol, clerc,
Jean de Royère et Hugues Vigne. On voit donc par cet acte
que les seigneurs de Neuvéglise étaient aussi indépendants
que possible dans leur terre. Les parties exceptées dans leur
hommage au seigneur de Valeilles, semblent avoir été sou-

---

(1) *Albergium*, voulait dire à cette époque, le droit qu'avait le seigneur
suzerain de se faire héberger lui et les siens par son vassal, suivant certaines conditions réglées par la coutume. (Ducange)

(2) Ceci prouve que les sujets d'un seigneur restaient *liges* de celui-ci,
même lorsqu'ils avaient quitté sa terre.

(3). Les moulins du seigneur de Neuvéglise devaient être installés sur le
ruisseau qui passe à côté du bourg. Celui-ci était d'un débit très faible et
devait tarir souvent après les longues sécheresses Tandis que l'Epie qui
passait au pied de Valeilles, descendant du plomb du Cantal, était beaucoup plus abondant et devait couler toute l'année. Le fait donc, pour les
habitants de Neuvéglise, d'être obligés d'aller faire moudre dans les moulins de Valeilles, ne constituait pas un droit pour ce seigneur.

(4) Voici le texte latin : *exercitio juris dictionis usque ad detruncationem
et mutilationem ita ut mors corporalis subsequatur.* »

mises à un hommage à l'égard de l'Evêque de Clermont (1).
Cela paraît étonnant pour une seignéurie d'aussi petite
étendue. Mais nous apprenons par un des titres de famille
les plus anciens de la maison de Neuvéglise que le seigneur
de cette terre était qualifié du titre de *viguier*. Or, on sait
que la viguerie (vicaria) était la circonscription féodale la
plus importante après la *comté* et la *vicomté*. Dans le Languedoc même elle venait aussitôt après la comté. Les
seigneurs de Neuvéglise devaient donc être de souche com-
tale. Il est probable qu'au cours des siècles, ils ne surent pas
défendre cette situation et laissèrent usurper leurs terres
d'une manière quelconque. Lorsque cette organisation purement administrative d'abord, devint féodale, ce furent les
plus forts et les plus habiles qui grandirent aux dépens des
autres. Les Neuvéglise restèrent donc de vieille souche, mais
de petit avoir. Lorsque l'échange de 1590 et le complément
d'achat de 1720 eurent mis Neuvéglise dans les mains de nos
ancêtres, ils jouirent des prérogatives énumérées dans
l'acte précédent, mais elles étaient devenues plutôt honorifiques à cette époque-là.

Dans un mémoire non daté qui paraît être de la fin du
xviᵉ siècle ou du commencement du xviiᵉ, (2) fait *en faveur
d'un seigneur de Sieujac contre un seigneur de Bournoncles*,
il semblerait qu'un procès ait éclaté entre Jean de Lastic et
Jean de La Guiche. Ce dernier semble vouloir traiter son
cousin de personnage de peu d'importance et exiger de lui
certains devoirs humiliants. On dut se dire, à cette occasion,
des choses désagréables. Avait-il eu l'air de le considérer
comme un personnage de peu d'importance ? En tout cas,

---

(1) Nous en trouvons la trace dans une sorte de consultation datée du
mardi après la fête de la Toussaint 1330 (arch. de Par. E. A. 4. Cop. et
trad. sur pap. du seizième siècle), et d'une investiture donnée par Charles
de Bourbon, archevêque de Lyon, primat de France, évêque de Clermont
t cardinal, pour une acquisition faite par Jean de Neuvéglise le 17 novembre 1479. (Arch. de Par. E. A. 7. Orig. sur parch.)

(2) Archives de Parentignat. E. A. 17. Orig. sur pap.

Jean de Lastic n'est pas content, et riposte par la plume de son *conseil*, auteur du mémoire. Jean de La Guiche doit être aussi vexé de ce que le cousin méprisable soit devenu un personnage probablement aussi riche que lui et un des plus considérés de la région. Le fonds de l'affaire vient très probablement de ce que Jean de La Guiche, étant devenu seigneur de Valeilles du chef de sa femme Françoise de Lastic, voulait probablement exercer des droits de suzeraineté un peu vexatoires à l'égard du cousin jalousé. Le mémoire proteste et commence par la phrase suivante : « Au premier article dict l'inthimé (Jean de Lastic) que ses prédécesseurs ont aussy bien servi la chrestienté et les roys de France que les prédécesseurs de l'appelant (Jean de La Guiche) et ont esté et sont recogneus tels par tout le monde. » Puis il tend à établir que la haute justice a toujours été commune entre les seigneurs de Valeilhes et ceux de Neuvéglise ; que le seigneur de Neuvéglise n'a jamais reconnu celui de Valeilhes pour son seigneur justicier, mais seulement pour son seigneur de fief auquel il doit l'hommage. Il ne faut pas confondre les droits de fief et ceux de justice. On ne trouvera aucun acte qui reconnaisse ces derniers droits aux seigneurs de Valeilhes, si ce n'est « par viollance et sans tittres et droict ou par surprinse et mal donne à entendre. » L'intimé prouvera tout cela par titres. Il prétend pouvoir lever la taille aux cinq cas dans le village de Verneujols et àutres de la paroisse de Neuvéglise. Les prédécesseurs de l'intimé ont toujours été possesseurs de la « prééminence de l'Eglise, ayant leur sépulture au devant du *Corpus domini*, le siège pour la dévotion à la main gauche au premier degré où l'on monte à l'autel » plus les fours et les moulins banaux au bourg de Neuvéglise, et le seigneur de Rochegonde (Valeilles) ne peut en avoir. Ses sujets sont obligés de faire moudre leur blé et cuire leur pain dans les moulins et fours du seigneur de Neuvéglise. Il y a dans le mémoire une phrase obscure, mais qui doit dire beaucoup de choses. « Quant à ce que l'appelant nie avoir recogneu l'inthimé seigneur de Neufesglize, il sçait le contraire s'il ce veult ressouvenir de l'accord passé à Issoire par l'advis de Messieurs le Marquis de Canilhac, de Montfan et de Saint-André et Messieurs les Conseillers de Riom qui est même passé par escript. » Très probablement Jean de Lastic et Jean de La Guiche se sont trouvés ensemble à Issoire, au moment de la grande bataille de Cros-Rolland. Jean de Lastic est un gros personnage, qui commande en second l'armée ligueuse. Ils devaient être brouillés et on a dû chercher à les mettre d'accord, en leur faisant signer une reconnaissance réciproque de leurs droits. Mais une fois les guerres religieuses terminées, chacun a été de son côté, et la lutte pour la préséance à Neuvéglise ou ailleurs a recommence. Du reste, l'affaire a dû être grave Nous apprenons, en effet, par le dernier paragraphe du mémoire que les prédécesseurs de l'appelant ont usurpé certains droits « par force et viollence sans aulcun droict jusques à avoir tué le bailly tenant les assises des sieurs de Neufesglize et contrainct le seigneur de Neufesglize de s'enfuir à coups de pistollet comme l'enquête qu'a faict faire l'inthimé par les officiers de Riom en la présence de l'appellant » l'a prouvé. Or, les prédécesseurs de l'appelant ne peuvent être que Louis de Lastic, son beau-frère ou Thibaud de Lastic son beau-père. On devine l'origine de cette querelle de famille. Nous n'avons malheureusement pas les pièces du procès et nous ne savons pas ce qu'il advint plus tard. Mais les actes que nous avons parcourus plus haut ne laissent aucun doute sur les droits de « l'inthimé ». Jean de La Guiche dut en être pour les frais de sa querelle d'Allemand.

Voici, par curiosité, quel était le règlement des assises de Neuvéglise à la date du 17 septembre 1748 (1). J'y relève les prescriptions suivantes :

▪ Il est prohibé et deffandu à tous les justiciables de la présente juridiction de jurer et blasphémer le saint nom de Dieu, de la Sainte Vierge

---

(1) Archives de Parentignat. E. A. 51 à 54. Orig. sur pap.

et des Saints à peine de punition exemplaire, de se batre, outrager ny
injurier les uns les autres, de se faire aucun tort ny porter aucunes armes
deffendues comme pistolet de poche, dagues et autres à peine de punition,
et à tous hostes et cabaretiers de la présente juridiction de vendre aucun
pain ni vin que le prix en aye été par nous réglé ny de le vendre à plus
haut prix.

» Il est deffandu de donner à boire les jours de festes et dimanche
pendant les divers offices à peine de cinq livres d'amande qui sera payé
sur le champ tant par les cabaretiers que par ceux qui seront surpris.

» Deffendons qu'il soit fait aucun jeu de débauche dans les maisons
sous les mêmes peines.

» Il est déffendu sous les mêmes peines à tous les emphitéotes de faire
paittre les bestiaux ny de jour ny de nuit dans les héritages les uns des
autres de garde faitte ny autrement.

« Il est déffendu aussy de porter aucun feu dans les villages à découvert
soit du four ou d'une maison à peine d'amande ny d'eccorcer aucun arbre
dans la terre dud. seigneur à peine de cinq livres d'amande pour la
première fois et de confiscation de biens.

» Il est enjoint à tous les emphitéottes de porter le respect deub aud.
seigneur et à ses officiers à peine d'amande pour la première fois et de
punition corporelle pour la seconde.

» Deffendons à tous les emphitéottes de mettre aucune bètte qui ait
maladie ny infection dans les troupeaux les uns des autres à peine
d'amande et de tous dépens, dommages et intérêts.

» Il est aussy deffandu de nourrir un plus grand nombre de bétail dans
les fraux et communs des villages que ceux qui auront été hyvernés, des
foins et pailles recueillis dans les mêmes villages suivant la coutume, de
tenir les pourceaux pendant toute l'année qu'ils ne soient muzelés et les
tenir sous bonne et sure garde depuis le premier may jusques au premier
octobre.

» Il est deffendu à tous les emphitéottes de la présente juridiction de
laver ny de faire laver aucuns draps, chemizes ny linge dans les fontaines
de Neuvéglize, Sieujac et autres villages deppendant desd. mandements à
peine de dix livres d'amande qui demeurera encouruè sur la première
dénonciation.

» Il est aussy deffandu à touts les emphitéottes et justiciables de
travailler les jours de feste et dimanche d'aucun travail manuel à peine
contre chacun qui sera surpris de dix livres d'amande, et sera notre
présente ordonnance éxécutée nonobstant opposition et appellations
quelconques, et sans préjudice d'icelle. »

Toutes ces prescriptions étaient fort sages, si elles étaient
réellement et justement appliquées. Actuellement, sous
prétexte de liberté, elles n'existent plus. Un maire qui
prendrait un arrêté de ce genre, même sans y comprendre

les articles relatifs au travail du dimanche, se verrait taxé
de tyrannie. Les quelques prescriptions hygiéniques, émanant de l'autorité supérieure, ne peuvent être appliquées, la
plupart du temps pour les mêmes raisons.

ALLEUZE

Alleuze est situé à une dizaine de kilomètres au sud de
Saint-Flour à vol d'oiseau. C'est une commune fort étendue,
presque aussi grande que Neuvéglise mais beaucoup moins
peuplée. Elle ne possède pas de bourg principal. Son nom
lui vient du château d'Alleuze, qui est seul isolé sur un
rocher dans les gorges d'un torrent descendant de la Planèze et allant se jeter, deux kilomètres plus loin, dans la
Trueyre. A quelques centaines de mètres du château se
trouvait l'église et le presbytère, isolés aussi, sur une sorte
de croupe, qui rattache le rocher d'Alleuze à la montagne
voisine. Le pays est sévère d'aspect. Les pentes des montagnes sont couvertes d'une maigre végétation. Quelques
bois de pins, par ci par là, décorent un peu le paysage. La
région est déserte. Les routes sont éloignées ; un mauvais
chemin de char réunit seulement les hameaux de la commune
à leur église. On n'aperçoit sur ces pentes que quelques
troupeaux de chèvres ou de moutons. Toute la population
habite les hameaux situés sur les plateaux environnants, au
nord de Villedieu et Saint-Flour, à l'ouest, vers Seriers,
La Vastrie et Neuvéglise, à l'est vers Anglard. Au sud c'est
la profonde gorge de la Trueyre presque infranchissable.
Ces plateaux sont moins fertiles que ceux de la Planèze
proprement dite. La terre volcanique, naturellement phos-
phatée, n'apparaît que rarement dans cette région. Le granit
se voit de toutes parts et la roche est à peine couverte de
terre végétale. On se demande comment un centre féodal de
l'importance que semble avoir eu Alleuze, a pu s'établir
dans un pareil lieu. Si le vallon du torrent de Garrot ou

Etat actuel du château de Vareillettes

Etat actuel du château d'Alleuze

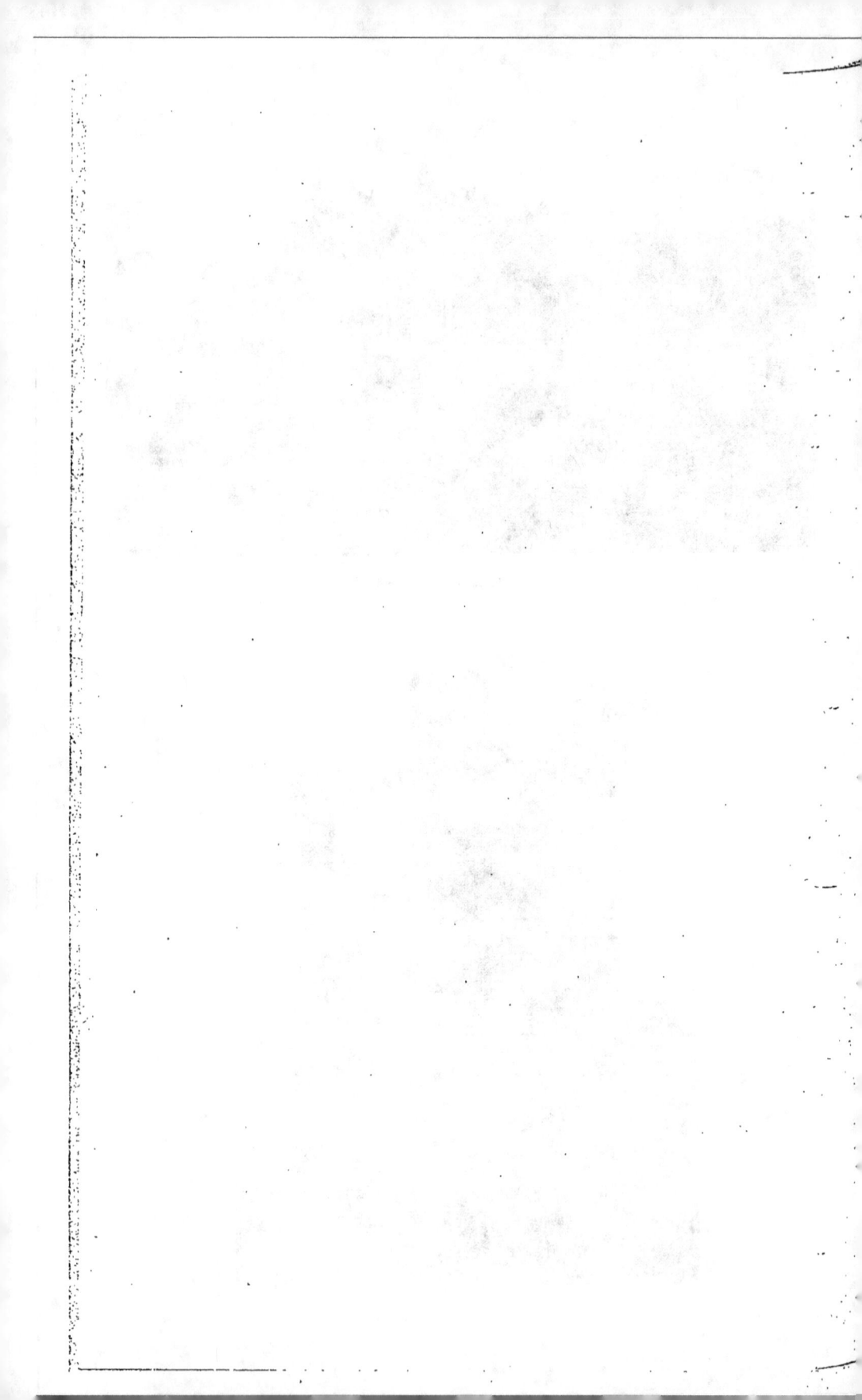

Jarrot avait été une voie suivie par les marchands ou les soldats, cela se serait expliqué. Mais ce vallon est impraticable même à des piétons, et la vallée voisine de la Trueyre est infranchissable. Du reste, aucun chemin viable n'a jamais existé par là. Et cependant nous verrons qu'Alleuze a été un des centres les plus importants de la féodalité dans ces régions.

La forteresse, qui en était la base, n'a jamais été considérable. Son isolement loin des lieux habités, d'où l'on pouvait venir chercher les matériaux, l'a sauvée d'une destruction complète. Ses ruines sont encore un sujet de curiosité pour les rares touristes qui veulent bien s'aventurer dans la région. C'est un quadrilatère, terminé aux quatre coins par quatre tours. Le tout est décoronné, mais le mortier dont ses murs sont construits est de telle qualité que, malgré un abandon complet, ils résistent à toutes les intempéries. Ces ruines n'ont, du reste, rien d'intéressant. Alleuze n'a jamais été la résidence d'un chef de maison féodale. C'était une simple forteresse chargée de défendre une position militaire quelconque. Il n'a jamais été habité que par des soldats et leurs capitaines. Donc inutile d'y faire des appartements pour y loger les membres de la famille dominante, d'y avoir les bâtiments nécessaires à la rentrée des dîmes perçues dans la terre, ou à une exploitation agricole quelconque. En cas de guerre, le suzerain n'avait pas besoin d'y réunir ses vassaux et leurs familles. Alleuze était plutôt un poste fortifié qu'un château féodal proprement dit. Si, à un moment donné, il fut le chef-lieu d'une terre importante, il est probable, sans que nous en ayons la preuve, qu'il existait sur le plateau un autre centre où les officiers de la terre devaient habiter, comme aujourd'hui la mairie et les écoles sont installées au hameau de Barge sur les hauteurs dominant immédiatement le ravin. Nous sommes, du reste, peu renseigné sur ce que le château pouvait être autrefois. D'après Deribiers, dans le *Dictionnaire statistique du Cantal*, il paraît qu'en 1693, il consistait en un vieux corps de logis et quatre tours d'un petit diamètre. C'était un carré long, à chaque coin duquel se trouvait une de ces tours, rondes et élevées. Elles étaient voûtées aux premier et deuxième étages. Dans nos archives nous trouvons un plan du château non daté (1), sans que l'on dise à quelle occasion il fut dressé. On y voit une sorte de plate-forme, sur le bord de laquelle il est écrit qu'on y remarque les restes d'un ancien mur de rempart. Le plan du château lui-même est bien un rectangle, allant du Nord au Sud, avec quatre tours aux quatre coins et une autre plus petite accolée contre celle du Nord-est, et où se trouvait la porte d'entrée et probablement l'escalier. A l'Ouest, coule du Nord au Sud un ruisseau plus important que les autres, qui tourne ensuite brusquement à l'Est, pour recevoir un cours d'eau de moindre importance, qui vient aussi du Nord au Sud et coule à l'Est du château. Le plan, n'ayant pas d'échelle, il est impossible de connaître les dimensions réelles des constructions, ni la distance qui le sépare de l'église. Celle-ci est représentée au bord du plan. Elle est sensiblement plus petite que le château.

Tout ce qui concerne Alleuze, dans nos archives, se trouve dans un seul carton B. L. Encore y trouve-t-on quelques titres relatifs à la terre de Laval, qui n'a pas la même origine mais qui y fut rattachée administrativement par notre famille. Quelques-uns de ces actes sont intéressants. Nous les verrons. Mais nous sommes loin d'avoir là un dossier aussi complet que pour Neuvéglise, et il manquerait beaucoup de choses pour en écrire une monographie complète.

Jean de Lastic devait avoir des vues sur cette terre. Il venait d'acheter en plusieurs lots celle du Buisson, qui en etait éloignée seulement de quelques kilomètres. Entre le Buisson et Alleuze se trouvait le petit domaine de Lestournel, qu'il avait acquis le 22 mars 1588 (2). Il s'acheminait ainsi vers ce qu'il convoitait. Le 23 juillet 1593 (3) il l'achetait à

---

(1) Archives de Parentignat. B, L. 43. Orig. sur pap.
(2) Archives de Parentignat. B. 4-8. Orig. sur parch.
(3) *Ibid.* B. L. 9. Orig. sur parch.

« Révérend Père en Dieu, Françoys de La Rochefoucaud, abbé de Tournus, Maître de la Chambre du Roy, Evesque de Clermont », pour la somme de trois mille cinq cents écus sol, revenant à celle de dix mille cinq cents livres, payable à la fête de Saint-Jean-Baptiste prochaine entre les mains des « marchands des villes de Saint-Flour, Brioude et autres lieux, solvables etc. » Cette terre, dit l'acte de vente, consistait en toute justice haute, moyenne et basse, en cens, rentes, etc., et autres droits seigneuriaux avec ses dépendances et appartenances. On ne donne pas plus de détails. Cette vente est confirmée seulement le 1er décembre 1597 (1), lorsque les commissaires députés, à ce désignés par le Roi, le Pape et les Cardinaux, eurent reconnu qu'il y avait intérêt à faire cette aliénation du temporel de l'évêché de Clermont, du consentement de l'Evêque. On ne trouve pas plus de détails dans cette pièce que dans l'autre. L'Evêque devait une partie de cette somme à Jacques de Traverse, conservateur du domaine du Roi a Murat. Jean de Lastic remit en conséquence deux mille cinq cent dix-sept écus, quarante et un sols entre les mains de sa cousine Louise de Lastic, veuve de Jacques de Traverse (2).

Quant au domaine de Laval, il ne fut acheté que beaucoup plus tard. En 1658 d'abord (3), Marguerite de Beaufort-Canillac, veuve de Philibert de Lastic, tutrice de son fils François de Lastic, achète d'abord les droits seigneuriaux, sauf les droits de pêche et de chasse que se réservait son propriétaire Charles de Langlade. Celui-ci se trouvait dans une assez mauvaise situation financière et dut chercher à se procurer ainsi quelque argent. Mais deux ans après, le 24 janvier 1660 (4), elle achète le reste pour la somme de neuf mille cinq cents livres à Jean Vigier, qui avait fait saisir

(1) Arch. de Parentignat. B. L. 13 à 16. Orig. sur parch.
(2) Ibid. B. L, 17. Orig. sur parch.
(3) Ibid. B. L. 59. Orig. sur parch.
(4) Ibid. B. L. 26. Orig. sur parch

cette terre sur Antoine et Charles de Langlade. Après ces divers contrats d'achat, nous ne possédons sur ces terres que quelques actes de propriété, sans intérêt, entre autres un certain nombre de baux à ferme. Nous n'avons rien qui nous indique comment elles quittèrent notre patrimoine. Nous ne possédons qu'un acte du 18 ventôse an IX (9 mars 1801) (1) par lequel nous apprenons que le domaine de Laval fut vendu par adjudication à l'audience des criées du tribunal civil de Saint-Flour, le 4 nivôse an IX, et cela « au désir de la famille de Lastic. » Mais il ne devait plus en rester grand'chose, car cette vente est faite pour la somme de neuf cent quatre-vingt francs. Il est donc probable, qu'au moment de la Révolution, cette terre, comme celle de Neuvéglise, avait été saisie nationalement comme bien de soi-disant émigrée, et vendue jusqu'à ce que les réclamations justifiées de Madame de Lastic en aient arrêté les effets beaucoup trop tard.

La même chose dut arriver pour Alleuze. Nous voyons, en effet, que le 22 avril 1818, (2) la comtesse Joseph de Lastic, ayant voulu y vendre quelques morceaux de terre, les habitants prétendirent s'y opposer sous prétexte que le château étant en ruines et abandonné, ils avaient pris l'habitude de s'en servir et de faire paître leurs troupeaux sur les rochers environnants. Cette affaire se plaida et par des pièces diverses, datées de juin 1821, (3) il semble que mon arrière-grand'mère perdit. Comme on ne donne pas le texte du jugement du tribunal de Saint-Flour, l'affaire est peu claire. Il semble cependant en ressortir que les habitants s'étaient emparés du château et de ses alentours à la Révolution et que personne ne s'y étant opposé depuis, il y avait eu plus ou moins prescription. Comme nous n'avons pas d'autres documents sur Alleuze, il est probable que cette terre, qui

---

(1) Arch. de Parentignat. B. L. 44. Orig. snr pap.
(2) Archives de Parentignat. B. L. 45 à 50. Orig. sur pap.
(3) *Ibid.* B. L. 51. Orig. sur pap.

comprenait, du reste, surtout des droits féodaux, dut nous être enlevée à la même époque par les mêmes procédés.

Alleuze a joué un rôle important dans l'histoire du haut pays d'Auvergne. Il est vrai que tous les auteurs se copient les uns les autres. Le premier qui en ait parlé est Froissard, dans ses *Chroniques*. Mais ce qu'il en dit n'est pas toujours bien exact. M. Paul de Chazelles, dans le *Dictionnaire statistique du Cantal*, l'est encore moins. M. Marcellin Boudet, l'auteur de nombreux ouvrages sur cette région que j'ai cités à l'occasion des guerres contre les Anglais, appuie son récit sur des documents très sûrs. Ce n'est pas le lieu de le reproduire ici, puisque nous en avons déjà parlé lorsque nous en étions à la partie contemporaine de l'histoire des nôtres. Nous savons qu'Etienne Bompar, le père du Grand Maître, qui chevauchait contre les Anglais dans les environs et qui avait été fait prisonnier par eux, y fut enfermé pendant un certain temps. Il ne devait guère se douter que deux cent cinquante ans après, l'un de ses petits-fils en serait possesseur. Nous nous contenterons donc de parcourir les titres assez curieux que nos archives renferment à ce sujet.

Beaucoup d'auteurs et certains actes que nous étudierons tout à l'heure donnent à la terre d'Alleuze le titre de *comptorie*. On a beaucoup discuté sur ce que pouvait être une comptorie. On s'est imaginé, par pure hypothèse, et se laissant probablement hypnotiser par l'orthographe que l'on donnait à ce nom, que ces comptories ou comptouries étaient des centres de perception d'impôts, dont les possesseurs étaient chargés héréditairement, quoique ce privilège semblât plutôt attaché à la terre qu'à son possesseur. M. Marcellin Boudet a fortement combattu cette hypothèse. Il s'est basé pour cela sur ce que l'on savait sur les comptours de Nonette, devenues plus tard comptours d'Apchon. Il ne voit rien dans les actes, ni dans les fonctions occupées par cette importante maison, qui indique de près ou de loin, qu'elle ait joui d'un privilège ou d'une charge de ce genre. Il croit plutôt que ce surnom de comptor ou comptour qui s'est orthographié de plusieurs manières et surtout *contour* comme nous le verrons dans un de nos actes tout à l'heure, était plutôt un titre, comme celui de *comes* (comte) ou de *vicecomes* (vicomte). Il le fait dériver du mot *comitor*, diminutif de *comes*, et qui voudrait dire *petit comte*. Il ajoute naturellement que c'est aussi une simple hypothèse, mais beaucoup plus conforme à ce que nous savons sur l'histoire des familles qui ont porté ce surnom.

L'acte le plus intéressant que nous trouvions dans nos archives sur Alleuze est une copie informe d'un acte du 30 mai 1368 (1). Cette copie est elle-même fort ancienne, peut-être du xvi⁰ siècle. D'autres actes que nous verrons plus loin nous montrent qu'elle est vraiment authentique, quoique le copiste ait omis de la faire régulariser. Elle commence par cette phrase :

« Coppie octroyée par nous Jean Frontault, escuyer, Baile d'Auvergne des Lettres qui s'ensuivent. »

Mais au lieu de citer textuellement ces Lettres, il en fait seulement l'analyse, en cite une phrase entière en latin qui doit en être le préambule, puis ajoute : « Philippe, par la grâce de Dieu, roi de France, venant de s'emparer de la ville d'Acca (Saint-Jean-d'Acre) », où ont été tués beaucoup de seigneurs et barons, pour récompenser les bons services des autres, et aussi à cause des services rendus par ces barons dans la guerre contre les Albigeois, donne à Amblard de Mercœur de la Tour (2) (notre bien-aimé chambellan) (sic), le château et forteresse d'Alleuze, dans ce diocèze d'Auvergne. Ce château devra être mis en état de défense contre les « Vulgaires » (sic). Mercœur jouira du « Comptourat » avec tous ses droits, justices, dîmes, foy et hommages « laquelle *condourie* (sic) dud. Alleuze ne pourra estre possédé que par

---

(1) Archives de Parentignat. B. L. 64. Copie informe sur pap. du xvi⁰ siècle.

(2) C'est la première fois que je vois le nom de La Tour joint à celui de Mercœur. Le prénom d'Amblard était aussi inconnu dans cette maison de Mercœur

les escuyers lanciers, estant une des quatre condouries
d'Auvergne (1) et ne pourra estre lad. condorie d'Aleuze ny
Mercœur mize en main autre ny les autres trois que des
lanciers et escuyers et estant led. de Mercœur du rolle des
trante chevaliers (2) de nostre dit pays et province d'Auvergne. » Certains privilèges lui auraient été déjà donnés
par acte du 3 mai 1195. Cette donation est faite à Issoudun
l'an de grâce *mil cent onze* (sic) (2). Le copiste parle alors
d'une vente faite par Amblard de Mercœur à Archambaud de
Bourbon, puis d'une revente par celui-ci à l'Evêque de
Clermont. Mais depuis cette époque (les dates ne sont pas
indiquées), l'Evêque ne peut arriver à jouir paisiblement de·
ses possessions et privilèges qui consistent en « trente-sept
hommagers, onze vingts trois sestiers de bled, six vingts
livres argent, compris le droit de contour sur notre ville de
Sainct Flour quy sont vingt florains que led. Consulage de
lad. ville luy doit payer annuellement comme ils sont tenus
et obligés et pour le payement desd. florains le dit seigneur
contour d'Aleuze doit faire tenir son assize encontre la tour
de la porte du Latz vulgairement appelée la tour anglaise,
etc. » En conséquence l'Evêque se plaint au duc de Berry,
duc d'Auvergne, son suzerain, qui lui confirme ses droits
par acte daté de Villemur du 30 mai 1360 (3).

Cette copie informe n'aurait aucune valeur si nous ne
possédions dans nos archives un autre acte du 18 décembre 1695 (4). C'est la copie dûment et doublement authen-
tifiée d'un autre acte du 8 novembre 1301, qui est la
confirmation en partie au moins de ce que nous venons

---

(1) Il eut été intéressant de connaître les noms de ces quatre *condouries* et des trente chevaliers auvergnats.

(2) Le copiste du temps du duc de Berry ou celui du xvi· siècle a dû
sauter le mot *deux*. Il devait y avoir 1211 et non 1111.

(3) Il faut observer que nous avons affaire ici à une analyse du titre
du duc de Berry faite par un copiste du xvi· siècle. Le nom de tour des
Anglais, donnée à la tour du Lats, est donc postérieur à l'acte primitif

(4) Archives de Parentignat. B. L, 67. Orig. sur pap

d'apprendre. Elle ajoute que, lors de l'érection du diocèse de Saint-Flour en 1316, on détacha certaines rentes du temporel du diocèse de Clermont, pour en constituer celui du nouveau diocèse. Cela amena une contestation entre les deux évêchés. On régla ce différend par une transaction. Il fut décidé que l'Evêque de Clermont conserverait son droit de péage au passage du faubourg de Saint-Flour, à cause de sa seigneurie d'Alleuze. Parmi ces droits se trouvait celui de *Contour* d'Alleuze, comme l'a confirmé depuis le duc de Berry et d'Auvergne en 1360. Ces droits consistaient aussi en droits de justice haute, moyenne et basse, cens, rentes et argent, blés, avoines, geline, droit de guet, droits de taille aux cinq cas, droits de directs avec lots et prélation, droits de péage à Saint-Flour et passage de *Gourgatout* (sic) sur la rivière du Jarrot (*sic*), fief, foi et hommage. Certains vassaux ayant refusé de s'acquitter de ce qu'ils devaient, le Bailly des Montagnes d'Auvergne s'est transporté à Alleuze. Il reçoit d'abord la confirmation des vassaux de la terre de Cheilade appartenant aussi à l'Evêque de Clermont, puis passe à ceux d'Alleuze. Voici quels sont ces derniers :

Le seigneur de Margeride, pour la seigneurie de Montpeyroux.
Le seigneur de Brezons, pour la seigneurie de Valuéjols.
La châtellenie du Chambon, paroisse de Paulhac.
Le seigneur de Montbrun, pour la seigneurie de Montbrun et de La Vastrie.
Le prieur de La Voûte, pour la seigneurie de Coltines, paroisse de Tanavelle, et pour la seigneurie de Nouvialle, paroisse de Valuéjols.
La seigneurie de Chaliers et celle de La Valette, paroisse de Chaliers.
La châtellenie et paroisse de Talizat.
Les tours et dépendances de Marmechaze (*sic*) qui est au seigneur d'Ally.
Les cens de Rouayre, La Beysserette.
La châtellenie de Paulhac et Loubessargues.
Les consuls de Saint-Flour reconnaissent que le seigneur d'Alleuze doit aller tenir son *baylage* (*sic*) à la porte et tour du Latz, dite des Anglais.
La moitié de la seigneurie de Coren.
La châtellenie de Mentières.
La seigneurie d'Auliac, paroisse de Talizat.

La châtellenie de Rochegonde, paroisse de Neuvéglise.
Le mas et la juridiction de Tagenac.
Le lieu et paroisse de Cussac.
La seigneurie de Jarry.
Le seigneur d'Aurouze pour le lieu et paroisse d'Ussel.
Le tiers de la seigneurie de Sailhens.

Tous les vassaux ci-dessus ont reconnu ce qu'ils devaient et ont signé avec le commissaire-enquêteur et le notaire soussigné, le 8 novembre 1301. A la suite les extraits précédents des lettres patentes du duc de Berry sont déclarés collationnés par les notaires royaux soussignés. Il n'y a donc plus de doute à avoir sur la réalité du récit précédent, au moins dans ses grandes lignes.

Jean de Lastic se trouvait ainsi maître de la plus haute juridiction de la région où se trouvait l'ensemble de ses terres. Comme seigneur de Sieujac et de Neuvéglise il devait hommage et cédait le pas sur certains points aux seigneurs de Rochegonde et de Montbrun. Mais par suite de son acquisition de la terre d'Alleuze, ces derniers durent lui rendre à leur tour ces mêmes hommages. A cette époque cela n'avait plus beaucoup d'importance.

Dans un registre postérieur à l'année 1467, (1) on trouve la liste des seigneurs ayant rendu foi et hommage aux Evêques de Clermont au cours des siècles. (2)

1287. — Nobles Bernard et Pierre de Murat.
1330. — Pons de Montaigu.
1348. — Hugues, abbé de Pébrac.
1348. — Mirabelle de Tailhac.
1354. — Marguerite de Guaulhac, femme de noble Gilbert de Marcenac.
1219. — Astorg d'Aurillac.
1327. — Isabelle Richarde, vicomtesse de Carlat.

1223. — Armand Barras.
1271. — Gilbert, Gaillard et Géraud de Marcenac.
1331. — Aymeric de Tournemire.
1251. — Guillemette, femme de noble Durand de Montal.
1258. — Sibille, femme d'Armand Barras.
1278. Gilbert de Montamat.
1282. - Jean d'Albars.

(1) Archives de Parentignat. B. L. 70. Orig. sur pap.
(2) Je reproduis les noms dans l'ordre du registre qui n'est pas chronologique.

17

1268. — Flore, veuve de Géraud de Saint-Mamet.

1312. — Gilbert de Felzins, seigneur de Montmurat.

1201. — Le Révérend abbé de Maurs.

1349. — Le Révérend abbé de Mauriac.

1276. — Guillemette et Rigaud de Fontanges.

1248. — Pierre Blaud, pour le seigneur de Gironde.

1307. — Pierre de Quayrac.

1283. — Bertrand, Aldoys et Guérin de Trémollières.

1308. — Raoul de Saint-Cyr ou de Saint-Cirgues (1).

1333. — Géraud de Montmorin, seigneur d'Auzon,

1357. — Aymeric Ratier.

1265. — Géraud de Vieille-Brioude.

1353. — Amblard de Bienne.

1267. — Etienne de Sereys, seigneur de Montpeiroux.

1332. — Géraud de Taillac.

1344. · Mirabelle de Montcellet, dame de Montpeyroux.

1279. — Ayrald et Guillaume de Mellet.

1279. — Révérend Gaufred, prieur de Saint-Flour.

1342. — Guillaume de Nozières.

1307. — Agnès de Rames.

1307. Bérenger La Case, seigneur du Mur de Barrez

1344. — Le Révérend seigneur Hélys, prieur de Montsalvy.

1307. — Marfrede de Murat.

1221. — Le Révérend Guillaume, abbé d'Aurillac.

1394. — Le Révérend Père en Dieu André, abbé de La Chaise-Dieu.

1397. — Jehan de Dun.

1313. — Jean Vallat, de Chaudesaigues.

1365. — Maurin, chevalier, seigneur de Bréon et de Mardoigne.

1467 — Louis de Montvallat.

1295. — Guillaume de Bournazel.

1358. — Ponce de Charbonnières.

1398. — Noble Gilbert Maleyra.

1368. — Fine de Saint-Hilaire, veuve de Garin de Trémoillères.

1402. — Le Collège de l'église Ste-Marie de Murat.

1304. — Béraud de Rochefort.

1265. — Guilladme de Roffiac.

1257. — B. Bompar (de Lastic) et Alde sa mère.

1205. — Guy de Tanavelle.

1266. — Pierre Bompar (de Lastic).

1330. — Gibert de Mayrinhac.

1373. — Béatrice de Folhouse sive d'Albiniac

1307. — Pons, seigneur de Villelongue, seigneur des château et châtellenié de Moissac.

1344. — Guillaume de Goyses,

1287. — Pierre et Armand de Brezons.

1349. — Le Vicomte de Murat.

1243. — Béatrix, abbesse de Chazes (Date illisible) (2). — Guillemette, abbesse de Chazes.

1277. Marguerite, abbesse de Chazes.

1333. — Ysabelle de Langheac, abbesse de Chazes.

135 . - Ponce de l'onazat.

1344. — Révérend seigneur Guillaume, abbé de Pébrac.

---

(1) Tous ces noms sont en latin dans le registre.

(2) Les dates sont en chiffres romains ou en toutes lettres. Quelquesunes sont très difficilement lisibles.

1333. — Bernard de Rochefort, sei_gneur d'Aurouze, chanoine de Brioude.

1344. — Pierre de Chambon, seigneur d'Enteroches

1344. — Guillaume de Goisas.

1352. — Guillaume de Verdezun.

1396. — Catherine de Tanavelle, veuve de Bertrand Gasaniol.

1352. — Etienne Bompar, seigneur de Lastic.

1381. — Marguerite de Pinet, abbesse des Chazes.

1333. — Robert de Brenic.

1330. — Guillaume de Queyrac.

1345. — Guillaume de Balsac.

1397. — Guyot de Montclar.

1413. — Pierre de La Roche.

1397. — Jehan Saysset.

1281. — Guy de Caumont.

1330. — Garin de la Chamba.

1375. — N· de Tanavelle, dame des château et châtellenie de Montpeiroux, veuve d'Etienne de Tailhac.

1354. — Guillaume de Bonncroche.

(Sans date) — Jaubert Jaffinel.

1307. — Béatrix, veuve de Jacques d'Obax,

1307. — Guillaume de (Monterugoso) (1).

1344. — Guillaume de Saint-Giron.

1368. — Noble Jehan de Trémoilhes.

1398. — Jacques de Palhyères.

1309. — Guillaume de Nozières.

1287; — Bertrand Bompar (de Lastic).

1261, — Geraud de Neuvéglise.

1281. — Jehan Bessays (?) de Sailhens. (2)

Ce registre est des plus intéressants. Il nous donne toute la série des grands seigneurs féodaux laïcs ou religieux de la région, depuis l'année 1201 (l'abbé de Maurs) jusqu'à l'année 1467 (Louis de Montvallat). Nous y retrouvons les noms de trois de nos ancêtres : Bertrand Bompar (1257), Pierre Bompar (1266) et encore Bertrand Bompar (1287) et Etienne Bompar (1352), tous les trois en qualité de seigneurs de Valeilles, très probablement. Il ne faudrait pas déduire de cette longue suite de noms que tous ceux qui le portaient étaient des vassaux de l'Evêque de Clermont. La plupart ne rendaient hommage à leur suzerain que pour quelques droits féodaux, qu'ils possédaient d'une manière quelconque dans l'étendue de la seigneurie d'Alleuze. Néanmoins on a l'impression que cette terre d'Alleuze devait constituer à un moment donné un des plus grands fiefs seigneuriaux de

(1) Je n'ai jamais pu identifier ce nom. Serait-ce Monteauroux.

(2) J'ai sauté les noms qui étaient répétés à dates différentes. D'autres dont les noms étaient illisibles n'ont pas été reproduits.

notre région comparable à d'autres plus connus, comme la sirerie de Mercœur, la vicomté de Murat, la baronnie d'Apchon, pour ne parler que des plus voisines. La cause de sa décadence doit tenir à ce fait qu'elle n'a pas été, dès le début, l'apanage d'une grande maison, en ce que nous en savons, qu'elle fut aliénée à diverses reprises et appartint pour un grand nombre d'années au temporel d'un évêché fort éloigné. Comme nous l'avons vu plus haut, une partie en avait même été distraite pour constituer le temporel du nouvel évêché de Saint-Flour. Les Evêques de Clermont durent en détacher de temps à autre quelques morceaux pour faire de l'argent, quand ils en eurent besoin. Aussi ce qui fut vendu à Jean de Lastic n'était-il qu'une infime partie de la terre primitive. Il est vraiment regrettable que nous ne possédions en somme que des pièces fort rares et postérieures presque toutes à l'achat fait par notre ancêtre.

LE BUISSON

Le Buisson est situé dans la commune de Villedieu, à sept ou huit kilomètres de Saint-Flour à vol d'oiseau, et à trois ou quatre d'Alleuze. Il est placé au nord d'une sorte de longue croupe surélevée, dominant le plateau environnant de cinquante à cent mètres. Cette croupe est d'origine volcanique, en sorte que toutes les terres voisines sont d'une certaine fertilité. Le château était bâti à l'altitude de mille quatorze mètres, la partie la plus haute de la croupe s'élevait à mille quatre-vingt douze mètres. Au sud se trouvait précisément le domaine de Lestournel que Jean de Lastic avait acquis en 1588. De cette croupe, la vue s'étend au loin, au nord vers Saint-Flour situé un peu en contre-bas sur son socle dominant des gorges profondes, à gauche vers les dykes du Cantal, à droite vers les monts de la Margeride couverts de forêts. Au sud, on soupçonne, dans l'étendue du plateau, vers les monts d'Aubrac, la dépression profonde où coule la

Trueyre et où se niche la forteresse d'Alleuze. Actuellement il ne reste au Buisson qu'un gros domaine. En quoi consistait l'ancien château ? Il n'y a pas un seul titre, dans les quatre cartons de nos archives relatifs à cette terre, qui nous donne la moindre indication à ce sujet. Nous savons que son ancien nom était *Dun.* Or, ce nom de *Dun,* (*dunum* en latin) est un nom d'origine celtique qui signifie ville forte, tour importante. C'est une racine fort ancienne puisqu'on la retrouve en Ecosse ayant la même signification. Presque tous les lieux qui ont conservé, à l'époque gallo-romaine et dans le haut moyen-âge, ce nom dans leur appellation, sont placés sur une hauteur dominante et sont devenus des centres importants. Actuellement encore il est porté ou fait partie du nom d'un grand nombre de villes : *Dun*-sur-Yèvre, *Dun*-le-Palleteau, La Chapelle-sous-*Dun*, Ver*dun*. Château*dun*, le pays appelé le *Dunois*. Le Dun que le Buisson a remplacé dut donc être depuis longtemps un point fortifié qui se voyait de loin et qui par suite avait attiré l'attention des populations environnantes, et avait été qualifié par elles de ce nom caractéristique. Mais il ne dut pas prospérer pour des causes que nous ignorons et disparut complètement. Je me demande même si l'ancien *dun* occupait la place exacte du Buisson ou si le nouveau centre de la seigneurie n'est pas descendu au flanc de la colline dominante, surmontée autrefois par la première forteresse.

Il nous est assez difficile d'établir aussi de quelle manière cette terre est entrée dans notre maison. Il semblerait que ce fut par plusieurs actes successifs. Le 28 mai 1565 (1), un certain Pierre Louchon qui était devenu propriétaire d'une partie de cette terre comme nous le verrons plus tard, vendit cette part à Antoine de La Loure, seigneur du Viallard, demeurant à Rochegonde et qui avait épousé Catherine de Lastic. Cette part comprenait le domaine et le château du Buisson et était payée quatre mille cinq cents livres. Quel-

---

(1) Archives de Parentignat, C. F. 41. Orig. sur pap.

que temps après, le 31 janvier 1565 (v. s.), qu'il faut
lire 1566, (1), Claude d'Aribert, veuve de ce même Pierre
Louchon, vendait encore une partie de cette terre à Durand
Amat, procureur de la baronnie de Rochegonde, qui, certainement devait l'acheter, soit pour le même Antoine de La
Loure, soit pour Jean de Lastic, dont il avait été dans
d'autres circonstances le chargé d'affaires. D'autres ventes
successives augmentèrent cette part. Le 10 juillet 1567 (2),
entre autres, un certain Etienne Louchon, receveur des
tailles au haut pays d'Auvergne, comme tous les siens,
vendait, toujours à Antoine de La Loure, un morceau peu
important pour la somme de douze cents livres. Dans ce lot
était encore compris le château du Buisson, déjà porté
cependant sur la vente du 28 mai 1565. Peut-être s'agissait-il
seulement là d'un pavillon à part, qui avait dû rester la
propriété de cet Etienne Louchon dans un partage de
famille quelconque. Or, c'est le 6 juin 1582 que nous voyons
l'altercation que j'ai relatée entre Antoine Gachon ou de
Gachon et Jean de Lastic, où fut tué le page de ce dernier.
Donc, à ce moment-là, Jean de Lastic avait dû devenir le
propriétaire de la part d'Antoine de La Loure par achat.
Malheureusement l'acte, qui pourrait nous fixer à cet égard,
n'existe plus. Ce n'est plus que le 12 janvier 1608 (3) que
nous trouvons un arrangement, sous forme de vente, conclu
entre Jean de Lastic, seigneur de Sieujac, et un certain Jean
Mouré, bourgeois de Serverette, mari de Marguerite de
Gachon, par lequel celui-ci lui vend sa part de la terre du
Buisson, qui lui venait de sa femme, et cela moyennant la
somme de douze mille cinq cents livres. Il paraîtrait, d'après
ce qui est énoncé au cours de cet acte, que Jean de Lastic
avait acheté cette partie de la terre du Buisson, par un acte
antérieur de l'année 1605 que nous ne possédons pas, à

(1) Arch. de Parentignat. C. F, 40. Orig. sur pap.
(2) Archives de Parentignat. C. F. 59. Orig. sur parch.
(3) Ibid. C. F. 54. Orig. sur pap.

Antoine Gachon. L'exécution de cette vente aurait été retardée par certaines complications. Pour résumer et en suppléant à l'absence de certains actes, on peut dire que la première partie de la terre du Buisson, celle des Louchon, entra dans notre maison par achat de cette partie par Jean de Lastic à Antoine de La Loure vers 1580, et que la seconde partie, celle des Gachon, y entra par achat direct en 1608, en sorte qu'à cette époque-là seulement, la terre entre entière dans notre maison. Entre temps, le 30 septembre 1608 (1), Jean de Lastic vendait cette terre à Christophe, comte d'Apchier « telle qu'il l'a acquise des héritiers du feu seigneur de La Lore et d'Anthoine Guachon », avec toutes ses dépendances moyennant la somme de huit mille livres. Je suis persuadé que cette vente était purement fictive. Jean de Lastic n'aurait pas été assez naïf ni besoigneux pour vendre huit mille livres, ce qu'il venait d'acheter pour vingt-quatre mille, et dont il avait versé douze mille l'année même. Nous devons nous souvenir qu'il avait répondu d'une dette de huit mille livres, due par Alexandre de Castelnau et de Clermont. précisément au comte d'Apchier, et qu'il avait même été enfermé momentanément dans les prisons de la Conciergerie à cette occasion. Ayant dépensé beaucoup d'argent monnayé depuis quelque temps, Jean de Lastic n'en disposant plus pour le moment, avait dû hypothéquer sous cette forme sa terre du Buisson pour garantir cette dette à l'égard de son créancier. La dette fut payée par les héritiers de Jean de Lastic, comme nous le verrons plus tard et la terre put être dégagée. Si nous avons une certaine difficulté à savoir comment Le Buisson est entré dans notre patrimoine, il nous est impossible de savoir comment il en est sorti. Nous trouvons seulement le 7 nivôse an X de la République (2) (1802), un reçu, signé de la Marquise de Lastic, née de Montesquiou, d'une somme de quinze mille sept cent cinquante francs,

(1) Arch. de Parentignat. C. F. 55. Orig. sur pap.
(2) *Ibid.* C. F. 89 à 93. Orig. sur pap.

représentant les trois quarts des vingt-un mille francs restés dû pour le prix principal de l'adjudication du domaine du Buisson, qui avait été faite le 24 nivôse de l'année précédente (1801). S'agissait-il là d'une vente par autorité de justice ? C'est peu probable. Je crois plutôt que les lois révolutionnaires, plus ou moins justifiées dans l'espèce, avaient enlevé la plus belle partie du domaine et que Madame de Lastic fit vendre les débris qui en restaient à l'encan, comme elle l'avait dejà fait pour Alleuze, Neuvéglise et Sieujac.

Le titre le plus ancien que nous ayons sur le Buisson est daté de l'année 1302 (1). C'est une donation sans importance faite sous le sceau d'Armand de Châteauneuf, seigneur de Méalet, chevalier, et de Foulque du Buisson, damoiseau, par un certain Bernard Monnier à sa fille Jeanne Monnier. Nous voyons ainsi qu'il existait à cette époque éloignée une famille du Buisson. Une transaction entre Raymond du Buisson et ses hommes pour la fixation de la taille aux quatre cas, en l'année 1305 (2), nous montre la continuation de l'existence de cette famille. Nous y voyons aussi que cette taille comprenait les cas suivants : nouvelle chevalerie ; mariage ou entrée en religion des filles ou des sœurs ; achats de terres se montant à plus de quarante livres ; rachat de captivité ou voyage d'outre-mer ; ce qui faisait en somme cinq cas. Ce Foulque du Buisson porte le nom de Foulque de Dun, *sive* du Buisson, damoiseau, dans un acte de l'année 1333 (3), de peu d'importance. C'est donc vers cette époque que le nouveau nom se substitua à l'ancien, probablement parce que l'on changea le centre de la seigneurie. Nous possédons peu d'actes dans le xive siècle, et nous arrivons assez rapidement au xve. Or, le 21 décembre 1429 (4),

---

(1) Archives de Parentignat. C. H. 1. Orig. sur parch.
(2) *Ibid.* C. H. 2. Orig. sur parch.
(3) *Ibid.* C. F. 1. Orig. sur parch.
(4) *Ibid.* C. F. 3. Orig. sur parch.

nous nous trouvons en face d'une donation quelconque faite par un certain Guillaume Saisset, chanoine de la cathédrale de Saint-Flour, seigneur du Buisson. Il n'est donc plus question des du Buisson, ni du de Dun. M. Paul de Chazelles dans le *Dictionnaire statistique du Cantal*, prétend que la dernière des du Buisson avait épousé un Saysset, mais il ne donne, comme d'habitude, ni dates ni détails, et n'indique pas ses sources. Je n'ai pu savoir ce qu'étaient ces Saysset, qui semblent cependant avoir appartenu à une noblesse d'origine ancienne. J'ai aperçu plusieurs fois ce nom dans des chartes concernant le Rouergue et il semble qu'ils occupaient une certaine situation dans cette province. Mais nous les voyons être maîtres du Buisson fort peu de temps. Dès le 8 mars 1459 (1), nous voyons déjà apparaître un Gachon, nous ne savons trop à quel titre. Il semble, dès cette époque, que la terre du Buisson fût déjà partagée en deux co-seigneuries, comme au moment où elle fut acquise par les nôtres. Un titre du 26 novembre 1493 (2), semble indiquer que ces Gachon étaient originaires d'Aumont dans le Gévaudan. Un acte du 2 février 1501 (3) nous donne quelques détails sur la filiation de la famille Saysset. Elle ne disparaît pas et reste propriétaire du Buisson conjointement avec la famille Gachon. Le 2 novembre 1527 (4) François Gachon, co-seigneur du Buisson, héritier de feue Soubeyranne Saisset, sa mère, vend à noble homme Pierre Louchon, élu pour le Roi pour le fait des aides et tailles au haut pays d'Auvergne, toute sa part et portion des cens, rentes, justice, droits de directe et seigneurie, haute, moyenne et basse qu'il possédait dans la terre du Buisson et ses dépendances, moyennant la somme de deux mille quatre cents livres. Cela prouve qu'il y avait une alliance entre les Saysset et les Gachon, mais elle a pu être postérieure à l'installation de ces derniers

---

(1) Arch. de Parentignat. C. F. 4. Orig. sur parch.
(2) *Ibid*. C. F. 7. Orig. sur parch.
(3) *Ibid*. C. F. 8. Orig. sur parch.
(4) *Ibid*. C. F. 10. Orig. sur parch.

au Buisson. Le 7 décembre 1528 (1), nous trouvons un
certain Jean d'Antil, dit de Ligonnès, vendant à Pierre
Louchon et à Louis Gachon, le tiers de ce qui lui appartenait au Buisson, avec le château. Cela lui venait par
donation de Jean de Baissinhac qui le tenait lui-même de
sa mère Gabrielle Saysset. Ce Louis Louchon avait pour
mère Marguerite Saysset. On voit donc qu'il existait un lien
de parenté entre tous ces gens-là. Nous ne suivrons pas ces
ventes en détail entre co-héritiers, destinées à arranger des
affaires de famille qui nous intéressent peu. J'ai cité les
précédentes pour indiquer comment la terre du Buisson
appartenait en 1302, au moment où nous en savons quelque
chose, à une famille de Dun ou du Buisson, qu'elle passa
ensuite à une famille Saysset et de là à une famille Gachon
pour une partie et à une famille Louchon pour une autre. Et
c'est à ces deux familles que la nôtre l'acheta définitivement.

Nous avons vu à propos de Jean de Lastic qu'un des droits
des seigneurs du Buisson, qui indiquait en même temps leur
vassalité à l'égard des évêques de Saint-Flour, avait été
revendiqué par notre ancêtre, au moment de l'entrée de l'un
de ceux-ci dans sa ville épiscopale. Or, ce n'était pas la
première fois qu'il avait été exercé par les seigneurs du
Buisson. Je n'en ai pas retrouvé l'origine, mais l'exercice à
différentes reprises. C'est ainsi qu'un acte du 25 juillet 1484 (2)
nous apprend que Messire Charles de Joyeuse, évêque et,
seigneur de Saint-Flour, fit son entrée dans sa ville épiscopale, étant monté sur une mule « de poël falve », sellée et
bridée que conduisait noble homme Pons Saysset, écuyer,
seigneur du Buisson. Aussitôt que l'Evêque en fut descendu
devant la porte de la Cathédrale, le dit seigneur du Buisson
enfourcha la mule et l'emmena où bon lui sembla. Par un
autre acte du 26 août 1518 (3) nous retrouvons le même

---

(1) Archives de Parentignat. C. F. 16 Orig. sur parch.
(2) *Ibid.* C. H. 4. Orig. sur parch.
(3) *Ibid.* C. H. 6. Orig. sur pap.

droit perçu sous une autre forme. Il s'agit ici de Louis de
Joyeuse, neveu du précédent et son successeur sur le siège
de Saint-Flour. Cette fois-ci le seigneur du Buisson était
Guillaume Saysset, chanoine de l'Eglise cathédrale de
Saint-Flour. Un chanoine ne peut en user aussi librement
qu'un écuyer à l'égard de son Evêque. Peut-être aussi le
brave chanoine était-il mauvais cavalier. Aussi ne s'occu-
pera-t-il pas de la mule de Louis de Joyeuse. Il se contenta
de s'en faire payer la valeur qui fut fixée à dix écus d'or. J'ai
donné tout le détail de cette cérémonie quand Jean de
Lastic fut appelé à l'exercer. Le 7 juillet 1648 (1) son petit-
fils, François de Lastic, en fit autant à l'occasion de l'entrée
d'Illustrissime et de Révérendissime père en Dieu, Messire
Jacques de Montrouge, évêque et seigneur de Saint-Flour,
conseiller du Roi en ses conseils, aumônier ordinaire de la
Reine, mère du Roi.

Il existait une chapellenie sous le vocable de Saint
Jacques, fondée dans l'église collégiale de Villedieu, par
Jean de Dun, damoiseau, dans un acte non daté du commencement du xv⁰ siècle. (2) Il y avait aussi, au Buisson
même, une chapelle sous le vocable de Saint Etienne. Une
bulle du Pape Jules II, datée de décembre 1512 (3), autorisait
Jean Saysset, seigneur du Buisson, à y faire célébrer la
messe.

La Trémolière et dépendances

Quand, du haut de la terrasse qui avoisine la Cathédrale et
l'Hôtel-de-ville de Saint-Flour, on contemple le magnifique
paysage qui se déroule à l'est sous les yeux, on aperçoit
toute la chaîne de la Margeride noire de forêts. La partie la
plus au nord s'abaisse et forme comme un large seuil, qui

(1) Archives de Parentignat. C. H. 23. Orig. sur pap.
(2) Ibid. C. I. 8. Orig. sur pap.
(3) Ibid. C. I. 9. Orig. sur parch.

s'ouvre vers le nord-est et le bassin de l'Allier. Au pied de ce seuil il y a comme une cuvette demi-circulaire dont il constitue le rebord. C'est une plaine fertile et tout le long s'aperçoivent de nombreux villages qui s'y succèdent, abrités ainsi des vents froids. Ce sont, en commençant par la gauche, Coren, au nom d'origine celtique, Mentières, Tiviers, les Maisons, la Trémolière, Vabres, Saint-Gal, et Ruines tout à fait à droite. Un peu en avant on aperçoit plus ou moins à travers les dépressions du terrain, Brons, Bégus, Brossadols, Vareillettes et Saint-Georges. Tous ces villages ont appartenu à notre maison au cours des siècles ou en ont été vassaux d'une manière quelconque. En continuant, en effet, au-delà de ce seuil, dont nous avons parlé plus haut, nous trouverions le rocher et la forteresse de Lastic, dominant tout le pays à la ronde, cachés de Saint-Flour par une hauteur moins élevée, mais plus rapprochée de cette ville. Or, presque tous ces villages payaient des droits divers aux seigneurs de Lastic. Les autres entrèrent plus tard dans notre famille, au XVIe siècle, par les achats de Jean de Lastic ou par ceux du comte de Lastic au XVIIIe siècle. Ceux qui firent partie du lot de Jean de Lastic sont la Trémolière, Saint-Gal, Vareillettes et Saint-Georges.

Je n'ai pu voir ni savoir s'il existait encore des restes de notre ancien château à la Trémolière, château qui dût être cependant d'une certaine importance, lorsqu'il fut habité par Jean de Lastic, au moment de sa mort, et par son fils Philibert qui semble y avoir passé presque toute sa vie. Mais il est probable qu'il n'en reste rien. Celui de Vareillettes, au contraire, est un des mieux conservés des châteaux qui nous aient appartenu. Il se compose encore d'un haut corps de logis, recouvert d'un toit fort élevé et fort élégant de forme, et flanqué de deux grosses tours carrées formant pavillons, recouvertes elles-mêmes de toits en forme de pyramides. Une troisième tour, plus petite et ronde, est placée à l'un des angles du corps de logis principal. L'ensemble, sans être bien important, constitue une élégante habitation, qui servait de résidence d'été aux évêques de Saint-Flour avant la saisie de la mense épiscopale, au moment de la séparation des Eglises et de l'Etat. La Trémolière, comme Vareillettes, étaient situés, l'un et l'autre, dans des bas-fonds, au milieu des bois et des prairies. A Saint-Georges il ne reste plus que les ruines informes d'un très ancien château, qui dominait à pic les gorges de l'Ande. Quant à Saint-Gal, je crois qu'il n'y eût jamais là de château proprement dit.

Toutes les pièces, qui concernaient ces diverses terres, durent être remises à leur acheteur, quand le Comte de Lastic les vendit quelques années seulement avant la Révolution, en sorte que nous ne possédons même pas les actes d'achat, mais seulement les actes de vente, et quelques papiers qui se sont oubliés dans nos archives probablement. M. Paul de Chazelles, dans le *Dictionnaire statistique du Cantal*, en a donné, en général, des historiques fort réduits et fort inexacts, en ce qui concerne ceux que j'ai pu vérifier. Quelles raisons firent acheter ces terres par Jean de Lastic ? Pensa-t-il s'acheminer ainsi petit à petit vers cette terre de Lastic, qui nous avait donné son nom et qui avait échappé par des circonstances si malheureuses au patrimoine de notre famille ? Ce désir, que je lui attribue peut-être gratuitement, ne fut jamais réalisé, car les nôtres utilisèrent leurs larges économies à l'achat de terres toutes différentes d'abord en haute Auvergne, puis plus tard en basse Auvergne, quand ils voulurent se rapprocher du Soleil de Versailles. Ce n'est que tout à fait à la fin du XVIII⁰ siècle que le Comte de Lastic put le réaliser en partie, en achetant non pas ce qui avait appartenu à notre maison, mais ce qui avait été le lot des Mercœur et la haute suzeraineté de la terre. Et c'est pour cela qu'il vendit précisément les terres de La Trémollière, Vareillettes, Saint-Georges et Saint-Gal, pour avoir la somme nécessaire à solder cet achat.

Quoi qu'il en soit, voyons ce que nous trouvons dans nos archives à leur sujet. Le premier titre que nous ayons sur La

Trémolière est daté du 30 septembre 1599 (1). Il nous indique
que cette terre appartenait à ce moment-là à Christophe de
Felzins, seigneur de Montmurat. Ces Felzins étaient de
grands seigneurs, qui n'appartenaient pas précisément à
l'Auvergne, mais y possédaient d'importantes seigneuries,
M. Paul de Chazelles, dans le *Dictionnaire statistique du
Cantal*, prétend que la maison de Jouvenroux, en était déjà
propriétaire en 1496. Comme nous ne possédons pas l'acte
d'achat, et que l'acte de vente ne donne pas l'origine de
propriété, nous ignorons si ce fut aux Felzins ou aux Jouvenroux, que Jean de Lastic en fit l'acquisition.

Ce dernier semble s'y être établi dès la fin des guerres de
religion. L'endroit était-il plus agréable à habiter que
Sieujac ? Cependant il était beaucoup plus éloigné de ses
autres propriétés. En tout cas c'est là que le célèbre ligueur
mourut en 1611. Son fils Philibert l'habita presque toute sa
vie. C'est de là que sont datées presque toutes les pièces
intéressantes émanant de lui. Le 21 mars 1612 (2) Philibert
étant encore mineur, sa mère Madeleine d'Espinchal, ayant
été nommée sa tutrice, fit faire l'inventaire du château. Nous
allons en avoir ainsi une brève description, dont je ne noterai
que les parties les plus intéressantes ou les plus curieuses.
Dans la grande salle, on trouve dix pièces de tapis, — série
de Felletin « faites à feuillages ». Elles sont indiquées
comme venant du château de Sieujac. Les autres pièces de
tapisserie de cette salle représentent l'histoire d'Esther et celle
de Suzanne. Dans cette même grande salle, on trouve un
châlit de noyer tout neuf, garni de ses courtines ou pendants,
rideaux et tours de lit de serge tout garni de « luysant de
soye noyre, la crespine aussi de soye « noyre ». Ceci prouve
que l'on couchait dans la grande salle comme au moyen-
âge et comme chez les paysans. Dans la même salle on
trouvait encore une « lytoche » ou couchette de noyer, plus

---

(1) Arch. de Parentignat. F. A. 6 a. Orig. sur pap.
(2) Archives de Parentignat. F. A. 7 a. Orig sur pap.

un buffet ou dressoir toujours en noyer avec un tapis de drap bleu et franges de soie verte, plus un vase de cuivre contenant deux seaux d'eau (il s'agit là probablement de la contenance), On y voyait encore cinq chaises de bois de chêne, plus deux chaises garnies de « canevas travaillé à l'esguylle », et enfin deux chandeliers de gale en fer blanc et un coffre de vache fermant à clef. Dans la chambre du milieu il y avait deux châlits de chêne et une lytoche de même, l'un d'eux garni d'une courtine avec ses pendants de serge rouge et brodée de velours « violet obscur », et de petites tresses d'argent « faictes à ramages », et frangé de flocons incarnat », et la « crespine de fils d'argent », les rideaux du tour de lit « de camelot de fil retors avec la frangette ou garniture de flocon, le tout incarnat. » L'autre lit est « faict à l'impériale », les rideaux pendants autour du lit « de serge rouge guarny de luysant de soye avec les frangettes de layne verte », La lytoche a « son pavillon de serge verte guarny de passements blancs et frangette verte. » On y trouve aussi une table de chêne avec son siège de même et son tapis « de bergame jaune et bleu », plus « un bassin d'argent, deux ayguières, deux salières, et un petit (illisible), le tout d'argent avec leurs boucletons de cuir noir », plus un coffre de vache « dans lequel se trouvent « quelques robes et cotilhons de Madame et Madamoyselle d'Aleuze, sa filhe » (probablement la future baronne de Sévérac). Dans une chambre joignant celle-ci appelée « la chambre de Madame », on trouve cinq pièces de tapisserie de Felletin « faictes en feuilhaiges », une table de chêne portée par « quatre figures de mesme boys », avec son tapis de bergame rouge et noir, plus un châlit et une lytoche de noyer ou chêne, le châlit garni de courtine et pendants de rideaux autour du lit de « serge couleur de Roy, avec des passements moytié soye et moytié layne blanche et jaune, la courtine de soye de mesme couleur », plus dans un coffre quelques filets de layne servant à travailler sur le canevas appartenant à Madame. » Au bout de la galerie, en sortant de la dite chambre, on trouve trois pièces de courtine de tapisserie de Felletin « faictes à personnaiges ». Ensuite arrive la « chambre neufve », dans laquelle se trouvent deux vieux châlits. Dans la petite chambre « joignant la tour regardant le devant », on trouve une « couleuvryne de fer ou métail argent, le calibre de la grosseur d'un (illisible). » Dans la tour qui suit cette chambre il y a « cinq mousquets », plus cinq cuyrasses et une pertuysane. » On va ensuite au grenier qui renferme quatre septiers de froment, vingt de seigle, six d'avoine « pour fournir la despance de troys moys de lad. maison », puis dans une chambre qui contient « quatre lards salés et aussy huict pièces de bœuf que Madame a dict avoir acheptés pour la provision et despances de la maison. » Dans trois grands coffres qui sont dans la galerie on a trouvé quarante pièces de linceul (draps) plus dix douzaines de serviettes, plus douze nappes, plus quatre douzaines de plats d'étain et quatre douzaines d'assiettes, un bassin, une ayguière, deux saladiers et six chandeliers « de leton ». Dans un grand coffre dans la chambre basse « se sont trouvés les habits de feu le Sr de Sieujac que s'ensuyvent »... « une paire de chausses de velours cannelé ; une autre paire de chausses de velours noyr ; plus une autre paire de chausses de petit velours noyr avec des bandes de drap noir dessus ; plus un pourpoint de taffetas noir, une jouppe de camelot noyr avec des passements dessus ; plus un manteau sarge de flocons, doublé de peluche noyr ; plus un autre manteau de sarge de flocons, doublé de satin noir descoupé ; plus un autre petit manteau de tafetas noir et une doublure de velours noir et un autre manteau ; plus un petit bas de soye noire, etc., etc. » Dans la cave se trouvent quatre tonneaux pleins de vin. Dans la cuisine, entre autres deux poëles à frire, deux broches de fer, un chaudron de cuivre, trois pots de fer, une grille, une léchefrite en fer, plus « une grande poyle de letton pour boulir ». Il y avait aux écuries cinq chevaux de selle, plus deux chevaux gris « l'un plus obscur que l'autre »... « deux courtaux poil bay, l'un plus bay que l'autre ; plus un cheval de quatre ans, poil aubert, et museau et trois pieds blancs ; plus un petit bidet poil alzan ». En somme tout ce mobilier était peu luxueux et peu confortable. Cependant Jean de Lastic, au moment de sa mort, était fort riche et occupait la charge de chambellan de la Reine Marguerite de Valois, dont sa femme Madeleine d'Espinchal était la première dame d'honneur. Ils étaient donc d'une situation sociale élevée. On se ferait donc probablement une idée fausse, en s'imaginant qu'à cette époque, an moins dans nos régions, l'intérieur des châteaux était orné et paré comme il l'est de nos jours.

C'est le 24 septembre et le 4 octobre 1786 (1) que le Comte de Lastic vendit la Trémolière à M. Podevigne de Grandval, avec ses dépendances consistant en une directe perceptible sur les lieux de la Trémolière, Vabres, Les Maisons, Le Vialard, Le Montel, La Vaurille, Saint-Gal, Croumasse, La Gazelle, Le Pirou, Le Mas et Reiroles, avec les droits de haute, moyenne et basse justice, droits honorifiques, etc., moyennant la somme de quatre-vingt dix mille sept cent cinquante livres, mais cette terre continuerait à relever en fief du Comte de Lastic pour sa terre de Ruines, et à lui rendre foi et hommage.

Vareillettes appartenait, d'après un acte de nos archives du 8 février 1541 (2), à la famille Polier, qui s'intitulait noble et dont les membres s'en disaient seigneurs. M. Paul de Chazelles dans le *Dictionnaire statistique du Cantal*, prétend que cette famille en était déjà propriétaire en 1484. François de Murat en devint seigneur en 1591 par son mariage avec Catherine de Polhier. Ce fut un de ses descendants, M. de Murat-Villeneuve, qui alla raconter à d'Hozier les légendes qui couraient dans le pays sur l'origine de la branche de Lastic de Sieujac et auquel d'Hozier semble avoir prêté une

---

(1) Archives de Parentignat. F. A. 15 à 28 a. Orig. et cop. sur pap.
(2) *Ibid*. F A. 2 a. Orig. sur parch.

oreille complaisante. C'était précisément peu de temps après le moment où notre famille avait acquis cette terre de Vareillettes à César de Murat, en 1746. Comme nous ne possédons pas l'acte d'achat, nous sommes obligés de nous en rapporter à M. Paul de Chazelles. M. de Murat devait être un voisin jaloux de voir s'agrandir tous les jours le patrimoine de notre maison, alors en pleine prospérité, et cela probablement au détriment du sien. Comme La Trémolière, Vareillettes fut vendu le 17 juin 1787 (1) avec ses dépendances de Plaux, Feyrolettes, Châtellet, Lorcières, Badadas, Frayssinoux, Chaliers, Marcillac, Mons, Montagnaguet, le faubourg de Villeneuve de la ville de Saint-Flour, avec ses censives, baux emphytéotiques, perceptibles sur les villages précédents, avec les droits de haute, moyenne et basse justice et honorifiques, pour la somme de soixante-douze mille livres à M. Raymond Podevigne de Grandval. Néanmoins le Comte de Lastic, vendeur, se réservait les droits de patronage laïque et les nominations aux bénéfices. La terre devait rester sous sa suzeraineté, et l'acheteur devait lui rendre foy et hommage, aveu et dénombrement, comme dépendant de la terre de Ruines. Le Comte de Lastic, quoiqu'ayant plus tard versé dans les idées plus ou moins généreuses de la Révolution, avait conservé une très haute idée de son origine et tenait à maintenir son rang dans cette partie du pays tout en ne jouissant plus du revenu des terres qu'il y avait possédées.

Saint-Georges devait dépendre administrativement de La Trémolière, mais à l'origine, c'était la seigneurie dominante. Au moment où nous dûmes l'acquérir, soit comme dépendance de Vareillette ou de la Trémolière, car les titres de vente n'en parlent pas, il ne devait plus y avoir que des cens, rentes ou autres droits seigneuriaux à percevoir et on devait y jouir surtout de quelques prérogatives honorifiques. C'était, en

(1) Arch. de Parentignat. F. A. 23 à 28 a. Orig sur pap.

effet, l'ancien chef-lieu de l'importante maison féodale de Brossadol ou Broussadoul, qui avait été une des fondatrices du pieuré et de la cité de Saint-Flour, mais qui avait vite périclité. Nous possédons un titre, du 2 septembre 1544 (1), dans lequel nous voyons une vente du vieux château de Brossadol et de ses dépendances en cens, rentes, justice, haute, moyenne et basse, pour le maigre prix de deux cent soixante dix livres, par Guy d'Apchier, à Raymond de Jouvenroux, seigneur de La Trémolière. Quand nous achetâmes la terre de La Trémolière, les droits sur Saint-Georges durent faire partie du lot acheté. Il y avait aussi des droits honorifiques, puisque Jean de Lastic, lors de sa mort, fut transporté dans l'église de Saint-Georges, où d'importantes cérémonies eurent lieu, quoique la Trémolière, où il était décédé, ne dépendit pas de cette paroisse. Le 13 juin 1756 (2), il existait encore du vieux château de Saint-Georges « une mazure d'écurie ou de maison ou restait encore le vestige des anciennes murailles, le rocher formant la muraille, sur le sommet de la côte Saint-Georges....... confrontant de tous côtés les appartenances de l'ancien château de Saint-Georges, où existe encore la masure d'une grande tour......... les vestiges d'un ancien jardin et environ quatre toises de rocher où sont encore les anciens vestiges de murailles dudit jardin ». C'est tout ce que nous savons sur cette terre. Il est fort probable, quoique son nom ne soit pas indiqué dans ces actes, que ce que nous possédions à Saint-Georges, fut vendu à Mr Podevigne de Grandval avec La Trémolière ou avec Vareillettes, à moins qu'il n'y restât que des droits purement féodaux et honorifiques qui disparurent avec la Révolution.

De *Saint-Gal*, nous ne savons qu'une chose, c'est que, dans une annexe du 15 novembre 1386 (3), « l'acte de vente de

---

(1) Archives de Parentignat. F. H. 4. a. Orig. sur parch.
(2) *Ibid*. F. A. 12. a. Orig. sur pap.
(3) *Ibid*. F. A. 82. F. Orig. sur pap.

La Trémolière à Mr Podevigne de Grandval, le comte de Lastic se réservait la nomination ou collation du desservant de la chapelle de Jalliard ou de Notre-Dame-de-Piété dans l'église de Saint-Gal.

VI

Treizième génération

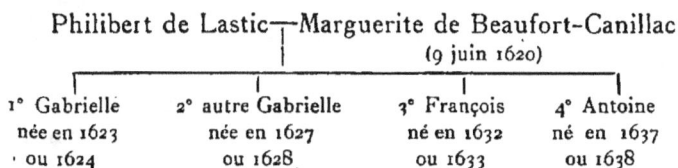

Philibert de Lastic──Marguerite de Beaufort-Canillac
(9 juin 1620)

1° Gabrielle	2° autre Gabrielle	3° François	4° Antoine
née en 1623	née en 1627	né en 1632	né en 1637
ou 1624	ou 1628	ou 1633	ou 1638

Philibert de Lastic dùt naître aux environs de l'année 1594, si nous nous en rapportons à l'acte du 19 novembre 1619 (1), par lequel sa mère, Madeleine d'Espinchal, lui rendit ses comptes de tutelle. Elle déclare, en effet, dans cet acte, qu'elle le fait à l'occasion de sa majorité de 25 ans. Son père s'étant marié en 1573, il naquit ainsi environ 21 ans après son mariage. Etait-il plus âgé ou plus jeune que sa sœur Marguerite ? C'est assez difficile à établir. Celle-ci se maria peu de temps avant lui (1619), et je suppose qu'elle avait alors moins de 25 ans. Quant à sa sœur aînée, elle s'était mariée précisément à l'époque de sa naissance.

---

(1) Archives de Parentignat. J. 58. Orig. sur pap.

Par acte du 27 octobre 1610 (1), son père lui avait fait la dotation de tous ses biens, moyennant qu'il constituât à sa sœur Marguerite, au moment de son mariage, une somme de quinze mille livres. Il avait accepté cette donation par un autre acte du 27 juillet 1611 (2), où, entre autres, il « déclare avoir esté adverty, depuis qu'il est arrivé de Paris, dont et seullement neuf ou dix jours, de la susdite donation faicte en sa faveur en son absence, luy estant et demeurant en la dite ville de Paris, lors et auparavant icelle et jusques à présent qu'il est revenu ». Il avait alors, d'après les calculs précédents, environ 17 ans. Il devait donc faire ses études dans un de ces collèges que l'on venait de fonder dans la capitale, ou suivre le cours de son Université. Nous savons que ses parents étaient alors auprès de la Reine Marguerite de Valois, son père, comme gentilhomme d'honneur et sa mère comme première dame de cette Reine. Mais vraisemblablement, comme les mémoires de l'epoque le disent, son père avait dû venir faire un séjour dans ses terres d'Auvergne, où il était mort d'un accident de cheval.

Philibert se fixa-t-il alors en Auvergne ? Nous n'avons aucuns renseignements à ce sujet. Il semble, cependant, qu'il dût se résoudre à ce parti. Il se forma alors deux courants dans la noblesse. Celle-ci était sortie fort appauvrie des guerres religieuses. Les terres avaient été si rançonnées par les troupes de partisans, les châteaux avaient été si démolis par les sièges successifs qu'ils avaient eu à subir, qu'il semble que certains nobles les eussent abandonnés pour aller chercher fortune ailleurs.

La noblesse du nord de la France, voisine de la cour, tendait à se déshabituer « du méniage des champs » et recherchait les charges civiles et militaires. « Elle abandonnera ses propriétés pour la domesticité des princes. De rurale qu'elle était, elle tend à devenir courtisane » (3).

---

(1) Arch. de Parentignat J. 74. Orig. sur pap.
(2) *Ibid.* J. 74. Orig. sur pap.
(3) *Histoire de France.* E. Lavisse. Tome VI', page 4, par H. Mariéjol.

Dans le centre et le sud, il ne semble pas en avoir été ainsi. Par esprit d'indépendance, la noblesse de ces régions préféra, en général, rester dans ses terres. Les parties diverses de la France ne s'étaient pas encore fondues, et l'attraction royale ne s'était pas encore fait sentir aussi loin. Après tout, la cour d'Henry IV et celle de Louis XIII n'avaient pas encore pris une telle extension, l'armée n'était pas encore d'une telle importance qu'elles pussent absorber, l'une et l'autre, tous les gentilshommes de France. A la suite des évènements qui avaient marqué le siècle précédent, une nouvelle noblesse s'était formée, composée des officiers du Roi, des financiers, des parvenus, qui avait saisi les places principales. Auprès du Roi, la bourgeoisie tendait à remplacer la noblesse de race. Celle-ci continuait à être réfractaire à l'industrie et au commerce qui lui étaient interdits par principe, et qui lui eussent permis cependant de réparer ses pertes. Elle restait ignorante et s'en faisait gloire. Elle avait donc tout avantage, dans ces conditions, à se retirer dans ses terres, pour y reconstituer une fortune moins brillante peut-être, mais plus solide, par l'économie et une sage administration. Du reste, Henry IV et son grand ministre, Sully, cherchaient à favoriser l'agriculture. On a voulu faire d'eux les rénovateurs de celle-ci. C'est exagéré. Ils eussent vu d'un bon œil qu'elle pût devenir prospère. C'était, en effet, une garantie de tranquilité et en même temps une source de richesse. Mais par le fait, ils ne firent pas grand chose pour cela. Sully fut surtout occupé à rétablir l'ordre dans les finances et ailleurs, plutôt qu'à innover dans une branche quelconque de l'activité économique, agriculture, industrie, commerce ou colonisation. Ce fut surtout la tranquillité relative qui régna alors dans le royaume qui encouragea les initiatives. Olivier de Serres fit beaucoup pour cela, et il fut jusqu'à un certain point de mode de l'imiter. J'aime à croire que Philibert de Lastic et surtout Madeleine d'Espinchal, qui semble avoir été une femme de tête et qui était alors sa tutrice légale, pensèrent à s'occuper sérieusement de faire dans leurs terres ce que Sully faisait dans le royaume. Jean de Lastic, parmi ses nombreuses qualités, semble avoir eu celle d'avoir su se constituer un capital foncier important, par l'achat successif de terres de valeur. Sa veuve et son fils n'avaient qu'à suivre son exemple, en les exploitant intelligemment.

Ce qui me fait supposer qu'ils s'en occupèrent, c'est que nous ne trouvons aucun acte, dans nos archives, qui indique que Philibert ait été cherché fortune ailleurs. Ce n'est que le 6 avril 1615 (1), que nous trouvons une lettre du gouverneur d'Auvergne, à lui adressée et ainsi libellée :

« Monsieur de Sieujheac, attendant que je sois dans mon gouvernement pour donner ordre aux affaires qui touchent au service du Roy, je vous ay voullu donner advis de mon arrivée dans la province qui sera au commencement du moys prochain sans faillir. Cependant, je vous conjure d'advertir tous vos amys affin que personne ne prenne party qu'avecques moy pour aller servir le Roy où il me commandera. C'est pourquoi je vous prie de tenir la main à ce que ne se fasse aucune levée dans le pays, ny que personne entreprenne de passer des troupes par mon dit gouvernement, affin que le peuple ne soit point foullé. Remettant à vous dire les instructions du Roy lorsque je vous verray. Cependant, je prieray Dieu qu'il vous conserve en sa sainte garde. De Paris, le sixième août 1615.

» V^re très affectionné à vous servir.

» JOINVILLE (2) ».

A propos de quoi fut écrite cette lettre ? Aucune guerre n'eût lieu à ce moment-là, tant au sein du royaume qu'ailleurs. Le gouvernement craignait-il quelque soulèvement qui pouvait encore se produire à cette époque, et voulait-il indiquer son désir que la tranquillité régnât dans son gouvernement ? Philibert n'avait alors vraisemblablement que 21 ans.

---

(1) Archives de Parentignat B. H. 175. Orig. sur pap.

(2) La signature est à peu près illisible. Néanmoins, on pourrait lire « Joinville ». Or, à cette époque, le gouverneur d'Auvergne était Claude de Lorraine, alors duc Chevreuse, qui fut plus tard quatrième duc de Guise. Il vécut de 1571 à 1640 et gouverna l'Auvergne de 1605 à 1631. C'était le fils ainé d'Henry de Lorraine, le célèbre duc de Guise, le Balafré. Une de ses principales terres était celle de Joinville. Il devait en porter le nom à ce moment-là et signer ainsi.

Mais son influence devait être grande. La réputation de son père encore toute récente, sa richesse territoriale et probablement même mobilière, ses alliances, lui permettaient de s'opposer à des mouvements intempestifs.

Néanmoins, une certaine effervescence régnait dans la province. C'est incontestable. La terre tremblait encore des combats incessants qui s'étaient livrés sur sa surface pendant tant d'années consécutives. Les rancunes n'étaient pas encore éteintes. C'était, du reste, un état encore général dans la France. « Les nobles ont réappris, pendant les derniers troubles, s'ils l'avaient jamais oublié, à se faire eux-mêmes justice. Pour la moindre affaire, ils réunissent leurs amis, montent à cheval, courent la campagne (1) ».

Philibert de Lastic prit sa part de ces combats singuliers. Il semble bien que ce ne fût pas dans son caractère, mais, élevé dans un milieu de tradition chevaleresque, il avait l'âme trop haute pour ne pas répondre aux querelles qu'on pouvait lui susciter. Nous avons le récit d'un de ces combats par les lettres de rémission qui lui furent accordées, en 1617, par Louis XIII (2). J'en reproduis les parties intéressantes, supprimant les formules du commencement et la sentence de remission, qui tiennent la moitié du texte :

« .... receu avons l'humble supplication de Philibert de Lastic, seigneur, baron de Sieujac et de la Trémolière, en notre pays d'Auvergne, contenant que le 3ᵉ jour de janvier dernier, il seroit party de sa maison de La Trémollière, pour aller trouver Mᵉ Pierre Vidal, juge d'aucunes de ces terres, demeurant en la ville de Ruynes, affin de communiquer avec luy et avoir son advis sur quelques assignations à luy données à la requête de Marie Paucier, et pour cest effect seroit monté à cheval faisant suivre avec luy par son veneur et deux autres de ses serviteurs qui portoient chacun arquebuse et quelques louviers et chiens courants pour chasser en chemin faisant, et ainsi se seroyt acheminé vers ladᵉ ville de Ruynes, où estant arrivé, seroit allé droit à la maison dudⁱ Vidal où il auroit mis pied à terre, et ayant faict ses affaires avec led. Vidal, il auroict incontinant remonté à cheval pour reprendre son chemin vers sa maison de La Trémollière, mais au mesme instant seroit survenu ung nommé Regnaud, serviteur du Sʳ de

(1) *Histoire de France*. E. Lavisse. Tome VIᵉ. II. p. 10 H. Mariéjol.

(2) Archives de Parentignat. J. 61. Orig. sur parch.

La Filolye, commandant au chasteau dud. Ruynes, lequel luy dict que son Mᵉ estoit aud. chasteau qui désiroit parler à luy, de sorte que led. suppliant ne saichant pas à quel dessain, seroit derechef descendu de cheval, qu'il auroit baillé tenir à son dᵗ veneur, et se seroit acheminé avec led. Regnaud vers led. chasteau, auroit rencontré led. sʳ de La Filolye, et s'estant saluez respectivement, led sʳ de La Filolye luy auroit dit qu'on luy avoit rapporté qu'il avoit tenu quelques discours à son désavantage, mesme d'avoir enduré qu'on luy avoit baillé ung soufflet, dont il désiroit en estre esclaircy. A quoy led. suppléant luy respondit qu'il ne l'avoit point dict, mais bien l'avoir ouy dire, ce qui contenta led. sʳ de La Filloye, et sur ce se seroient départis d'ensemble avec les salutations et compliments accoustumez, de sorte que sur ce départ, led. suppliant auroit reprins son chemin pour s'en retourner en sa maison de la Tremollière. Mais le dict sʳ de La Filolye ayant depuis estimé qu'il n'avoit pas esté assez satisfaict, auroict renvoyé led. Regnaud suivre led. suppliant qui estoit desjà au devant de la justice et pillory de lad. ville, auquel il auroit dict ces mots : Mʳ, voilà Mʳ de La Filolye qui vient vous trouver. Je vous prie de l'attendre ung peu, parce qu'il désire vous dire encore ung mot. Sur quoy led suppliant, qui vouloit éviter tout subject de dispute et prévenir le mal qui pourroit s'en suivre, dict aud. Regnaud qu'il s'en retournoict tout chassant en sa maison de La Trémollière, et peu après seroit led. sʳ de La Filolye venu suivre led. suppliant qui estoit presques à la croix de Loradour, où il entendit une voix qui luy crioit : Monsieur, Monsieur. En se retournant apperçoit led. sʳ de La Filolye monté sur ung cheval blanc, accompagné de quatre hommes armés d'espées et d'arquebuses, lequel coupa chemin par des pièces de terre, et vint aborder led. suppliant, auquel il dict, qu'il n'estoit pas bien satisfaict de la response qu'il luy avoict cy devant faicte, et désiroit sçavoir à qui il avoyt ouy dire qu'il avoyt enduré ung soufflet. A quoy led. suppliant fist response qu'il n'en avoit point de souvenance, et luy devoit suffire qu'il ne l'avoit point dict. Mais au lieu de ce contenter de ceste honneste response, led. sʳ de La Filolye luy dict qu'il croyoit que c'estoit luy et désiroit en tirer la raison, et a même instant auroict mis l'espée à la main pour fraper led. suppliant, lequel pour garantir sa vye, feut constraint de mettre aussy l'espée à la main pour sa juste deffence et s'estans tirés quelques coups l'un contre l'autre, led. sʳ de La Filolye auroit esté atteint au bras et à la teste, dont il seroit quelque temps après décéddé, au grand regret et desplaisir dud. suppliant, qui n'avoit eu auparavant aucune dispute ensemble ..... »

Des guerres intestines qui venaient de se terminer, on avait conservé l'habitude de circuler tout armé et de se défendre soi-même. On avait gardé la tête près du bonnet, et la moindre querelle se terminait par un combat. Pouvait-on même appeler cela un duel ? Tel que nous le concevons aujourd'hui, le duel est réglé par des statuts qui ont fini par le rendre peu dangereux et le réduisent souvent à une simple formalité. A cette époque, ce n'était qu'un diminutif des anciennes guerres féodales. On était assisté de quelques serviteurs, qui remplaçaient les anciens écuyers ou pages d'autrefois, et ces serviteurs prenaient part au combat, tout comme leurs maîtres. Le sujet de la querelle entre Philibert de Lastic et le s^r de La Filolye, fut-il bien celui qui est donné par l'acte de rémission ? Il est probable qu'elle avait un caractère plus grave, peut-être quelque histoire de femme, comme de nos jours. Philibert avait 23 ans environ à cette époque et n'était pas encore marié. On ne voulut pas donner la vraie raison, et on se battit soit-disant pour des propos malsonnants. Le comte de Lastic, qui voyait toujours dans tout cela des choses extraordinaires, s'est donné la peine de noter son opinion sur le revers de l'acte. Il s'imagine que les La Guiche et les La Rochefoucauld voulaient la destruction des Sieujac, craignant que ceux-ci ne réclamassent un jour les biens matrimoniaux de notre maison, en vertu d'une substitution inconnue. J'ai déjà démontré l'incohérence de cette hypothèse. Le comte de Lastic veut que le s^r de La Filolye ait été *posté* par Jean de La Guiche, dont il fait le page, pour assassiner Philibert de Lastic. Si c'eût été vrai, Philibert eût été le premier à le déclarer dans sa supplique. Il aurait ainsi démontré qu'il ne faisait que défendre sa vie contre des assassins. C'était la meilleure excuse à donner. Il se contente, au contraire, d'évoquer une simple querelle de mots, qui en était une beaucoup moins légitime. Contentons-nous donc de reconnaître que notre ancêtre était un brave chevalier qui savait bien tenir l'épée, au besoin, comme feu son père.

Il dut faire des démarches assez sérieuses pour obtenir le pardon royal. Je trouve une lettre non datée, signée cette fois « Chevreuse », un des noms de Claude de Lorraine, alors gouverneur d'Auvergne, et relative à cette affaire (1).

(1) Archives de Parentignat. B. H. 168. Orig, sur pap.

D'après cette lette, un des hommes qui accompagnait le s^r de La Filolye, fut également tué, probablement par un des serviteurs de Philibert de Lastic. Monsieur de Chevreuse conseille à Philibert de terminer cette affaire en donnant une certaine somme à la mère du soldat tué. Il lui laisse entendre que « beaucop de gens de qualité de ses amys qùi sont icy (à Clermont) (il s'agit des amis de M. de La Filolye) », font beaucoup de bruit de cette affaire. Cette lettre est conçue dans des termes presque amicaux. On sent que le gouverneur tient pour Philibert, mais qu'il lui conseille la prudence pour touf arranger.

Ce fut peu de temps après, le 19 novembre 1619 (1), que Madeleine d'Espinchal rendit ses comptes de tutelle à son fils, en le déclarant majeur de 25 ans. C'est le seul acte qui nous permette de connaître l'âge de Philibert. Elle en faisait autant pour sa sœur Marguerite, mais les filles étaient majeures à 21 ans. Il est probable que l'on fit d'une pierre deux coups, en sorte que cela ne nous indique pas l'âge de la jeune fille, qui devait être cependant plus jeune que son frère. Les deux jeunes gens donnent décharge à leur mère. Il semble que ce soit une simple formalité. Néanmoins, dans des actes postérieurs, la mère semble vouloir faire établir qu'elle a emprunté sur sa propre fortune pour parfaire à des revenus insuffisants. Elle abandonne, du reste, ces sommes de bonne grâce, ce qui prouve qu'elle vivait en parfaite intelligence avec ses enfants, qui habitaient avec elle. Elle tient cependant à se faire réparer et donner en jouissance le château de Neuvéglise avec quelques rentes en nature et en argent tout autour. Les deux subrogés tuteurs, chargés de l'exécution de l'acte, sont Jean de Lastic, de Gabriac, dit *frère du père*, et le seigneur de Cheylade, qui devait être un ami de Jean de Sieujac, car je me souviens avoir vu son nom parmi ses camarades de lutte.

Nous voyons Philibert se marier l'année suivante. Par acte

_____

(1) Archives de Parentignat. J. 58. Orig. sur pap.

signé le 9 juin 1620 (1), au château de La Motte-Canillac,
près Brioude, il épousait « damoyselle Marguerite de Beaufort-
Canillac », fille légitime de feu Jean Claude de Beaufort, en
son vivant chevalier de l'ordre du Roy, capitaine de cinquante
hommes d'armes de ses ordonnances, gentilhomme ordinaire
de sa chambre, conseiller en ses conseils d'Etat et privé et
lieutenant général pour Sa Majesté au gouvernement du
bas pays d'Auvergne, seigneur, vicomte de La Motte de
Canillac et baron des baronnies de Dienne et de La Roche
en Limousin, et de dame Gabrielle de Dienne. Messire
Gabriel de Beaufort-Canillac, seigneur d'Auteribe, oncle
paternel de la future et quelques autres amis non nommés,
assistent à la signature du contrat. Marguerite de Canillac
se constitue en dot « tous et chacuns les biens, droicts et
actions à elle appartenant et escheus par le depcès et trespas
dud. feu seigneur Viscomte son père, tant par droict de succession que autrement, en quoy que consistent et de quelque
qualité que puissent estre les dits biens, droicts et actions
sans aucune restriction, en faisant lad. damoyselle de
Beaufort led. sieur de Sieujac son futur espoux vray maistre
et seigneur comme de ses biens doctaux, procureur et
acteur comme de sa chose propre, etc......... et en oultre.....»
Gabrielle de Dienne donne « en son propre nom et privé » à
sa fille la somme de cinq mille livres. Le futur lui donne « en
forme de douhaire », la somme de douze cents livres de
revenu annuel, « tant qu'elle demeurera en viduitte, y ayt
enfans ou non », à prendre sur la terre de Sieujac, avec la
jouissance du chasteau de Sieujac, meublé suivant sa qualité,
et dans le cas où elle se remarierait, cette somme serait
réduite à celle de six cents livres de rente annuelle. Dans le
cas où Monsieur de Sieujac viendrait à décéder sans enfants,
sa veuve garderait la somme de quatre mille cinq cents livres
sur les biens de son mari, et dans le cas où le sieur de Sieujac
survivrait à sa femme, sans en avoir eu d'enfants, il garderait

---

(1) Arch. de Parentignat. 50 à 54. 3 orig. sur pap. et 1 sur parch.

la somme de mille cinq cents livres sur ses biens. De plus, le futur époux promet de donner à la future épouse, pour « pierreries, bagues et joyaux », la somme de deux mille quatre cents livres qu'elle gardera pour elle, mais qui reviendront à ses enfants après sa mort. Il lui donne en plus « une leytière avec les mulets, attelaige et arnoys requis ». Vient ensuite la constitution d'un préciput à l'enfant mâle choisi. En l'espèce, le préciput se réduit à une rente annuelle de cinq cents livres. Par testament, cette clause fut modifiée et nous verrons François, l'aîné des enfants, conserver tout le patrimoine, au détriment de son frère et de ses sœurs, qui ne reçoivent que des dots importantes, il est vrai. Chose curieuse, malgré la haute situation des conjoints et des témoins cités, les signataires ne sont que de simples hommes de loi. « Messire Balthazar Gillet, docteur en droicts, advocat du Roy », de St-Flour ; « Roger Benezet, bailly aud. Vicomté de La Motte », et noble Françoys de Chambeuil, seigneur du Chassan, petit seigneur, et autres encore moins considérables.

La maison de Montboissier Beaufort-Canillac était une des plus puissantes de l'Auvergne, Elle occupait, surtout à ce moment-là, un rang tout à fait élevé dans la province: Elle représentait trois grandes famille féodales qui s'étaient fondues les unes dans les autres, la maison de Montboissier, auvergnate ; celle de Beaufort, limousine ; et celle de Canillac, du Gévaudan.

En parlant des Montboissier, Bouillet dit (1): « Les premiers monuments qui fassent connaître la maison de Montboissier, la présentent avec des caractères de grandeur et d'illustration qui ne sont le partage que d'un très petit nombre de familles, même de celles que l'on considère à juste titre comme les premières et les plus considérables du royaume. » Dès que l'histoire des familles peut être établie, les Montboissier occupent déjà une situation de premier ordre. Ce sont de

(1) *Nobiliaire d'Auvergne.* Tome IV, page 264 et suivantes.

puissants seigneurs, de ceux que l'on est accoutumé d'appeler des *principes*. Aussi est-il inutile de rappeler leur histoire. Contentons-nous de signaler ce fait, qu'en 1246, le chef de cette maison fait, comme héritier, en cas d'extinction de sa race, le propre frère de Saint Louis, le duc d'Anjou, qu'il nomme tuteur de son fils. Cela suffit pour la classer. Ce fut au xvi⁰ siècle que, par mariage, la maison de Montboissier recueillit les biens de celle de Beaufort qui, elle-même, s'était substitué à celle de Canillac. Elle était alliée aux Polignac, aux comtes de Clermont de la maison d'Auvergne, aux La Garde-Adhémar, aux Vienne, aux Chabannes, etc., pour ne parler que des plus célèbres.

Les Rogier de Beaufort sont sortis des environs d'Ussel, en Limousin. Bouillet dit de cette maison : « Son nom devait remplir l'Europe du bruit de sa splendeur ». Elle avait donné un abbé de la Chaise-Dieu et de Fécamp, un évêque d'Arras et surtout deux papes, Clément VI, qui a son tombeau à la Chaise-Dieu et Grégoire XI. Elle s'était alliée aux Noailles, aux Comborn, aux Canillac, aux Crequy, aux Comminges, à la maison d'Auvergne, aux Ventadour, etc.

Quant à la maison de Canillac, elle tirait son nom d'un château féodal, situé près de Marvejols, sur les hauteurs dominant l'Olt, la vallée supérieure du Lot. Elle avait droit d'entrée aux Etats du Languedoc. Avant de s'éteindre, au xiv⁰ siècle, dans la maison de Beaufort, elle avait déjà produit un abbé de St-Victor de Marseille, un évêque de Saint-Flour, un archevêque de Toulouse, fait cardinal par Clément VI, et s'était alliée, entre autres, aux Rodez, aux vicomtes de Carlat, à la maison de Poitiers.

Le beau-père de Philibert de Lastic était le chef de la branche cadette de cette triple maison, branche dite des vicomtes de La Motte, qui devint la branche aînée, après l'extinction de celle-ci. Elle vient de disparaître en la personne du marquis de Montboissier, mort sans enfants, malgré ses deux mariages.

Philibert entrait dans une famille où il était connu. Jean

Claude de Beaufort-Canillac, le père de sa future, était ce
Canillac dont nous avons parlé à propos des guerres de
religion. Il avait été gouverneur du bas pays d'Auvergne
pour le Roi et devint le chef de la Ligue en Auvergne, après
la mort de Randan. C'était donc l'ami de Jean de Lastic de
Sieujac, le père de Philibert. Cette brillante alliance n'en
est pas moins un argument en faveur de la légitimité de la
branche de Sieujac. La situation élevée de leur maison, la
fortune considérable de la future, ne peuvent laisser supposer
que les Beaufort-Canillac eussent accepté comme gendre le
fils d'un bâtard notoire. Les sœurs de Marguerite de Beaufort-
Canillac épousèrent un La Barge et un Montvallat, et ses
frères une d'Allègre, et une d'Aurouse de Cusse. Les sœurs
de Philibert avaient épousé un du Bourg de Saillens et un
Sévérac de La Garde-Roussillon. Voilà quelle était la famille
à ce moment-là. Rappelons aussi que Gabrielle de Dienne,
mère de Marguerite, était la dernière de la branche aînée de
la maison de Dienne et qu'elle apportait de grands biens à
son mari. Son frère, François de Dienne, avait épousé
Gabrielle de Foix, la fille de Françoise de Lastic. Sans qu'il
y eût de lien de parenté, puisque François de Dienne n'avait
pas eu d'enfants, il y avait d'importantes relations de famille,
d'autant plus intéressantes à noter, que Françoise de Lastic
avait toujours eu l'air de voir d'un mauvais œil la branche de
Claude de Lastic.

Le même jour où se signait le contract de mariage de
Philibert de Lastic et de Marguerite de Beaufort-Canillac, la
mère de celle-ci, Gabrielle de Dienne, lui faisait une donation
directe, en faveur du contrat, d'un supplément de dot de
douze mille livres, payables par annuités de trois mille
livres et assuré sur la baronnie de Dienne (1). En plus, elle
donnait directement à Philibert de Lastic une obligation de
six mille livres à elle due par Henry de Beaufort-Canillac,
seigneur et baron de Pont-du-Château, et par Gabriel de

---

(1) Archives de Parentignat J. 47 et 48 2 orig. sur parch.

Beaufort-Canillac, seigneur d'Auteribe, ses beaux-frères, ce qui faisait en tout dix-huit mille livres, en sus de la dot déjà considérable portée au contrat. Je n'ai pu découvrir la raison de cette libéralité faite à part. Je ne crois pas que Gabrielle de Dienne ait voulu ainsi avantager cette fille. Il devait y avoir là quelque arrangement de famille que nous ne pouvons deviner. Du reste, Philibert dut éprouver certaines difficultés pour s'en faire payer le montant, car, sur le revers du même acte, nous voyons, en 1636, Gabrielle de Dienne déclarer qu'elle n'a pas fait les paiements promis, mais qu'elle engage à nouveau sa terre de Dienne en garantie de ce qui était dû. Le tout dut être finalement payé, puisque la terre de Dienne est restée dans la maison de Beaufort-Canillac jusqu'à la Révolution.

En 1625, Philibert eut un procès avec sa sœur aînée Jeanne, veuve de Louis du Bourg, baron de Saillans, au sujet de la succession de Madeleine d'Espinchal. Nous ne possédons à ce sujet qu'une consultation, à la date du 8 octobre 1625 (1), qui nous apprend : 1° qu'à cette date, Madeleine d'Espinchal était morte sans laisser de testament ; 2° que Marguerite de Lastic, la plus jeune des sœurs de Philibert et de Jeanne, et femme du seigneur de Sévérac, était morte aussi sans testament et sans enfants. Jeanne se serait emparée indûment de quelques joyaux et d'une somme de quatre mille livres. Elle donnait pour prétexte à cela que, dans son contrat de mariage, elle avait renoncé à tous droits éventuels à la succession de son père, mais non pas à celle de ses frère et sœur. Philibert le lui conteste et pour argument de moralité, il laisse ajouter par son conseil que sa sœur depuis une vingtaine d'années « soubs le voille et prétexte d'un futur mariage auroict eu certain nombre d'enfans du feu sieur de Ligonnès, son cousin germain ». C'est tout ce que nous en savons, les pièces du procès ayant disparu.

Nous avons vu que Jean de Lastic, le père de Philibert,

---

(1) Arch. de Parentignat. J. 40. Orig. sur pap.

avait obtenu la capitainerie de Châteauneuf en Carladez, et
que cette capitainerie était devenue en quelque sorte héréditaire dans notre famille. Il est donc curieux de voir que
Philibert n'en reçoit la provision que le 4 septembre 1630 (1),
et cela en remplacement de son père, mort depuis vingt ans.
Il est probable que Philibert en avait joui en quelque sorte
par habitude et qu'on ne pensa à l'en doter officiellement
qu'à cette époque, ce qui prouve que cela n'avait probablement pas grande importance. Il en prit officiellement
possession et en personne, le 18 décembre 1630 (2). Le siège
en était alors au bourg de La Vastrie (3), très voisin de
Neuvéglise et de Sieujac. Philibert fut mis en possession des
« honneurs, aulthorités, prérogatives, prééminences, pouvoirs,
franchises, libertés, gages et droicts appartenant au dict
office », beaucoup de mots pour ne rien dire, ce qui laisse
supposer qu'il s'agissait là seulement d'un simple titre
honorifique, fort peu important en lui-même, du reste, mais
qui conférait à son bénéficiaire une certaine autorité morale
dans la région, ce qui avait de l'importance pour les nôtres,
à cause de la proximité immédiate de leurs terres.

Le 19 mars 1635, Louis XIII déclarait la guerre à l'Espagne.
Or, le 15 juillet de la même année, nous trouvons dans nos
archives (4), une lettre adressée à Philibert de Lastic et signée
d'un nom illisible. Il semblerait cependant qu'elle dût émaner

---

(1) Arch. de Parentignat. J. 30. Orig. sur parch.

(2) Id. J. 29. Orig. sur pap.

(3) Châteauneuf constituait alors un des mandements de la Vicomté de
Murat, qui appartenait à la Couronne. Il comprenait les paroisses de La
Vastrie, Alleuze, Neuvéglise, Villedieu, Les Ternes et Tanavelle. Le chef-
lieu était La Vastrie. Le château de Châteauneuf, situé sur les bords de la
Trueyre, n'existait plus depuis longtemps Mais il n'en avait pas toujours
été ainsi. Suivant les seigneurs auxquels passaient ces terres, leur division
administrative se modifiait. C'est ainsi que Châteauneuf s'était appelé
autrefois Châteauneuf de Mallet, ce qui suppose qu'il devait être uni à
cette autre seigneurie qui, depuis, était devenue le chef-lieu d'un autre
mandement de la Vicomté de Murat, qui comprenait les paroisses de
Mallet, Faverolles, Sarrus, Maurines et St-Martial.

(4) Archives de Parentignat. B. H 169. Orig. sur pap.

du gouvernement d'Auvergne d'alors. Or, celui-ci était, à cette date, le M^al de Thoiras, de la maison de St Bonnet, du Languedoc. Le gouverneur lui transmet une lettre de convocation du Roi, le priant de se rendre à Maringues, auprès de « Monseigneur le Prieur ». Je suppose que ce « Prieur » pouvait être celui que l'on appelait aussi le « Grand Prieur », Alexandre de Bourbon, chevalier de Vendôme, deuxième fils reconnu d'Henri IV et de Gabrielle d'Estrées et qui prit part à un moment à toutes les cabales contre Richelieu (1). Reçut-il un commandement au moment de la guerre d'Espagne et venait-il rassembler des forces à cet effet ?

Les débuts de cette guerre ne furent pas heureux pour nos armes et on sentit bientôt la nécessité de se procurer des forces plus importantes. La réorganisation de l'armée était loin d'être arrivée au point où elle le fut sous Louis XIV, peu d'années après. Nos généraux se firent battre parce qu'ils ignoraient les premières règles de la guerre et parce que les services de l'arrière n'existant pas, nos armées n'étaient pourvues ni d'armes ni de nourriture. Quoi qu'il en soit, le gouverneur d'Auvergne faisait à Philibert de Lastic ses recommandations pour aller rejoindre l'armée, « afin de vous tesmoigner l'estime que je fais de votre mérite, vous conviant non seullement de vous y trouver avec votre train et équipaige ordinaire, mais de vous assister de vos amis, et conduire les gentilshommes qui tiennent fiefs et arrière-fiefs despendant de vos terres ». Le système féodal du recrutement de l'armée existait encore, en même temps que se faisaient les premières tentatives pour lever directement des troupes

---

(1) Ce Prieur (Grand Prieur ailleurs), pourrait être aussi Louis de Bourbon, comte de Soissons, né à Paris en 604, Grand Maître de France. En 1636, il reçut le commandement d'une armée en Picardie contre les Espagnols, se montra incapable et fut destitué. Furieux, il prit part à un complot contre Richelieu. En 1641, il se joignit au duc de Guise, son cousin, et au duc de Bouillon, et s'allia aux Espagnols, sous prétexte de renverser Richelieu. Il fut vainqueur des Français à La Marfée, mais périt dans le combat.

régulières et permanentes. On avait employé d'abord celles-ci, puis on avait été obligé de faire appel au ban et à l'arrière-ban. Celui-ci ne donna que les résultats les plus négatifs. « Il ne faut faire nul estat de nostre noblesse volontaire, écrivait le Roi à Richelieu, que pour faire perdre l'honneur à celui qui voudra entreprendre avec eux quelque chose de bon où il y aura la moindre fatigue. Quand on les veut envoyer seulement à trois lieues d'ici (St Mihiel) tirant vers Metz ou Nancy, ils murmurent, jurent et disent tout haut qu'on les veut perdre et qu'ils s'en iront...... Depuis hier midi, nous avons perdu huit à neuf cents chevaux de noblesse, quelques harangues, promesses, flatteries, menaces que je leur aie pu faire (1) ». Il ne pouvait en être autrement. Chaque époque réclame une organisation nouvelle de l'armée. Vouloir employer le vieux système féodal qui avait fait ses preuves quelques siècles plus tôt, contre des armées presque régulières, c'était vouloir faire lutter le pot de terre contre le pot de fer. Et puis, la noblesse ne se battait plus pour le même idéal. Ruinée, remplacée auprès du Roi par les nouveaux parvenus, sans moyens, du reste, elle se sentait impuissante et elle était découragée.

Il semble bien que Philibert de Lastic ait répondu à l'appel du Roi. Il était, en effet, absent d'Auvergne dans cette fin de l'année 1635 et en 1636, ce fut sa femme, Marguerite de Beaufort-Canillac, qui continua le procès entamé entre lui et sa sœur Jeanne et que j'ai mentionné plus haut. Ce fut elle qui signa la transaction définitive (2), sans intérêt, du reste.

Tout à coup, nous nous trouvons en présence du testament de Philibert de Lastic. Il le dicte au notaire de la seigneurie de St Georges, le 13 juillet 1637, avant midi (3). Il y est qualifié de baron de Sieujac, Neuvéglise, Aleuze, Le Buisson, La Trémollière, St Georges. et autres lieux. Il demande à être enseveli dans l'église paroissiale de St Georges. Cela paraît

---

(1) *Histoire de France*. E. Lavisse. Tome VI. II. H. Mariejol, page 320.

(2) Archives de Parentignat. J. 17 à 20. Orig. sur pap.

(3) *Id.* J. 12 à 21. 1 orig. sur parch. et copie sur pap.

étrange. Son père, son grand père avaient été enterrés dans
l'église de Neuvéglise, et avant lui nos ancêtres avaient tous
élu leurs tombes aux prieurés de Rochefort et de La Voûte-
Chilhac. Mais déjà, à cette époque, on attachait moins d'importance à ces lieux de sépulture familiale. Peut-être aussi
Philibert se sentait-il plus chez lui, dans cette église de S¹
Georges, où sa préséance féodale n'était pas contestée comme
à Neuvéglise. Peut-être aussi gardait-il un souvenir particulièrement affectueux pour cette région de La Trémollière, qu'il
semble avoir habité de préférence à celle de Sieujac, et où il
avait vécu des années de bonheur auprès de sa mère et de sa
femme. « Le cœur a des raisons que la raison ne connaît
pas (1). » En ce qui concerne les « fraicts funèbres et ses
honneurs », il s'en remet à la discrétion de sa femme
« laquelle il prie de prendre les charge et administration des
personnes et biens de leurs enfants ». Puis il fait des
donations pour des messes et des offices annuels à l'église de
S¹ Georges sans en désigner d'autres. Il donne à sa femme,
Marguerite de Beaufort-Canilhac, la somme de quinze cents
livres, en dehors de ce qui lui revient naturellement, celle de
quinze mille livres à chacune de ses filles, appelées toutes
deux Gabrielle, ainsi qu'à l'enfant « posthume » (sic), dont
sa femme est enceinte. Puis, après avoir fait quelques legs à
ses serviteurs, il donne la totalité de ses biens à son fils aîné
François avec la substitution habituelle de mâle en mâle et
ensuite aux filles, à défaut de mâles.

Que lui était-il arrivé ? Nous n'en aurions probablement
jamais rien su, si dans un dossier relatif à une reddition des
comptes de tutelle, je n'avais trouvé une requête adressée au
sénéchal d'Auvergne, le 17 novembre 1637 (2), par sa veuve,
Marguerite de Beaufort-Canillac. Nous apprenons ainsi « que
despuis le douze juillet dernier que le dit feu seigneur fust
blessé au lieu du Pirou, où il décéda, le trentième du dit

---

(1) Pascal. *Pensées*.
(2) Archives de Parentignat. J 5. Orig. sur pap.

mois, pour subvenir aux frais de sa blessure, où furent appelés plusieurs médecins et chirurgiens tant de Saint-Flour que Murat, visites des parans et amys qu'il receust en grand nombre, au dict lieu de Pirou et dans l'hostellerie d'Estienne Tranchier–Moron, frais de la sépulture et honneurs de la paroisse de S' Georges, Neufvéglise, Aleuze, Vabres et Sainct Jal ou pour les frais de l'information faicte contre les meurtriers dudict feu seigneur, prinse et conduicte de l'un d'iceulx du chasteau de Sereys (?) (1) au dict Saint Flour, à quoy furent employés cent ou six vingt hommes à cheval, deux cens à pied, acistés de prévosts et archiers, de crainte qu'il fust enlevé en chemin, ainsin que le bruict estoict, et pour l'instruction du procès à luy faict, l'instance de mort et éxécution, et plusieurs voyaiges faicts par ses amys et par autres personnes par elle (sa veuve), employées pour aller trouver Monsieur de Megriny (Mesgrigny), intendant de justice aux villes de Riom et Brioude, aux fins d'obtenir commission pour la dicte instruction et accelerer le dict jugement de mort, et encore pour recepvoir les parans et amys du dict seigneur deffunt, lors des assemblées qu'il a convenu faire pour la duction (de tutelle), etc., etc. »

Il est donc bien établi que Philibert fut assassiné par un important personnage, puisqu'il fallut une véritable armée (120 hommes à cheval, 200 à pied, des prévôts et des archers) pour garder le coupable contre ceux qui voulaient le délivrer. Il est aussi bien établi que le meurtrier fut condamné à mort et éxécuté, mais rien ne vient nous faire soupçonner son nom. L'Auvergne était alors une des provinces les plus infectées par ces querelles de seigneurs entre eux et les luttes entre suzerains et vassaux pour de simples questions de préséance ou litigieuses. C'était de véritables assassinats, une sorte de vendetta, comme en Corse. Quoique Fléchier ait écrit ses mémoires une trentaine d'années plus tard, il parle d'une

---

(1) Je lis *Sereys*, mais cette terre était bien éloignée, en Velay. Ne serait-ce pas plutôt *Seriers*, aux environs de Sieujac ?

situation qui avait longuement précédé l'epoque où il était venu en Auvergne, à la suite des magistrats du Parlement de Paris, délégués à Clermont pour y tenir les Grands Jours de 1665. « Il est vrai, dit-il, que l'Auvergne était une province bien déréglée et que l'éloignement de la justice souveraine, la faiblesse des justices subalternes, la commodité de la retraite dans les montagnes et peut-être l'exemple ou le mauvais naturel de quelques-uns, avaient donné courage à la plupart des gentilshommes de faire les tyrans et d'opprimer les peuples. Ce qui nous a paru par plus de douze mille plaintes qu'on a rendues et par la fuite presque générale de toute la noblesse du pays. Ce n'est pas que les paysans soient fort méchants et fort portés à décrier leurs seigneurs, lorsqu'on les appuie, et qu'ils ne se soient plaints bien souvent légèrement et quelque fois même avec injustice..... (1) », Fléchier assure que les sévérités faites alors (en 1665) eurent le meilleur effet, en effrayant les coupables par la rapidité des exécutions, la saisie de leurs biens, la destruction de leurs châteaux. Mais s'il y avait des coupables, et en trop grand nombre, il y en avait d'autres qui étaient humains et qui souffraient de cet état de choses. Il ajoute : « Les gens de bien ne seront plus si ridicules aux yeux des autres. On leur reprochait continuellement qu'ils ne savaient point se faire craindre et qu'ils n'avaient point l'adresse de devenir riches. Leur bonté passait pour faiblesse et c'était être esclaves, à leur avis, que de n'être pas tyrans comme eux. Ces reproches pervertissaient plusieurs esprits qui n'étaient pas assez fermes, et les crimes étaient si fort établis qu'on avait honte d'être homme de bien ».

Précisément, parmi la vingtaine de coupables qui furent condamnés à cette session des Grands jours, et dont une bonne partie n'appartient pas à l'Auvergne, il faut le noter, se trouvaient des parents fort rapprochés de Philibert de

---

(1) *Mémoires de Fléchier sur les Grands Jours d'Auvergne en 1665.* Ed. Sainte-Beuve, 1856. Page 291 et suivantes.

Lastic. Le fameux Gaspard d'Espinchal, était son neveu à la mode de Bretagne, par sa mère Madeleine d'Espinchal ; le vicomte de La Motte-Canillac « le plus innocent de tous les Canillac (1) », mais qui fut victime de ses relations avec les chefs de la Fronde, était son propre neveu, par sa femme Marguerite de Beaufort-Canillac. Les trois autres Canillac, qui furent condamnés à mort et à d'autres peines infamantes, et qui ne durent de conserver leur tête qu'en se sauvant momentanément à l'étranger, Jacques de Beaufort-Canillac, Guillaume de Beaufort-Canillac, marquis de Pont du Château, Jacques Timoléon, marquis de Canillac, chef de la maison, étaient des cousins germains ou fort rapprochés, et nous trouvons leurs signatures, comme témoins, dans certains actes de notre famille. Le Comte de Montvallat était à la fois un voisin de terre, descendant d'un compagnon de guerre, ami intime de Jean de Lastic, et allié. Il n'avait pas commis tant de crimes que les précédents, mais il s'était conduit, dans plusieurs circonstances, d'une manière fort légère, quoi qu'on lui en ait mis beaucoup sur le dos, par suite de son incurie à se défendre. Quoique tous ces hardis compagnons aient été jugés trente ans après la mort de Philibert, ce dernier n'en avait pas moins vécu dans le milieu de ces grands seigneurs turbulents et peut-être inconscients de leurs actes criminels. S'il n'avait pas pris part à leurs meurtres, il ne devait pas moins être obligé de se tenir à hauteur de leur humeur batailleuse, pour être estimé d'eux. Mourut-il ainsi victime d'une vengeance et d'un guet-apens, ou dans un de ces combats singuliers par groupes, auquel nous verrons son fils François prendre part ? Je pencherai plutôt pour la première hypothèse, plus conforme à la requête de Marguerite de Beaufort-Canillac. Son assassin fut condamné à mort par une juridiction subalterne et locale, et exécuté. Il fallait pour cela qu'il fût réellement bien coupable.

----

(1) *Mémoires de Fléchier*, page 51.

Au moment de sa mort, Philibert de Lastic s'occupait à rentrer en possession des sommes prêtées par son père avec tant de largesse. On obtint le remboursement de quelques-unes. Il fallut, au contraire, payer une somme importante, pour laquelle Jean de Sieujac avait répondu. Le 10 avril 1636 (1), Philibert donnait procuration pour toucher la somme de cinq mille livres qui lui était due par Marie Catherine de La Rochefoucaud, marquise de Senecey, première dame d'honneur de la Reine Anne d'Autriche et gouvernante du jeune roi Louis XIV, femme d'Henry de Beaufremont, marquis de Senecey. Elle était seule fille et héritière de Jean-Louis de La Rochefoucaud, comte de Randan, gouverneur du haut et bas pays d'Auvergne, le célèbre chef de la Ligue et ami de Jean de Lastic. Celui-ci avait prêté ces cinq mille livres à Randan, il y avait plus de quarante ans !

Après la mort de son mari, Marguerite de Beaufort-Canillac régla définitivement, le 12 mars 1640 (2), une dette de sept mille livres, dont Jean de Lastic avait répondu pour Alexendre de Castelnau, baron de Clermont-Lodève. Nous avons vu que le malheureux Sieujac, avait été enfermé à un moment donné à la Conciergerie, pour y remplacer cet Alexandre de Castelnau qui s'en était évadé. Il n'y était pas resté longtemps, le Roi lui ayant délivré un sauf-conduit. Castelnau était mort, sans avoir payé sa dette, mais il semble avoir laissé à Jean de Lastic sa terre de Sescles, en Limousin, pour en répondre. Cette terre était-elle déjà obérée d'une charge ou d'une donation antérieure ? En tout cas, ni Jean ni son fils, Philibert, n'entrèrent en possession de celle-ci. Il fallut donc se déterminer à payer les sept mille livres à la famille Le Ragois, héritière de Marie Paucier, femme de Pierre Amalou ou Amadou, commissaire ordinaire des guerres, qui les avait prêtés à Alexandre de Castelnau.

_____

(1) Archives de Parentignat. J. 21. Orig. sur pap.
(2) *Ibid.* K. 1. Orig. sur parch.

Marguerite de Beaufort-Canillac vécut encore longtemps
après la mort violente de son mari. Nous la voyons gérer
avec soin la fortune de ses enfants et s'occuper de fondations
pieuses. Un grand retour de piété s'était alors produit en
France. Les masses étaient généralement croyantes, ainsi
que les classes élevées. La bourgeoisie et l'aristocratie parle-
mentaire se piquaient même d'être très chatouilleuses sur
les matières de foi. On voit partout se créer de nouvelles
congrégations. Les Jésuites fondent le collège de Clermont
et d'autres ensuite, pour l'éducation de la jeunesse aristocratique. Pierre de Bérulle introduit l'Oratoire pour
développer l'instruction des jeunes prêtres, fort ignorants
auparavant, mais ce collège, devenu très célèbre, reçut
bientôt aussi des jeunes gens appartenant aux grandes
familles parlementaires. Il s'établit aussi des ordres fort
austères ; c'était même les plus recherchés. Les Ursulines et
les Carmélites datent de cette époque. Port-Royal-des-Champs
affecte une austérité assaisonnée de beaucoup d'orgueil. Les
Visitandines vinrent un peu plus tard. Les prêtres séculiers
des paroisses étant, en général, fort peu instruits, les
Capucins se répandirent dans les campagnes pour prêcher
des missions au peuple. Les Récollets, reforme de l'ordre de
Sᵗ François d'Assise, fondèrent de nombreuses maisons
dans le même but. La noblesse de province leur fit d'importantes donations.

Précisément dans la région où vivaient nos ancêtres, dans
un faubourg de la petite ville de Murat, existait un de leurs
principaux couvents. Les dames pieuses y trouvaient une
direction plus élevée que ne pouvaient leur donner les
pauvres prêtres ignorants de nos petites paroisses de
montagnes. Marguerite de Beaufort-Canillac devait aimer
cet ordre. Les termes de l'une de ces donations nous font
voir un état d'esprit assez nouveau dans la manière dont
sont libellés ces actes de donation. Il semble y avoir plus de
douceur, plus de piété sincère, moins de sécheresse et

d'ostentation dans la pensée qui inspire ces actes. Voici comment s'exprime notre aïeule (1) :

« J'ay promys à Dieu, pour la prospérité de mon fils de Sieujac et aussy de mon fils de Bredom, de faire un fonds de quarante livres de rente pour continuer les missions à perpétuité que j'ay fait faire, depuis quelques années, aux R. R. P. P. Récollets de S¹ Jeal (2) Si Dieu dispose de moy en telle sorte que je puisse prendre (illisible) touchant cette affaire, je commande de prier autant qu'il puisse mon fils de Sieujac et de Bredom de satisfaire à ceste volonté que j'estime nécessaire pour le salut de mon âme. Je les charge, assurée de leur probité, piété et bon naturel, qu'ils ne tarderont pas un moment d'éxécuter un dessain auquel je suis obligée Je ne laisse ce mémoire qu'en cas de surprise, parce que si le bon Dieu me conserve la vie, je le ferai moy-même au plus tôt, car, ainsy que je l'ay résolu depuis long temps, je prie le bon Dieu d'assurer ce dessain.

» Fait à S¹ Flour, le 23 juin 1651.

» M. de Canillac.

» Je conjure mes chers fils de satisfaire à ma volonté, puisque je fès le tout pour leur advantage et n'ayant point d'intérêt que leur bien. »

Ce ne fut que six ans après qu'elle fit son testament et elle vécut encore longtemps. Elle le rédigea le 7 novembre 1657 (3). Cette pièce, sur papier, est en très mauvais état ; elle est en partie mangée par l'humidité. Je ne puis donc en donner que l'analyse approximative. Elle demande à être enterrée dans le tombeau où a été inhumé son mari, Philibert de Lastic, dans l'église de Saint-Georges. Elle s'en rapporte à son héritier pour que ses obsèques soient faites avec les honneurs funèbres selon sa condition, et s'en remet pour cela à sa discrétion. « Et afin d'obliger la communauté des prebstres de lad. esglize à prier Dieu pour mon âme, je leur donne, lègue, la somme de cent livres, pour, une fois payée par mond. héritier, un mois après mon décès moyennant laquelle je veux et entends que lesd. p^bres disent annuellement dans lad. esglize et en mémoire quatre messes.....» dont elle

---

(1) Archives de Parentignat. K, 23. Orig. sur pap.
(2) Saint-Jeal pour Saint-Gal. faubourg de Murat.
(3) Archives de Parentignat K. 27. Orig. sur pap.

fixe les dates. Elle donne aussi une somme à la communauté des prêtres de l'église de Neuvéglise à l'anniversaire de son décès, puis elle donne une somme pour les pauvres des villages de Saint-Georges, Vabres, La Trémollière et les Maisons, et une autre pour ceux des villages de Sieujac, Cussac et Alleuze. Elle charge de cette distribution « son directeur de conscience » selon ce qu'il jugera à propos. Elle donne à « noble et vénérable personne Mre Jean-Anthoine de Lastic, prieur et seigneur de Bredom, mon second fils », la somme de mille livres pour tous droits à sa succession. Elle fait aussi une donation à son petit-fils Philippe-Joseph d'Oradour de Sarlans. Elle fait son fils François, son héritier universel.

Dans ce testament nous voyons, pour la première fois, la désignation d'un directeur de conscience. La foi était devenue plus profonde et surtout plus réfléchie. Les membres des nouvelles congrégations, les jésuites surtout, étaient animés d'un zèle plus agissant et plus direct sur les âmes. Saint Vincent de Paul disait : « Aimons Dieu, mais aux dépens de nos bras, à la sueur de nos visages. » — « Il n'y a que nos œuvres qui nous accompagnent dans l'autre vie ». Les écrits et les prédications de Saint François de Sales avaient eu aussi une action profonde sur la haute société. Le Roi lui même prenait un confesseur. qui devenait souvent un conseiller.

Marguerite de Beaufort-Canillac vivait encore en 1673, lors du mariage, cependant tardif, de son fils François avec Louise de Peyronenc de Chamarand. Le 19 mai 1674 (1), elle réitère ses dernières volontés sur papier. Elle donne tous ses biens à François, son fils aîné, le charge de payer à Jean-Antoine, le second, la somme de mille livres pour tous droits à sa succession et aux enfants de sa fille Gabrielle, qui avait épousé Louis-Timoléon d'Oradour, baron de Sarlans, et qui était alors décédée, la somme de deux mille cinq cents livres

---

(1) Archives de Parentignat. K. 38 et 39. Orig. et copie sur pap.

« qui leur est délaissée par un tesmoignage d'amitié et
d'affection », sauf à en déduire la somme de trois cents
livres « que le dit seigneur de Lastic est obligé envers le
S' Benoit de Clermont *(sic)* pour le seigneur de Sarlans,
son neveu (fils de sa sœur) ». Elle se réserve cinq cents
livres « pour en disposer à ses plaisirs ». Néanmoins, si elle
ne l'avait pas fait de son vivant, elle désigne à son héritier
les églises auxquelles elle les destinait pour faire dire des
messes pour le repos de son âme et elle le charge de cette
distribution. Elle dut mourir peu après, car nous n'entendons
plus parler d'elle.

Philibert de Lastic et Marguerite de Beaufort-Canillac
eurent quatre enfants :

1° *Gabrielle*, née en 1623 ou 1624.
2° Autre *Gabrielle*, née en 1627 ou 1628.
3° *François*, né en 1632 ou 1633.
4° *Antoine*, né en 1637 ou 1638.

Nous verrons François, quand nous en serons à la
quatorzième génération. Si nous parlons des garçons avant
les filles, nous arrivons de suite à *Antoine*, appelé souvent
Jean-Antoine. Il naquit après la mort de son père, comme
nous l'avons vu dans le testament de celui-ci, où il disait
laisser sa femme enceinte. Il substituait cet enfant, s'il était
mâle, à son fils aîné François, dans la possession de tous ses
biens, et au défaut de l'un et de l'autre, il leur substituait à
leur tour ses deux filles. En tout cas, il lui faisait une
donation de quinze mille livres pour tous droits de succession.

Marguerite de Beaufort-Canillac, chargée par son mari de
la tutelle de ses enfants, semble avoir été une femme de
tête. Elle songe de bonne heure à assurer à son cadet une
situation lucrative. Elle va s'efforcer de lui obtenir le bénéfice
de prieuré de Bredom, tout voisin, et qui était le plus
important de la région. De peur de le laisser échapper, elle
commence par en faire investir son fils aîné François, qu'elle
ne destinait cependant pas à la cléricature.

Antoine d'Anglade était alors prieur de Bredom. Il appartenait, dit M. l'abbé Bouffet (1), historien de ce prieuré, à une famille de paysans aisés, vivant bourgeoisement. Comme beaucoup de familles bourgeoises à cette époque, la famille Anglade cherchait à s'anoblir. Tantôt elle mettait la particule devant son nom, tantôt elle y ajoutait celui de sa terre du Chambon. Les Anglade étaient, en somme, des voisins très rapprochés de notre terre de Neuvéglise. Peut-être même tenaient-ils de nous quelques terres en emphy-téote. Voulurent-ils faire plaisir à notre famille ou trafiquer peut-être de ce qu'ils avaient obtenu ? Quoiqu'il en soit, le 27 novembre 1647 (2), le pape Innocent X conférait le prieuré de Bredom, par un bref donné en cour de Rome, à « Franciscus de Lastic de Sieujac, clericus », à la place d'Antoine d'Anglade, qui semble avoir cédé ses droits pour une pension viagère, quoique cela ne paraisse pas très clair. En effet, à la date du 7 juillet 1647, nous le voyons donner un reçu à noble François de Lastic, seigneur, prieur de Bredom » et « par les mains de Madame de Sieujac, sa mère et sa tutrice », de la somme de trois cent soixante six livres « pour reste et entier paiement de la somme de six cents livres de la moitié d'une année de ma portion que j'ay réservée sur led. prieuré et bénéfice de Bredom, pour le terme écheu au jour de feste de Noël mil six cents quarante six dernière ».

Evidemment, Marguerite de Beaufort-Canillac devait caresser ce projet depuis longtemps, mais ses enfants étant trop jeunes, elle dût craindre qu'Antoine d'Anglade, qui était sans doute malade ou très âgé, ne vécut pas assez pour que ses enfants arrivassent à l'âge canonique exigé. Le fait est que, le 25 janvier 1644, Antoine d'Anglade s'était désisté de son prieuré de Bredom, en faveur d'Antoine Recoderc,

---

(1) Abbé Bouffet. *Le Prieuré de Bredom.* Ed. de 1908 et de 1909. Elles sont, à peu de chose près, les mêmes. La première a été éditée chez Beauchesne, à Aurillac, et la seconde chez Champion, à Paris.

(2) Archives de Parentignat. K. 16 à 18. Orig. sur pap.

chanoine de la Collégiale de Murat, proche parent d'une de ses nièces. La présentation du chanoine Recoderc à ce bénéfice fut agréée, le 23 octobre 1644, par Monseigneur Charles de Noailles, évêque de Saint-Flour (1). Cela dut permettre, en attendant, à François de Lastic de parvenir à l'âge nécessaire pour recevoir le premier degré de la cléricature. Le 22 juillet 1647, il reçut à cet effet un brevet de capacité signé de *Gibrat*, vicaire général, de *Jacques Derames*, docteur en théologie, et de *Jean Coutel*, docteur en droit canonique. Le 23 août suivant, l'évêque de Clermont, Joachim d'Estaing, lui confère la tonsure (2). Dès lors, le chanoine Recoderc se retire, et, chose curieuse, ce n'est pas lui qui se démet en faveur de François de Lastic, c'est encore Antoine d'Anglade. Alors ou bien celui-ci avait repris son prieuré pour une raison inconnue de nous, ou bien le chanoine Recoderc ne figurait là que dans le cas où Antoine d'Anglade viendrait à mourir. Il manque évidemment là une pièce dans le dossier. La nomination de François de Lastic était confirmée par le Pape, le 27 novembre 1647 (3). Il n'avait alors que 16 à 17 ans.

Il semblerait que cette nomination ait été faite pour permettre à Antoine de Lastic d'atteindre à son jour l'âge exigé, c'est à dire quatre à cinq ans, puisqu'il n'avait alors que de dix à onze ans. Pas du tout, aussitôt après, le seizième jour des calendes de décembre 1647, François se retirait à son tour en faveur de son frère Antoine, qui était également qualifié de clerc tonsuré, et cette résignation était confirmée en cour de Rome (4). L'assentiment à celle-ci est donné, au nom de l'évêque de Saint-Flour, dont le siège était alors vacant, par Pierre de Pons de La Grange, docteur en

---

(1) Archives de Parentignat. D. V. 101. Orig. sur pap. et *Histoire du prieuré de Bredom*.

(2) *Ibid*. Cart. sup. n° l. 43 à 50. Orig. sur pap.

(3) *Ibid*. K. 16 à 18. Orig. sur pap.

(4) *Ibid*. Cart. suppl. n° l. 43 à 50. Orig. sur pap.

théologie, protonotaire apostolique, archidiacre ; Médéric Gibrat, bachelier en droit canon, archidiacre et Jacques Derames, docteur en droit canon, tous les trois vicaires généraux du diocèse de Saint-Flour, le 16 août 1648 (1).

Monsieur l'abbé Bouffet, reproduisant en cela une erreur déjà faite par Mr Paul de Chazelles et le comte de Lastic St Jal, voudrait que le François de Lastic qui fut nommé par Clément X, prieur de Bredom, en 1647, fût, non le fils aîné de Philibert de Lastic et de Marguerite de Beaufort-Canillac, mais un fils de Jean de Lastic de Sieujac, et par conséquent, frère de Philibert de Lastic. Cela vient tout simplement d'une erreur de traduction qu'on faite ces trois auteurs. Dans le texte de résignation de François de Lastic en faveur d'Antoine, il est dit : « *fratis germani* ». Ils ont traduit ces mots par « cousin germain ». Or, « *frater germanus* » veut dire textuellement « frère de père et de mère ». Cette pièce vient confirmer ce que j'ai dit, au lieu de le contredire.

Cette acquisition peut être détournée d'un bénéfice de ce genre, cette possibilité d'en jouir quoique simple clerc tonsuré, ces subterfuges employés pour ne pas le laisser échapper, constituaient, au premier chef, une suite d'abus des plus déplorables. Mais à qui la faute, si ce n'était à la Papauté elle-même, qui, non-seulement laissait faire, mais prêtait la main, en les approuvant, à de pareilles compromissions ? Il paraît que les lois canoniques exigeaient que le prieur commandataire fût dans les ordres et âgé d'au moins 23 ans. Or, François de Lastic n'avait que 16 à 17 ans et son frère Antoine 11 à 12, quand ils furent nommés successivement prieurs de Bredom. Marguerite de Beaufort-Canillac, qui se prêtait à de telles manœuvres était cependant une femme très pieuse. Nous l'avons constaté. Cette mentalité était générale. Tandisque l'on voyait paraître ce redoublement de piété, que je signalais plus haut, marqué par la

---

(1) Archives de Parentignat. Cart. suppl. n° I. 43 à 50. Orig. sur pap.

fondation d'ordres très austères, les anciens abus se
perpétraient ailleurs. Richelieu avait pensé à réformer les
vieux ordres qui avaient fait autrefois la gloire de l'Eglise
de France, mais il n'eut pas le temps de s'en occuper et il
fût le premier à doter son entourage laïque des bénéfices les
plus riches et les plus scandaleux. On voyait des évêchés
donnés à des enfants encore en nourrice. « La noblesse et la
haute bourgeoisie s'étaient accoutumés à considérer les biens
de l'Eglise et les couvents comme l'espérance des cadets, la
ressource des familles nombreuse, la providence des maisons
ruinées (1) ».

Voici ce que dit d'Antoine de Lastic, l'abbé Bouffet, dans
la notice qu'il lui a consacrée dans son *Histoire du Prieuré
de Bredom* (2) : « Il avait été élevé avec un soin tout particulier par sa mère, qui avait elle-même choisi sa carrière, et
rêvait sans aucun doute pour ce fils les plus hautes dignités
ecclésiastiques. Appartenant à une des plus illustres familles
de l'Auvergne, avec ses relations, ses alliances, son incontestable talent, il est évident que Jean-Antoine fut arrivé
aisément à l'épiscopat, si sa timidité et son peu de vocation
religieuse n'y fussent opposés. Calme, réfléchi, doué d'une
certaine audace native qui n'osait se produire, mais qu'il
orienta, avec un rare bonheur, vers la spéculation, il amassa
une fortune considérable, qui lui permit de se rendre
acquéreur de la Vicomté de Murat. »

Cette opinion de M^r l'abbé Bouffet sur notre grand oncle,
est peut-être un peu trop affirmative sur certains points.
Néanmoins, j'ai toujours eu une impression assez semblable
à la sienne. Jean-Antoine n'est jamais sorti de ce haut pays
d'Auvergne, où il semble s'être beaucoup plu. On ne le voit
pas faisant des démarches pour solliciter d'en sortir et

---

(1) *Histoire de France*. E. Lavisse. Tome VI. II. H. Mariéjol, pages 378
et suiv.

(2) Abbé Bouffet. *Le Prieuré de Bredom*. Ed. de 1908, page 85.

d'obtenir une plus haute situation. C'est un Auvergnat pur-sang qui accumule, par l'économie, ses écus les uns sur les autres, les utilisant seulement à acheter de bonnes terres susceptibles de s'améliorer, ou des droits féodaux destinés à prendre plus d'importance sous une bonne administration. Mais je ne crois pas qu'il se soit livré à la spéculation, comme le prétend l'abbé Bouffet. Les seuls rapports qu'il ait eus avec le spéculateur le plus connu du pays à cette époque, David Dufour, fils d'Isaac Dufour, consistent en un procès, où le prieur de Bredom défend les intérêts de son prieuré contre la rapacité de cet homme, probablement fils de juifs convertis. Du reste, le calcul de ses revenus et de ses dépenses peut se faire. Comme nous le verrons d'autre part, son bénéfice pouvait lui rapporter, frais déduits, dans les huit mille livres. Comme il le posséda pendant 63 ans, il put toucher ainsi une somme d'environ cinq cent mille livres. Nous verrons que l'achat de la Vicomté de Murat et de la terre de Parentignat lui coutèrent au plus cent cinquante mille livres. Il lui restait donc encore une somme considérable pour vivre, faire des fondations et des charités, d'autant plus qu'il jouissait de la part d'héritage qui lui venait de ses parents.

Comme le dit l'abbé Bouffet, je ne crois pas qu'il fût animé d'une vocation religieuse bien déterminée. Mais c'était un brave homme, élevé dans des sentiments chrétiens qui l'empêcheront de scandaliser son entourage. Je le vois habitant surtout avec sa mère, tantôt dans son prieuré de Bredom, tantôt au château de Sieujac, chez les siens, descendant plus tard dans sa petite ville de Murat, quand il en fut vicomte, rendant visite aux autorités écclésiastiques à Saint-Flour, la grande ville du pays, allant aussi chez les uns et les autres. Mais tous ces lieux étaient si près les uns des autres, que c'était comme un seul endroit. Je le vois recevant chez lui simplement mais confortablement les gens du pays, les nobles très turbulents, il est vrai, mais ne sortant guère de leurs provinces, et ayant plus l'air de riches paysans que de gentilshommes de cour, bourgeois cossus ou prêtres

et chanoines des villes environnantes, dont il était le
représentant le plus aristocratique et le plus renté. Dans ces
montagnes froides, au grand air, l'appétit est rude. Mais la
pitance abonde : bon pain de seigle, galettes de sarrazin,
marrons de Carladez ou des rives d'Olt, grasses viandes des
bœufs de Salers, gigots de moutons nourris d'herbes odo-
rantes, lards et grillades aux choux, des porcs du Rouergue,
grasses fourmes onctueuses comme du beurre et par là-dessus,
les jours ordinaires, le petit vin clairet d'Entraygues, et les
jours de cérémonie, une bonne bouteille de vieux Cahors. On
s'enfermait sous les voûtes puissantes des salles, à l'abri de
la bise sifflant au dehors, au coin de ces vastes cheminées
où brûlaient des arbres et devant ces tables massives faites
d'un plateau de chêne ou de hêtre séculaire. On ne dédaignait
même pas d'y faire un peu de littérature. L'horizon du noble
prieur semble ne pas avoir dépassé ces lieux. Il y faisait du
bien, comme nous le verrons, mais s'il n'avait pas d'ambition
pour lui-même, il pensait à ses neveux. Il ramassait alors,
écu par écu, les revenus de son prieuré, et quand l'occasion
se présentait, il achetait pour ceux-ci une belle terre, un
beau domaine qui pût leur faire honneur. Cette belle terre,
ce beau domaine, furent la Vicomté de Murat, portion du
domaine royal, et la seigneurie de Parentignat, là-bas dans la
Limagne, cette terre promise de ceux du haut pays.

Jean-Antoine avait donc seulement de onze à douze ans et
était cependant clerc tonsuré, lorsqu'il fût mis en possession
du prieuré de Bredom. La cérémonie eût lieu le 10 mai 1648 (1).
Un notaire de Murat préside à l'opération. Jean-Antoine de
Lastic « escuyer clerc tonsuré »... « lequel dressant ses
parolles à Vénérable personne Mre Guillaume Leyrits,
prestre et curé de lad. paroisse de Bredom, luy représenta
avoir esté pourvu du prieuré de Saint Pierre dud. Bredom
par la résignation en sa faveur faicte par noble François de

---

(1) Arch. de Parentignat. Cart. suppl. n° l. 43 à 50. Orig. sur pap.

Lastic de Siougat, escuyer, aussy clerc tonsuré, dernier
titulaire et paisible posesseur du dict prieuré et bénéffice de
Bredom, comme il faict aparoir par la signature de Rome
du dix septiesme décembre dernier, etc..... lettres de visa
des vicaires généraulx au diocèze de Saint-Flour du dixiesme
dud. mois d'avril qu'il a en main. » Il demande alors au curé
de Bredom de le mettre en possession du bénéfice et prieuré
de Bredom et au notaire royal d'en octroyer acte. On donne
lecture de tous les actes précédents. « Estant led. Jean
Anthoine de Lastic revestu de robbe et surpellis », le curé
de Bredom le prend par la main, lui fait toucher le verrou
de la porte de l'église, la lui fait fermer et ouvrir, puis le
conduit devant le « benoistier », le fait asperger avec de
l'eau bénîte, puis le mène devant le grand autel, sonner la
cloche, s'asseoir sur le siège principal du côté du chœur.
Puis, en présence des habitants de la paroisse, il assiste à
une procession et à une grande messe paroissiale.

Le jeune prieur était naturellement si peu capable d'administrer son prieuré, que c'est sa mère qui s'occupe de suite
d'en affermer les revenus à François Recoderc, probablement
parent de cet Antoine Recoderc, chanoine de la la Collégiale
de Murat, qui avait accepté à un moment donné de faire
l'intérim de prieur (1).

Voyons maintenant en quoi consistait ce prieuré. J'emprunte
les détails suivants à l'intéressant ouvage fait par M' l'abbé
Bouffet sur ce sujet, auquel j'ai fait déjà plusieurs emprunts.

C'était, en 1060, une modeste chapelle dédiée à S' Pierre,
S' Paul et S' Thimothée, qui fut cédée, par son maître
Bernard d'Henry, aux moines bénédictins de Moissac, en
Gascogne, gouvernés alors par le célèbre Durand d'Henry,
qui mourut évêque de Toulouse. Cette donation fut confirmée
par Guillaume, vicomte de Murat, seigneur suzerain. En 1074,
Etienne d'Henry donnait l'église de Murat, avec ses dépen-
dances et ses droits curiaux, au prieur de Bredom, du

_____

(1) Archives de Parentignat. D. V. 13. Orig. sur pap,

consentement du vicomte de Murat. Et c'est ainsi que l'église de Bredom devint l'église paroissiale de la ville de Murat, et le prieur en devint le curé. Toutefois, celui-ci délégua ses pouvoirs spirituels à un vicaire perpétuel qui prit tour à tour les noms de curé de Bredom et de curé de Murat. Ce curé fut assisté dans la suite de deux vicaires. De nombreuses donations furent faites successivement à ce prieuré par les vicomtes de Murat et d'autres seigneurs. A partir de 1294, il eut dans ces donations un compétiteur sérieux dans la communauté de prêtres de la Collégiale de Murat et plus tard dans le couvent des Récollets de Sⁱ Gal. Le prieuré souffrit aussi beaucoup de l'extinction des vicomtes de Murat de la première race et des luttes qui s'ensuivirent pour leur succession. Puis arrivèrent successivement la guerre des Anglais et la guerre civile. Enfin, le concordat de 1516 dispersa la colonie des moines et sécularisa le prieuré, qui n'eut plus que des prieurs commandataires, dont la plupart résidaient ailleurs. L'église fut alors desservie par le curé, assisté d'une communauté de prêtres peu nombreuse, du reste, qui prit le titre de Chapitre de Saint-Pierre-de-Bredom.

Les revenus du prieuré étaient considérables pour la région et faisaient de son prieur un haut personnage dans le pays. Comme tout fief ecclésiastique, il avait sa justice haute, moyenne et basse. Elle s'étendait sur les paroisses actuelles de Bredom, Albepierre, Saint-Etienne-de-Capels (Chastel), Magnaval, Sainte-Anastasie, Notre-Dame-de-Lescure, Valuéjols et Murat.

Je n'entrerai pas dans le détail de ses revenus et de ses charges. Sachons seulement que, tant en argent qu'en nature, le revenu total était de quatorze à quinze mille livres, d'où il fallait déduire au moins quatre à cinq mille livres de charges.

Il n'en reste actuellement pas grand chose. L'église est classée parmi les monuments historiques. Bâtie vers l'an 1090, sur le dike basaltique de Bredom, en face de Murat, et de l'autre côté de la vallée de l'Alagnon, elle s'est trouvée exposée aux coups de vent et aux rafales de l'Ouest et du Nord. Mais les hommes lui firent peut-être encore plus de mal. Au moyen-âge, elle fut transformée en une véritable forteresse, dans laquelle les habitants abritèrent leur fortune, leur honneur et leur vie. On voit encore, au-dessus de la porte d'entrée, l'échauguette à machicoulis et les deux meurtrières qui servaient à la défendre. Les assauts des uns, les maladroites retouches des autres, en ont fait un monument écrasé, lourd, disgrâcié comme un pauvre vieux portant péniblement ses neuf cents ans. Le Cantalien, Jean Ajalbert (1), dit d'elle : « L'église romane de Bredom, un chef-d'œuvre d'art et de nature, d'un art bien humble, qui ne saurait être cité à côté des autres basiliques dont se glorifie l'école auvergnate, mais peut-être la plus auvergnate de toutes, plus qu'auvergnate, cantalienne, de dessin modeste, de lignes simples, tout en harmonie avec les monts, la terre, le ciel, tenant de la ferme et de la grange, et pourtant une église, un monument, un édifice..... » Elle est « si bien adaptée qu'elle ne pourra s'isoler aux regards du souvenir, de la butte où elle fut aperçue, couleur du temps et du pays, couleur des montagnes et d'Auvergne, couleur de Murat, dont la ville vieille s'étage en face ».

L'église présente une sorte de parallélogramme rectangle à trois nefs, surmontée d'un clocher carré assez lourd. Le portail est intéressant, primitif, avec une tête de moine bénédictin dans le troisième tore. Le chevet de l'église est à mur droit, percé d'une baie romane. Celle-ci est cachée par un énorme maître-autel, construit en 1708, dans le style de l'époque. Il fait un très mauvais effet dans l'église, mais c'est en lui-même une belle œuvre de sculpture sur bois. On y remarque aussi une vierge très curieuse du xiie siècle. Le prieuré lui-même formait un quadrilatère dont l'église constituait un des côtés, le tout entourant une cour. Il fut détruit

---

(1) Jean Ajalbert. *En Auvergne.*

en 1795, et il ne reste que quelques débris du cloître sur le flanc de l'église.

En examinant les titres de nos archives, on est frappé par ce fait que Jean-Antoine de Lastic résigna trois fois son prieuré en faveur de trois personnes différentes, et le reprit trois fois. La première fois, cela se passa le 2 mai 1655. Jean-Antoine n'était toujours que clerc tonsuré et âgé de 18 ans environ. C'était une procuration pour « remettre et résigner purement et simplement entre les mains de nostre S' Père le Pape », son prieuré de S' Pierre de Bredom et ce, en faveur de vénérable personne Messire Guillaume Salvatge, prêtre de Fontbonne, paroisse de La Vastrie. Il affirme « qu'à la présente résignation n'est intervenu ny interviendra aulcun dol, fraude, symonie, ny aultre pacte illicite (1) ». Cette pièce, qui n'est signée ni de l'intéressé, ni d'un notaire, semble être un projet qui ne fut pas suivi d'effet. Mais en 1662 (2), il en est tout autrement. Cette fois, la pièce est officielle. Jean-Antoine, âgé de 25 ans, n'est toujours que clerc. Il résigne cette fois son bénéfice en faveur de Durand Boussuge, prêtre, du diocèse de Saint-Flour. L'autorité diocésaine accepte et la cour de Rome nomme Boussuge prieur de Bredom. Puis tout à coup, l'année suivante, en 1663 (3), nous voyons Jean-Antoine, toujours clerc et âgé de 26 ans, résignant encore son bénéfice en faveur de Pierre Clavière, prêtre du même diocèse. Cette fois encore, la chose est approuvée par l'évêché, et la cour de Rome confirme la nomination de Pierre Clavière, en remplacement de Jean-Antoine de Lastic. Qu'est-ce que cela veut dire? Durand Boussuge serait-il mort en cours des démarches faites pour la transmission du prieuré? Ce sont des questions insolubles, car à partir de ce moment-là, nous ne possédons plus de pièces relatives à ce sujet. Et cependant, dans les actes

(1) Archives de Parentignat. Cart. suppl. n° l. 43-50, Orig. sur papier.
(2) *Ibid.*
(3) *Ibid.*

suivants, relatifs à l'administration du prieuré, il n'est question ni de Durand Boussuge, ni de Pierre Clavière. Tous ces actes sont passés au nom de Jean-Antoine de Lastic. L'abbé Bouffet donne à ce sujet une explication très plausible et je serais disposé à partager son opinion. Jean-Antoine, étant arrivé à l'âge où il pouvait recevoir les derniers degrés de la cléricature, dut quitter le pays pour faire ses études théologiques régulières dans quelque école importante et par suite éloignée. En attendant, il se fit remplacer par ce que nous appelerions aujourd'hui des personnes interposées, et l'autorité ecclésiastique se prêta à cette combinaison. Pourquoi eut-il recours pour cela, successivement à deux personnes différentes ? C'est ce que nous ne pourrons jamais savoir, à moins de trouver des documents nouveaux. Ce qui semblerait confirmer cette hypothèse, c'est que, dans la suite, Jean Antoine ne porte plus le titre de clerc tonsuré, mais il est toujours qualifié « l'abbé de Sieujac ». Or, comme Bredom était un prieuré et non une abbaye, ce titre d'abbé semble indiquer vraisemblablement qu'il était devenu prêtre. Cependant, rien n'est moins certain et je ne tente là qu'une simple explication.

Quoi qu'il en soit, Jean-Antoine reprit ses fonctions de prieur, en 1664 (1). Il était alors âgé de 27 ans. Il se mit à s'occuper sérieusement de l'administration de son prieuré. On voit qu'il connaît la valeur des choses. Il confie cette administration plus particulièrement à son procureur fiscal, Jean de Chadefaux, qui trouva moyen de doubler les revenus du prieuré. Il fit refaire les terriers. En 1669, il passa une transaction avec le chapitre cathédral de Saint-Flour pour déterminer leurs droits respectifs sur la paroisse de la chapelle d'Alagnon. En 1685, il fit un dénombrement du prieuré devant l'intendant de Bérulle. Dans ce dénombrement, il déclara relever du Roi pour sa vicomté de Murat,

---

(1) Abbé Bouffet. *Prieuré de Bredom*, page 86.

comme pour son comté d'Auvergne. A la même époque, on le voit faire de nombreuses nominations dans le personnel paroissial dépendant de son prieuré. On relève à ce moment-là; un curé et deux vicaires à S' Pierre-de-Bredom, deux vicaires pour S' Etienne-de-Capels (Chastel), deux pour S'ᵉ Anastasie, un pour Valuéjols, deux pour Murat, un pour la ville et un pour le forain. Les prêtres de la communauté de Bredom étaient fort nombreux à ce moment-là. Nous avons la preuve que l'abbé de Sieujac résidait réellement dans son prieuré et s'en occupait sérieusement. Il lui faisait rendre le plus de revenus possible, mais il en appliquait aussi les charges avec le plus de conscience possible, ce qui n'était pas le cas pour beaucoup d'autres prieurs commandataires, surtout pour ceux qui entouraient la Cour.

Il crût néanmoins devoir défendre quelques privilèges de son prieuré, qui ne cadraient pas toujours avec la bonne répartition religieuse des paroisses. Ne nous en étonnons pas. Nous connaissons cela couramment, même de nos jours. Néanmoins, après une certaine résistance, il dut s'incliner devant l'autorité de son Evêque, Monseigneur de La Mothe-Houdancourt, frère du maréchal de France. Le village d'Albepierre, situé à une grande distance de Bredom, relevait de cette paroisse. En été, il fallait plus d'une heure à pied pour se rendre à l'église paroissiale ; en hiver, c'était impossible, dans ces montagnes, et l'hiver y est long. Des prêtres saints et éminents, originaires de ce village qui était, du reste, plus important que son chef-lieu, firent ressortir cette situation pénible à l'évêque. Après enquête, celui-ci autorisa les habitants d'Albepierre à se construire une chapelle, et leur promit, pour la desservir, un vicaire à la nomination du curé de Bredom, qui résiderait chez eux et remplirait les fonctions d'un véritable curé. Le prieur et le curé de Bredom s'y opposèrent et après plusieurs années de lutte, en 1678, ils finirent par céder. Certains points n'ayant pas été suffisamment réglés, relativement aux subventions annuelles à partager, il y eût de nouveaux litiges qui furent reglés à l'amiable, le 31 octobre 1703.

L'abbé de Sieujac eut à soutenir un procès beaucoup plus important avec David Dufour, baron de Villeneuve et de Chalus, lieutenant général de la sénéchaussée de Clermont. Cet important personnage, qui semble être d'origine juive, s'appelait *David*. Son père portait le nom significatif d'*Isaac* et avait toutes les allures de son origine supposée. Il avait acheté la terre de Mardogne, aux héritiers de la maison de Foix et se faisait, même appeler quelquefois marquis de Mardogne (1). Il devenait ainsi seigneur suzerain de Sainte Anastasie, et en cette qualité, il se crut obligé de payer la portion congrue au vicaire perpétuel de cette paroisse et pour cela de s'emparer des dîmes du prieuré de Bredom qui y étaient perçues. L'abbé de Sieujac fit valoir ses droits et gagna son procès.

Ce fut à cette époque que Jean-Antoine acheta la vicomté de Murat, le 25 août 1697. Nous reparlerons plus tard de cet achat et des fêtes qui furent données à l'occasion de l'entrée

---

(1) Le premier des Dufour dont on parle dans les généalogies se nomme *Isaac*, et il était trésorier de France avant 1669. C'est donc dans les finances qu'il fit sa fortune. Mais il est probable qu'il ne fut pas le premier de sa race à la tenter. A cette époque les fonctionnaires des finances étaient en même temps des banquiers. L'Etat, qui avait toujours besoin d'argent, leur empruntait d'avance le revenu des impôts. Ils se faisaient payer en conséquence. Ils pratiquaient aussi autour d'eux les prêts sur gages et les gages valaient beaucoup plus que les prêts. Ils se faisaient aussi marchands de biens, brocantant de tout et conservant ce qui leur paraissait bon à garder. Il y eut beaucoup de ces banquiers en Auvergne. Il y en avait de juifs. D'autres étaient des étrangers, dont beaucoup de Lombards, plus tard des Florentins. D'autres encore sortaient du pays comme les *Gayte*, les *Chauchat*, les *Cœur*, les *Bohier*, etc., dont le regretté Marcellin Boudet a écrit l'histoire si intéressante. Pour en revenir aux Dufour, lorsque nous les rencontrons dans l'histoire, ils sont déjà presque admis dans la société. Ils sont baillis, conseillers au présidial et à la Cour des Aides, d'autres sont intendants ou lieutenants civils au Châtelet de Paris. Grâce à leur intelligence et à leur activité, ils sont arrivés. Ils ont dû être juifs, et ils sont devenus catholiques. Ils achètent des terres nobles. Ils veulent être nobles. Ils partagent leur nom en deux et deviennent *du Four*.

de l'abbé de Sieujac dans la vicomté. Celui-ci devenait ainsi
à la fois prieur de Bredom et vicomte de Murat et par suite
son propre suzerain. Il joignait ensemble les droits spirituels
et temporels, qui s'étaient trouvés quelquefois en contestation. Il en remplit les fonctions de pair, puisque Bredom
était la paroisse officielle de Murat. Il s'en occupa activement
du reste. C'est ainsi qu'il fit construire un pavillon à l'hôpital
de Murat avec une chapelle et y introduisit les Sœurs de
Nevers. Il pourvut cet hôpital de revenus suffisants pour son
entretien et les Sœurs touchèrent des revenus spéciaux pour
le leur. La première supérieure fut Sœur Marcelline, qui a
laissé le souvenir d'une sainte. Il fit aussi réparer la prison et
le palais de justice.

A ces améliorations d'utilité publique, il joignit celles qui
avaient pour but d'édification des âmes. C'était indiqué,
puisque le nouveau vicomte était un prêtre. Il favorisa donc
l'éclosion des œuvres pieuses. Les plus importantes furent
celles des « Denteleuses », établi en 1669 et de la « Bonne
Mort », en 1676. Elles avaient été fondées antérieurement à
l'achat de la vicomté par Jean Antoine, mais il faut nous
rappeler qu'il était déjà prieur de Bredom, et qu'il avait par
conséquent, sous sa juridiction religieuse, la cure de Bredom
qui ne faisait qu'une avec celle de Murat. L'œuvre des
« Denteleuses » avait pour patronne « *Notre-Dame-des-Oli-
viers* », dont la statue miraculeuse était déposée sur le

Une de leurs branches, celle de Pradt, se fait anoblir en 1723 en la personne d'Isaac du Four de Pradt, officier général de mérite. Cette branche
se terminant en quenouille en la personne d'une jeune fille, celle-ci épousa
Jean-Charles de Riom de Prolhac, qui appartenait à une vieille famille un
peu déchue. Son petit-fils épousa une Lastic de Fournels, fille d'une La
Rochefoucaud-Saint-Ilpize, et fut le père du fameux abbé de Pradt, grand
aumônier de Napoléon Ier, archevêque de Malines, ambassadeur en Polo-
gne et grand Chancelier de la Légion d'honneur, que son maître ne put
arriver à faire nommer Cardinal. C'était, du reste, un assez singulier
personnage. Il ne passait pas pour faire l'édification de son entourage,
peu difficile cependant.

maître-autel d'une chapelle construite à moitié chemin entre
Bredom et Murat. La tradition voulait qu'on l'ait trouvé
intacte sous les décombres d'une église, en 1493. L'industrie
de la dentelle, sous l'influence de Colbert, était devenue
prospère dans la haute Auvergne, comme elle l'est actuellement dans le Velay voisin. Les jeunes filles qui y travaillaient,
se réunissaient par groupes, et l'œuvre religieuse des
« *Denteleuses* », avait pour but de sauvegarder leur foi et
leur honneur. La confrérie des « *Ames du Purgatoire* » ou de
la « *Bonne Mort* », fut fondée le 12 juin 1676, par les chanoines
de la Collégiale. Ils se cotisèrent et la première somme de
trois cents livres ainsi réunie, fut destinée à constituer un
capital dont l'intérêt devait servir à la fondation d'une messe
solennelle avec exposition du Saint Sacrement, vêpres et
bénédiction pour les membres de la Confrérie.

A la fin de sa vie, l'abbé de Sieujac eût encore quelques
démêlés avec le chapitre collégial de Moissac. Ces chanoines
voulaient se faire payer, par le prieur de Bredom, une rente
de six livres qui ne l'avait plus été depuis deux cents ans, on
ne sait pourquoi. On essaya de persuader au bon abbé de
Sieujac de prendre à sa charge cette pension oubliée, mais il
fit la sourde oreille, en homme qui ne payait que ce qu'il
devait. Il s'ensuivit un procès qu'il gagna.

Ce fut sous le priorat de Jean-Antoine de Lastic que fut
installé le grand et beau rétable de l'église de Bredom. Mais
ce fut surtout le curé, Pierre Armand Delmas et ses
marguiliers, qui s'en occupèrent. Le rétable fut commencé
en 1706 et terminé en 1708. Quoique n'étant pas du tout
dans le style de l'église, la déparant même et l'assombrissant,
c'est en lui-même une fort belle œuvre de sculpture.

L'abbé de Sieujac mourut en 1710, d'après l'abbé Bouffet.
Ce fut, en effet, à cette époque-là, que Louis-Henry Muret,
prêtre et docteur en théologie, fut pourvu, à sa place,
du prieuré de Bredom. Jean-Antoine de Lastic devait
avoir alors environ 78 ans. Un acte de nos archives, de

l'année 1731 (1), nous apprend qu'à cette date il était mort depuis 23 ou 24 ans, ce qui donnerait l'année 1708. Mais la manière dubitative dont la date de cette mort est annoncée, semblerait plutôt confirmer celle donnée par l'abbé Bouffet.

Il avait acheté la terre de Parentignat très peu de temps avant sa mort. Comme il l'avait acquise, ainsi que le vicomté de Murat, pour la laisser à sa famille, il est indiqué dans l'acte d'achat de Murat qu'il le fait conjointement avec son frère François, et dans celui de Parentignat, avec son neveu, également nommé François. Mais il est très probable que c'est lui qui en acquitta le prix et en paya les frais, puisqu'il en exerçait la jouissance de son vivant. Du reste, comme je l'ai déjà expliqué, il avait pu économiser largement sur ses revenus, l'argent nécessaire pour le faire.

Nous ne possédons pas dans nos archives l'acte d'achat de la Vicomté de Murat. Il a dû en être enlevé avec l'ensemble des titres concernant cette terre, lorsqu'elle nous fut prise par les lois révolutionnaires. Il serait facile probablement de s'en procurer une copie. Mais nous nous en rapporterons, à ce sujet à la notice consacrée à Murat, dans le *Dictionnaire statistique du Cantal*, sous la signature de M. Paul de Chazelles (2).

Ce fut en 1697 que Louis XIV, cherchant à faire argent de certaines parties du domaine royal « engagea » une partie de la Vicomté de Murat à « Jean-Antoine de Lastic, écuyer, abbé de Sieujac, seigneur prieur de Bredom et d'Allanche », conjointement avec son frère François de Lastic. Le prieur s'en réservait la jouissance sa vie durant. Il versa la somme de soixante-cinq mille livres, plus six mille cinq cents livres pour les droits de deux sols par livre, cela par quittances des 25 et 29 avril 1697. Si l'on y ajoute les autres frais, s'élevant à plus de douze mille livres, cela fait une somme totale de quatre-vingt mille livres. Dans cette vente étaient

---

(1) Archives de Parentignat L. 31. Orig. sur papier.
(2) Tome IV, page 422 et suivantes.

comprises les châtellenies d'Albepierre et de Lesbros (Chastel-sur-Murat), les droits de justice, de greffes civil et criminel, greffes de présentation et d'affirmation, droits de geôle d'Andelat, Murat et Saint-Flour, droits de leyde, péages, pacages, fours, moulins bánaux, cent quarante têtes d'herbage dans la montagne du Cantal et quarante dans celle de Rochegude, les Bruels, les prés de Madame, de Saigne-Noire, l'étang de Fontnostre, à la réserve du fief et hommage au Roi et des forêts de haute futaie.

Je reparlerai de tout cela dans un chapitre spécial à la terre de Murat, comme je l'ai fait pour les autres. Pour le moment, nous nous contenterons de savoir comment l'abbé de Sieujac prit possession de sa vicomté et comment il y fut reçu solennellement. Ce récit forme sept pages grand format du *Dictionnaire statistique du Cantal*. Je le résume en n'insistant que sur les parties les plus curieuses.

La première cérémonie fut celle de la prise de possession alors absolument nécessaire pour confirmer l'acte d'achat, et dont l'omission pouvait entraîner la nullité de la vente. Le 5 juillet 1697, M. de Chadefaux, qui était déjà chargé des affaires de l'abbé de Sieujac, reçut de celui-ci une procuration pour le représenter dans cette formalité. M. Louis Tassy, conseiller et avocat du Roi à Saint-Flour, fut commis à cet effet par l'Intendant d'Auvergne, M. Lefèvre d'Ormesson. Ils furent assistés de deux autres officiers royaux. Les opérations durèrent cinq jours. On fit d'abord un état de tous les lieux et bâtiments dépendant de la partie engagée. Les commissaires se réunissaient à l'auberge Celeyroux. Ils s'adjoignirent comme expert le sieur Hugues Pichot.

Ils se rendirent d'abord à l'église collégiale de Murat, où M. de Chadefaux fut reçu à l'entrée par le Curé qui lui présenta l'eau bénite. Puis, selon l'usage, il sonna les cloches, fit une prière au pied du maître-autel, du côté de l'Evangile, assista à la messe assis dans la première stalle du chœur du côté de l'épître, et sonna la clochette. Il reçut aussi le droit de patronage sur le chapitre collégial, ainsi que sur la chapellenie de Saint-Etienne-du-Château, alors démolie, ainsi que tous les honneurs et droits honorifiques dus à Sa Majesté.

Puis on monta à cheval et on se rendit sur l'emplacement de l'ancien château, sur le rocher qui domine la ville de cent cinquante mètres. On redescendit ensuite à Murat, où l'on se rendit à la maison appelée du Roi, située rue Soutrane, où se trouvait l'auditoire du prévôt royal de Murat et du baillage d'Andelat. On remit à M. de Chadefaux les clefs de ce local, qui lui conféraient tous les droits de justice sur la vicomté, ainsi que la nomination de tous les officiers justiciers. Puis ce fut le tour du four banal, rue du Barry, avec les bâtiments et les maisons qui en dépendaient. Puis on alla sur la place du Marché pour prendre possession de tous les droits de leyde et autres du même genre. On se rendit aux prisons aux portes de la ville, prenant ainsi possession de tous les droits et péages y afférant, entre autres sur les cabaretiers et marchands de vin de la ville. Puis on se rendit aux prés divers énoncés à l'acte.

Le second jour on alla à cheval à Albepierre, où l'on fit appeler les consuls. François de Comblat, sieur de Gorse, installa le représentant de l'abbé de Sieujac dans tous les lieux et les droits que cette seigneurie comportait.

Puis les commissaires montèrent ensuite jusque sur le Plomb du Cantal, où ils mirent l'abbé de Sieujac en possession de cette montagne. Puis on redescendit à celle de Rochegude et on rentra ensuite à Murat après avoir été jusqu'au moulin de Laborie et à la chapelle voisine, où le curé répéta toutes les cérémonies usitées en pareil cas. On recommença les mêmes opérations à Virargues, puis à Nozerolles, où l'on s'arrêta sous un gros ormeau. Là, les habitants déclarèrent que c'était sous cet arbre qu'on avait l'habitude d'élire les consuls de Lesbros et on recommença les mêmes cérémonies.

Le 6 juillet, on partit, toujours à cheval, pour Chastel-sur-Murat, où M. de Chadefaux entra dans l'église, située sur un rocher à côté des ruines de l'ancien château, et on recommença encore les mêmes formalités. De là on visita l'étang de Fontnostre, puis les trois moulins de Farges.

Le 13 juillet M. de Chadefaux se rendit à Saint-Flour où il prit possession du droit de geôle de la Conciergerie du baillage.

Enfin le 21, l'abbé de Sieujac se rendit personnellement à Bredom où les Consuls de la ville de Murat vinrent le chercher jusqu'au pont du Vernet, et il prit possession lui-même de cette dernière seigneurie.

La ville de Murat voulut faire une entrée triomphale à son nouveau vicomte. Le *Dictionnaire statistique* en donne tous les détails (1). Je me contenterai d'en indiquer les faits les plus caractéristiques.

Ce fut le 28 juillet 1697, un dimanche, que l'abbé de Sieujac fit son entrée dans sa bonne ville de Murat. Quarante des principaux habitants, à cheval, vinrent le chercher à Bredom, précédés du corps du Chapitre, de M. de Traverse, lieutenant criminel, de M. Teillard, assesseur, et de M. Danty, conseiller du Roy. Au pont sur l'Alagnon se trouvait une garde d'honneur composée d'une vingtaine de personnes armées et de quatre suisses, dont deux prirent la bride du cheval de l'abbé, et les deux autres mirent la main sur la croupe du cheval. Le corps des R. P. Récollets et celui des Pénitents attendaient le cortège devant l'hôpital de la ville, et adressèrent des compliments à l'abbé. Puis on le conduisit sous un dais porté, du côté gauche, par les deux consuls et du côté droit, par le lieutenant criminel et son assesseur. Sur la place, plus de deux cents personnes étaient sous les armes et formaient la haie. Le nouveau vicomte était accompagné de son frère, François de Lastic, de l'abbé de Bonneuil, prieur de Molompize, de M. d'Anteroche et de plusieurs

(1) Ce récit fut noté à l'époque par M. Teillard de Chabrier, dont le descendant, M. Teillard d'Eyry, le communiqua à M. Paul de Chazelles, auteur de l'article du *Dictionnaire statistique.*

autres gentilhommes dont on ne donne pas les noms. A l'église on chanta le *Te Deum*, puis on donna la bénédiction du Très Saint-Sacrement, et on fit le tour de la ville en procession. Le soir, sur la place, il y eut un feu de joie et un feu d'artifice. Puis un grand dîner eut lieu chez M. Teillard. Pendant ce temps-là la Maréchaussée parcourait la ville en faisant des décharges. Le soir le Vicomte retourna coucher à Bredom.

Le lendemain, les tambours et les fifres allèrent jusqu'à Bredom, donner une aubade en deux fois, accompagnés des notables de la ville.

On s'était donné beaucoup de peine pour la décorer. Voici, par curiosité, quelques-unes de ces décorations. Evidemment les érudits du lieu s'étaient mis en frais d'imagination.

L'arceau de la porte du Molinier était tapissé de lierre. Sur le sommet il y avait un grand cartouche, au bas duquel étaient peintes, à droite, les armes du Vicomte avec leur couronne, et à gauche, celles du prieuré de Bredom, couronnées de deux rameaux d'oliviers entrelacés. Entre les deux écussons, on avait placé l'inscription suivante :

Dignus utràque

Puis au-dessous :

Fores patent
Cives ardent.

Sur la grande place on avait élevé une haute pyramide sur un large piédestal à quatre faces, qui portaient, chacune, les armes de Lastic, celles du prieur, celles du Chapitre et celles de la Ville, avec les quatre devises :

Sur la première face : *Te trinis aucta incrementis coronat.*
Sur la deuxième : *Hoc gaudent pastore greges.*
Sur la troisième : *Ornando sustinet.*
Sur la quatrième : *Et Muratensibus suus Alcides.*

se rapportant à chacune des armes.

21

D'autres inscriptions du même genre se trouvèrent répétées sur les différentes faces de la pyramide elle-même. Tout en haut on avait peint un grand soleil en carton, sur lequel on avait représenté, sur les deux faces, les armes du Roi (alors Louis XIV) avec ces deux devises se déroulant sur des banderolles :

Nec pluribus impar.
Vincas et regnes.

On avait recouvert cette pyramide de fusées, de pétards et autres artifices qui furent allumés le soir.

La porte de l'église était entièrement tapissée. Au-dessus de l'entrée on avait écrit, dans trois petits cartouches, les trois anagrammes suivants :

Sur le plus élevé :   *Antonius de Lastic,*
                       Venisti a cœlo salus.

Dans celui de gauche : *Vice-comes Muratensis.*

Dans celui de droite : *Prior Bredomensis.*
                       Pro Deo minister eris.

le tout entouré d'une banderolle circulaire, avec cette inscription :

Justicia et pax osculatœ sunt.

et au-dessous :

Te nostris favet cum dederit votis.

A l'église on chanta un motet composé pour la circonstance :

Egredere de sede tuà ; quid latitas ?
Vice-comes magne :
Te lunà clarior, prior amplissime,
Multo splendor aurorœ radiis,
Sole micantior ; in ortu tuo
Lœtentur populi, exultet clivus.

Dum fulget Joannes, Bredomii gloria ;
Murati gaudium,
Lœtentur populi, jam Joannes venit
Familiœ decus, gaudeant clerici,
Lœtentur populi, Joannes oritur
Murati gaudium.

Au-dessus de la porte d'une des principales maisons bourgeoises, on avait inscrit cette pièce de vers

Issu de la race des Rois,
Ayez pitié de votre ville ;
Son bonheur dépend de vos lois ;
Je le dis avec plus de mille.
Tous les habitants de ce lieu,
Comme moi bénissent leur Dieu.

Les jours suivants furent occupés aux visites d'usage, ajoute le récit du *Dictionnaire statistique.*

Ce fut le 23 octobre 1707 (1) que Jean-Antoine de Lastic et son neveu François, deuxième du nom, seigneur de Sieujac, achetèrent la terre, justice et seigneurie de Parentignat aux héritiers de Maximilien de Sommyèvre. François ne figurait dans cet acte que pour la forme, et la somme de quarante-cinq mille livres, indiquée dans l'acte comme prix d'achat de la terre de Parentignat, ainsi que les frais considérables et les épingles (commissions) qui firent monter le tout aux environs de soixante mille livres, furent entièrement versés par le riche et économe prieur.

Pour suivre le plan que je me suis tracé dès le début, je compte donner une courte notice sur Murat à la fin du chapitre consacré à la treizième génération. En ce qui concerne Parentignat, pour lequel je voudrais entrer dans de plus grands détails, puisque c'est le centre actuel de notre maison, je préfère n'en parler qu'à la quinzième génération,

_____

(1) Archives de Parentignat. E. I. 62. Orig. sur pap.

celle de François, deuxième du nom, qui, après l'avoir agrandi et construit en grande partie, l'habita le premier.

Revenons-en donc aux deux filles de Philibert de Lastic et de Marguerite de Beaufort-Canillac. *Gabrielle*, l'aînée, l'était en même temps de tous leurs enfants. Sa sœur cadette s'appelait aussi Gabrielle, par une habitude assez répandue à ce moment-là, mais fort incommode pour les généalogistes et les historiens à venir. Nous avons vu aux générations précédentes une quantité de *Jacques* et de *Jean*, qui ont amené souvent des confusions. Pourquoi ces deux jeunes filles portaient-elles toutes les deux le même prénom ? Leur grand'mère de Dienne s'appelait aussi *Gabrielle*, et je suppose qu'on pensa lui faire plaisir en prodiguant ce nom.

Nous ne savons pas grand'chose de la première Gabrielle, comme de toutes les filles en général. Nous l'avons vue nommée au testament de son père qui lui donnait la somme de quinze mille livres (1). Puis il n'est plus question d'elle jusqu'au moment de son mariage, Nous possédons une copie contemporaine du contrat, datée du 16 juillet 1643. (2) Elle épousait Messire Louis-Timoléon d'Oradour, seigneur et baron de Sarlans, Saint-Gervasy et autres places, fils aîné de feu Pierre d'Oradour et de Marie-Catherine de Voyère (illisible dans la copie de nos archives). Elle reçoit en dot la somme de trente mille livres, dont quinze mille livres « pour bien paternel », plus la somme de cinq mille sept cent livres « aussy donnée et léguée à ladite demoiselle de Lasticq, future espouse par autre damoyselle Gabrielle de Lasticq sa sœur puisnée à présent religieuse, mais non encore professe en la maison et couvent de la Visitation Sainte-Marie de la ville de Saint-Flour par son testament ou contrat d'entrée en ladite religion », et les neuf mille trois cents livres restant sur la succession, le dernier paiement ne devant avoir

---

(1) Archives de Parentignat. I. 12 à 14. Deux originaux dont un sur parchemin.
(2) *Ibid*. K. 8, Orig. sur pap.

lieu que lorsque le futur aurait atteint l'âge de vingt-cinq ans. Le texte de cette copie ancienne est fort difficile à lire, mais il semblerait que le paiement de ces sommes ne fut pas fait directement au futur, mais aux créanciers de son père qui sont cités, et je crois y déchiffrer les noms de Pracomtal ou Précomtal, de Voyères, d'Oradour, de Châteauneuf et d'un certain Vachier, Premier Président de la Cour des Aides de Clermont-Ferrand. Quant au futur il apporte toute sa fortune paternelle et maternelle et les successions collatérales. Sa mère, Catherine de Voyères, lui donne dix mille livres sur ses biens propres, après son décès, en préciput et avantage de ses autres enfants et héritiers, et on le décharge d'une dette de douze mille livres qu'il pourrait devoir à ses sœurs qui en auraient été payées par la future épouse. Le reste est presque illisible. On a l'impression d'une fortune très compliquée, qui obligeait à prendre des garanties très sérieuses. Les noms de Marguerite de Beaufort-Canillac, mère de la future, et celui de Catherine de Voyères, mère du futur, y figurent à chaque instant. On voit à la fin qu'il est assuré à la future une liste d'habillements, un carrosse attelé de quatre chevaux, des meubles, plus le logement au château de Sarlans, etc., etc. Les témoins sont : Messire Gabriel de Beaufort-Canillac, seigneur d'Auteribe, le seigneur d'Estaing (probablement le petit-fils de Jeanne de Lastic, femme de Louis du Bourg, baron de Saillans), le seigneur de la Terrisse (serait-ce Annet de Lastic de Vigouroux ?), François de Beaufort-Canillac, Guillaume de Beaufort-Canillac, seigneur de Pont-du-Château, N. d'Oradour, commandeur de La Vauxfranche, Alexandre d'Oradour, Claude de Beaufort-Canillac, Sénéchal de Clermont, Marc de Verneugheol ou de Mareugheol, seigneur de La Bare, Georges d'Oradour, Henry du Lac, seigneur d'Enval, Messire Anthoine de Lastic, chevalier, seigneur de Chamboulive (alors chef de la branche de Saint-Jal), curateur de Gabrielle de Lastic, Messire Jacques d'Espinchal, seigneur dudit lieu et de Massiac, etc., etc. Toute la parenté était là.

La maison d'Oradour était originaire du haut pays d'Auvergne et extrèmement ancienne. Elle ne s'était cependant pas maintenue tout à fait à la hauteur de son origine. On la prétendait, en effet, issue d'un cadet de la maison de Toulouse qui, sous le surnom de *Jurquet*, vint s'établir dans la terre d'Oradour, aux confins du Rouergue, où régnait une autre branche de la même maison. Ce surnom de *Jurquet* devint le nom patronymique de la nouvelle race ainsi fondée. Ses alliances furent avec les maisons de Montclar, de La Tour, de Vassel, de Saint-Gervazy, d'Apchon, de Sarlans, de Bort, de Voyères, avant le mariage de Gabrielle de Lastic, puis après, avec celles de Nozières-Montal, de Bonlieu, d'Aurelle de Terreneyre. Louis-Timoléon eut de son mariage avec Gabrielle de Lastic plusieurs enfants que Marguerite de Beaufort-Canillac nomme dans ses dernières volontés. D'après Bouillet (1), leur postérité se serait éteinte depuis longtemps. Au contraire, d'après A. Tardieu, (2) un des fils de Louis-Timoléon aurait laissé une descendance qui existait encore au moment de la Révolution. La plus belle alliance des d'Oradour, fut celle contractée par Jacques d'Oradour, seigneur de Saint-Gervazy, Sénéchal de Clermont, avec Claude de Sarlans, dernière représentante de la maison de Sarlans. Celle-ci descendait de Morinot, fils naturel de Jean II, comte d'Auvergne, auquel cette terre de Sarlans, détachée de la Comté d'Auvergne avait été donnée, et qui entra ainsi dans la maison d'Oradour.

Gabrielle de Lastic était morte le 19 mars 1674, date à laquelle sa mère, Marguerite de Beaufort-Canillac, donne aux « enfants de défuncte dame Gabrielle de Lastic, sa fille, la somme de deux mille cinq cents livres, qui leur était laissée comme un témoignage d'amitié et d'affection ».

L'autre *Gabrielle*, dite *la jeune*, avait reçu, comme sa sœur aînée, de son père Philibert, par testament, la somme de

---

(1) *Nobiliaire d'Auvergne*. Tome V, page 11 et suivantes.
(2) *Dictionnaire historique du Puy-de-Dôme*, page 322.

quinze mille livres. La même année où sa sœur se mariait,
elle entrait au couvent. Nous possédons le traité qu'elle passa
à cette occasion avec sa mère Marguerite de Beaufort-Canillac,
le 28 mai 1643 (1). Le traité est signé à Saint-Flour « dans le
parloir du dévôt monastère des dames religieuses de la
Visitation Saincte-Marye de la dite ville », en présence de
Gabrielle de Lastic, la jeune, « laquelle désirant de servir
Dieu pour le reste de ses jours en la dite religion et couvent
de la Visitation, aurait supplié humblement et révérente-
ment dame Marie-Amable Tornet, dame supérieure du dit
couvent de l'y recevoir, ce que la dite dame supérieure luy
auroit librement accordé...... à la charge de,.... approbation
accoustumée. » Par suite, avec l'autorisation de sa mère,
Marguerite de Beaufort-Canillac, pour subvenir à son entrée
au couvent, et en tenant compte du testament dudit feu
seigneur de Lastic, qui lui avait donné quinze mille livres,
mais que, si elle entrait en religion, elle serait dotée raisonnablement et selon sa condition, de l'avis et autorité de sa
mère, Gabrielle se constitue « pour soy ou audit couvent, la
dite dame Supérieure pour icelluy prenant et acceptant », la
somme de trois mille livres. La Supérieure déclare avoir
reçu deja celle de six cents livres des mains de Marguerite
de Beaufort-Canillac. Quant aux trois mille livres, elles
seront payées, quinze cents livres « au commencement du
noviciat de ladite damoiselle », et les autres quinze cents
livres « un jour avant la profession d'icelle ». En attendant le versement de la première partie de cette somme,
il sera payé celle de cent cinquante livres pour « l'entretenement » de la dite demoiselle, et la moitié ensuite
de cette somme de cent cinquante livres, jusqu'au paiement de la seconde partie. Dans le cas où la dite demoiselle de Lastic ne pourrait supporter la règle de la dite
religion et viendrait à sortir du dit monastère, la Supé-

(1) Archives de Parentignat. K. 7. Orig. sur pap.

rieure sera tenue de rendre la somme de quinze cents livres, mais celle de six cents livres, donnée comme droit d'entrée, restera acquise au monastère. Comme Philibert de Lastic avait donné à sa fille la somme de quinze mille livres, celle-ci rendra à sa sœur aînée, celle de cinq mille sept cents livres, à son frère aîné François, celle de quatre mille deux cents livres, et à son frère puîné Antoine, celle de mille livres, et enfin celle de cinq cents livres à sa mère « en considération des frais extraordinaires qu'elle a faits lorsqu'elle est entrée au monastère. » La Supérieure est assistée « de humble et dévote Louise-Paule-Marie de La Roche, assistante, de Françoise-Gabrielle Boutier, Marie (illisible), et de Marguerite-Angeline Angevin ». Le tout est passé en présence de Noble et Vénérable personne Messire Pierre Busson, docteur en droit canon, official du diocèse et chanoine de l'église cathédrale de Saint-Flour. Nous n'entendons plus parler d'elle ensuite.

J'ai dit plus haut le renouveau de piété qui s'était alors répandu en France et sous l'influence duquel s'étaient fondées de nouvelles congrégations, dont quelques-unes fort austères. Sainte Jeanne de Chantal avait créé, sous la direction de Saint François de Sales, celle de la Visitation en 1610. L'approbation de ses statuts avait été donnée par Urbain VIII en 1626. Mais déjà le couvent de Saint-Flour avait été installé en 1625 par l'Evêque de Saint-Flour, Monseigneur de Noailles, et avait été doté par Pierre de Brugier et Thérèse d'Allègre.

Etat actuel de la ville de Murat. L'ancien château était construit sur la butte conique qui domine la ville

Etat actuel de l'église du prieuré de Bredom

VII

La vicomté de Murat

Avant de parler de, la quatorzième génération de notre
maison, jetons un coup d'œil rapide sur cette terre de Murat,
que les nôtres venaient d'acquérir du Roi, par *engagement*.

« Le château de Murat, dit Bouillet, (1) séjour ordinaire
des Vicomtes, était bâti sur un énorme rocher et dominait la
ville du même nom, située au bas de cette montagne. sur la
rivière d'Alagnon. Ce château se composait d'un corps de
logis et d'une tour ronde plus élevée. Son enceinte renfermait
une place d'armes avec un pré pour l'entretien des bestiaux,
dans les temps de siège. On juge par sa position et l'étendue
de 'ses ouvrages que cette place servait non seulement à
couvrir la ville, mais encore à protéger et à défendre tout le
pays environnant. Un grand nombre de fiefs relevaient de
la vicomté de Murat, et parmi ces fiefs, on comptait plus de
trente châtellenies, entre autres celles d'Albepierre, de
Châteauneuf-de-Mallet, d'Anglars, de Vigouroux, de
Turlande, de Védrines-Saint-Loup, toutes places dont les
fortifications existaient encore au XIVᵉ siècle. » Elles étaient

---

(1) *Nobiliaire d'Auvergne*, Tome IV, page 348.

disséminées dans tout le haut pays d'Auvergne et ne constituaient pas un tout compact. Les trois principaux groupes étaient autour de Murat même, de Châteauneuf, au sud-ouest de Saint-Flour, et autour de Brezom, au sud du massif du Cantal. Il semblerait que la vicomté de Murat ait ait été ainsi formée en quelque sorte d'un démembrement de celle de Carlat, et ses seigneurs devaient être issus de la même race. Au début, Murat dut donc être une viguerie de la vicomté de Carlat, et ses seigneurs ne portèrent le titre de vicomtes que parce qu'ils étaient issus de ceux de Carlat. Mais c'est une hypothèse purement gratuite, étayée seulement sur ce fait que les vicomtes de Murat devaient l'hommage à ceux de Carlat. On croit, du reste, que ces derniers sortaient eux-mêmes des anciens comtes de Rodez, de Milhau et de Gévaudan. Par suite les vicomtes de Murat, quoiqu'ayant leurs possessions au sein de la haute Auvergne, en pays de droit coutumier, rendaient à la fois hommage aux comtes d'Auvergne et aux vicomtes de Carlat et de Rodez, ces derniers en pays de droit écrit.

L'histoire de Murat se confond avec celle de ses seigneurs. Résumons-la donc rapidement d'après ce que Bouillet et Paul de Chazelles en ont dit dans le *Nobiliaire d'Auvergne* et le *Dictionnaire statistique du Cantal*.

Le premier vicomte de Murat dont il soit question s'appelait *Gilbert*. Puis on trouve un certain *Guillaume*, qui vivait au xie siècle et qui était contemporain d'un certain Durand de Henry, abbé de Moissac puis évêque de Toulouse, prélat célèbre, ami de Saint Odilon de Cluny. Ils fondèrent ensemble le prieuré de Bredom dont nous avons parlé. Puis vinrent ensuite *Jean, Pierre*, qui se mêla aux querelles des maisons de Barcelone et des Baux. Raymond Bérenger, comte de Toulouse, étant devenu vicomte de Carlat, Pierre obtint de lui le renouvellement de l'investiture de la vicomté de Murat, à charge de foi et hommage. Puis nous voyons *Guillaume II*, toujours mêlé aux affaires des comtes de Rodez et des vicomtes de Carlat. *Pierre II* disputa la préséance aux

Etats du haut pays d'Auvergne, aux barons d'Apchon, de Pierrefort et au sire de Mercœur. On voit donc que tout en rendant hommage aux vicomtes de Carlat, les vicomtes de Murat appartenaient à l'Auvergne. Puis vinrent *Pierre III*, *Pierre IV*, qui donna une charte aux habitants de Murat (1263), et entoura leur ville de murailles. En 1265, Pierre IV marcha contre le comptour d'Apchon, qui désolait le pays et le fit prisonnier. *Guillaume III* confirma, en 1283, les privilèges et franchises accordées par son père aux habitants de Murat. Il est assez curieux de noter qu'à ce moment-là il était obligé de rendre hommage pour Murat au comte de Rodez, en sa qualité de vicomte de Carlat, au Roi pour Chambeuil et d'autres fiefs, à l'Evêque de Clermont pour Le Cheylard et d'autres fiefs, au sire de Mercœur pour Valuéjols, Ussel et autres lieux, c'est-à-dire à quatre suzerains différents. On juge par là de l'enchevêtrement des possessions féodales à cette époque. En 1292 il accorda des coutumes et privilèges à la communauté d'Albepierre. *Begon* confirma les privilèges de la ville de Murat, le 13 mars 1357. Pour services rendus à Jean, duc de Berry et d'Auvergne, celui-ci lui accorda le privilège de n'avoir à l'avenir que deux sergents royaux qui pussent instrumenter dans la vicomté de Murat. La fille unique de Begon, *Alix*. épousa le 13 mars 1329, Bertrand de Cardaillac, grand seigneur de la région toulousaine, ce qui fut cause de grandes guerres, lors de l'extinction de la branche aînée de la maison de Murat. Les neveux de Begon, *Pierre* et *Reynaud*. essayèrent d'entrer en possession de la vicomté, à la mort de leur oncle, mais *Guillaume de Cardaillac*, fils d'Alix ou Hélix de Murat, s'en empara en 1361 et la gouverna jusqu'en 1372, époque de sa mort, malgré un arrêt du Parlement de Paris, du 14 juin 1367, qui le condamnait à une forte amende et à rendre la vicomté à ses cousins. Son fils, *Pons de Cardaillac*, lui succéda même dans la vicomté. En 1389 un nouvel arrêt du Parlement confirma le jugement de 1367, mais Pons n'en tint aucun compte. En 1399, nouvel arrêt aussi peu respecté, personne n'intervenant pour obtenir la soumission du révolté. Enfin, en 1403, Pons fut condamné à la flétrissure, à rendre la vicomté, à payer une indemnité de dix mille livres et une amende de huit mille, au bannissement et à la confiscation de ses biens. Cette fois la sentence dût être appliquée, car en 1404, Reynaud ou Renaud semble rentrer en possession de la vicomté. Il fallut cependant intervenir militairement en 1406. Mais *Renaud II*, ayant refusé de rendre hommage aux d'Armagnac, alors vicomtes de Carlat, ceux-ci vinrent assiéger Murat dont ils s'emparèrent (1414). Ils avaient été soutenus en cela par Charles VI, qui avait envoyé à leur aide un corps commandé par Begon d'Estaing. La terre fut confisquée sur Renaud II au profit des d'Armagnac. Mais Renaud II se réfugia auprès du duc de Bourgogne et rentra en grâce après la chûte des d'Armagnac. On ne lui rendit pas sa vicomté ; on se contenta de lui donner une indemnité. Il n'eut qu'une fille unique, Marguerite qui épousa Louis de Louet, chambellan et favori de Charles VI, et la maison de Murat s'eteignit ainsi tout à fait.

Ce furent donc les d'Armagnac qui restèrent définitivement maîtres de la vicomté de Murat. De cette race nous connaissons *Jean*, fils du connétable d'Armagnac, qui ratifia les privilèges donnés à la ville de Murat par ses anciens vicomtes. *Bernard* remplaça son frère à la suite d'un partage de famille. Il épousa Eléonore de Bourbon, fille de Jacques, comte de La Marche, en 1439. *Jacques*, son fils, lui succéda en 1453. Il avait épousé Louise d'Anjou, filleule de Louis XI, en 1452. Il entra dans la ligue du Bien public. On sait que le Roi lui pardonna une première fois, mais le fit surveiller, entre autres par Draguinet de Lastic. Jacques, malgré ses promesses, se révolta de nouveau contre le Roi. Pierre de Bourbon l'assiégea et le fit prisonnier. Il fut condamné à mort, le 4 août 1477, et exécuté. Ses biens étaient confisqués par le même arrêt. La vicomté de Murat fut alors donnée par Louis XI à Jean Dumas, seigneur de l'Isle-en-Jourdain, Grand Maître des eaux et forêts. Mais la terre lui fut reprise et donnée par Charles VIII à *Jean d'Armagnac*, fils de Jacques, en 1483. Celui-ci céda la vicomté au duc de Bourbon, en échange de certaines terres situées du côté de l'Armagnac (1489). Charles VIII ratifia cet arrangement. Ce fut donc *Pierre de Bourbon* qui devint vicomte de Murat. Il avait épousé Anne de France, fille aînée de Louis XI. C'est lui qui établit à Murat le baillage des montagnes d'Auvergne, appelé le baillage d'Andelat. En 1503 à la mort de *Pierre*, la vicomté échut à sa fille *Suzanne*, qui épousa, en 1504, *Charles de Bourbon*, son cousin, Connétable de France. Lorsque, après sa révolte contre le Roi, ses biens furent confisqués, la vicomté de Murat fut donnée par François Ier à sa mère Louise de Savoie (27 juillet 1527).

Après la mort de celle-ci, la vicomté entra dans le domaine royal. Elle suivit alors l'histoire de celui-ci. De temps à autre, avec la terre d'Auvergne, elle fit partie de l'apanage des Reines douairières et rentrait ensuite au douaire. En 1633 le château de Murat fut détruit de fond en comble, comme beaucoup d'autres de la province, de peur qu'il ne devînt le refuge de quelque seigneur révolté contre la Couronne.

Cela nous mène à l'année 1697, époque où sa partie principale fut vendue à notre grand oncle, le prieur de Bredom. Dès lors, après lui, les vicomtes de Murat furent les aînés de notre maison, les cinq François, jusqu'à la Révolution.

Il y eut quelques contestations pour la jouissance de certains droits entre nos ancêtres et la Couronne. Elles portèrent surtout sur certaines charges de l'Hospice, comme la nourriture et l'entretien des enfants trouvés. Il avait été convenu, lors de la cession de la vicomté, que le seigneur engagiste ne serait tenu à aucune charge, telles que fondations charitables et aumônes, qui resteraient au compte de la Couronne. Mais le Parlement donna tort au vicomte sur ce point particulier de l'entretien des enfants trouvés. On voulut aussi, en 1771, enlever aux vicomtes les droits de lods et de vente. En 1773 le marquis de Sieujac adressa au

Garde des sceaux une demande pour rentrer en possession
de ces droits. Il demandait de nouveau à être déchargé de
l'entretien des enfants trouvés et à pouvoir présenter les
officiers qui composaient la justice de la vicomté et du baillage d'Andelat. Il n'y fut point fait droit. La monarchie
tendait à concentrer toute l'administration entre ses mains,
au détriment des juridictions féodales, mais elle eût dû
indemniser les propriétaires, surtout après leur avoir vendu
ces droits quelques années auparavant.

Nous n'entrerons pas dans tout le détail des revenus et des
charges de la vicomté. Cela nous entraînerait trop loin.

Avant son démembrement la Vicomté était partagée en
dix mandements, répartis tout autour du massif du Cantal,
comprenant vingt-cinq châteaux-forts, vingt-neuf châteaux
ordinaires, cinquante-neuf villages et cent dix fiefs. *Vigouroux* et ses dépendances furent engagés au Prince de Monaco,
alors vicomte de Carlat ; *Châteauneuf*, à M. de La Faige,
quoique nos ancêtres aient conservé la capitainerie ; *Mallet*,
à M. de Pégayrolles, Président à mortier du Parlement de
Toulouse ; *Anglard*, à M. de Podevigne de Grandval.
Védrines-Saint-Loup avait été démembré antérieurement,
au xvi⁰ siècle, par Pierre de Bourbon, et ne faisait plus partie
de la Vicomté. Ce fut le centre de celle-ci, la ville de Murat
et ses dépendances qui fut engagée à Jean-Antoine de Lastic.
Sur l'ensemble de la Vicomté, le Roi se réservait les bois de
haute futaie et la justice dans tous les mandements, qui fut
mise sous la direction d'un prévôt royal, résidant à Murat.

Après l'achat de Murat, Jean-Antoine afferma les revenus
de sa part à M. Henri Teillard pour la somme de cinq mille
cinq cents livres et deux quintaux de fromage,

L'histoire de la ville elle-même de Murat serait fort
intéressante à faire. Cela mériterait une étude à part mais
ne rentre pas dans le cadre de ce travail. On en trouvera
l'ébauche dans le *Dictionnaire statistique du Cantal*, sous la
plume de M. Paul de Chazelles.

Je dirai seulement un mot de ce couvent des Récollets de

Saint-Gal, auquel Marguerite de Beaufort-Canillac semblait porter un intérêt tout particulier. On dit qu'au début ce fut un simple ermitage où était venu se réfugier Saint-Gal, évêque de Clermont, vers le xi° siècle. Au commencement du xiii° siècle on y construisit une chapelle qui fut donnée aux Templiers. Après leur suppression, en 1312, elle passa aux Chevaliers de Saint-Jean-de-Jérusalem. On y avait joint une maladrerie. En 1419, Bernard d'Armagnac, alors vicomte de Murat, acheta cette maladrerie aux Chevaliers de Saint-Jean et, avec l'autorisation du Pape Martin V, y fonda un couvent qu'il donna aux Cordeliers de l'Observance, qui la possédèrent pendant un siècle et demi. Les moines s'occupèrent surtout de prédication. En 1540 le couvent fut brûlé par accident. Rebâti, il fut brûlé de nouveau, mais cette fois intentionnellement par les Huguenots, en 1579. Il fut rebâti une deuxième fois et rebrûlé une troisième, d'une manière définitive, en 1855,

En 1583 les Cordeliers avaient cédé leur couvent aux Récollets. Ces derniers dont le vrai nom était « *Frères mineurs de l'étroite Observance* », avaient été fondés, en Espagne, par Jean de Guadalupe, en 1484. Ils auraient été introduits en Italie en 1525, puis en France à Nevers, en 1592, et à Paris en 1603 (1). Il semblerait cependant qu'ils fussent venus à Murat avant d'aller à Nevers. Très soutenus par Henri IV, Louis XIII et Louis XIV, ils furent même nommés aumôniers de l'armée, qu'ils accompagnaient à cheval pendant la guerre.

Le Couvent des Récollets de Saint-Gal prit de suite une certaine importance. On y installa vingt-cinq à trente religieux avec une école de philosophie et de théologie. Il s'y trouvait des archives et une bibliothèque importantes qui furent dilapidées à la Révolution. Parmi les donations qui leur furent faites, il y en a une assez curieuse instituée par

---

(1) *Grande Encyclopédie.*

les vicomtes de Murat. Le boucher de la ville, qui s'était chargé de la vente de la viande pendant le Carême, devait verser la somme de trois cents livres pour le prédicateur du Carême, qui devait toujours être un Récollet. Ce couvent était un des principaux de l'Ordre. On y tint souvent le Chapitre provincial. Il possédait des reliques importantes qui furent sauvées en partie à la Révolution par des personnes pieuses. Beaucoup de seigneurs voisins y avaient des cha-pelles, les d'Anterroche, les Andrieu, les Dienne, jusqu'à Isaac Dufour, le banquier et le financier de la région. A la Révolution le couvent des Récollets de Saint-Gal fut vendu nationalement et acheté par la ville de Murat pour y trans-férer son hôpital. C'était une très belle installation avec de beaux bâtiments et un bel enclos. L'église en était vaste et venait d'être réparée à neuf, lorsque le 25 janvier 1853, un incendie détruisit le tout complètement.

Murat a fourni beaucoup de médecins célèbres. Ce qui est compréhensible pour une ville comme Montpellier, par exemple, qui avait une vieille école de médecine, paraît étonnant pour une petite ville de montagne à peine peuplée de trois mille habitants et éloignée de tout. *Jean de l'Hôpital* père du célèbre chancelier Michel de l'Hôpital, était médecin de la Duchesse d'Angoulême. Sa famille était originaire des environs d'Allanche, d'un village nommé l'Hôpital, dont il avait pris le nom, mais il était né à Murat, et la famille du Chancelier continua à habiter cette ville pendant deux siècles. *Guillaume de Traverse* était, en 1473, médecin de Louis XI. Il était né à Murat. Il fut la souche de la maison d'Anterro-che, son fils ayant acquis la terre de ce nom. *Jean Béral* fut chirurgien d'Henri IV et de Louis XIII qui l'anoblit. C'est de lui que descend la maison de Sédaiges de Massebeau. Il était né à Murat également. Je ne cite que les plus connus, mais au cours de mes travaux, j'ai souvent trouvé au bas des testaments, des consultations médicales et autres pièces de ce genre, le nom d'un médecin ou d'un chirurgien de Murat, même au-delà de Saint-Flour, comme si leur réputation était au moins régionale.

Après cette digression, revenons-en à ce qui concerne les nôtres. Si j'ai trouvé mention de l'acte d'achat de la vicomté de Murat par Jean-Antoine de Lastic, je n'ai pu savoir comment nous en avons été dépossédés. Les terres engagées à diverses époques par la Couronne l'avaient été sous la condition perpétuelle de la faculté de rachat. La loi des 22 novembre et 1er décembre 1790 décida que les aliénations du domaine, postérieures à la date de 1566, seraient révoquées, mais que l'on rembourserait les sommes versées. Mais la loi du 10 frimaire an II dépouilla les engagistes sans les avoir préalablement indemnisés. Le 14 ventôse an VII on revint sur le procédé un peu brutal et on décida que si les revenus des dix dernières années égalaient le montant de la quittance de finance, il ne serait rien liquidé et payé au titulaire. En ce qui concernait Murat, ces revenus ayant donné soixante-huit mille trois cent vingt livres, et le montant de l'achat étant de soixante-cinq mille, sans les frais bien entendu, il est probable qu'il ne nous revint à peu près rien de cette liquidation révolutionnaire et forcée (1). Il est inutile de faire ressortir l'iniquité de pareils procédés. Depuis environ cent ans que cette terre était en notre possession, elle avait dû suivre la progression générale de la valeur des immeubles et du taux de l'argent, qui avait été fort considérable durant cette période. Du reste, il fut procédé, en 1794, à une vente publique qui produisit cent vingt-six mille sept cent soixante-quinze francs, au profit de l'Etat, en assignats, il est vrai. On serait étonné si l'on connaissait les noms des acheteurs (2). Cependant le 15 janvier 1810, on trouve l'adjudication d'une coupe de bois dans un *bois dit du Roy*, dans la commune de Bredom. Cette coupe produit pendant quatre années consécutives une somme moyenne d'environ deux mille francs. Le 17 avril 1816, dans une lettre adressée par la Marquise de Lastic au baron Favard, conseiller d'Etat,

(1) Archives de Parentignat. D. U. 22 à 50. Orig. sur pap.
(2) *Ibid* D. U. 21. Orig. sur pap.

22

celle-ci dit ; « La fortune de mon mari (François V) a été anéantie par la perte des rentes et directes appelées féodales et par la perte du domaine de Murat, domaine de la Couronne engagé, ct dans lequel le Gouvernement est rentré en 1792. » Il semblerait ressortir de tout cela que la Restauration rendit aux engagistes certaines parties de ces domaines usurpés, entre autres les bois. Donc là, comme pour tous nos autres biens de haute Auvergne, pour une raison ou pour une autre, notre famille avait été presque entièrement dépouillée par la Révolution.

François I de Lustic, premier marquis de Sieujac, d'après un tableau du château de Parentignat

VIII

Quatorzième génération

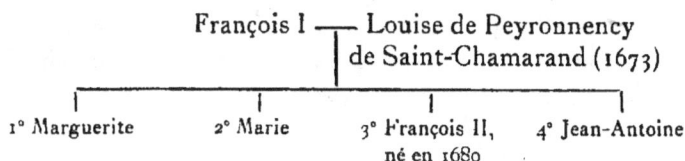

François I ——— Louise de Peyronnency
de Saint-Chamarand (1673)

| 1° Marguerite | 2° Marie | 3° François II, né en 1680 | 4° Jean-Antoine |

François n'était que le troisième des enfants de Philibert de Lastic et de Marguerite de Beaufort-Canillac. Il avait deux sœurs aînées et un frère, né après la mort de son père. A cette époque, il avait de 5 à 6 ans. C'est la première fois que nous voyons l'un des nôtres porter ce prénom de *François*. Il était encore peu usité en France, quoique deux de nos rois l'eussent porté depuis quelque temps. Mais il le fut, au contraire, beaucoup à partir de ce moment-là. Il est probable que ce fut à cause de Saint François de Salles qui venait de mourir, en 1622, en odeur de sainteté et dont l'influence religieuse avait été très considérable, surtout dans la société de cette époque. Nous avons vu qu'une des sœurs de François devait précisément entrer à la Visitation, en 1643. Du reste, ce prénom de François allait devenir héréditaire

en quelque sorte dans notre famille, puisqu'il allait être porté
pendant cinq générations successives par les aînés. Aussi,
pour éviter des confusions, nous désignerons chacun de
ceux-ci par un numéro d'ordre, et le fils de Philibert de
Lastic deviendra donc François, premier du nom, et, par
abréviation, François I.

Nous avons vu que, par le testament de son père, François
avait été seul fait héritier de tous les biens de la maison,
quitte à verser quinze mille livres à chacune de ses sœurs, au
moment de leur mariage, ainsi qu'à l'enfant à naître, dont
sa mère était enceinte au moment de la mort de Philibert.

Le 16 août 1637 (1), c'est à dire aussitôt après la mort de
son père, François fut pourvu de la charge de Capitaine de
Châteauneuf en Carladez, en remplacement de celui-ci. Il
n'avait alors que 6 ans tout au plus et cependant le Roi, en
lui conférant ce titre, déclara qu'il était « à plain confiance
de la personne de nostre cher amé François de Lastic, Sr de
Sieughac et de sa saine suffisance, expérience au fait des
armes et bonne dilligence..... »

> ..... Mais aux âmes bien nées,
> La valeur n'attend point le nombre des années.

En tout cas, cela prouve bien que cette charge était
devenue en quelque sorte héréditaire dans notre maison.
Néanmoins, François n'en prit possession que deux ans et
demi après, le 16 novembre 1639 (2). Il avait alors tout au
plus huit ans. Les formalités furent moins compliquées que
pour son père. Le sieur Poncet de Traverse, juge royal de la
vicomté de Murat, se contenta de recevoir le serment du
jeune capitaine et son engagement à bien remplir les devoirs
de sa charge. Il lui conféra de suite le droit de jouir de ses
prérogatives et il enjoignit aux habitants du ressort de la
capitainerie, de lui obéir en tant que capitaine. Il n'eut donc

---

(1) Archives de Parentignat. J. 6 et 7. Orig. sur parch et copie sur pap.
(2) *Ibid.* J. 1. Orig. sur pap.

pas besoin de se rendre sur les lieux pour en prendre possession.

Le 10 novembre 1637 (3), Marguerite de Beaufort-Canillac avait adressé une requête au Sénéchal d'Auvergne, afin d'obtenir la nomination de tuteurs à ses enfants mineurs. Elle y expose la situation embarrassée de la succession, non que la fortune fut compromise, mais Philibert, ayant été assassiné fort jeune et en pleine vie, avait laissé de nombreuses affaires non réglées. Marguerite de Beaufort-Canillac les énumère. Un grand procès était engagé avec le seigneur de Roffiac, au sujet de sept mille livres qui étaient dues ou restaient dues, sur le prix d'achat, au seigneur de Montmurat, de la rente de La Témollière. Un autre était pendant avec le sieur Dumas, du village de Saint Just, près Brioude, pour le paiement de la rente des vignes que Philibert lui avait achetées à Védrines. Ces vignes étaient situées dans la vallée de l'Allier, en aval de La Voûte-Chilhac, loin par conséquent de nos terres familiales. Mais c'était une habitude qu'avait prise, depuis quelque temps, les principaux seigneurs du haut pays de se procurer des vignobles ou des rentes en fruits dans les régions viticoles voisines. C'était surtout dans la vallée de l'Allier, entre Langeac et Brioude, et dans celle du Lot, aux environs d'Entraygues, que nos ancêtres se pourvoyaient de leur provision de vin. Marguerite de Beaufort-Canilllac déclarait aussi qu'elle avait été obligée de faire de grosses dépenses pour les obsèques de son mari et pour la poursuite de ses assassins. Nous avons énuméré ces dernières, lorsque nous avons parlé de la mort violente de Philibert. Enfin, elle avait été obligée de faire remeubler et réparer le château de Sieujac, qui lui avait été assigné en douaire, et elle voulut y faire terminer la grande tour commencée par Philibert. Les tuteurs nommés furent François d'Antil de Ligonnès et Pierre de Montvallat, seigneur de Granval. Ils furent assistés de François de Montvallat et

(3) Archives de Parentignat. J. 5. Orig. sur pap.

de noble Guillaume d'Anglade. Pierre de Montvallat était le propre oncle des mineurs, puisqu'il avait épousé une Beaufort-Canillac, sœur de leur mère, et François de Montvallat était son fils. Quel était le degré de parenté des deux autres, je n'ai pu l'établir ? Etaient-ils parents par les de Farges ? Quoiqu'ils soient portés comme tels, je les crois plutôt simplement voisins de terre. Le conseil de famille, ainsi constitué, se réunit, et régla d'une manière très minutieuses les recettes et les dépenses qui devaient être affectées à l'entretien et à l'éducation des enfants. Il va jusqu'à désigner les revenus qui doivent y être affectés, constituant une réserve avec le reste. On entre dans beaucoup de détails. On indique les gages des serviteurs affectés à leurs personnes, les dépenses de nourriture pour eux et leur personnel, et les frais à faire pour recevoir les parents et amis qui viendraient les voir. Parmi les revenus indiqués, on désigne deux charretées de vin fournies par les vignes de Védrines.

Nous avons vu, à propos de Jean-Antoine, que son frère François avait été pourvu avant lui du prieuré de Bredom, par lettres en cours de Rome du 27 novembre 1647, et que, moins de deux ans après, il l'avait cédé à son frère.

Par une pièce de nos archives, du 3 novembre 1651 (1), relative à la gestion de Marguerite de Beaufort-Canillac, comme tutrice de ses enfants, nous apprenons que François, pendant la période de 1647 à 1651, était à « *l'Académie de Paris* ». Je pense qu'on a voulu dire à l'Université (2). Il fut « de retour de lad. Académie » au cours de l'année 1651. Il avait alors 19 ans. Il était accompagné d'un gouverneur qui

---

(1) Archives de Parentignat, K. 22. Orig. sur pap.

(2) On appelait aussi l'académie, l'école de cavalerie où les jeunes gentilshommes faisaient un apprentissage d'un an avant d'entrer dans les Mousquetaires de la Maison du Roi. Mais il semble que ce ne fut que plus tard, et je continue à croire qu'ici « académie de Paris » voulait dire l'*Université* de cette ville. Le clerc du notaire qui dressa l'acte de tutelle et qui était d'un village de haute Auvergne, ne devait pas être très familiarisé avec le nom exact de cette Université.

l'y avait suivi. A partir de ce moment-là, il semble s'être installé tout à fait à Sieujac, que l'on vient de faire réparer pour sa mère, avec laquelle il vivra désormais. On a dû abandonner La Trémollière que Philibert semblait préférer, peut-être parce que Sieujac avait été endommagé par les guerres religieuses. Dans tous les actes relatifs à La Trémollière, on ne parle que d'une « maison », et jamais « d'un « château ». Or Sieujac par contre, n'est jamais désigné sous le nom de « château ».

Dès son retour de Paris, on installe très richement le jeune chef de famille. On lui achète « des cheveaux de grand prix, au nombre de huit à neuf, un grand équipage de chasse ». Je ne pense pas qu'il s'agisse là de chevaux de pur sang ou même de carrossiers normands. A cette époque, les uns et les autres, fruits de sélections relativement modernes, n'existaient pas. C'était probablement des chevaux de choix dans ceux du pays. La haute Auvergne a toujours produit d'excellents chevaux, très vifs et très robustes, quoique un peu communs de forme et de petite taille. On devait aussi se procurer certains chevaux étrangers, spécialement préparés pour le combat. Nous verrons plus loin un compagnon de François faire l'éloge de son « Brabançon », comme type de cheval de ce genre. On recevait aussi beaucoup de gens à Sieujac, et on dépensait beaucoup pour les recevoir. Le document nous dit que ces gens étaient « de toute condition ». On devait y avoir ce qu'on appelle de nos jours « table ouverte ». On ne recevait pas seulement les nobles du pays, qui eussent constitué probablement une société un peu réduite, dans ces montagnes peu accessibles, mais aussi les bourgeois de tout ordre, qui, à cette époque, commençaient à s'enrichir, et à usurper un rang qui ne leur appartenait pas. Quoi qu'on prétendit qu'à ce moment-là, les paysans auvergnats ne se nourrissaient que de racines, les petits vassaux et censitaires devaient passer par la cuisine, quand ils apportaient leurs redevances en espèces ou en nature, comme je l'ai vu faire, avec excès, dans mon enfance. Du reste, cela n'avait pas les inconvénients d'aujourd'hui. Les choses étaient moins chères, les gens étaient moins exigeants et peut-être plus reconnaissants, quand le seigneur savait se montrer juste et libéral à leur égard.

Les mêmes comptes nous apprennent qu'on voulut envoyer à son tour le « Sr de Bredom » au collège, à Paris, accompagné d'un gouverneur. Or, le « Sr de Bredom » n'était autre que Jean-Antoine, le cadet, pourvu de ce bénéfice depuis deux ou trois ans, et qui était alors âgé de 13 à 14 ans tout au plus.

Cet exposé des dépenses nécessaires est accompagné de la manière d'y pourvoir. C'est un budget régulier, réglé par les tuteurs susnommés. On désigne à Marguerite de Beaufort-Canillac, dans ce but, les revenus de Sieujac, de Neuvéglise et les vignes de Védrines. Mais on ne parle ni de ceux de La Trémollière, ni de ceux du Buisson, ni de ceux d'Aleuze, ni des autres terres éparses nouvellement acquises. Evidemment, dans l'idée des tuteurs, on devait les conserver pour en constituer une masse qui servirait à faire face aux dépenses imprévues, au paiement des dettes et des dots des filles et du cadet, et à faire même quelques économies.

La vie que l'on menait alors dans notre province d'Auvergne, n'était pas précisément oisive. Nos pères n'étaient pas des hommes de bureau ou de bibliothèque. Leur sang bouillait encore dans leurs veines et ils avaient besoin de s'agiter au grand air. La chasse, même celle de nos montagnes, qui était plutôt dure, ne leur suffisait pas. Ils se livraient quelque fois à des jeux dangereux, dont quelques-uns abusèrent, à tel point qu'on fut obligé de créer une juridiction spéciale, les Grands Jours, pour en punir les excès. Nous avons vu cela à propos de Philibert de Lastic. Le guet-apens auquel il échappa en tuant son adversaire, celui auquel il succomba, nous donnent des exemples des luttes qui se livraient dans ce pays encore tout chaud des guerres de religion. Les différents, les vieilles rancunes, les conflits d'amour, se réglaient encore maintes fois dans des combats plus ou moins

singuliers, qui n'avaient de chevaleresque que le courage
déployé. Mais plus tard, tout se civilise, même le meurtre. On
établit presque des règlements pour s'entretuer. Néanmoins,
sous Henry IV, et surtout sous Louis XIII, ces combats étaient
devenus si fréquents que l'on rendit divers édits pour les
punir. Richelieu alla jusqu'à condamner les coupables à la
peine de mort et Montmorency-Bouteville paya de sa tête sa
désobéissance à ces édits, dans son duel contre le marquis
de Beuvron.

Dans ses mémoires, Gaspard de Chavagnac (1), cet ami du
grand Condé, son partisan dans la Fronde, fait le récit d'un
duel éclatant auquel il participa, et qui eut lieu vers la fin
de la Fronde, dans la plaine de Lorlanges, près de Brioude,
entre le trop fameux marquis Gaspard d'Espinchal et le
comte de Saillans du Rochain. Ce fut un vrai combat de six
contre six : d'un côté, *Saillans, Chavagnac, Autrac. Sieugheac,
Coteuge, Trémond* ; de l'autre, *Espinchal,* les deux *Combalibœuf,* le fils de *Sabar, Chandorat* et *Fauché.* Chavagnac avait
à faire au jeune Combalibœuf. Voici comment il raconte la
lutte particulière qui eut lieu entre eux. Elle pourra servir
de type à celles qui eurent lieu entre les autres : « A peine
m'eût-il manqué, que mon Brabançon, que je montais et qui
était le meilleur cheval que j'aie jamais eu en ma vie, se mit
dans une telle furie, qu'il alla à charge sur le cheval de mon
ennemi, qu'il prit par le col et qu'il terrassa ; Combalibœuf
en fut porté à terre, si bien que, sans aucun danger, mon
homme fut hors de combat ; mais j'eus bien de la peine de
l'arracher des dents de mon cheval, qui le faisait crier de
toutes ses forces. Après que j'en fus venu à bout, j'allais
séparer Saillans et d'Espinchal, que je fis embrasser dans le
moment. Le dernier fut dans un grand danger, car Trémond,
qui avait tué les deux autres (Chandorat et Fauché) ne voulut
faire aucun quartier, disant qu'on s'était battu à « dépêche

---

(1) Comte Léo de Saint-Poncy. *Notice historique sur Blesle et l'abbaye
de Saint-Pierre-de-Blesle,* 1869, page 104.

compagnon » ; mais nous l'en empêchâmes ; huit jours après, il fit appeler Saillans pour la seconde fois, ce qui n'eût point « de suite ». Sieugheac, cité dans ce combat, n'était autre que François de Lastic. Il avait alors tout au plus 20 à 21 ans, puisque l'auteur dit que ce combat eut lieu à la fin de la Fronde, c'est à dire de 1652 à 1653. Si, comme il semble, les adversaires ont été nommés dans l'ordre du combat, François eut comme adversaire le fils de Sabar. On ne dit pas ce qu'il en fît. En tout cas, quel que fut le vainqueur, François dut sortir indemne du combat, Qui était-ce que ce fils de Sabar ? Il est probable que tous ces gentilshommes, en partie des cadets, sans doute, portaient des noms de terres, et il est difficile, dans ces conditions, de savoir à quelle famille ils pouvaient appartenir (1).

Il est curieux de voir François de Lastic, du parti contre Gaspard d'Espinchal, dans cette lutte implacable et meurtrière. Ils étaient cousins issus de germains, puisque la grand'-mère de François était une d'Espinchal. Même le grand-père de Chavagnac, le célèbre chef huguenot auvergnat, avait été l'adversaire résolu de Jean de Lastic de Sieujac, l'arrière grand-père de François. La politique fût-elle cause de cette lutte épique ? Chavagnac était dans le parti de la Fronde. Ses adversaires étaient-ils des partisans de Mazarin ?

---

(1) Ce *Saillans* pouvait être un d'Estaing, fils de Jean III d'Estaing et de Catherine de La Rochefoucaud, et par conséquent cousin germain de François de Lastic, puisque sa belle-mère. était la sœur de Philibert de Lastic, ou plutôt son fils Philippe d'Estaing, appelé le *Comte de Saillans*, qui se distingua dans les guerres de Louis XIV, et fut célèbre par sa bravoure. *Chavagnac* était François de Chavagnac, qui fut du parti du Prince pendant la Fronde. C'était aussi un vaillant guerrier qui se distingua en Catalogne et en Flandre. *Gaspard d'Espinchal* était le fameux *Marquis d'Espinchal* des Grands Jours. *Chandoral* appartenait à une famille importante du Velay qui a donné un évêque du Puy au XIVe siècle Je n'ai rien pu trouver sur *Autrac, Coleuge, Trémond, Combalibœuf* et *Sabar*.

Ces querelles d'amour-propre ne devaient pas se vider aussi loin de la Cour (1). La turbulence naturelle de tous ces seigneurs y était bien pour quelque chose : « Nobles et princes avaient dans leurs maisons des souvenirs de conspirations, de tumultes et de guerres. Il ne fallait pas remonter bien loin, dans les grandes ou médiocres familles, pour trouver un ancêtre qu'avait illustré l'exil ou l'échafaud, telle barricade sautée à la prise d'une ville, quelque beau pillage fructueux et sanglant, au temps de la Ligue ou des guerres huguenote. Les fils et petits-fils des batailleurs gardaient le diable au corps, et, ne sachant que faire dans un Etat qui menaçait de s'ordonner, ils avaient l'âme en peine (2) ». Peut-être Mr E. Lavisse force-t-il un peu la note dans son esprit de dénigrement contre cette époque de Louis XIV, dont il s'est fait l'historien, mais il en explique la cause lui-même. En dehors des princes du sang et de quelques grands seigneurs privilégiés, pairs du royaume, enchaînés, du reste, dans un Parlement réduit à se taire, la noblesse de France était exilée, en quelque sorte, loin des situations lucratives. Sans fortune, au moins sans numéraire suffisant, elle ne pouvait acheter des charges devenues toutes vénales et qui tombaient entre les mains des « nouveaux riches » de l'époque, financiers louches, commissaires des guerres, gens de robe de toute couleur, argentiers de toute espèce, auxquels tout était permis, le négoce et l'industrie naissante, le maniement des espèces, interdits par contre aux nobles par les règlements, les traditions et la conscience. Le ban et l'arrière-ban avaient donné des résultats tellement piteux dans les dernières guerres, qu'on les avait abandonnés pour recourir aux armées

---

(1) M. de Saint-Poncy raconte que dans cette région de l'Auvergne, trois dames se partageaient alors les hommages des jeunes nobles du pays, Mesdames de Dienne, de Saillans et de Montgon. J'ignore qui pouvait être Madame de Dienne, mais Mme de Saillans devait être par alliance la cousine germaine de François, et Madame de Montgon était sa cousine à un degré quelconque par les d'Espinchal.

(2) *Histoire de France*. E. Lavisse. Tome vii. l. page 25.

permanentes. Mais là aussi il fallait acheter des charges. Plus tard même on achètera les compagnies, les régiments et la noblesse, réargentée par des mésalliances, s'y ruinera de nouveau. Mais pour le moment les nouveaux régiments, à part ceux qui formaient la « Maison du Roi » naissante, étaient la propriété de grands seigneurs fort riches qui en étaient les maîtres absolus, puisqu'ils s'en servaient même contre le Roi, et personne alors ne s'en étonnait. La noblesse restait inoccupée. Elle ne pouvait donc que se pervertir.

Plus tard, lorsqu'après la mort de Mazarin, l'habile administration de Colbert et de Louvois aura constitué une marine et une armée nombreuses et à peu près régulières, les gentilshommes pourront y trouver des emplois. Mais alors, toute cette organisation future était encore en formation, et l'on ne trouvait du service que dans des régiments appartenant encore à de grands seigneurs.

La guerre se continuait avec l'Espagne et François de Lastic voulut y occuper son activité naturelle. Nous le trouvons, en 1655, dans le régiment du duc de Candalle, qui était alors gouverneur d'Auvergne. Nous l'apprenons par une lettre de service signée du Roi et datée du 7 avril (1).

De par le Roy

« Sa Majesté ordonne à la Compagnie de gensdarmes de Monseigneur le Duc de Candalle de partir de son quartier aussytost le présent ordre receu pour aller à Reims où se doibt rendre le régiment de cavalerie dudit seigneur de Candalle et s'acheminer ensemble suivant la routte que Sa Majesté leur a fait expédier en Catalongne, où arrivant lad. compagnie recevra ordre de ce qu'elle aura à faire, et l'officier qui la commandera envoyera devant........ Monsieur le Prince de Conty, viceroy et lieutenant général pour Sa Majesté en ses province et armée de Catalongne, et en son absence à celuy qui commandera l'armée pour recevoir led. ordre. »

Faict à Paris le vii avril 1655.

Le Tellier.   Louis.

_____

(1) Archives de Parentignat. K. 25. Orig. sur pap.

La suscription porte simplement : « *Pour Mess^{re} François de Lastic*, seigneur de Sieujac », et en note, en travers · « Ordre du Roy, de Vaux, en Champagne, la compagnie de gensdarmes de M^r le duc de Candalle (1). »

François était-il le chef de cette compagnie? Cela semblerait ne pas faire de doute, puisque c'est en son nom qu'est écrit l'ordre à la compagnie des gendarmes d'aller rejoindre le reste de l'armée. Etait-il au service du duc de Candalle depuis la formation de ce régiment ? Une de ces compagnies de gendarmes (2) faisait partie de la maison du Roi. Etait-ce celle dont François avait reçu le commandement ? Il m'a été impossible de résoudre ces questions.

Le régiment de Candalle avait donc rejoint l'armée de Catalogne. Presque immédiatement, François y fut grièvement blessé au combat de Salsonne (3). Voici la lettre que le duc de Candalle lui écrivit à cette occasion (4) :

---

(1) Le duc de Candalle, auquel appartenait le régiment de ce nom, s'appelait Louis Charles Gaston de Nogaret de La Valette. Il était par son père le petit-fils du fameux duc d'Epernon, du temps de Henry IV, et son père portait ce même nom d'Epernon. Quant à lui, il portait celui de duc de Candalle depuis 1639, titre qui était dans sa famille depuis plusieurs générations Il prit part à la Fronde contre le Roi et fut même sur le point de se joindre aux protestants du Languedoc. Puis il fit sa soumission comme les autres et reçut alors honneurs sur honneurs. En 1634 il avait levé un premier régiment de son nom, puis un second en 1649. Plus tard il fut fait colonel général de l'Infanterie française, ce qui répondrait aujourd'hui au commandement en chef de cette arme, puis le 25 juin 1650, colonel du régiment de Vaisseaux-Mazarin. et en 1651, gouverneur d'Auvergne. On lui donna le commandement de l'armée de Guyenne de 1652 à 1654, et sous les ordres du Prince de Conti et du maréchal d'Hocquincourt, il prit part à la campagne de Catalogne. Il prit enfin le commandement en chef de cette armée en 1656.

(2) On appelait alors *Compagnies de gensdarmes*, des compagnies composées uniquement de cavaliers, appartenant presque tous à la noblesse Elles avaient remplacé les anciennes compagnies d'ordonnances fondées en 1445 par Charles VII,

(3) Il m'a été impossible de trouver un récit assez détaillé de la guerre sur ce front pour connaître l'importance de ce combat de Salsonne, et même pour trouver le point précis où il fut livré.

(4) Archives de Parentignat. K. 26. Orig. sur pap.

Monsieur,

« J'ay appris avec beaucoup de déplaisir la blessure que vous avez receue au combat de Salsonne en Catalogne et n'ay pas eu moins de joie lorsqu'on m'a asseuré par les lettres qu'on m'a escrites de ce païs-là, que vous estes hors de danger et en meilleur estat. Je m'en réjouis infiniment et prends une part tout entière dans la satisfaction qui vous doit rester d'avoir fait paroistre en cette occasion ce que vous valés, vous asseurant que cella ne peut que confirmer l'estime que j'avois conceue il y a long temps de vostre mérite et qu'on ne peut pas estre plus parfaitement que je suis,

Monsieur,

Votre très affectionné serviteur,

LE DUC DE CANDALLE.

A Clermont ce xxième
Septbre 1655.

La suscription porte : Monsieur, Monsieur le marquis de Cieujac, guidon de ma compagnie de gendarmes (1).

Cette blessure dut être plus grave qu'on ne le crut tout d'abord. A partir de ce moment-là, il semble que François ait quitté l'armée. Ayant si bien débuté, un empêchement sérieux eût pu seulement le détourner de sa carrière. Il dut donc rentrer à Sieujac et y vivre plus ou moins tranquillement de la vie de gentilhomme de province, un peu assagi par les évènements, auprès de sa mère et de son frère, le Prieur. Il n'avait cependant alors que 23 ou 24 ans. Ce repos forcé dut lui coûter, après des débuts aussi agités et aussi glorieux. On se fait difficilement à l'idée que ce brillant chef de corps

---

(1) A quoi répondait ce titre de guidon ? Ce fut d'abord celui donné à l'officier qui portait le *guidon*, l'étendard qui accompagnait le chef de corps. Puis petit à petit ce grade prit plus d'extension. Au commencement de Louis XIV les guidons des compagnies de la maison du Roi furent assimilés aux maîtres de camp. Or, un « mestre de camp » était un terme générique pour désigner un chef de corps (compagnie de gendarmes, régiment de cavalerie) suivant les circonstances. Quelquefois aussi on appelait ainsi une sorte d'officier d'Etat-major, adjoint à un chef de corps, généralement à un colonel (*Grande Encyclopédie*). Il est donc assez difficile de fixer au juste le grade qu'occupait François de Lastic. En somme, ces deux lettres, celle du Roi et celle du Duc, semblent bien le considérer comme chef de cette compagnie de gendarmes.

était encore en tutelle et que ce ne fut que six ans après, le 9 septembre 1661, seulement que sa mère, Marguerite de Beaufort-Canillac, lui rendit ses comptes (1). Je suppose que cette formalité avait été simplement oubliée dans une famille où l'on devait vivre dans une complète intimité et une communauté confiante d'intérêts. Nous avons vu que lorsqu'on fit ce règlement, François restait débiteur envers sa mère d'une somme de dix mille livres environ, mais que celle-ci lui abandonna cette somme « pour l'affection qu'elle lui témoignait ».

Le 10 juillet 1667 (2), François fut appelé à faire ses preuves devant Mr de Fortia, en vertu de l'arrêt du Conseil du 22 avril 1666, pour la vérification des titres de noblesse. Il produisit les actes de famille jusqu'à la génération de Claude de Lastic et de Marguerite de Farges, Claude y étant déclaré fils de Louis de Lastic et d'Anne de La Fayette. A cette vérification qui suivait de si près les événements incriminés plus tard contre la légitimité de la branche de Sieujac, personne ne fit la moindre objection et François fut maintenu dans sa noblesse par Mr de Fortia, sans aucune difficulté. On prétend, il est vrai, que les ordonnances de 1661, 1666 et de 1668 furent impuissantes à réprimer les fraudes, malgré l'intérêt qu'avait le fisc à augmenter le nombre des contribuables (3).

Ce ne fut qu'en 1673 que François se maria, par contrat du 21 mai (4). Il avait alors une quarantaine d'années, plutôt plus que moins. On ne peut comprendre pourquoi il attendit si longtemps. Son père et son grand-père s'étaient mariés relativement jeunes, et le premier avait fait un très brillant et très riche mariage Il y a donc tout lieu de croire qu'il eût pu en faire autant. S'était-il attaché à quelqu'une de ses

---

(1) Archives de Parentignat. K. 30. Orig. sur pap.
(2) *Ibid*. K. 32 et 33. Orig. sur pap.
(3) *Histoire de France*. E. Lavisse. Tome VII. I., page 373.
(4) Archives de Parentignat. K. 34. Orig. sur pap.

belles voisines, dont Chavagnac nous parle avec tant d'enthousiasme ? Ou bien avait-il été, au contraire, assez défiguré ou estropié par sa blessure pour qu'il trouvât difficilement une compagne de sa fortune ou de son rang ? Quoi qu'il en soit, il n'était donc déjà plus jeune quand il épousa, le 21 mai 1673, au château de Marcenac-lès-Livinhac, en Rouergue, mais sur les confins de l'Auvergne, Louise de Peyronnenc de Saint-Chamarand de Marcenac, fille de feu Messire Antoine de Peyronnenc de Saint-Chamarand de Marcenac, chevalier, seigneur de Larroque, Marcenac, Murat, Livinhac et autres lieux « maistre d'hôtel au domaine chez le Roy » (sic), Maréchal de camp en ses armées et Mestre de camp d'un régiment de cavalerie pour le service de Sa Majesté, et de dame Marie de Grinols. Dans cet acte, François de Lastic prend le titre de « Comte de Sieujac », et le donne à son père Philibert, qui, de son vivant, ne l'avait jamais porté. Il est assisté de son frère Jean-Antoine, prieur de Bredom, et la future, de sa mère et de son frère, Messire Françoys de Peyronnenc de Saint-Chamarand de Marcenac. La future reçoit en dot la somme de trente mille livres, payable en trois termes égaux de dix mille livres, dont les intérêts seront payés au denier vingt, en attendant le complet paiement. Cette somme lui sera donnée par son frère, pour tous droits de succession quelconque dans la ligne paternelle, et elle reçoit en plus dix mille livres de sa mère Marie de Grinols, pour tous droits de son fait, somme qu'elle ne touchera qu'après la mort de celle-ci. Le futur donne à la future, pour ses bagues, bijoux, la somme de deux mille quatre cents livres. Pour douaire et pendant sa viduité, elle aura « son habitation dans un endroit convenable suffisamment meublé selon la qualité de la maison de Sieujac et closture en dépendant....... plus une litière avec ses mulets et attelages en bon état ». Le futur y ajoutait une pension annuelle de deux mille cinq cents livres, à prendre sur les revenus de la terre de Sieujac. En cas de survie du futur, il gardera pour lui la somme de trois mille livres. En plus, il s'engage à donner la moitié de tous ses biens, meubles et immeubles, à l'un des enfants mâles, issus de son mariage, enfant qui sera désigné, et dans le cas où il n'y aurait pas de mâles, à la fille aînée. Mais dans le cas où le futur époux se remarierait et n'aurait pas de fille de son second mariage, la fille aînée du premier mariage ne recevrait plus la moitié des biens en préciput, mais seulement la valeur d'une double légitime. En plus de ses biens paternels, le futur époux reçoit de sa mère, Marguerite de Beaufort-Canillac, par l'intermédiaire de son frère Jean-Antoine, la somme de quarante-cinq mille livres. Les témoins de ce mariage sont : Messire François du Buisson de Bournazel, chevalier, seigneur, marquis de Mirabel, sénéchal et gouverneur, pour Sa Majesté, du Rouergue, habitant au dit Bournazel ; Messire Marc-Antoine d'Agens de Loupiac, seigneur de La Bastide, président en la Cour des Aydes de Montauban ; Messire Jean-Gaspard de Montboissier-Canillac, marquis de Montboissier; Messire Raymond du Buisson de Bournazel, seigneur de Belcastel ; Messire Charles d'Estaing, archidiacre de Bulhon (?). On y trouve aussi un Cardaillac.

Une partie des clauses de ce contrat, que je n'ai pas données, est fort compliquée et se rapporte aux garanties et aux modes de paiement. Il faut observer aussi que François n'assure plus à l'un de ses fils la totalité de ses biens, comme cela s'était fait en général dans notre maison. Il ne lui en promet plus que la moitié. Il est vrai que son père Philibert, après s'être montré parcimonieux à ce point de vue dans son contrat de mariage, avait cependant donné la totalité de ses biens, par testament, à son fils aîné, se contentant de doter les autres. La future ne reçoit plus en douaire un château meublé, mais un appartement convenable et non désigné.

La maison de Peyronnenc de Saint-Chamarand était originaire du Quercy, mais était possessionnée en Rouergue et en Auvergne, où elle avait les importantes seigneuries de Saint-Chamarand, de Loupiac, de Naucaze, de Laroque, de

23

Marcenac, de Livinhac, de Marmiesse, etc. Elle avait de très belles alliances avec les Vassal, les Bourbon-Malause, les Durfort, les Lastours, les Pontbriant, les du Buisson de Bournazel, les Grinols, les de Batz, etc., etc. (1). François de Peyronnenc de Saint-Chamarand, beau-frère de François de Lastic, épousa, en 1677, Louise de Senectère, d'une branche cadette de cette maison, devenue alors très puissante en la personne de son chef le maréchal de La Ferté-Senectère. La maison de Peyronnenc de Saint-Chamarand s'est éteinte en la personne d'une fille mariée, en 1796, au comte de La Garde de Saignes. C'était une famille très ancienne, très noble, très bien alliée, mais restée, comme la nôtre, très provinciale. Ce fut surtout aux xve et xvie siècles qu'elle se signala. En 1586, Pierre de Peyronnenc, baron de Saint-Chamarand, était Sénéchal de l'Agenais et maréchal de camp. Ce fut son fils Bertrand qui épousa, en 1605, Françoise de Bourbon-Malause, fille d'Henri de Bourbon, vicomte de Lavedan, et de Françoise de Saint-Exupéry. Jean-Baptiste de Peyronnenc, marquis de Saint-Chamarand, fut gouverneur et sénéchal de l'Agenais, puis gouverneur de Gascogne. Ce Jean-Baptiste jouissait de la faveur d'Henry III. On possède quarante huit lettres qui lui furent écrites par ce Roi, une par Catherine de Médicis et huit par Henri IV. Les archives de cette maison sont conservées dans celles de Saignes (2).

Ce qui me confirme dans cette opinion que François avait été assez grièvement blessé pour ne plus pouvoir reprendre du service, c'est que, lors de la convocation du ban de la noblesse, en 1674, au moment où l'on avait le plus besoin de troupes pour combattre à la fois sur toutes nos frontières, François se fit remplacer par Louis du Breuil, écuyer, seigneur de Longueval, de la province d'Auvergne, comme le constate

---

(1) Bouillet. *Nobiliaire d'Auvergne*. Tome V, page 105.
(2) Deribiers du Châtelet. *Dictionnaire statistique du Cantal*. Art. Sensac de Marmiesse.

le certificat délivré à cette occasion par Claude d'Allègre, marquis de Beauvoir, gouverneur et bailly de Montaigu en Combrailles, Grand Sénéchal d'Auvergne (1). Il y est dit que ce Louis du Breuil devait servir dans « la compagnie de Monsieur de Sieujac », ce qui laisse supposer que François avait équipé une compagnie à ses frais. Etait-ce la même que celle qu'il avait commandée dans le régiment du duc de Candalle ?

Vivant donc dans sa province, il s'occupe de ses affaires. Il est en procès avec son cousin Philippe de Beaufort-Canillac, vicomte de Dienne, marquis de Montboissier, habitant alors son château de Cunlhat, capitale de son marquisat de Montboissier, au sujet de la succession de Marguerite de Beaufort-Canillac, sa mère, de 1672 à 1680 (2). Une partie des pièces de ce dossier manque. On ne peut donc en suivre les péripéties. Cela paraît, du reste, peu intéressant.

En décembre 1691, Messire Annet-Joseph de Scorcailes, marquis de Cropières, Roussilhe, etc., résidant en son château de Cropières, paroisse de Raulhac, en qualité de mari de Marie-Charlotte de Thubières de Grimoard de Caylus, subroge François de Lastic, marquis de Sieujac, en une créance de douze mille livres à prendre sur dame Gaspare Henriette d'Espinchal, veuve de Messire Jean de Fontanges, marquis d'Auberoque, laquelle somme avait été constituée en faveur de la marquise de Cropières dans son contrat de mariage, par son père le comte de Caylus (3). Je ne cite cet acte que parce que ce marquis de Cropières était, par son père, le propre neveu de Marie Angélique de Scorailles, qui, sous le nom de duchesse de Fontanges, fut la célèbre favorite de Louis XIV, morte à vingt ans, le 28 juin 1681.

Les 29 et 30 avril 1693, nous trouvons dans nos archives un certificat par lequel François se déclare « indisposé » et

---

(1) Archives de Parentignat. K. 40. Orig. sur pap.
(2) *Ibid.* K. 44 à 46. Orig. sur pap.
(3) *Ibid.* K 51. Orig. sur pap.

donne ses pouvoirs au procureur de son frère, le prieur de Bredom, Mre Jean de Chadefaux, pour le représenter devant le lieutenant-général du baillage de Haute Auvergne à Aurillac, afin de se faire remplacer au ban de 1691 par un gentilhomme qui n'est pas nommé. A cette époque, il était âgé de 58 à 60 ans et était veuf au moins depuis 1689, époque à laquelle un acte déclare que sa femme est décédée (1).

Mais s'il ne peut plus servir son Roi et son pays dans les guerres glorieuses de l'époque, il s'efforce de leur rendre service autrement. Le 31 janvier 1694, le Roi Louis XIV lui faisait parvenir la lettre suivante (2) :

« Monsieur le Marquis de Sieujat, ayant réglé par ma déclaration du xviiie de ce mois que les rolles de la Capitation, en ce qui regarde les gentilshommes, seront arrestés par les Intendants conjointement et de concert avec un gentilhomme de chaque Bailliage que Je choisirai, et estant informé de votre zèle pour mon service et la connaissance particulière que vous avez de la Noblesse du Baillage de Saint-Flour, Je vous ay choisy pour travailler avec le sieur Dableiges *(sic)*, Intendant en Auvergne, à la confection du rolle de la Capitation, et Je m'asseure que vous l'aiderez de vos lumières, afin que l'imposition soit faite avec le plus d'équité qu'il sera possible. Sur ce, Je prie Dieu qu'il vous ayt, Mon^r le Marquis de Sieujat en sa s^te garde. Ecrit à Versailles le xxxie jour de janvier 1694. »

PHILYPEAUX.   Louis..

Nous verrons, tout à l'heure, en quoi consistait la mission dont le Roi venait de charger François de Lastic. Pour le moment, observons que c'est la première fois que nous trouvons l'un des nôtres qualifié du titre de marquis, dans un acte émanant de la chancellerie royale. Nous avons déjà vu le duc de Candalle donner ce titre au guidon de sa compagnie de gendarmes, en 1655. Des actes notariés le portent aussi. Mais, dans son acte de mariage, François n'avait pris que celui de comte. Tout cela n'était pas régulier et l'hésitation entre le choix des deux titres en est une preuve. Mais que valait cette qualification donnée par le Roi

(1) Archives de Parentignat. K. 58. Orig. sur pap.
(2) *Ibid.* K. 60. Orig. sur pap.

dans un titre officiel ? J'ai fait de recherches pour savoir s'il existerait un acte érigeant, par exemple, la terre de Sieujac en marquisat, Je n'ai rien trouvé à ce sujet, et je n'en ai pas été étonné. Daus quelle catégorie faut-il alors classer ce titre ?

Il y avait alors deux sortes de titres : 1° ceux provenant de l'érectiou d'une terre en faveur d'un individu et reversible sur ses héritiers ; 2° ceux donnés par brevet à un individu, mais sans érection de terre. Il y avait aussi des terres qui portaient des titres fort anciens, remontant aux origines de la féodalité, telles que les baronnies, dont certaines donnaient à leurs propriétaires le droit à l'entrée aux Etats provinciaux, les vicomtés, comme celles de Carlat, de Murat, de Polignac, dans notre région, et dont les propriétaires prenaient le titre, soit qu'ils possédassent les terres par héritage, substitution ou même par achat. C'est ce dernier cas qui était le nôtre pour la vicomté de Murat et la baronnie-comptorie d'Alleuze. Mais le titre de marquis de Sieujac doit plutôt se rattacher à un cas particulier, tout à fait accepté aux XVII° et XVIII° siècles, quoique sans base régulière. C'est ce qu'on appelait des titres « par courtoisie », lorsque le Roi vous qualifiait de ce titre dans un acte officiel quelconque. La lettre précédente a donc pour nous une importance capitale, puis qu'elle est, en quelque sorte, l'acte de possession relativement régulier du titre de « Marquis de Sieujac ».

« Aucune terre titrée, cessant d'appartenir à la famille en faveur de laquelle elle avait été érigée ou qui avait fondé ce titre aux premiers temps de la féodalité, n'apportait sa qualification à son nouveau possesseur, et celui-ci ne pouvait se dire que seigneur de tel marquisat, à moins de nouvelle concession royale. Tel était le principe, presque jamais appliqué....:... Quant furent installés les honneurs de la Cour, quiconque avait justifié d'une suffisante lignée d'aïeux pour les obtenir, était invité, s'il ne possédait pas de titres, à en prendre un, sous lequel il serait désigné. Ce fut l'origine des *titres de courtoisie.* C'est de cette source que nous viennent la plupart des meilleurs titres modernes. Usurpation soit ; mais il faut considérer qu'un gentilhomme, établissant deux, trois ou quatre cents ans de noblesse, ne pouvait sembler inférieur à un anobli qui venait d'acquérir, à beaux deniers comptants, un marquisat. Pour juger une époque, il faut la vivre par la pensée. Les titres confiés par l'autorité royale à des parvenus, justifièrent les usurpations des nobles de vieille race, et les rois le comprirent si bien que jamais ils n'inquiétaient un de ceux-ci pour s'être attribué un titre. Ils le consacrèrent en donnant dans leurs lettres, à ceux à qui ils écrivaient, le titre pris sans autorisation (1). »

En somme, c'est ce qui se passa pour nous en 1694, et, par le fait, ce fut surtout au XVIIIᵉ siècle qu'on en abusa. Nous ne devons donc avoir aucun scrupule à porter notre titre de marquis. Si l'on voulait en poursuivre consciencieusement la revision, combien d'autres devraient disparaître avant !

Revenons maintenat à la mission dont se trouvait chargé François de Lastic, par la lettre dont le Roi voulait bien l'honorer. En même temps que celle-ci, il en avait reçu une autre de Mʳ de Maupeou d'Ableige, Intendant d'Auvergne, que je reproduis ici (2) :

« Je vous envoie, Monsieur, la lettre de cachet pour la capitation. L'instruction du Roy est que l'on travaille incessamment à cette affaire, mais comme les rolles ne se peuvent faire suivant l'esprit de la déclaration sans une connoissance parfaite des qualités et possessions des gentilshommes, j'espère que par les mémoires que vous me dresserez, vous marquerez avec beaucoup d'exactitude leur qualité, s'ils sont seigneurs des paroisses ou s'ils n'ont que simples fiefs, s'ils sont marquis, comtes, vicomtes ou barons, en quoy concistent leurs biens et quel en peut estre le revenu afin que sur cela je puisse rendre conjointement avec vous à un chacun la justice qu'il luy sera deue. Je suis, Monsieur, votre très humble et très obéissant serviteur. »

D'Ableiges.

« Surtout il n'en faut oublier aucun. »

A Clermont, le 20 février 1694.

---

(1) V. d'Auriac, bibliothécaire de la Bibliothèque nationale, dans la Grande Encyclopédie.

(2) Archives de Parentignat. K. 61. Orig. sur pap.

Le tout était accompagné d'un cahier d'instructions à ce sujet. On y trouve tout entier le texte du nouvel édit de capitation. On est frappé, en le lisant, de voir qu'il s'agit là d'une sorte d'impôt sur le revenu. Mais au lieu d'être établi sur le revenu réel des individus, c'est une taxe fixe imposée à un certain nombre de contribuables, que l'on range en vingt-deux catégories, par tranches en quelque sorte, et auxquelles on suppose un revenu imaginaire, suivant les catégories dans lesquelles on les a classés. Or, ce classement n'est pas fait sur une évaluation plus ou moins exacte des revenus supposés, mais sur des signes extérieurs de la richesse. C'est ainsi que la première catégorie comprend la famille royale, le Dauphin en tête, moins le Roi, les princes du sang, les grands officiers de la Couronne, le Chancelier, le Chef du Conseil royal des Finances, le Garde du Trésor royal, le Trésorier de l'Extraordinaire des guerres, les Trésoriers de la Marine, les Fermiers généraux. La deuxième catégorie comprend les Princes, les Ducs, les Maréchaux de France, le Premier Président du Parlement de Paris, etc. La première catégorie paie dix mille livres, la seconde ne paie déjà plus que quinze cents livres. La différence est considérable. Les marquis, comtes, vicomtés et barons, c'est-à-dire les gens titrés appartiennent à la septième catégorie et ne paient plus que deux cent cinquante livres. La vingt-deuxième et dernière catégorie comprend les soldats, manœuvriers, journaliers, et généralement tous les habitants des bourgs et villages cotisés à la taille à quarante sols et au-dessus, non compris dans les classes précédentes. Ils ne sont plus taxés qu'à une livre.

Le texte de l'édit est précédé d'un préambule qui explique que le Roi étant obligé de faire face à la coalition dite Ligue d'Augsbourg, se trouve dans la nécessité de faire appel à ses sujets et leur demande un effort pécuniaire qui ne durera que le temps de la guerre seulement « en foy et parolle de Roy. » Cette imposition nouvelle est appelée Capitation et sera assise et arrêtée par les Intendants et Commissaires départis dans chacune des généralités, provinces et départements par les sindics des diocèses et des estats et par les gentilshommes qui doivent agir conjointement avec les dits Intendants. »

C'était une réforme fiscale importante. On avait eu même la pensée d'aller plus loin encore. On aurait introduit dans la législation financière le principe de l'égalité de tous, la proportionnalité des charges aux facultés de chacun. Un projet dans ce sens avait été présenté par Vauban en 1694. Il ne laissait subsister que les taxes indirectes. La taille était supprimée. On le trouva trop radical, et ce fut un projet présenté par Pontchartrain qui fut adopté, et seulement à l'état provisoire, comme nous l'avons vu.

Pour faire admettre une idée aussi nouvelle des charges à supporter, il fallait que les répartiteurs eussent une autorité suffisante. Cela suppose donc que l'influence de François de Lastic était grande dans sa région, pour faire accepter le nouvel impôt. Ce qui semble indiquer qu'il remplit cette mission d'une manière satisfaisante, c'est qu'il fut encore désigné par la confiance du Roi pour la remplir de nouveau en 1701, lorsqu'on se décida, pour les mêmes raisons, à y recourir encore. Mais cette fois-ci, dans cette nouvelle lettre, le Roi ne qualifiait plus François de Lastic que comte de Sieujac (1).

« Mons. le Comte de Sieujac ayant fait choix de vous pour travailler aux extraits de répartition de la capitation sur la noblesse dans l'élection de Saint-Flour avec le Sʳ Dormesson *(sic)*, Conseiller en mes Conseils. Maître des Requêtes ordʳᵉ de mon hostel et commʳᵉ départy pour l'exécution de mes ordres en la généralité de Riom, Je vous fais cette lettre pour vous en donner avis et vous recommander de travailler à lad. imposition avec la diligence et l'application convenable, vous assurant que vous ferez chose qui me sera bien agréable. Sur ce, Je prie Dieu qu'il vous ait, Monsⁱʳ le Comte de Sieujac, en sa sainte garde. Ecrit à Versailles le xɪɪɪᵉ jour d'avril 1701. »

PHELYPEAUX.   LOUIS.

_____

(1) Archives de Parentignat. L. 3. Orig. sur pap.

Nous ne trouvons plus rien dans nos archives au sujet de François de Lastic, à moins de lui appliquer un certificat de l'année 1726. Nous savons seulement qu'il vécut très vieux, mais à cette date il aurait eu de quatre-vingt treize à quatre-vingt quatorze ans, ce qui serait peut-être excessif. Mais tandis que son fils, appelé aussi François, résidait surtout à Parentignat qu'il avait acheté en 1708, conjointement avec son oncle le Prieur, le vieux François continuait à habiter son château de Sieujac, Or, ce certificat est donné précisément à Sieujac. Mais son fils pouvait y être aussi bien à ce moment-là.

En tout cas, François vivait encore en 1706, lors du mariage de son fils. Dans une note de nos archives (1) il est dit que François de Lastic « mourut fort vieux et couvert de blessures qu'il avait reçues au combat de Salsonne pendant les guerres de la succession d'Espagne et qu'il fut enterré dans la chapelle de Parentignac. » L'auteur de cette note prend la guerre de 1655 pour celle de la succession d'Espagne, qui eut lieu près de cinquante après. Il ne paraît donc pas très précis. Aussi ne faut-il guère attacher d'importance à ce qu'il dit de sa sépulture. La chapelle de Parentignat ne renferme aucun caveau. Il est donc plus probable que François de Lastic, premier du nom, fut enseveli aux Jacobins de Saint-Flour, comme le fait présumer un acte que nous verrons plus loin.

De son mariage avec Louise de Peyronnenc de Saint-Chamarand, François eut quatre enfants, deux garçons et deux filles :

1° Marguerite ;

2° Marie ;

3° François, né en 1680 ;

4° Jean-Antoine.

Nous verrons François, deuxième du nom, avec la quinzième génération.

_____

(1) Archives de Parentignat. L. 1. Orig. sur pap. Note au dos.

Marguerite ne nous est connue que par son testament mystique du 5 avril 1691 (1). Au moment d'entrer dans un ordre religieux à la règle sévère, les jeunes filles faisaient leur testament, comme si elles allaient mourir. Elles dictaient leurs volontés dernières. Dans le sien, Marguerite déclare qu'après avoir fait son noviciat dans « le monastère et couvent » des Religieuses cisterciennes de l'abbaye de l'Esclache, transféré à Clermont, au faubourg du Cerf-de-la-Ville, paroisse de Saint-Geneix, dont Dame Catherine-Angélique de Montmorin Saint-Hérem est abbesse, « désirant y faire la profession de ses vœux », et étant alors dans la maison de Messire Christophe de La Barge, seigneur comte dudit lieu (son oncle à la mode de Bretagne par sa grand'mère de Beaufort-Canillac), elle y fait son testament. Elle donne la somme de mille livres à « Jean-Antoine, son frère ayné », mille livres une fois payées et une autre somme de mille livres à « demoiselle Marie de Lastic St-Georges », sa sœur, dont l'un et l'autre ne pourront jouir qu'après la mort de leur père. Elle donne tout le reste, tant meubles qu'immeubles, qui pourrait lui appartenir ou lui revenir, à son père, sous condition de lui payer de son vivant à lui, une pension de cent cinquante livres, et après sa mort, de lui en laisser une de trois cents livres, y compris celle de cent cinquante livres. Cette pension s'éteindra au décès de la testatrice, et si à ce moment-là des arrérages étaient dus sur ces pensions, ils resteraient acquis au monastère où elle décéderait. Antoine Faucon, théologal de l'église cathédrale de Saint-Flour, signe comme témoin, ainsi que cinq ou six artisans ou marchands obscurs de la ville de Clermont.

Quand on sait que la dot de sa sœur Marie fut de soixante mille livres, venant de son père, et vingt mille livres venant de sa mère, on s'étonne que Marguerite n'en ait reçu qu'une aussi minime, consistant seulement en une petite pension

---

(1) Archives de Parentignat. K. 50. Orig sur pap.

pension viagère qui était bien loin de représenter l'intérêt du capital donné à sa sœur. Déjà nous avions vu que sa tante Gabrielle, en entrant à la Visitation de Saint-Flour, n'avait reçu que sept mille cinq cents livres de dot sur les quinze mille qui lui avaient été promises par son père, dans son testament, dans le cas où elle se marierait. Cela indique bien que l'on faisait acte de pauvreté en entrant dans ces ordres et que l'on recevait tout juste de quoi y vivre. Il faut observer que les monastères de fondation ancienne, comme l'Esclache, possédaient de grands biens, qui leur avaient été donnés autrefois par les ancêtres de leurs nouvelles religieuses au temps de la féodalité. Mais la commande, surtout dans les monastères d'hommes, leur enlevait la plus grande partie de ces ressources.

L'Esclache était une abbaye de religieuses de l'Ordre de Cîteaux qui avait été fondée aux environs de 1159, dans la paroisse de Prondines, canton d'Herment, probablement par Robert III, Comte d'Auvergne, qui fit de nombreuses donations à ce monastère. Il était composé de grands et beaux bâtiments. Charles VII autorisa les religieuses à le clore de murailles fortifiées. Il fut détruit par un incendie le 21 novembre 1637. A la suite, sur la demande de l'Evêque de Clermont, qui trouvait que les religieuses étaient trop isolées et que par suite la discipline en souffrait, on voulut le transférer à Clermont. Mais l'abbé de Cîteaux s'y opposa, et les religieuses y firent une résistance sérieuse. Cela amena même quelques scandales et quelques violences. Il fallut un arrêt du Grand Conseil, devant lequel s'inclina l'abbé de Cîteaux, pour que la translation se fît définitivement en avril 1647. Les religieuses s'établirent d'abord dans le faubourg de Fontgievre, puis en 1657 dans l'hôtel de Montboissier, au centre de la ville. Enfin elles s'établirent dans un nouveau monastère qu'elles avaient fait construire pour elles, dans le sud de la ville, qui prit le nom de monastère de Notre-Dame de l'Esclache. Néanmoins, elles continuèrent à posséder les anciens bâtiments de l'abbaye à l'Esclache même, et les firent même réparer, en vue d'y loger un fermier. En 1793 le monastère fut vendu nationalement et démoli. Les abbesses portaient les plus grands noms de la province et d'ailleurs : comtesses et dauphines d'Auvergne, de Beaufremont, de Turenne, de Roquefeuil, de la Tour d'Auvergne, de Langeac, de Chalus, de Montrognon, de Vassel, de La Rocheaymon, de Flageac, de Chabannes, de Montmorin Saint-Hérem, etc., etc. On dit qu'il y eut dans ce monastère jusqu'à deux cents religieuses en 1250. Elles n'étaient plus que trente-trois en 1690, au moment de la prise d'habit de Marguerite de Lastic (1). M. de Lastic Saint-Jal la fait mourir en 1742, abbesse de Sainte-Claire de Clermont. Elle est, en effet, portée comme telle dans la liste des abbesses du couvent des Franciscaines de Sainte-Claire, de 1716 à 1742 (2). Il se pourrait donc qu'elle eût quitté les Cisterciennes de l'Esclache. Ce qui pourrait donner une certaine vraisemblance à ce fait, c'est qu'Angélique de Montboissier-Canillac, qui était sa parente rapprochée, fut abbesse de Sainte-Claire de 1684 à 1709 et put très bien l'y avoir attirée. Mais nous ne possédons dans nos archives aucun document à ce sujet.

Marie, la seconde fille de François et de Marie de Peyronnenc de Saint-Chamarand, appelée « Marie de Saint-Georges », dans le testament mystique de sa sœur, ne nous est connue, en dehors de cet acte, que par son contrat de mariage. On voit, par le surnom précédent, que de même que les chefs de famille prenaient couramment le nom de leur terre principale, surtout quand elle était titrée, les cadets et les filles commençaient à adjoindre à leur nom celui d'une des terres secondaires du patrimoine, ce qui n'indiquait pas qu'on la leur donnât en dot. En l'espèce Saint-Georges était bien certainement une de nos terres les moins

---

(1) Ambroise Tardieu. *Dictionnaire historique du Puy-de-Dôme*. Article : l'Esclache.
(2) *Ibid*. Art. Clermont-Ferrand.

importantes. Mais Philibert de Lastic et sa femme, Marguerite de Beaufort-Canillac, peut-être aussi Marie de Peyronnenc, et plus tard François, lui-même, dont nous ignorons
le lieu de sépulture, y furent inhumés. Elle pouvait peut-
être à ce titre être plus chère que d'autres au cœur de leur
petite-fille.

Donc, par contrat du 20 février 1696 (1), Marie de Lastic
épousait Messire François de Malras, chevalier, seigneur,
marquis d'Yolèt, Le Chaix, La Foulhouze, Beaulieu,
Auteyras, Escolore et autres ses places, colonel du régiment
de Berry-cavalerie, fils de défunt Messire François de
Malras et de défunte haute et puissante dame Louise de
Beaufort-Canillac, résidant ordinairement en son château
d'Auteyras (2). Dans cet acte François de Lastic, père de la
future, ne porte plus que le titre de comte de Sieujac. La
future reçoit en dot la somme de quatre-vingt onze mille
livres, dont soixante et onze mille des propres biens de son
père « pour toute part et portion que la dite future pourroit
aussy prétendre tant de son chef que de celluy de ses frères
et sœur décédés, à la succession de la dite dame de Saint-
Chamarand, sa mère et son ayeule maternelle à échoir. »
D'après le mode de paiement indiqué, il semble que le futur
ait fait quelques dettes qu'il rembourse par ce moyen avec
l'argent de sa femme. Il est vrai qu'un de ses principaux
créanciers est précisément l'abbé de Sieujac, qui avait prêté
certaines sommes par billets successifs au jeune marquis de
Malras, en sorte qu'une partie de l'argent ne sortait pas de
la famille et devait revenir à la succession par l'intermédiaire
de l'oncle vigilant et économe. Le père de la future s'engage
à loger le jeune ménage dans son château de Sieujac et le
nourrir « de bouche seulement », avec un valet de chambre,
une demoiselle suivante et deux laquais pendant deux ans (3).

---

(1) Archives de Parentignat. K, 63. Orig. snr pap.

(2) Près de Billom (Puy-de-Dôme).

(3) Il semblerait que François de Lastic, qui était déjà veuf depuis une
dizaine d'années, ait essayé d'attirer auprès de lui ses enfants au fur et

Le futur donnera en préciput les terres de Beaulieu, Escolore et Auteyras avec leurs dépendances, et la future la
moitié de ses biens à l'un des enfants mâles qui naîtra du
mariage et qui sera désigné par ses parents ; à défaut de
désignation, à l'aîné, puis aux cadets, et ensuite aux filles
par ordre de primogéniture. Le futur donne à sa femme pour
six mille livres de bagues et de pierreries qui resteront la
propriété de cette dernière. En cas de survie, la veuve gardera une somme de six mille livres en propriété sur les biens
dotaux, et recevra en douaire une pension de trois mille
livres, qui sera réduite de moitié en cas de remariage sans
enfants du premier mariage. Elle recevra comme résidence
le château d'Auteyras avec tout son mobilier. Elle sera vêtue
de deuil ainsi que son personnel aux frais de la succession.
Elle recevra aussi un carrosse attelé de six chevaux et drapés
de noir. Le futur, s'il survit à sa femme, conservera les
bijoux et pierreries et une pension de quinze cents livres sur
les biens dotaux. Le père de la future se réserve de reprendre
soixante-dix mille livres sur les biens dotaux, si sa fille
mourait sans enfants, ou si ceux-ci décédaient eux-mêmes
sans enfants et avant lui.

Ce contrat est passé à Clermont, tout simplement dans la
maison de Géraud Gernier, avocat, probablement conseil de
la famille du marié, et non comme on aurait pu s'y attendre
dans les hôtels de la Barge ou de Montboissier, et cela en
présence de Monseigneur Bochard de Saron, évêque de
Clermont, de Monseigneur d'Ormesson, chevalier, conseiller
du Roy en ses conseils, maître des requêtes ordinaire de
son hostel, Intendant d'Auvergne, Messire Maximilien de
Beaufort-Canillac, seigneur d'Auteribe, aïeul maternel du
futur, Messire Henri de Montégut, marquis de Bouzols,
oncle maternel, Messire Alexandre de Beauverger-Montgon,

à mesure qu'il les mariait. Nous verrons une clause analogue dans le
contrat de mariage de son fils aîné, François, avec Marie de La
Rocheaymon.

comte de Montgon, Messire Charles Ribeyre, chevalier, seigneur de Lezoux, Saint-Sandoux, etc., conseiller du Roy en ses conseils, Premier Président de la Cour des Aydes de Clermont, Messire Maximilien de Montégut, lieutenant au régiment des Gardes, Messire François Dohet, seigneur, marquis de Boudes, capitaine dans le régiment de Royal-Piémont-cavalerie, Messire Jacques Ducros, seigneur de Chabannes, Messire Claude de Beaufort-Canillac-Mont-boissier, chevalier, seigneur de Lignat, Messire François de Bonlieu, seigneur de Montpentier, Messire François de Beaufort-Canillac, chevalier, seigneur de Mauriat, Messire Gilbert de Mascon du Chaix, chevalier, seigneur d'Anglars, Messire François du Prat, chevalier, seigneur de Ribes, Messire Jacques de Veyny d'Arbouze, chevalier, seigneur de Villemont, Messire François-Christophe de La Barge, chevalier, seigneur, comte du dit lieu, Messire Jean-Charles de La Plasse, chevalier, seigneur de Torssat, Messire Alexandre de Bost, écuyer, seigneur de Cheyssac, Messire Joseph Boussuge, prêtre et curé de Felzins, etc., etc.

La mode commence de ces brillants contrats de mariage, où l'on étale toute sa parenté et ses relations. Bientôt à Versailles, le Roi, la Reine et les Princes du sang daigneront signer aussi, pour peu que les conjoints appartinssent d'une manière quelconque au monde de la Cour. Dans le cas présent, où l'on s'en tient encore aux parents rapprochés, cela nous permet de les connaître. Après l'Evêque et l'Intendant, nous trouvons les Beaufort-Canillac, parents des deux côtés, les Montégut, écrits souvent Montagu, les Montgon, les La Barge, aussi plus ou moins parents des deux côtés, les Ribeyre d'origine bourgeoise, mais fort riches, très à la mode à ce moment-là, en Auvergne, si l'on en croit Fléchier, par leurs richesses et la beauté de leurs filles, les du Prat, les Veyny d'Arbouse, encore des familles riches et nouvellement parvenues. L'abbé Joseph Boussuge devait être là, certaine-ment pour remplacer l'abbé de Sieujac, que l'on est étonné de n'y pas voir. Il est, en effet, le propre oncle de la mariée,

oncle à héritage s'il en fut, créancier du marié. Il devait être
malade. C'est la première fois aussi, si nous faisons
abstraction de l'alliance de Farges, que notre maison s'allie à
une autre qui ne soit pas d'origine féodale. Les Malras sont,
en effet de noblesse récente. Le premier Malras que l'on
connaisse est un certain Jean Malras, originaire, dit-on, du
Languedoc, qui avait été garde des sceaux du baillage
d'Aurillac, de 1515 à 1530, c'est-à-dire comme qui dirait
secrétaire de sous-préfecture. Son fils Hugues devint trésorier de France, un percepteur d'aujourd'hui. Il avait dû
gagner de l'argent et grâce à cela il avait épousé Catherine
de Giou, appartenant à la petite noblesse ancienne de notre
province. Ses enfants Jean et Pierre prirent une part très
importante aux guerres de religion, surtout dans le Midi, et
se firent protestants pour avoir quelque chose à revendiquer.
L'un d'eux devint ainsi un des familiers du Roi de Navarre
qui n'y regardait pas de si près. Il fut des lieutenants qui
accompagnèrent M. de Châtillon à Montpellier, quand il
fut nommé gouverneur de cette ville. Il fut à la bataille
d'Ivry, aux côtés d'Henri IV. Le Roi le fit chevalier de son
Ordre et l'anoblit avec le titre de baron attaché à la terre
d'Yolet près d'Aurillac (10 octobre 1593). Son frère Pierre,
pendant ce temps-là, était devenu maréchal de camp dans
l'armée d'Henri de Montmorency en Languedoc. Il fut chargé
de diverses missions de confiance. Il épousa en 1582 Françoise de Saillans qui appartenait à la meilleure noblesse
d'Auvergne. C'est de lui que descendait le mari de Marie de
Lastic. Entre temps deux gros mariages, l'un avec une du
Croc d'Auteyras qui leur apportait de la fortune à défaut
d'un grand nom et l'une avec une Beaufort-Canillac qui leur
apportant le grand nom qui leur manquait, les placèrent au
premier rang dans la province.

Jean-Antoine, le dernier enfant de François de Lastic et
de Marie de Peyronnenc eut probablement pour parrain, son
oncle le Prieur de Bredom, et ne nous est connu que par le

testament mystique de sa sœur Marguerite qui lui donnait mille livres. Il est donc probable qu'il mourut jeune (1 et 2).

---

(1) M. de Lastic Saint-Jal donne un enfant de plus à François de Lastic et à Marie de Peyronnenc, et l'appelle *Louis-Henry*. Il le fait même successeur de son oncle Jean-Antoine dans le prieuré de Bredom. Il avait déjà fabriqué un *Jean* qui aurait précédé ce dernier. J'ai démontré que eelui-ci n'existait pas, et comme on ne trouve aucunes traces de ce Louis-Henry, ni dans nos archives, ni dans celles du prieuré, consciencieuse-ment fouillées cependant par l'abbé Bouffet, nous pouvons encore le ranger au nombre de ces ancêtres légendaires dont il s'est fait le créateur bénévole.

(2) Dernièrement les Dames de la Communauté de Notre-Dame d'Yssingeaux m'ont fait remettre une note tirée de leurs archives, par laquelle nous apprenons qne la Mère de Lastic remplaça comme abbesse de leur communauté la Mère de La Roche-Canillac en 1681, et elle ne l'était plus en 1690. C'est elle qui fit reconnaître cette communauté par Lettres patentes de Louis XIV. Est-ce une Sieujac, une Vigouroux, une Saint-Jal ? C'est une question bien difficile à résoudre. (Archives de Parentignat. Cart. suppl. n° I. 52. Orig. sur pap.).

François II de Lastic, deuxième marquis de Sieujac, l'acheteur de Parentignat. d'après un tableau de ce château

IX

Quinzième génération

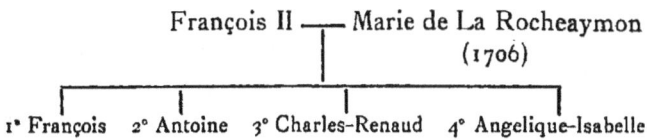

François II ——— Marie de La Rocheaymon
(1706)

1° François 2° Antoine 3° Charles-Renaud 4° Angelique-Isabelle

François, deuxième du nom, ou François II par abréviation, naquit le 8 novembre 1680. C'est le premier membre de notre maison dont nous possédons l'acte de baptême dans nos archives, mais chose curieuse, il ne fut baptisé qu'en 1692, c'est-à-dire à l'âge de douze ans. Voici cet acte : (1)

« Extrait des registres baptistaires de la paroisse de Neuvéglise.

« Le vingt-septième may mil six cent nonante-deux a été par moi procédé aux cérémonies du baptême de noble François de Lastic cy devant ondoyé le huitième novembre mil six cent quatre-vingt, fils à Messire François de Lastic,

_____

(1) Archives de Parentignat. K. 43. Orig. sur pap.

escuyer, seigneur de Sieujac et autres ses places, et de défunte dame Louise de Marcenac, sa femme. Son parrain, Mre François de Monneret (?), demeurant aud. Sieujac qui a signé à l'original avec led. sieur de Lastic et nous, sa marraine, Marguerite Jurquet dud. lieu qui n'a sceu signer, requise. »

» Nous Floret Vallat, curé de lad. paroisse de Neuvéglise, attestons avoir expédié l'extrait ci-dessus sur son original, en foy de quoy avons signé. »

« VALLAT, *curé susd.* »

On ne peut guère s'expliquer qu'on ait attendu douze ans pour procéder à cette cérémonie dans une famille notoirement chrétienne. Comptait-on, pour cela, sur la présence de quelque parent éloigné ou de quelque personnage illustre ? On est étonné de ne pas y voir figurer, même comme témoin, à défaut de parrain, l'abbé de Sieujac, le riche prieur de Bredom, l'oncle à héritage. Mais peut-être avait-on à cet égard une mentalité différente de celle de nos jours. Quoique qualifié de Messire, le parrain dont le nom est, du reste, difficile à déchiffrer, semble être un personnage très secondaire, peut-être le page ou l'écuyer du père, ou quelque officier de la justice. Quant à la marraine, c'est une simple domestique de la maison.

A l'époque où François II devenait un jeune homme, l'armée permanente, sous la direction de Louvois, s'était constituée d'une manière régulière. Il y avait une différence très sensible avec ce qui se pratiquait encore sous Mazarin, au moment où le premier François avait le même âge. On trouvait « la Maison du Roy », puis les « gendarmes », et encore quelques régiments particuliers. La Maison du Roy se composait de régiments de cavalerie, où les compagnies de « mousquetaires » étaient celles qui chargeaient en tête dans les combats. Dans la gendarmerie se trouvaient les régiments d'élite de l'infanterie, *gardes françaises, gardes suisses, anciens régiments,* dont le premier était le « régiment du Roy ». Dans ces derniers régiments, les compagnies de *grenadiers* marchaient en tête. Elles étaient chargées, dans les sièges, de jeter les grenades dans les retranchements ennemis. Les *Mousquetaires*, dans la cavalerie, les *Grenadiers*, dans l'infanterie, étaient donc les compagnies d'élite, dans lesquelles on se faisait honneur d'entrer. Dans le but d'ouvrir la carrière militaire à la noblesse de province, qui n'était pas encore devenue la noblesse de cour, le Roi augmenta considérablement le nombre des pages de la grande et de la petite écurie, où l'on ne pouvait entrer que si l'on était homme de qualité. On augmenta aussi pour les employer, les compagnies des gardes du corps. Les jeunes nobles entraient d'abord comme pages de la grande ou de la petite écurie, puis passaient ensuite, soit dans les gardes du corps, soit dans les compagnies de mousquetaires ou de grenadiers. C'était les premiers pas de la carrière.

François II était page du Roi dans la grande écurie, le 13 février 1694, comme l'atteste un certificat signé de Louis de Lorraine, comte d'Armagnac, de Charny, de Brionne, etc, pair et grand écuyer de France (1). Il avait alors quatorze ans. Le 18 janvier 1700, une Lettre du Roy, adressée au marquis de Surville, Colonel du régiment du Roy-infanterie (2), donne commission de lieutenant en la compagnie de Boisdelmet *(sic)* pour « Sieugeac » à la place de « Mézac », cassé. François II avait alors vingt ans. Dans une note attenante à cette pièce et qui est de la main du comte de Lastic, il est dit que François II quitta alors le service pour épouser Mlle de la Rocheaymon. C'est inexact en ce sens qu'il ne se maria qu'en 1706 et qu'il resta au service jusqu'à ce moment-là. Nous le voyons, en effet, recevant, le 13 avril 1702 la commission de capitaine d'une compagnie du régiment du Roy-Infanterie, commandé encore par le Marquis

---

(1) Archives de Parentignat. K. 57. Orig. sur pap.
(2) *Ibid* L 1. Orig. sur pap.

de Surville (1). C'est un brevet signé du Roi et contresigné de Chamillart. Cette pièce qui est la première de ce genre que nous voyons dans nos archives, dit que le capitaine « Sieugeac recevra la compagnie qu'avoit le capitaine Boisdenets *(sic)* (2),....... laquelle vous commanderez, conduirez et exploiterez sous votre autorité, et sous celle du Colonel-L' de notre d. régiment, la part et ainsy qu'il vous sera par Nous ou nos lieutenants généraux, commandé et ordonné pour notre service, et Nous vous ferons payer ensemble les officiers et soldats de lad. comp°, des estats, apointements et soldes qui vous seront et a cela deues suivant les montres et reveües qui en seront faites par les Com^{res} et les con^{eurs} des guerres à ce départis tant et si longuement que lad. comp° sera sur pied pour notre service, tenant en main à ce qu'elle vive en si bon ordre et police que Nous n'en puissions recevoir de plainte....... etc. »

D'après cela il semble donc que François II ait acheté sa compagnie, qu'il en était devenu propriétaire et par suite responsable. Il avait alors vingt-deux ans. Il conserva cette compagnie jusqu'à l'époque de son mariage. Mais il semble bien qu'à ce moment-là il ait quitté le service. On ne s'explique pas pourquoi. Il dut prendre part certainement à toutes les guerres qui eurent lieu à cette époque pour la succession d'Espagne (1700 à 1710.) Au moment de son mariage, elles se présentaient d'une manière défavorable pour la France, qui venait d'éprouver un échec sanglant à Ramillies, en mai 1706, en attendant celui de Malplaquet en septembre 1709. Il semblerait qu'à ce moment-là la France ait eu besoin de tous ses combattants. Mais on n'avait pas

---

(1) Archives de Parentignat. L. 4. Orig. sur parch.

(2) Ce nom est écrit dans les deux commissions d'une manière différénte, tantôt *Boisdelmel*, tantôt *Boisdenets*. En les combinant, ne pourrait-on pas écrire ce nom *Boisdenemets*, nom d'une famille de Normandie très ancienne, à laquelle appartenait le général marquis de Boisdenemets. qui a commandé la division de fer à Nancy, et le XVI° corps d'armée à Montpellier ?

alors la même conception des responsabilités. Les effectifs engagés étaient encore si peu importants au regard des hommes capables de porter les armes, que celui qui se retirait de la guerre pouvait se croire facilement remplacé. On accomplissait son devoir quand on était soldat, mais on ne se croyait plus obligé d'être soldat, même quand on était noble, la qualité de soldat n'étant plus attachée à celle de noble, depuis que l'armée permanente, recrutée par d'autres moyens, avait remplacé l'ancien système féodal. Ce sont les guerres du XIX° siècle et maintenant celles du XX°, où les nations entières sont engagées dans la lutte, qui nous ont obligés en conscience à participer, chacun dans la mesure de ses moyens, à la défense de la patrie. Il ne paraissait donc pas inopportun à François II de quitter l'armée à un moment critique pour la France. Ne jugeons pas des événements de cette époque avec notre mentalité actuelle.

En rentrant dans sa province pour se marier, il semble que le jeune marquis fût occupé surtout à administrer ses biens et à les arrondir. Il allait même se créer un nouveau foyer dans la basse Auvergne, plus près de ses parents antérieurs et de sa nouvelle famille.

Par contrat du 29 août 1706 (1), passé au château de Mainsat (Minssat dans l'acte) (2), François II, alors âgé de vingt-six ans, épousait Marie de La Rocheaymon, fille de Renaud-Nicolas de La Rocheaymon, chevalier, seigneur comte de La Rocheaymon, Mainsat, Lavaure, Humes, Sannat, Tony, Vilers, etc., et de haute et puissante Dame Françoise-Geneviève de Baudry de Piencourt. Dans cet acte François II est qualifié de marquis de Sieujac, et son père, François I, de comte. Illustrissime et Révérendissime Messire François-Placide de Baudry de Piencourt, évêque et seigneur de Mende, Comte de Gévaudan, ainsi que Messire Claude de La

(1) Archives de Parentignat. L. 6 et 7. Orig. sur pap.
(2) Mainsat, canton de Bellegarde (Creuse), près d'Aubusson, alors en Auvergne, dans la Combraille, mais dans le diocèse de Limoges.

Rocheaymon, évêque et seigneur du Puy, Comte de Velay, grand oncle et oncle de la future, paraissent au contrat comme donateurs et non comme témoins. Marie de La Rocheaymon reçoit comme dot la somme de soixante-quinze mille livres, dont trente-cinq mille du chef de son père et dix mille du chef de l'Evêque du Puy, son oncle. Sa mère y ajoute vingt-quatre mille livres et son grand-oncle, l'Evêque de Mende, six mille, ce qui fait en tout quatre-vingt cinq mille livres. Cela paraît d'autant plus remarquable que la future avait huit frères ou sœurs. Deux pages du contrat sont consacrées à expliquer le mode de paiement de cette dot. Tout cela est fort compliqué. Messire Charles-Ignace de Beauverger-Montgon, chevalier, seigneur comte de Montgon, résidant en son château de Marsillac, en Auvergne, parent par les Beaufort-Canillac, pourvu de la procuration de François I, père du futur, le représente à la signature du contrat. Ce dernier avait alors environ soixante-et-quinze ans, et n'avait pas dû pouvoir quitter son château de Sieujac. Il donne à son fils, à l'occasion de ce mariage, tous ses biens, meubles et immeubles, présents et à venir, sans aucune réserve que les suivantes : payer les dettes, s'il y a lieu, les charges dont les dits biens pourraient être grevés. Avec cela il se réserve la somme de mille livres pour en disposer à sa volonté. Il sera nourri et entretenu avec son train et équipage ordinaire au château de Sieujac en la compagnie des jeunes époux et durant sa vie, et on devra « icelle finie, le faire enterrer suivant sa qualité et fournir tous les frais funèbres » et au cas d'incompatibilité, il aura le droit « de jouir d'un appartement au dit château de Sieujac, qu'il voudrait choisir, et la moitié de tous les fruits et revenus de la terre de Sieujac et Neuvéglise et leurs dépendances en quoi qu'elles consistent, franc et quitte de toutes debtes et charges. » François de Malras, marquis d'Yolet, beau-frère du futur, muni de la procuration de Messire Jean-Antoine de Lastic, chevalier, seigneur de Bredom, vicomte de Murat, et au nom de ce dernier, oncle du futur, donne à celui-ci la terre et vicomté de Murat, ainsi que ses dépendances, avec le domaine d'Estalapos, dont il se réserve l'usufruit, sa vie durant, et le fait son héritier universel pour tout ce qu'il pourrait posséder. « Pour la conservation du lustre de la famille », les futurs donnent, par donation entre vifs, à un des enfants issus de leur mariage, tel qu'il sera nommé, et en préciput, les terres de Sieujac et de Neuvéglise, avec leurs dépendances, le château de Sieujac « meublé et ustensilé », et vingt mille livres à prendre sur la dot de Marie de La Rocheaymon. Dans le cas où il n'y aurait pas d'enfant désigné, ce serait l'aîné qui bénéficierait de la dite donation, en commençant par les mâles et ensuite par les « femelles », par ordre de primogéniture. Le futur donnera à la future des bagues et des pierreries jusqu'à concurrence de la somme de six mille livres « qu'elle pourra se faire payer en pier-reries ou en deniers à son choix », et outre les dites bagues et diamants le survivant bénéficiera d'une somme de six mille livres à prendre sur les biens de son conjoint. La future recevra en douaire une pension de trois mille livres, qui sera réduite de moitié en cas de convol sans enfants, et annulée s'il y a des enfants du premier mariage. Elle aura son logement au château de Sieujac, et recevra comme d'habitude de quoi prendre le deuil, elle et son personnel domestique, ainsi qu'un carrosse attelé de six chevaux, le tout garni de deuil. Monsieur et Madame de La Rocheaymon se réservent le droit de reprendre soixante-neuf mille livres sur la dot dans le cas où leur fille décèderait sans enfant de son mariage, ou si ses enfants décédaient avant eux et sans enfants eux-mêmes.

Les témoins qui ont donné leur consentement au mariage (c'est la nouvelle formule) sont, outre les personnages dona-teurs déjà cités : La Marquise d'Yolet, sœur du futur ; Monsieur de Peyronnenc, marquis de Saint-Chamarand, oncle maternel ; la comtesse de Montgon, née de La Barge, tante germaine ; le marquis de Montboissier-Canillac, oncle germain ; la marquise d'Estaing de Saillans, tante ger-maine ; le vicomte et la vicomtesse de Beaune (Montagu),

Joachim de Montégut (Montagu), leur fils, marquis de
Bouzols, maréchal des camps et armées du Roi ; le comte de
Sarlans (d'Oradour), cousins issus de germain ; le marquis
de Lastic Saint-Jal, cousin absent, « dont le dit seigneur
marquis de Sieujac se fait fort », du côté du futur, et du côté
de la future, les dits évêques de Mende et du Puy, grand
oncle maternel et oncle paternel ; Illustrissime et Révérendissime Messire Paul de Lusignan de Lezay, évêque et comte
de Rodez, abbé commandataire de l'abbaye de Saint-
Barthélemy de Noyon, grand oncle paternel : de Messire
Hugues Philippe de Lusignan, vicaire général et archidiacre
de Rodez ; de Messire Claude-Hugues de Lusignan, cy devant
ambassadeur pour Sa Majesté à la Cour de Vienne, grand
oncle paternel ; Messire Mathieu de Lusignan, commandeur
de l'Ordre de Saint-Jean-de-Jérusalem, gouverneur de
Malte, grand oncle paternel ; Messire Joseph de Lusignan,
seigneur, marquis des Marais, cousin germain ; Messire
Paul-Philippe de La Rocheaymon, marquis de La
Rocheaymon, capitaine de cavalerie au régiment royal, frère
aîné de la future ; Madame Catherine de La Rochefoucaud,
épouse du marquis des Marais ; le marquis de Brichanteau ;
le marquis de Nangis, maréchal des camps et armées du Roy,
cousins issus de germain ; le comte de Brichanteau, grand
oncle paternel ; le marquis de Brichanteau, son fils, capitaine au régiment du Roy-infanterie, cousin issu de
germain ; Monsieur de Renier, marquis de Gúrcy, grand
oncle germain ; le comte de Gurcy, son fils, maréchal des
camps et armées du Roy, colonel du Régiment-royal des
Vaisseaux, cousin issu de germain ; Monsieur de Pomponne,
marquis du Refuge, lieutenant général des armées du Roy,
commandant pour Sa Majesté en la ville et citadelle de Metz ;
Monsieur du Refuge, comte de Précy, etc., etc,, du côté
paternel, et du côté maternel : Monsieur d'Ally, comte de
Saint-Vidal et Madame née de Chauvigny de Blot, cousins
germains ; Monsieur de Balincourt, conseiller au Parlement
de Paris ; Messieurs de Balincourt, ses frères, commandeur

et chevalier de Saint-Jean-de-Jérusalem, cousins issus de germain. Et si l'on continue dans les familles plus éloignées, on trouve celles de Tony, de Marle, d'Aubusson, de Ligondès, de Saint-Julien, de Roquelaure d'Ambrugeac, de Veyny d'Arbouse. de Vauchaussade, etc., etc.

Nous voici de plus en plus lancés dans les longs contrats où défile toute la famille, surtout celle qui peut faire honneur aux conjoints, avec ses titres et ses grades. On est étonné de la profusion des premiers. Si l'on compare ce contrat à ceux qui l'ont précédé de quelques années seulement, on voit combien de nouveaux titres avaient été inaugurés et probablement aussi usurpés. Par contre, le généalogiste trouve sa tâche bien facilitée par cette énumération de toute la parenté avec l'indication des degrés de celle-ci.

Si nous étudions maintenant les termes du contrat, nous observons, pour la première fois, que le père du futur se retire, à l'occasion du mariage de son fils aîné, et se fait pensionner. Il est vrai que François I était veuf depuis longtemps, que ses autres enfants étaient casés et qu'il était âgé d'environ soixante et quinze ans. Encore une fois les clauses de son contrat de mariage avec Mlle de Peyronnenc ne sont pas suivies. Il ne donne pas la moitié de sa fortune seulement en préciput à son fils aîné, comme il avait été indiqué, il la donne tout entière, sauf les dots et les pensions réservées à ses filles. Il est vrai que l'autre garçon est mort en bas-âge, On peut se demander alors si ces clauses de contrat ne sont pas placées là comme conditions minima, dans le cas où le père mourrait sans avoir pu faire connaître ses dernières volontés, le laissant ainsi maître de sa fortune jusqu'au dernier moment. Il semblerait que dans ce contrat de François II, toute la famille se soit mise d'accord pour reporter tout son intérêt et toute son affection sur le mâle capable de continuer la lignée. Le comte de Beauverger-Montgon, et le marquis de Malras d'Yolet représentent le père et l'oncle Jean-Antoine, absents tous les deux. François II n'a auprès de lui, de son sang, que sa sœur Marie, la marquise d'Yolet, et son oncle maternel, le marquis de Peyronnenc de Saint-Chamarand.

Notre maison, par ce mariage, va être entraînée tout à fait vers la Cour. Si François II, pour des raisons que nous ne connaissons pas, résiste encore au courant, ses fils ne feront pas de même. Mais déjà le nouveau chef de famille n'est plus le chevalier-bretteur qu'étaient encore Philibert et François I. Il ne paraît même pas avoir conservé cet aspect un peu rude et austère du premier marquis de Sieujac, resté fidèle à ses montagnes. Il se civilise, il devient plus raffiné, plus élégant. Nous le verrons s'entourer d'un luxe tout nouveau pour les nôtres. L'allure de notre vieille maison va s'en trouver totalement modifiée. De Maison de chevalerie, essentiellement, elle va devenir Maison de Cour, comme celles des parvenus récents. Elle va se mélanger à eux. Le mariage La Rocheaymon sera le dernier mariage féodal, non encore entaché d'alliances financières ou parlementaires.

Revenons à la maison de La Rocheaymon. Elle était d'origine chevaleresque et avait pris son nom d'un antique château féodal, situé près d'Evaux, dans la Creuse, en Combrailles, c'est-à-dire dans l'ancienne Auvergne, mais dans le diocèse de Limoges. Les ruines en sont considérables. « Elles attestent encore la splendeur originaire et la haute ancienneté » (1) de cette maison. Les La Rocheaymon aimaient à se parer d'une origine légendaire. Ils se disaient seigneurs de La Roche avant Jésus-Christ. Ils prétendaient descendre de Renaud, prince de Montauban-sur-Dordogne, l'aîné des quatre fils Aymon, qui, aidés du sorcier Nangis, arrêtèrent, à eux seuls, toute l'armée de Charlemagne. Ils se disaient aussi issus d'Aymon de Bourbon, surnommé *Vaire-Vache*, seigneur de Blot et de Montaigu, terres voisines de La Roche. La maison de la Roche-Tournoëlle serait une de

_____

(1) Bouillet. *Nobiliaire d'Auvergne.* Tome V, p. 345 et suiv.

leurs branches. Quoiqu'il en soit, leur généalogie, à peu près certaine (1) commence à un certain Aymon de La Roche qui vivait avant 1100 et qui donna son prénom à sa forteresse et à sa descendance. Astorge de La Rocheaymon avait épousé, en 1150, la veuve d'Amiel Chambon, dont la fille avait épousé Guy II, Comte d'Auvergne. Les personnages les plus marquants de cette race furent Raoul de La Rocheaymon, abbé de Clairvaux et archevêque de Lyon en 1235, Guillaume et Aymon qui accompagnèrent Saint Louis en Terre Sainte en 1248, un Sénéchal d'Auvergne en 1472, un grand Prévôt de l'Hôtel de François I, tué à la bataille de Pavie en 1525, un sénéchal de la Marche en 1615, un évêque du Puy, en 1703, quatre lieutenants généraux des armées, dont l'un d'eux, le marquis de Saint-Maixent, commandant l'artillerie française à la bataille de Fontenoy en 1745, et surtout Charles-Antoine, évêque de Tarbes, puis archevêque de Narbonne, de Toulouse et enfin de Reims, cardinal, Premier Pair et grand Aumônier de France, abbé de Saint-Germain-des-Prés, qui maria et sacra Louise XVI. C'était un des frères de la femme de François II. Bien des familles ducales ne les valaient donc pas. Quant à leurs alliances, elles ont été avec toutes les grandes familles du centre de la France, Aubusson, Préaux, Chaslus, La Noue, La Queuille, Saint-Quentin, Saint-Julien, Malleret, Montrognon, Tinières, Bellenave, Rochefort d'Ally, Le Loup de Menetou, Brichanteau, Lusignan de Lezay et des Marais, Chauvigny de Blot, La Rochefoucaud, Baudry de Piencourt, Beauverger-Montgon, Mascrany, Asfeld, Narbonne-Lara, Beauvilliers de Saint-Agnan,

---

(1) Le P. Anselme continuation par P. de Courcy). Tome I, page 61 à 75. La maison de La Rocheaymon a été inscrite dans cet ouvrage à cause du Cardinal de La Rocheaymon, qui en sa qualité d'archevêque de Reims, était premier pair de France. Il était en plus Grand Aumônier de France. Elle avait donc un double titre à y être insérée, ce qui n'avait pu être fait dans la première édition de l'ouvrage du P. Anselme, datée de 1726 à 1733, et qui était par conséquent antérieure à ces titres et charges.

Goyon, Vallet de Villeneuve, Galitzine, Monville, etc., etc. La marquise douairière de La Rocheaymon, née de Monville, [1] habite encore le château de Mainsat, où fut signé le contrat de François II. Son fils est le chef de cette maison représentée encore par de nombreux membres.

La Marquise de Lastic de Sieujac avait plusieurs frères et sœurs :

1° *Paul-Philippe*, le marquis, marié à Charlotte de Mascrany.

2° *Charles-Antoine*, le célèbre cardinal.

3° *Marie*, mariée à François II de Lastic, marquis de Sieujac.

4° *Marie-Louise*, abbesse de Saint-Laurent de Bourges.

5° *Geneviève*, abbesse d'Andrezy.

6° *Antoinette*, abbesse de Saint-Laurent de Bourges, après sa sœur.

7° *Marguerite*, religieuse aux Andelys.

8° *Henriette-Blanche*, mariée au Comte de Beauverger-Montgon.

9° *Marie-Françoise*, religieuse à Saint-Laurent de Bourges, plus neuf autres enfants, morts en bas-âge, soit en tout dix-huit (1).

Après ce beau mariage, nous n'entendons plus parler de François II. Il semble qu'il se soit tout à fait confiné dans ses terres, dont la gestion pouvait être une occupation sérieuse, surtout quand il eut acheté successivement Parentignat, La Foulhouse et Pertus. Il était ainsi propriétaire de Sieujac, Neuvéglise, Alleuze, Laval, Le Buisson, la Trémolière, Saint-Georges, Vabres, Vareillettes et de la vicomté de Murat, en Haute-Auvergne ; de Parentignat, La Foulhouze et Pertus, en Basse-Auvergne. Ces terres finissaient par

---

(1) Nous possédons dans nos archives (A. F. 20 à 25 et carton suppl, n° I. 129) quelques titres des maisons de La Rocheaymon et de Baudry de Piencourt. entre autres quatre contrats de mariage des années 1614, 1619, 1652 et 1656.

constituer une grosse fortune, surtout pour un gentilhomme
qui ne menait encore qu'une vie de province, beaucoup plus
luxueuse, il est vrai, que celle de ses parents. Il est assez
difficile d'apprécier la valeur de ses revenus. Mais je crois
qu'on peut les fixer alors, quoique très hypothétiquement, à
une cinquantaine de mille livres. Si c'eût été, à cette époque,
une situation assez ordinaire pour certaines familles financières ou parlementaires qui entouraient la Cour, c'en était
une très grosse pour une famille de province, qui pouvait
vivre sur ses terres d'une manière fort économique. Aussi
verrons-nous François II s'occuper à se faire, à Parentignat,
une installation qui passait alors pour être une des plus
importantes de l'Auvergne.

Comment François II obtint-il le privilège suivant, trouvé
dans nos archives ? Avec les autres personnages de sa famille
qui y sont cités, avait-il fait une donation importante à ce
monastère, où l'un des membres de notre famille lui avait-il
rendu un de ces services signalés que les moines de la
Chartreuse voulurent reconnaître sous cette forme ? En tout
cas, la pièce est curieuse (1) :

« Frère Michel, prieur de Chartreuse, général de l'Ordre des Chartreux,
à très nobles personnes Messire François de Lastic, marquis de Sieujac et
Dame Marie de La Rocheaymon de Sieujac, son épouse, Messire François,
fils aîné, exampt des gardes du Roy, Magdeleine Hélène Camus de Pont-
carré, son épouse, Monseigneur Antoine de Lastic, Evêque de Comminges,
Messire Charles-Antoine de Lastic, chevalier de Malte, dame Angélique-
Elisabeth de Lastic, marquise d'Escars, Messire François de Lastic, petit-
fils, demoiselle Marie-Nicolle et Jeanne-Antoinette de Lastic, petites-filles,
Messire Geoffroy Camus de Pontcarré, Premier Président du Parlement
de Normandie, Messire Jean-Elie Camus de Pontcarré, Intendant de
Bretagne, dame Jeanne Camus de Pontcarré, comtesse d'Urfé et Messire
Bernard Christophe de Bragelongne, Doyen de Messieurs les Comtes de
Brioude.

Salut en Notre-Seigneur,

quoique la charité nous oblige à prier pour tous les fidèles qui sont
les membres du corps mystique dont J.-C. est le chef ; nous sommes

(1) Archives de Parentignat. M. 3. Orig. sur parch. avec le grand sceau
de l'Ordre.

néanmoins plus particulièrement obligés de prier pour ceux qui nous honorent de leur bienveillance, et qui ont confiance en nos humbles prières ; c'est pourquoi puisque vous êtes de ce nombre, nous voulons bien vous gratifier de ce que nous avons de plus prétieux en vous accordant par la teneur des présentes, la pleine et entière participation à toutes les messes, oraisons, jeûnes, aumônes et autres pieux exercices de religion dont Dieu, par sa miséricorde, daigne être servi dans tôute l'étendue de notre Ordre. Ajoutons encore par grâce spéciale que quand vos décès, que nous prions Dieu de bénir ensuite d'une longue et sainte vie, nous seront annoncés, on ordonnera dans notre Chapitre général, des messes et autres pieux suffrages, pour le repos de vos âmes Donné en Chartreuse, le treizième décembre mil sept cent quarante-deux. »

Sigillentur.

Frère MICHEL, (1)
Prieur de Chartreuse.

François II avait alors 62 ans. Il mourut peu de temps après, le 3 novembre 1749, à l'âge de 69 ans. Son extrait mortuaire (2), signé de Joseph Bouvaut, sous-prieur et sacristain du couvent de Saint-Dominique de la ville de Saint-Flour, déclare qu'à la date du 5 novembre 1749, a été inhumé, au pied du maître-autel de cette église, le corps du haut et puissant seigneur Messire François de Lastic, chevalier, marquis de Sieujac, vicomte de Murat, baron de Parentignat, Pertus, La Foulhouze et d'Aleuze, seigneur de La Trémollière, Vabres, Saint-Georges, Le Buisson et autres, ses places, décédé en son château de Sieujac, le trois du dit mois, et transporté ensuite dans cette église, précédé de tous les chapitres, communautés et corps religieux de cette ville de Saint-Flour, qui assistèrent à toutes les cérémonies funéraires. Il est dit plus loin que le corps de François II fut inhumé « au tombeau des illustres ancêtres dud. seigneur, dont la mémoire a toujours restée précieuse dans notre couvent, à raison des bienfaits, fondations et monuments de piété qui subsistent encore dans notre église ». Celle-ci se

(1) Entre les deux pend le ruban rouge en satin de soie sur lequel est appliqué le grand sceau de l'Ordre, en relief en papier.
(2) Archives de Parentignat. M. 27. Orig. sur pap.

voit encore dans la vieille capitale du haut pays. Elle sert
actuellement de paroisse à la ville haute, sous le vocable de
Saint-Vincent, la cathédrale, dédiée à Saint Flour, fondateur
du prieuré, transformé plus tard en évêché, n'étant pas
paroisse. Elle a remplacé l'église Notre-Dame, transformée
en halle aux blés. C'est une large voûte gothique surbaissée
du xive sièle, comme dans le Midi, sans bas-côtés, mais
accotée de chapelles de construction postérieure, presque
sans style, et toutes peinturlurées à la mode italienne. On
est tout étonné d'y voir ensevelir François II, et assurer
surtout qu'il allait y rejoindre ses ancêtres. Nous n'y connaissons aucun Lastic qui y ait été inhumé, à moins que
François I et sa femme, Marie de Peyronnenc, dont nous ne
connaissons pas la dernière demeure, y aient été aussi
déposés. Ce couvent des Dominicains avait été fondé, en 1354,
par Jean, duc de Berry et d'Auvergne, et Pierre de Vissac.
Parmi les principaux donateurs, on cite les de Dienne, les
de Brugier, les Gillet, mais pas les nôtres. Il est certain,
cependant, que nos ancêtres en furent les bienfaiteurs,
quoique je n'en aie pas trouvé l'indication absolue. Dans un
vieil inventaire informe de nos archives, qui doit dater du
xvie siècle, on cite un certain nombre de vieux actes de notre
maison qui auraient été déposés dans la tour de ce couvent,
et à ce propos, on rappelle que les moines auraient accepté
ce dépôt en souvenir de donations faites autrefois. Le corps
d'Etienne IV de Lastic, en 1426, quand il fut transporté de
Valeilles à Rochefort, s'arrêta un jour dans l'église des
Frères Prêcheurs de Saint-Flour, avant de continuer sa
route vers sa tombe définitive.

Nous ne savons absolument rien de particulier sur Marie
de La Rocheaymon, femme de François II. On dit que les
peuples heureux sont ceux qui n'ont pas d'histoire. Espérons
qu'il en fut ainsi pour notre arrière grand mère. Cependant,
si les dernières volontés exprimées par son testament, daté

du 5 février 1754 (1), ont pu être respectées, sa tombe resterait exilée loin de tous les siens. Ce testament est fait dans le château épiscopal d'Alan, résidence des évêques de Comminges, depuis que l'ancien centre de Saint Bertrand avait été abandonné. Son fils Antoine était alors titulaire de ce siège. Alan est situé à quelques kilomètres au nord de la petite ville de Saint-Gaudens, devenu le nouveau centre du diocèse. Dans ce testament, elle demande à être inhumée dans la chapelle de la Vierge de l'église paroissiale d'Alan. Elle veut que ses obsèques soient des plus simples, et s'en remet pour cela à la direction de son fils l'Evêque. On devra célébrer des messes anniversaires à Alan, à Saint-Flour, dans l'église où son mari a été enterré, à Parentignat et à l'abbaye de Saint-Laurent de Bourges, où ses sœurs et l'une de ses filles devaient être successivement abbesses. En même temps, on devra aussi célébrer une messe pour le repos de l'âme de son mari, dans l'église des Dominicains de Saint-Flour. Elle donne la somme de cent cinquante livres aux pauvres de Sieujac, autant à ceux de Parentignat. Elle fait des legs à son laquais, à son muletier, à ses deux femmes de chambre. Elle fait aussi quelques donations peu importantes à sa fille Isabeau d'Escars, à son fils Charles-Antoine, chevalier de Malte. A son autre fils, l'évêque de Comminges, elle donne quinze cents livres « pour les bons traitements et toute l'amitié qu'il a eu pour moi pendant le séjour que j'ay fait chez lui ». Elle lui lègue aussi sa litière et ses mulets avec leurs harnais. Elle donne tout le reste à son fils aîné François. Comme elle s'est engagée, envers la famille de son mari, pour son frère, l'archevêque de Narbonne, elle désire que cette somme soit rendue par celui-ci à son fils aîné. Elle y ajoute cent pistoles, pour son petit-fils aîné, François (François IV). Elle donne un diamant de quinze cents livres à sa belle-fille (la femme de François III). Enfin, elle termine ainsi son testament : « Je voudrois, mes chers enfants.

---

(1) Archives de Parentignat. M. 32. Orig. sur pap.

pouvoir mieux faire. Vous connoissés ma situation et mon
cœur pour vous, qui est bien tendre et bien sincère. Telles
sont mes intentions que je prie, mes enfants, de suivre.
Quoi qu'elles ne soient pas écrites dans un testament (déposé
chez un notaire), je les aies lues et signées de ma main. »

Signé : De La Rocheaymon de Sieujac.

Mourut-elle à ce moment-là, et, par suite, fût-elle enterrée
dans l'église d'Alan ? C'est bien probable, car nous ne trouvons plus rien, dans nos archives, qui la concerne. Et alors,
dans ce cas, ne peut-on songer, avec une certaine tristesse,
à la solitude de ce tombeau, resté là-bas si loin de tous les
autres, groupés dans notre province (1) ! Son fils, l'Evêque
de Comminges, fut, en effet, nommé, quelques années après,
en 1763, évêque, pair et comte de Châlons-sur-Marne.

François II fut, après son arrière grand père, Jean de
Sieujac, le grand créateur de notre second patrimoine. Il
achète successivement, en 1707, Parentignat avec son oncle, le
prieur de Bredom, puis Pertus, en 1713, et la Foulhouze en
1719. Nous allons parler de ces trois terres, dont deux,
Parentignat et La Foulhouze, nous appartiennent encore, en
insistant plus particulièrement sur celle qui est devenue et
est restée le centre vital de notre maison.

---

(1) Je dois à l'extrême obligeance de M. l'abbé J. Lestrade, curé de
Gragnague (Haute-Garonne), auteur d'un grand nombre de publications
sur la région de Toulouse et tout particulièrement sur le pays de Comminges, la communication de l'extrait des registres paroissiaux d'Alan,
qui constate que dame Marie de La Rocheaymon, veuve de haut et puissant seigneur Messire François de Lastic, marquis de Sieujac, âgée de
soixante-dix ans, décédée dans la nuit du 19 mars 1754 au château épiscopal d'Alan, fut inhumée dans la chapelle Notre-Dame de l'église
paroissiale d'Alan, et que la cérémonie fut présidée par M. de Latour,
vicaire général du diocèse de Comminges, en présence de Me Raymond
Lafite, avocat au Parlement. Il n'y a donc plus de doute sur son lieu de
sépulture.

Façade occidentale du château de Parentignat, du côté de la cour d'honneur

Façade orientale du château de Parentignat, du côté du parc

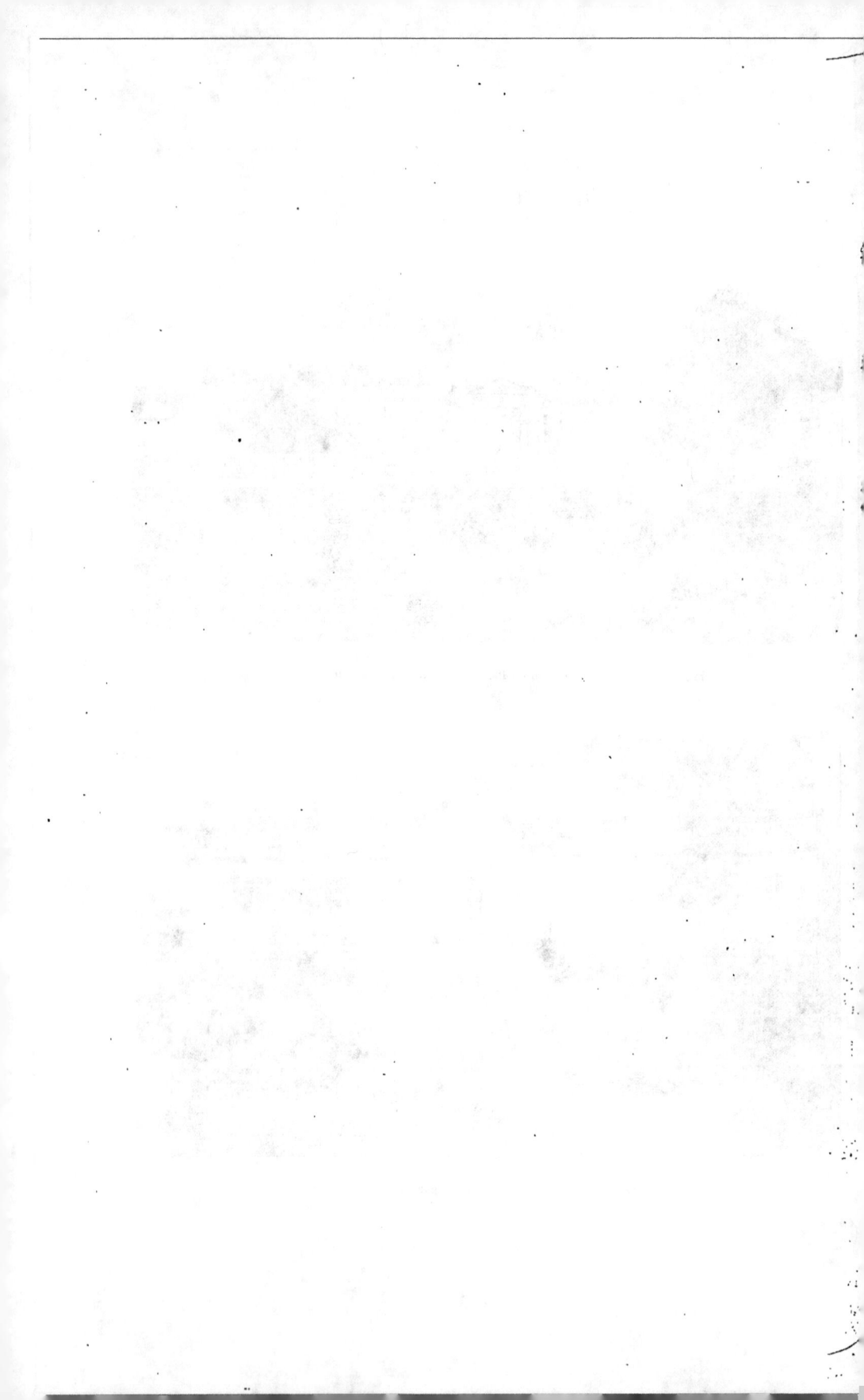

X

Les terres achetées par François II

Parentignac (1)

Parentignac, orthographié et prononcé aujourd'hui *Parentignat* (2), est un bourg de 350 à 400 habitants, situé à 4 kilomètres E. S. E. de la petite ville d'Issoire, en Auvergne, au centre d'une plaine de 6 kilomètres sur 8, formée par les vallées convergentes de l'Allier et de ses affluents la Couse de Pavia, sur sa rive gauche, l'Eau-Mère et l'Ailloux, sur sa rive droite. Il est placé sur cette rive, en face et du côté

---

(1) J'ai écrit sur « Parentignat et ses souvenirs », une petite brochure non encore éditée (1918), terminée en 1907, anniversaire du deuxième centenaire de l'achat de cette terre par les nôtres. Comme l'indique son titre, je m'y suis attaché à en décrire plus particulièrement tout ce qui pouvait rappeler un souvenir dans les divers objets qui s'y trouvent. Ici je compte m'étendre un peu moins sur ces souvenirs et m'occuper surtout de la partie historique et économique. Néanmoins les sources sont les mêmes et pour éviter des renvois trop nombreux, je dirai qu'elles sont toutes puisées dans les neuf cartons E. I. à E. Q. qui concernent Parentignat dans nos archives.

(2) Mon grand-père, mort en 1888, disait et écrivait toujours *Parentignac* avec un *c*. La carte de Cassini, avant la Révolution et tous les titres que nous possédons portent Parentignac. Ce n'est que dans le courant du xixᵉ siècle que l'on se met à écrire *Parentignat* avec un *t*, d'abord dans

opposé d'Issoire. Il en constitue en quelque sorte le faubourg oriental. C'est là que viennent, en effet, aboutir toutes les routes qui parcourent la partie sud-orientale du département, pour traverser l'Allier sur le pont suspendu qui, pendant longtemps, a été le seul pont depuis Brioude jusqu'à Pont du Château. Cette plaine est à l'altitude d'environ 370 mètres et elle est entourée de hautes collines et de montagnes qui s'élèvent successivement de 600 à 1000 mètres. La plus caractéristique de toutes est celle d'Usson, ancien cône volcanique d'une régularité parfaite, portant à son sommet les restes d'une petite ville et d'un château qui ont joué un rôle important dans l'histoire de cette partie de l'Auvergne. Le pays est très fertile, quoique très sujet aux inondations. Le village de Parentignac n'étant situé qu'à quelques mètres au-dessus du cours des rivières qui l'entourent, a été transformé quelquefois, notamment en 1875, en une véritable île. Nous verrons, au cours de cet historique, les avantages et les inconvénients de cette situation.

la carte d'Etat-Major, puis dans les actes officiels. Il en a été de même dans la plupart des villages environnants, Brenat, Aulhat, Chargnat, etc., écrits autrefois *Brenac*, *Aulhac*, *Chargnac*. On se demande pourquoi ce changement. Dans le Cantal, plus au sud, on voit encore *Massiac* à côté de *Marcenat*, et dans la Haute-Loire *Paulhac* en face d'*Azerat*, *Augnat*. Nous sommes, en effet, sur la ligne de transition de la langue d'oc à la langue d'oïl, où le *c* final a disparu dans diverses formations. Quand je suivais, à l'Ecole des Chartes, les cours de M. Paul Meyer, directeur de cette école, et un des plus éminents historiens de la langue française dans ces dernières années, celui-ci s'appuyait sur la lecture des cartes pour nous indiquer la transformation progressive de la prononciation des noms de lieux. Les officiers qui se sont mis à écrire un beau jour *at* pour *ac*, avaient-ils observé que la prononciation du *c* final n'était pas très nette dans nos régions ? En tout cas, les anciens comme mon grand-père et notre vieux curé, l'abbé Vigier, le prononçaient d'une manière très accentuée. Il y aurait donc là sujet à discussion avant de se prononcer définitivement. En tous cas, dans cette notice, j'adopterai l'orthographe *Parentignac*, avec un *c*, puisqu'elle se trouve dans tous les documents dont je me suis servi pour l'écrire. Mais en dehors de cela, je reviendrai à l'orthographe, *Parentignat*, avec un *t*, adopté aujourd'hui définitivement. A quoi bon avoir l'air de protester contre des faits accomplis de si peu d'importance ?

Pourquoi François II choisit-il ce lieu pour y fixer sa résidence ? Comme nous le verrons, Parentignac n'était pas une de ces terres qui avait servi antérieurement de patrimoine à une famille importante. Rien en lui-même n'y était attirant. C'était, de plus, fort éloigné du centre de notre ancien patrimoine. Je pense que ce qui engagea notre ancêtre à s'y établir, ce fut le voisinage de terres appartenant à des parents. Son beau-frère, le marquis de Malras d'Yolet, possédait tout à côté, la terre de la Foulhouze, qu'il n'habitait pas, mais sa résidence ordinaire, Auteyras, n'était pas éloignée. Le comte de Beauverger-Montgon, parent déjà assez rapproché, et dont le fils allait devenir aussi le beau-frère de François II par sa femme, habitait tout à côté son château de La Souchère, dans la paroisse de Flat. Le voisinage était nombreux et agréable, comme nous le verrons plus loin. On était à côté d'une route fréquentée qui conduisait de Paris par Clermont, vers les villes du Midi, à travers le plateau central, par Saint-Flour et le Puy. Le climat, tempéré, ressemblait à celui de la plus grande partie de la France, au lieu des rudes hivers du haut pays. C'était, on le conçoit, bien des avantages, au moment où la civilisation se portait tout entière de plus en plus vers Paris et Versailles. On commençait ainsi à en prendre le chemin.

Ce fut le 23 octobre 1707, que Jean-Antoine de Lastic, chevalier, seigneur et prieur de Bredom, et François de Lastic, seigneur de Sieujac, son neveu, achetèrent la terre, justice et seigneurie de Parentignac, aux héritiers de Sommyèvre. Ces héritiers étaient : 1° Louise de Reynaud, dame de Saint-Pulgeant, épouse de Messire François de Teirolles ou Téraules, écuyer, seigneur d'Yvernoge ; 2° Marie de Reynaud, épouse de Messire Joseph de La Salle, chevalier, seigneur du Teilhet, habitant du château du Bourgnon ; 3° Marguerite de Reynaud, dame du Teyllier ; 4° autre Marguerite de Reynaud, dame du Gripel, habitant Brioude. Nous ignorons comment ces dames et demoiselles pouvaient être les nièces de Maximilien de Sommyèvre. Celui-ci avait-il épousé une Reynaud, où leur mère était-elle une Sommyèvre ? Rien ne nous l'apprend. Les Reynaud étaient une assez bonne famille d'Auvergne, que Bouillet prétend être la même que celle de Reynaud de Montlosier. Quant aux Sommyèvre, ils venaient d'une famille distinguée de la Champagne qui tirait son nom du village de Sommeyère, près de Châlons-sur-Marne. Claude de Sommyèvre, un cadet sans doute, était venu épouser en Auvergne Jacqueline de Laire, vers 1543. Leur fils François avait épousé, fort jeune, une demoiselle de Chany, qui lui avait apporté cette terre de Parentignac. Ils eurent un fils, Jacques, qui épousa Jeanne du Breuil et fut le père de François, marié, en 1632, à Louise de Rochemonteix, d'où Maximilien, qui vivait encore en 1693 et qui n'eut pas d'enfants, sans que j'aie pu savoir s'il s'était marié.

Le même jour où était signé l'acte d'achat, l'abbé de Sieujac prenait possession de sa nouvelle acquisition. Il ne se faisait pas accompagner, dans cette circonstance, par son neveu, ce qui amena plus tard un procès en retrait lignager. Je n'entrerai pas dans les détails de cet acte de possession qui n'offre rien de particulier. Le nouvel acheteur fut reçu, au seuil de l'église, par le nommé Pierre Scalsar, prêtre et curé du lieu. Il alla s'asseoir, entre autres, sur le banc seigneurial, à côté du maître-autel. Il n'est pas question ici de chapelle particulière. A la sortie, il est reçu par Vincent Faure, syndic perpétuel de la paroisse et Jeammé Achar, l'un des consuls. Ils le reconnaissent comme leur seigneur haut. moyen et bas justicier. L'abbé visite ensuite le château, en assez mauvais état, avec des carreaux brisés aux fenêtres. Il trouve le jardin mal tenu, puis il passe de là dans les communs et constate qu'ils ne valent pas mieux que le reste. Enfin, il va jusqu'au moulin qui ne fonctionne plus, une inondation ayant emporté la *peslière* (prise d'eau) qui y conduisait l'eau. Il visite aussi le moulin de Varennes qui, celui-là, fonctionne. Enfin, il parcourt rapidement les terres, les prés et les chemins.

On ne donne malheureusement aucune description de la

terre et du château. Nous savons seulement, par d'autres titres, que la justice comprenait à peu près l'emplacement actuel de la commune. Le prix d'achat était de quarante cinq mille livres. La terre n'avait pas l'étendue qu'elle eût quelque temps après et même celle qu'elle a de nos jours. Quant au château d'alors, il devait correspondre à ce qui constitue l'aile nord du château actuel. Après l'avoir examiné avec soin et à la suite de diverses fouilles pour des plantations, je crois pouvoir dire qu'il se composait alors de quatre corps de bâtiments formant un carré entourant une petite cour. Aux quatre coins s'élevaient quatre tours, dont il subsiste encore les deux du nord. L'église était la même que celle d'aujourd'hui. La rue principale du village devait commencer devant celle-ci, puis passait devant la cour d'entrée du château, qui était placée entre celui-ci et l'église. C'est la cour actuelle dite du bûcher et la porte voûtée, qui se trouve encore là, devait être la porte principale du château. La rue continuait ensuite tout le long de l'aile occidentale, traversant la cour actuelle du nord au sud.

Dans cette cour s'élevait la plus grande partie du village. En y faisant des terrassements, on a retrouvé les fondations de nombreuses maisons. La rue continuait ensuite devant une grosse maison, à l'allure de maison forte, appelée la maison du Roi, parce que c'était là que l'on portait sans doute les dîmes et les cens, lorsque Parentignac faisait encore partie de la terre et de la justice d'Usson, propriété directe de la Couronne. Cette maison existe encore et elle constitue une partie de l'aile du château actuel. Enfin, la rue continuait encore vers le sud, coupant la route actuelle de la Chaise-Dieu, qui n'existait pas alors, et suivant la ruelle que l'on voit aujourd'hui se terminer devant la maison des Maucourt, elle aboutissait dans la campagne, dans ce qui constitue aujourd'hui le clos de Cornonnet. Elle devenait alors mauvaise route de chars qui dépassait le petit bois à la suite, pour se diviser là en deux chemins, dont celui de droite allait aux Pradeaux par la côte de Fontaury, et celui de gauche à Chargnac, par la croix de Modeyras. Devant l'église et perpendiculairement à cette rue principale, on en voyait une autre qui venait d'Issoire, et traversant de part en part l'emplacement du parc actuel et la rivière d'Eau-Mère par un gué se divisait ensuite en deux, allant, à droite, sur Varennes et Usson, et à gauche, sur Sauxillanges, par Chabetout et le nord du bois de Foulhouze.

Dans un mémoire de l'année 1702, Mr de Sommyèvre nous raconte qu'un incendie avait détruit tous ses papiers : « Chacun sait, dans cette province, nous dit-il, l'inssandie de ma maison, arrivée en 1688. Cette inssandie, dont on ne fut averty chez moy que par la cheùte des planchers et des couverts brûlés, parce qu'il arrivât environ minuit, ou chacun estoit dans son premier sommeil, par un valet ivre qui leissat une chandelle allumée au chevet de son lit et quant il sentit l'ambrasement de son lit, se sauva sans dire mot. Cette inssandie fut si vifve, qu'un gentilhomme de mes amis qui estoit chez moy, fut contrein de se sauver en chemise et n'heùt pas le tems de prandre sa robe de chambre qui étoit sur son lit, ny sa culote qui étoit derrière son chevet. Cette inssandie fut si complète qu'il ne restat de ma maison que les quatre murailles. Je puis dire qu'elle estoit des plus jolies et des mieux meublées et l'on l'a venait voyr par curiosité. Le lendemain de cet accident, il n'y heut pas de quoy me metre la tête à couvert et je fus contrein de me retirer chez mon curé, ou je fis lontemps ma demeure, ce qui fut vu de mes amis et seu de toute la province avec compassion. Chacun sait que je perdis dans cette inssandie presque tous mes meubles et beaucoup de mes papiers. »

Il en restait cependant quelques-uns, les plus récents malheureusement, et nous apprenons par eux que François de Chany était propriétaire de Parentignac en 1520. Ce fut précisément une de ses filles ou petites filles qui l'apporta par mariage à François de Sommyèvre en 1560. Nous ignorons comment la famille de Chany l'avait acquis. Elle était originaire des environs d'Ardes, d'extraction assez ancienne, mais secondaire. Elle avait compté plusieurs de ses membres parmi les chanoines comtes de Brioude. Les Sommyèvre agrandirent Parentignac par de nombreux achats. Ce n'était, malgré cela, qu'une bien petite seigneurie. Maison forte plutôt que château, située dans la plaine, au milieu d'un village, c'était en somme une résidence bourgeoise, mettons si l'on veut gentilhommière. Il est peu probable qu'elle ait été jamais plus importante, le voisinage immédiat de deux places fortes comme Usson et Nonette, d'une ville comme Issoire, qui la cernaient et la dominaient, ne lui permettant pas de prendre une importance seigneuriale quelconque. Ce n'était même que très récemment que les Sommyèvre avaient acquis du Roi la haute justice du lieu, démembrée de celle d'Usson.

Nous allons suivre maintenant, autant que possible, les transformations de cette forte maison bourgeoise à quatre tours, enfermée dans l'intérieur d'un village, au moins sur trois côtés, en la vaste construction que l'on voit aujourd'hui, dégagée complètement des maisons qui l'entouraient, entre une grande cour d'honneur et un parc considérable qui laissent à peine soupçonner de l'intérieur l'existence d'un petit bourg, divisé en deux partiies au Nord et au Sud.

La première préoccupation du nouveau propriétaire est de dégager le petit château qu'il a acquis des maisons qui l'enserrent. Aussi, à partir de l'année 1710, voyons-nous les achats se succéder continuellement. On y voit figurer, à tour de rôle, les noms des habitants actuels avec ceux de quelques familles disparues depuis, mais dont il existait encore quelques membres dans mon enfance, car la disparition des familles par suite d'émigration et de manque d'enfants, date surtout de ces dernières années. Jusque sous Napoléon III, la population du village augmentait, puis devint stationnaire, comme on peut le constater dans les recensements. Parmi ces familles, les plus notoires sont les *Pouget*, qui semblent avoir été, à ce moment-là, une des plus riches ; les *Geneix*, les *Rollet*, dont un membre est qualifié de praticien ; les *Espaignon*, qualifiés de bourgeois ; les *Achard*, dont un membre était principal consul ; les *Faure*, qui avaient fourni le syndic de la paroisse, etc., etc, On voit aussi figurer, dans ces actes d'achat ou d'échange, les seigneurs voisins : Messire *Gabriel de Varennes*, chevalier, seigneur de Boisrigaud, trésorier général de France au bureau des finances de la généralité de Riom ; *Anthoine Matharel*, conseiller du Roy, lieutenant général du baillage d'Usson, seigneur de Varennes ; *Jean Joseph Riomet*, seigneur de Durette ; *François de Malras, Marquis d'Yolet*, seigneur de La Foulhouse, beau-frère de François II. En dehors de ces derniers, qui figurent sur ces actes, mentionnons que La Grangefort, autrefois la Grange d'Ambillon, appartenaient au *Marquis de Pons*, qui avait épousé Mlle de Carmentrand. C'était une famille féodale, alliée aux premières de la province. Un *Pelacot* habitait déjà La Prias. *Mr de Cisternes de Vinzelles*, président à la cour des Aydes de Clermont, habitait de temps à autre le curieux château de Bansac. C'est du nom de cette terre, que portaient assez souvent ses propriétaires, que l'on a nommé la rue Bansac à Clermont, percée dans des terrains qui leur appartenaient. La Valette était habitée par le *Marquis de La Roche Lambert* et son fils, qui avaient épousé, le premier une Beauverger-Montjon et le second une d'Auterroche. Varennes et Plaignes appartenaient à *Mr de Matharel de Plaignes*. Un *Gayte de La Rigaudie* résidait dans le petit castel de ce nom, au pied d'Usson. Trédieu appartenait à une branche de la maison de *Damas*, dont devait descendre le favori de Louis XVIII. Le grand château d'Auliac appartenait au *Marquis de Besse de La Richardie*. Le *Comte de Cordeboeuf de Beauverger-Montgon*, notre parent assez rapproché et dont le fils allait devenir le beau-frère de François II, habitait le château de La Souchère, au-dessus d'Aulhac, dominant tout le pays. Le beau château de Lavaure appartenait à *Joachim d'Estaing*, évêque de Saint-Flour, descendant de Jeanne de Lastic, et par suite parent assez rapproché. Son neveu, le *Marquis d'Estaing*, l'habita après lui. Les *Lecourt de Saint-Agne* n'étaient pas encore propriétaires d'Hauterive, mais ils l'achèteront au cours du xviiie siècle, à mesure qu'ils prendront plus d'influence à la Cour des Aides de Clermont. Lavord appartenait à *Mr Gaultier de La Boulaye*, gentilhomme breton, qui était venu épouser, en Auvergne, Marie de Beaufort-Canillac. Quant à la vieille forteresse féodale du Broc, qui allait bientôt agrandir notre patrimoine, elle appartenait alors à *Guillaume de Lamoignon*, chancelier de France, qui la tenait de sa femme Marie Gon, mais il ne l'habitait jamais. Le Breuil et Saint-Cirgues étaient la propriété des *Beaufort-Canillac*, qui habitèrent souvent la seconde de ces terres, où se trouvait un des plus jolis châteaux du pays, reconstruit au commencement de la Renaissance, par le fameux Thomas Boyer, premier constructeur du château d'Amboise. Cette dernière terre devait, du reste, bientôt passer aux *Tourzel d'Allègre* et devenir la capitale du marquisat de Toürzel, érigé par Louis XVIII en duché au profit de Louise Elisabeth de Croy d'Havré, marquise de Sourches, gouvernante des enfants de France, qui en avait hérité de la mère de son mari, la dernière des Tourzel. Puis, en allant à Clermont, on trouvait d'autres terres devenues résidences aristocratiques.

Aussi François II fait-il des dépenses considérables pour se constituer à Parentignac une installation digne de celles de ses voisins. De 1710 à 1714, il passe plus de cent contrats d'achat. Il acquiert surtout des maisons. De 1716 à 1719, les acquisitions deviennent moins nombreuses. A cette époque, dans un mémoire qu'il fait faire en vue d'un procès, il reconnaît avoir déjà dépensé à Parentignac plus de cent mille livres, tant en achats qu'en réparations. A partir de 1720, cette activité se ralentit considérablement. La propriété doit être suffisamment arrondie et les abords du château bien dégagés. Certaines prises de possession en 1720, nous indiquent que les maisons acquises étaient destinées à créer la basse-cour actuelle, ce qu'on appelait la ménagerie, c'est à dire probablement la ferme et les allées; peut-être la terrasse et ses abords.

En 1724, nous trouvons une description, un peu obscure, il est vrai, mais qui nous permet, jusqu'à un certain point, de nous rendre compte que la construction du château actuel était déjà très avancée. On y parle d'un grand corps de logis flanqué de quatre tours ayant deux ailes en avant, où se trouvaient les communs. Il était précédé d'une grande cour « ayant à droite et à gauche un corps de bâtiments formant écuries et remises, avec greniers au dessus ». On y énumère aussi toutes les constructions qui forment la ferme actuelle. Le château devait ainsi être constitué dans ses grandes lignes, tel que nous le voyons aujourd'hui. Toutes les maisons qui l'enserraient avaient été achetées, démolies, reconstruites plus loin, à droite et à gauche, de manière à ne pas lui cacher les points de vue. Le même document de 1724 ne nous apprend qu'une seule chose au sujet des jardins, c'est qu'il existait une grande avenue qui allait jusqu'à la rivière d'Allier.

Cette description nous parle de quatre tours. C'est la seule chose qui puisse nous surprendre, car le château actuel n'en a que trois, deux au nord, restes de l'ancien château de Mr de Sommyèvre, et une seule au sud, à l'extrémité de la maison du Roi, devenue l'aile sud, et bâtie probablement pour faire pendant à celle du nord. Mais où était la quatrième ?

On se rend bien compte de la manière dont François II construit son château. Il utilise, au nord, le petit château de Mr de Sommyèvre, et comme la maison du Roi était dans le même alignement sur la rue, il démolit les maisons qui les séparent du premier et la relie ensuite en arrière par un grand corps de logis, qui se trouve plus étroit au nord qu'au sud, le château de Mr de Sommyèvre étant plus large que la maison du Roi. C'est sur un plan qu'on s'en rend le mieux compte, car cet arrangement est assez bien dissimulé pour qu'à l'aspect général, cela ne s'aperçoive pas. Il eut été bien préférable, à mon avis, de tout démolir, pour reconstruire à neuf. Mais on dût vouloir d'abord se contenter du château de Mr de Sommyèvre, puis on voulut s'agrandir, et c'est ainsi que l'on conserva les parties anciennes pour n'avoir pas fait, dès le début, un plan d'ensemble.

Les achats s'arrêtent ensuite pendant de nombreuses années. François II trouve sans doute qu'il en a fait assez. Du reste, il dépense ailleurs de grosses sommes pour acquérir les terres de La Foulhouze et de Pertus. Puis il meurt en 1749, et son fils aîné, François III, qui était déjà maréchal de camp dans la Maison du Roi, et qui est marié à une riche héritière, fille du Premier Président de Normandie, alliée à toutes les grandes familles parlementaires et financières de l'époque, oublie déjà Parentignac, si éloigné encore de Versailles. Ce n'est que de 1768 à 1770, que nous voyons certaines dépenses s'y faire de nouveau. Mais c'est surtout à partir de 1780 qu'elles deviennent plus considérables. François III est mort en 1772, et son fils, François IV, après avoir suivi une brillante carrière militaire, semble être tombé en disgrâce. C'est lui le « comte de Lastic », dont j'ai eu à parler dans diverses occasions. Très aristocrate, très entiché de sa noblesse, malgré les idées démocratiques qu'il émit parfois, il voulut vivre en grand seignenr dans sa province, puisqu'on ne voulait pas, en haut lieu, lui reconnaître la place qu'il se croyait due, et se condamna à un exil volontaire dans sa terre de Parentignac.

Ce qu'il y a de certain, c'est que, lorsqu'il y rentra, en 1780, un rapport qu'il fit faire par son secrétaire, établit que le château était en mauvais état et qu'il y avait de nombreuses réparations à y faire. Je suppose que l'on dut construire les mansardes telles qu'on les voit aujourd'hui. Elles sont, en effet, bien différentes de celles qui recouvrent les corps de logis latéraux des écuries. Celles-ci sont d'un style bien plus ancien, qui rappelle le commencement du xviiie siècle, tandis que les autres sont un peu plus basses, comme sous Louis XVI. Ce qui me confirme encore dans cette hypothèse, c'est que l'on voit faire, à ce moment-là, de gros achats de bois de sapin en grume. Or, dans toute la partie des toits qui n'a pas été brûlée lors de l'incendie de 1823, la charpente est

entièrement en sapin de montagne. Il est fait aussi, à ce
moment-là, de grandes commandes de tuiles à la tuilerie de
Sauxillanges. Un nommé Luquet, serrurier à Issoire, est
chargé d'importants travaux. Dans un mémoire de 1781, on
parle d'œils-de-bœuf qui donnent sur la cour d'honneur. Ils
n'existent plus aujourd'hui. Ils ont dû être remplacés par des
mansardes rectangulaires. En 1779, François IV avait acheté
à un M' de La Salle, les carrières de Nonette, qui renfermaient des marbres gris et jaunes et aussi des bancs d'une
sorte de grain de qualité inférieure, mais se taillant bien.
Cette carrière était située aux appartenances d'Entraygues,
au lieu dit de Bourzy ou de Boursy, paroisse de Nonette. Elle
fut revendue en 1807. C'est de là qu'on tira une partie les
pierres de taille utilisées dans les nouvelles mansardes, les
marbres du grand escalier d'honneur et ceux des petites
cheminées, d'un si joli style Louis XVI.

C'est aussi à ce moment-là que dut être construit le
bâtiment appelé *Trianon*, en souvenir de Versailles. Dans sa
correspondance d'affaires, le comte des Lastic parle d'une
machine hydraulique qu'il avait fait installer au moulin. Or,
le sous-sol de Trianon est entièrement voûté, sans ouvertures,
et les murs de ces voûtes sont cimentés jusqu'aux deux tiers
de la voûte. Ces voûtes devaient servir de réservoirs à cette
machine hydraulique. En creusant des fossés dans les
environs de Trianon, on a retrouvé des tuyaux en terre qui
étaient, sans doute, destinés à conduire cette eau dans les
jardins environnants et dans les bassins à la française.

Ce fut, sans doute, l'époque la plus brillante de Parentignac. Que l'on s'imagine celui-ci, tel qu'il est aujourd'hui,
mais entièrement mansardé du côté du parc, comme du
côté de la cour d'honneur, recouvert de tuiles plates en petits
carreaux à décors, comme celles qui couvrent encore
aujourd'hui les pavillons latéraux ; dans la cour d'honneur,
une grande allée au milieu, avec quatre parterres décorés de
buis et de lilas nains taillés (c'était encore comme cela dans
mon enfance). Il ne devait pas y avoir de mur de clôture

comme aujourd'hui. Des massifs d'arbustes devaient en tenir lieu. Une grande place, qui devait appartenir sans doute au château, plantée d'un quinconce d'ormeaux en cercle, n'était séparée de cette cour d'honneur que par une simple grille basse, qui devait rester ouverte continuellement et se dissimulait dans les massifs. Trois grandes allées d'ormeaux en partaient, aboutissant à l'Allier. La rangée d'arbres séculaires qui borde la route d'Issoire en est un reste.

Du côté du parc, la terrasse était telle qu'elle est aujourd'hui. Elle n'aboutissait pas encore à Trianon. Dans cette seconde partie, elle était remplacée par un jardin en gradins, que l'on avait transformé, au commencement du xixe siècle, en un jardin potager. Au milieu de la terrasse, en face du château, un escalier descendait vers des bassins et des allées à la française, décorées probablement d'arbres taillés jusqu'au béal (canal) du moulin. De chaque côté, on voyait des rangées de tilleuls taillés, qui encadraient le tout. Plus loin, à droite, se trouvait le bâtiment du moulin avec ses dépendances, dissimulé par une façade à trompe l'œil, rappelant très modestement l'entrée d'un chalet rustique. Les allées de tilleuls aboutissaient à une sorte de rond-point, situé au delà du béal, d'où partaient de grandes avenues, s'étendant au loin en éventail. Entre ces avenues régnaient des pelouses et des prairies. Ce que l'on appelait, dans mon enfance, le *jardin anglais*, n'existait pas alors. Il n'y avait là que des *mayères* (1), qui s'étendaient le long de l'Eau-Mère et étaient souvent inondées. Sur la droite, le bois que l'on appelle encore aujourd'hui *la Garenne*, existait déjà et se reliait au petit bois de Cornonnet. Tout ce que je viens de dire ressort de l'étude d'un vieux plan que nous possédons dans nos archives et qui, non daté, doit être de la seconde moitié du xviiie siècle.

Le mauvais état des chemins, le manque de pont sur

---

(1) On appelle *mayères* dans cette partie de l'Auvergne des bois qui ont poussé spontanément sur les bords des cours d'eau, et composés d'essences d'arbres de toute espèce apportées par les eaux d'inondation.

l'Allier, ne permettaient pas l'animation que l'on observe aujourd'hui sur toutes les routes, qui convergent de tous côtés vers la place principale de Parentignac et vers le pont suspendu qui conduit à Issoire. Parentignac était alors un village paisible, travaillant ses terres grasses, imbibées par des eaux abondantes, se défendant comme il pouvait contre leurs fréquents excès. La préoccupation constante de ses seigneurs et de ses habitants était de se prémunir contre les crues et les inondations. Les correspondances privées, les actes de la vie publique parlent sans cesse des travaux considérables qu'elles nécessitaient. Parentigac était alors presque une Hollande. L'Eau-Mère, l'Ailloux, l'Allier, faisaient dans la plaine d'immenses courbes, qui rappelaient en petit celles de la Seine aux alentours de Paris. Les terrains les plus sujets aux inondations restaient en mayères, en couardes (1), en marécages, en saulaies, en pâturages. A la fin du XVIII siècle, à la suite d'échanges divers entre les seigneurs de Parentignac et ceux des terres voisines, de grandes rectifications furent faites sur les cours de l'Eau-Mère et de l'Ailloux. On les redressa, on les canalisa, on les endigua. Nous avons encore les plans de ces travaux. Ils durent changer un peu la physionomie du pays et permirent de cultiver quelques terres jusqu'alors abandonnées aux caprices des eaux, comme il y en a encore beaucoup trop. Avec un esprit de suite remarquable, mon arrière grand-père, puis mon grand-père, ont augmenté, petit à petit, le nombre et la longueur de ces digues, en sorte que ces rivières sont bordées aujourd'hui de plus de six kilomètres de *perrés* ou de remparts, comme on les nomme encore dans le pays.

Au centre de ce village perdu dans les saulaies et les

_____

(1) On appelle *couardes* dans cette partie de l'Auvergne, des anciens lits de rivière abandonnés qui se sont transformés en étangs où poussent des roseaux et des nénuphars. L'eau y est maintenue par l'infiltration à travers les sables et les graviers.

pâturages, la puissante masse du château s'élevait tranquille et solitaire, entourée de parterres et de bassins à la française, détachant au loin, en avant et en arrière, ses longues avenues d'arbre séculaires. Tout cela ne manquait pas de majesté et de grandeur. Du reste, Parentignac passait pour une des plus belles résidences de l'Auvergne à ce moment-là. On s'en rend compte par les correspondances de l'époque.

Voilà ce qu'était Parentignac tel que l'avait construit François II et que l'avait embelli son petit-fils François IV, peu d'années avant la Révolution. Mais après les réparations faites par ce dernier, une nouvelle période d'abandon allait correspondre avec les premières années de la Révolution, malgré la présence d'un vigilant et fidèle régisseur, M. Herbot (1). La marquise de Lastic, née de Montesquiou, belle-fille de François IV et veuve de François V, qui avait été incarcérée avec sa fille, jusqu'à la mort de Robespierre, dans les prisons de Coulommiers et de la Ferté-Gaucher, y fit quelques séjours fort courts, en allant liquider, en haute Auvergne, la situation très compliquée de sa fille mineure.

---

(1) M. Herbot était un orphelin que le Comte de Lastic, François IV, avait recueilli en Normandie, au cours d'une de ses inspections militaires. Il en avait fait son groom, Plus tard il devint son valet de chambre. Il en fit ensuite son homme de confiance et le régisseur de sa terre de Parentignac. M. Herbot resta régisseur de notre famille jusque vers 1838. Je rends hommage ici, au nom de tous les miens, à la mémoire de cet intègre et intelligent serviteur qui, pendant cette époque difficile de la Révolution, laissé sans instructions, ne sachant pas ce qu'étaient devenus ses maîtres que l'on prétendait émigrés, défendit pied à pied contre la rapacité révolutionnaire, cette terre de Parentignac où étaient rassemblés tous les souvenirs de notre maison et toutes ses archives. C'est probablement à sa vigilance que je dois de pouvoir écrire cette chronique. M. Herbot n'a laissé qu'une fille qui épousa M. Fredet, de Cebazat, près de Clermont. Il vint s'établir à Parentignac dont il fut maire pendant de longues années. Ses deux filles ont épousé successivement M. Travers, ancien juge de paix, mis à pied par la République radicale et qui fut mon premier adjoint, lorsqu'à vingt-cinq ans, je devins maire de Parentignat. Malheureusement il mourut peu de temps après, me privant ainsi d'un utile et fidèle collaborateur. Son fils est actuellement professeur-agrégé des sciences au Lycée de Clermont.

Ce ne fut qu'en 1802 qu'elle vint s'établir définitivement à
Parentignac. On y fit alors des travaux de simple entretien,
notre famille ayant été en partie ruinée par la Révolution.
Puis, petit à petit, on s'y installa de plus en plus, mais d'une
manière très rustique. On eût l'idée, en 1816, d'en louer une
partie (celle du nord, l'ancien château de M' de Sommyèvre),
ainsi que tous les communs et dépendances à l'administration
des haras. C'était, en principe, une très belle affaire.
Malheureusement, en 1822, la négligence d'un employé de
cette administration fut cause d'un incendie qui détruisit
tous les toits et une partie du premier étage. Mon arrière
grand-père fit des réparations urgentes mais économiques.
Il mit des toits plats à la place des mansardes, ne laissant
que celles que l'incendie avait respectées sur l'une des ailes.
Cela enleva naturellement au château presque tout son
cachet. Nous les avons rétablis, ma mère et moi, sur le côté
de la cour d'honneur. L'ancienne place seigneuriale étant
devenue communale, et étant traversée par trois routes très
fréquentées, il a fallu se fermer. C'est alors que j'ai fait
construire la grande terrasse actuelle, le grand portail et les
deux petits pavillons, en m'inspirant des terrasses anciennes
du côté du parc, du portail d'un château de Bretagne de
même style, et des anciens pavillons des communs. Avec le
château, cela forme un ensemble un peu différent de ce qu'il
avait dû être autrefois, mais fort majestueux (1).

Voilà pour l'aspect extérieur. Passons maintenant à l'intérieur. Nous avons vu qu'en 1779, dans le rapport que lui avait
fait son secrétaire, François IV avait trouvé les bâtiments en

(1) J'ai été aidé dans ce travail par M' Guimbal, archiviste à Issoirre
ancien élève de l'Ecole des beaux-arts, auquel une santé précaire n'avait
pas permis de s'installer dans un centre plus actif. C'était un véritable
artiste. imprégné d'excellentes traditions, érudit, souvent consulté par la
commission des monuments historiques, et chargé par elle de l'étude et de
la surveillance de certains travaux de reconstitution dans notre région Il
est mort peu de temps après l'achèvement des réparations que j'avais
entreprises à Parentignat.

mauvais état d'entretien. A l'intérieur il en était de même.
Depuis plus d'un an, on n'avait ouvert ni portes ni fenêtres.
Celles-ci fermaient mal. Il fallait tout nettoyer. Les meubles
et les tapis étaient couverts de poussière, sauf dans les
chambres des maîtres. On y était dévoré par les puces et
beaucoup de choses étaient mangées par les rats. Les papiers,
titres, terriers étaient en désordre. Les gens de service du
dehors traversaient à leur gré les pièces du rez-de-chaussée
et laissaient tout ouvert, en sorte qu'il y avait beaucoup de
réparations à faire aux serrures et pas mal de carreaux à
remettre. On avait mal entretenu le linge et les draps. Le
comte s'y installa à partir de 1780, et il n'en bougea guère
plus jusqu'à sa mort en 1794. Il y vécut en grand seigneur, y
recevant les membres de sa famille, ses voisins, ses amis. Il
vendit son hôtel à Paris, son château de Behoust près de
Versailles. On dut en porter les meubles à Parentignac.

Nous possédons un inventaire fait en 1791, à la veille de la
Révolution, nous ne savons à quelle occasion. Cet inventaire
suit chaque pièce minutieusement et en indique l'usage.
Malheureusement, son auteur, quelque notaire du pays, ne
connaît pas la valeur des choses. Les quelques indications
qu'il en donne, viennent à peine éclairer l'obscurité des
descriptions. Néanmoins j'ai pu identifier à peu près les
objets décrits et les comparer avec ce qu'il en reste aujour-
d'hui.

Le style de la décoration et du mobilier nous permet
aussi de fixer les différentes époques pendant lesquelles on
s'occupa plus spécialement d'orner l'intérieur du château. On
trouve une première série de décors Louis XIV qui datent
évidemment de l'époque où François II construisit le château.
Des meubles plus anciens, de plein style xviie siècle, ont dû
être amenés de Sieujac. Le mobilier Louis XV est moins
abondant, sauf à l'époque de la Régence et des premières
années du règne où le château fut habité par François II.
C'est naturellement la période de 1750 à 1782, le style Pompadour, qui est le moins représenté. C'est en effet le moment

où Parentignac a été relativement abandonné pour Versailles, Paris ou Behoust. François III, qui occupait une haute situation dans la maison du Roy vint peu à Parentignac. De même, dans la première partie de sa vie, François IV suivra avec constance sa carrière militaire où il arrivera rapidement aux grades les plus élevés. Quand il viendra s'installer à Parentignac, c'est le style Louis XVI, ou plutôt le style de transition qui l'a précédé, qui règnera : Le mobilier de cette époque est le plus abondant.

Suivons maintenant un peu rapidement l'inventaire de 1791. La description commence par ce que nous appelons aujourd'hui l'appartement bleu, au sud du grand corps de logis, et qui était alors l'appartement particulier du comte de Lastic, le maître de la maison. Toutes les tentures de l'appartement, composées de plusieurs pièces, rideaux des fenêtres, du lit, des portes, etc., sont en satin piqué bleu, chamarré d'étoffes d'or composé en damas bleu et étoffes d'or. Le mobilier est recouvert de tapisseries à gros points de deux aussi bleues. Les petits meubles sont recouverts de velours d'Utrecht également bleu. D'après l'indication de quelques meubles, l'ensemble du mobilier paraît être de style Louis XVI. On signale une pièce de tapisserie sur le mur, à petits personnages, aux armes de Lastic et de Saint-Chamarand, ce qui indique qu'elle a été rapportée de Sieujac. Elle a disparu comme toutes celles qui étaient à petits personnages, soit dans des partages, soit par incurie. Toutes les commodes, les secrétaires sont en placage et recouverts de marbres. Malheureusement, on ne les décrit pas, mais tout ce que nous possédons encore de cete époque constitue des meubles de réelle valeur. Partout on trouve des porcelaines de la Chine, même celles de service. La plus grande partie a disparu, soit par incurie, soit dans l'incendie de 1822. Quant aux tableaux de famille j'ai pu les reconnaître. Ce sont 1° Le cardinal de La Rocheaymon, alors seulement *archevêque de Narbonne*. Cette toile, qui est bonne, est signée de Perrin. Est-ce le même qui fut plus tard un miniaturiste estimé ? 2° *Antoine de Lastic*, évêque de Comminges. Cette toile est signée de Louis-Michel Van Loo, un des meilleurs de la dynastie, et le plus célèbre comme portraitiste, 3° La *Comtesse de Lastic*, née de Ménars, femme de François IV. Comme nous avons deux portraits d'elle, il est difficile de savoir celui dont il s'agit là. Le plus petit la représente en buste, dans un très beau cadre de l'époque, de chêne sculpté et doré, 4° *La marquise de Lastic mère*, dit l'inventaire. Ce doit donc être la mère de François IV, la femme de François III, née Camus de Pontcarré. Elle est blonde et un peu forte. 5° *Monsieur Médée*, dit l'inventaire. C'est un petit tableau ovale, bien dans le genre de l'époque, avec son cadre en bois doré Louis XVI. Cet Amédée était le fils de François V et de Mademoiselle de Montesquiou, le petit-fils de François IV par conséquent, mort en bas-âge, il fut le dernier mâle de la branche de Sieujac. 6° Sa sœur *Octavié*, dans le même genre. C'est en elle que s'éteindra en quenouille cette branche aînée. Elle épousera son cousin, Joseph de Lastic de Vigouroux, mon arrière grand-père, et lui apportera tous les titres et tous les biens restant de cette branche aînée.

Cet appartement du comte de Lastic rappelait par son organisation ce que l'on appelait les petits appartements de Versailles. La chambre du comte se composait d'une grande pièce carrée, avec une grande alcôve et deux cabinets de chaque côté, à la suite un cabinet de toilette et une garde-robe, et plus loin un boudoir avec des corps de bibliothèque encastrés dans le mur tout autour. Au-dessus, en entre-sol, des garde-robes et des chambres de domestiques avec un escalier particulier descendant aux chambres et un couloir de dégagement par derrière. Le boudoir est tout tendu en satin bleu. Le secrétaire, les tables sont en bois de rose. Comme sièges en y trouve : un fauteuil, une bergère, six cabriolets, le tout de style Louis XVI, tendu de velours d'Utrecht bleu ; en plus un fauteuil de bureau Louis XVI en maroquin rouge. Comme tableau on y remarque, le *Marquis de Lastic, enfant.* C'est le fils de François IV, François V, mort jeune, à vingt-six ans. C'est une délicieuse toile en ovale, avec son cadre Louis XVI en bois doré. Quoi qu'il ne soit pas signé, il est admiré de tous les connaisseurs. Pourquoi son pendant, son frère, le chevalier de Lastic, que nous retrouverons plus loin, n'est-il pas dans la même pièce ? Son père, François IV, semblait cependant avoir eu pour lui une préférence marquée, et en parlait tendrement dans sa correspondance.

A la suite de cet appartement, viennent les salles de réception du rez-de-chaussée, la salle à manger, le vestibule, les deux salons de compagnie. Nous en retrouverons une seconde série au premier étage pour les grandes réceptions. La salle à manger est décorée de belles boiseries Louis XV en chêne naturel et ciré. Elles s'élèvent jusqu'à la corniche du plafond, Cette pièce a quinze mètres de long sur huit de large. Son mobilier semble avoir été médiocre et a du disparaître. Il ne nous en reste probablement plus qu'un buffet et une crédence, ornés de simples moulures Louis XVI, recouverts en marbre jaune de Nonette, de style médiocre, fabriqués probablement par quelque menuisier du pays. Les tableaux qui l'ornaient étaient les plus mauvais de la collection. Ils possédaient cependant de beaux cadres dorés de l'époque, en chêne sculpté, qui font aujourd'hui l'envie des marchands d'antiquités. La moins mauvaise de ces peintures représentait le *Marquis de La Rocheaymon*, père de la femme de François II.

Le vestibule à la suite avait une décoration au stuc des plus ordinaires. Les chaises à porteurs qui y sont actuellement, ne s'y trouvaient pas alors et ne sont pas nommées dans l'inventaire, ce qui fait supposer qu'elles devaient être ailleurs, à Clermont ou à Paris, où elles étaient plus utiles.

Le premier salon, que nous appelons aujourd'hui le salon rouge, se nommait alors le salon d'assemblée d'été. Sa décoration était entièrement Louis XVI, avec un joli trumeau de cheminée qui existe encore, orné de son cadre doré et de sa vieille glace. La profusion des meubles décrits dans l'inventaire est telle, qu'on se demande comment ils pouvaient y tenir. La pièce était tendue de tapisseries de Beauvais à petits personnages, aux armes de Lastic et de Saint-Chamarand, venant par conséquent de Sieujac. Toutes ces pièces de tapisseries ont disparu, beaucoup plus par incurie qu'autrement. A un moment donné on les remplaça par des boiseries quelconques encadrant de mauvais papiers que l'on trouvait alors superbes. N'incriminons pas nos grands-pères. La mode agit tellement sur les hommes, que nous en eussions fait probablement tout autant. On remisa les tapisseries dans des armoires, d'où on les sortait pour recouvrir un parquet sous les échafaudages des plâtriers ; on les coupait en carrés pour faire des couvertures aux vaches malades : les plus grandes étaient placées sur des chars de bois ou de fourrages que l'on envoyait à Clermont pour le service de notre hôtel. Mais il y en avait tellement que quelques-unes se sont sauvées. Recueillies par ma mère, je les ai fait réparer dernièrement. Malheureusement, ce sont les plus belles qui ont péri, celles à petits personnages, de la manufacture de Beauvais. Celles qui sont restées sont à grands personnages ou ce sont des verdures d'Aubusson ou de Felletin. Dans cette pièce le mobilier se composait de six grands fauteuils, de six fauteuils à médaillons à fond mordoré, deux bergères en tapisserie, six cabriolets à médaillons en velours ciselé mordoré avec leurs bavettes jaunes, et deux consoles en gris, avec leur dessus de marbre de Flandre, soit en tout vingt-cinq sièges, sans compter les canapés, les coussins, les tabourets, etc. Avec cela deux girandoles en porcelaine et en cuivre doré à trois branches, une paire de bras de cheminée à fleurs de faïence peinte, une pendule en cartel doré, entourée d'une guirlande de fleurs de faïence. Tout cela existe encore. Cette pendule a une très grosse valeur. Les fleurs, dites de faïence dans l'inventaire, sont en porcelaine de Saxe. On y trouvait de plus un certain nombre de vases de porcelaine de la Chine.

Les tableaux représentaient 1° le *Marquis de Lastic* (François III), en costume de lieutenant-général, toile décorative mais ordinaire, àvec un beau cadre en bois de chêne sculpté et doré Louis XV. 2° *La Comtesse de Lastic, née de Ménars*, la femme de François IV. J'ai déjà dit que nous avions d'elle deux portraits. Si celui qui était dans la chambre de son mari était le plus petit, où elle est représentée en buste, celui-ci serait le plus grand, où elle est représentée de trois quarts, en robe d'apparat, décolletée, entourée d'attributs et de fleurs. C'est une assez jolie toile, dans le genre de Nattier, avec un très beau cadre Louis XV en chêne sculpté et doré. 3° *Le comte de Lastic* (François IV), en costume de mousquetaire de la maison du Roi, faisant pendant avec le précédent, dans un très beau cadre du même genre. 4° *Le marquis de Lastic fils* (François V), en médaillon, dans un cadre doré Louis XVI. 5° La *Marquise de Lastic, née de Montesquiou*, femme du précédent, dans un cadre pareil. Dans ses mémoires, Madame Vigée-Lebrun dit avoir fait les portraits du marquis et de la marquise de Lastic. Ces deux toiles sont très bonnes, surtout celle de la marquise, mais il serait peut-être téméraire de les attribuer sans certitude à la grande artiste. 6° *Le chevalier de Lastic, en enfant*, toile ovale dans un cadre doré Louis XVI. C'est le pendant de celui de son frère aîné, François V, que nous avons trouvé dans la chambre du comte de Lastic. J'ai même été étonné de ne l'y pas voir. C'est une très jolie toile non signée, 7 *Mademoiselle de Lastic*. Ce tableau n'existe plus à Parentignac. 8° *Le Cardinal de La Rocheaymon en ovale*. C'est probablement une des trois copies fort mauvaises de l'original de Roslin, qui n'est pas dans notre famille.

A la suite vient le salon que nous appelons aujourd'hui le salon blanc et qui était nommé alors le salon d'assemblée d'hiver. La décoration en est également Louis XIV, mais plus simple que celle du salon précédent. Il était orné aussi de deux pièces en tapisseries de Beauvais à petits personnages, aux armes de Lastic, aujourd'hui disparues comme

les autres. Le mobilier est composé de six fauteuils en tapisserie, huit fauteuils et douze chaises, recouverts en velours
cramoisi, ce qui fait vingt-sept sièges, sans compter les
coussins, tabourets et canapés. On y trouve aussi une grande
console Louis XIV en bois doré. C'est la seule pièce de ce
salon qui soit suffisamment décrite pour que nous puissions
la reconnaître sûrement. Elle existe encore et a été transportée dans le salon rouge où elle constitue une des plus
belles pièces de notre mobilier. L'inventaire signale encore
un coffre-fort garni de cuivres, avec son pied doré, très belle
pièce encore, et une quantité de bibelots en porcelaine de
Sèvres, en terre de pipe bleue et blanche, un cabaret en
porcelaine noire et dorée, des pots à fleurs en Sèvres, enfin
un grand tapis de la Savonnerie. Il n'est désigné ni pendule,
ni flambeaux, ni appliques, ni autres pièces du même genre,
ni chenets, ni landiers dans aucune pièce, Est-ce oubli de
l'auteur de l'inventaire ? Il se pourrait, car il ne s'agit pas là
certainement d'une pièce judiciaire qui obligerait à une
description complète.

Les tableaux que renferme cette pièce sont de peu de
valeur. La *Comtesse de Montaignac*, née de Lastic, sœur de
François IV, faisant de la tapisserie, avec ses deux filles,
dont l'aînée épousa le marquis de Conzié. L'une joue de la
mandoline et l'autre montre une marmotte renfermée dans
une boîte suspendue à son cou. C'est d'une facture tellement
naïve, que cela pourrait passer pour être d'une époque
beaucoup plus reculée, si les costumes et les coiffures ne
venaient dater ces portraits du milieu du xviiie siècle. J'ai
profité de l'illusion qu'il pouvait donner, pour le placer dans
le grand trumeau de la grande chambre d'honneur Louis XIV,
au premier étage. Les autres tableaux sont ; *Antoine de
Lastic, évêque de Comminge.* C'est une mauvaise copie de
l'original de L.-M. Van Loo, que nous avons vu dans la
chambre bleue. On trouve ensuite : *Jean de Lastic*, grand
maître de l'Ordre de Saint-Jean-de-Jésusalem ; *la reine
Marguerite ; la sœur de la reine Marguerite*, tous les trois,

horribles croûtes, et qui plus est, entièrement apocryphes, relégués aujourd'hui dans les greniers. Le beau portrait du *Cardinal Dominique de La Rochefoucaud Saint-Ilpize*, archevêque de Rouen, que l'on y voit aujourd'hui, n'est entré dans notre famille que depuis la confection de cet inventaire.

L'appartement suivant était, comme l'appartement bleu, organisé à l'instar des petits appartements de Versailles. Aujourd'hui, complètement transformé, il est devenu la bibliothèque. Il s'appelait alors l'appartement de la *Comtesse de Lastic,* née de Ménars, femme de François IV. Elle y venait fort peu, surtout pendant la période qui précéda la Révolution. La chambre principale était de style Louis XIV, les dépendances Louis XVI. On y trouvait trois pièces au rez-de-chaussée, la première élevée de plafond, les deux autres, un boudoir et un grand cabinet de toilette, entresolées, avec au-dessus des garde-robes, des chambres de laquais et un escalier privé les desservant. Lors de la transformation de cet appartement en bibliothèque, j'en ai transporté les trumeaux les plus intéressants dans les appartements d'honneur du premier étage, entre autres, un trumeau de glace, surmonté du portrait du Régent, en cuirasse. On y trouvait encore deux pièces de tapisserie de Beauvais à petits personnages, aux armes de Lastic et de Saint-Chamarand, venant de Sieujac et disparues aujourd'hui. Comme mobilier, on y trouvait un grand lit à quenouilles, garni de damas cramoisi, le tout galonné d'or fin, huit fauteuils à médaillons, deux bergères et quatre cabriolets Louis XVI, le tout recouvert de damas cramoisi, une commode plaquée, surmontée d'un marbre de Campan. On n'y rencontrait qu'un seul tableau signalé par l'inventaire, représentant *Madame Sophie de France*, une des filles de Louis XV. C'est une mauvaise copie de l'original de Nattier que l'on voit encore à Versailles. Le boudoir, à la suite, était aussi tendu de damas cramoisi. Le mobilier en est décrit trop sommairement pour que l'on puisse essayer de l'identifier.

Le rez-de-chaussée ne comprenant plus que des pièces de

service : archives, cuisines, lingerjes, offices, l'inventaire se
continue par le premier. Le grand escalier n'est pas décrit,
probablement parce qu'il ne renfermait pas de meubles. Sa
décoration était cependant assez belle. Les marches et les
panneaux inférieurs jusqu'au premier étage étaient en
marbre rose et gris de Nonette. Nous ignorons comment
étaient les murs qui représentaient une surface considérable.
Depuis je les ai tendus avec les verdures d'Aubusson échap-
pées aux causes diverses de destruction, et j'y ai transporté
la rampe en fer forgé de l'escalier du Nord.

Au premier étage l'inventaire commence par les pièces
situées, à gauche, dans l'aile sud-ouest. C'était là l'appartement de mon grand-père et de ma grand'mère. La décoration n'en est pas indiquée. Elle était et elle est encore en
boiseries Louis XV, à panneaux, fort élégantes, surtout
celles qui décorent l'alcôve. Celle-ci était à lits jumeaux. De
chaque côté étaient réservés d'élégants cabinets de toilette
éclairés par des œils-de-bœufs, dans lesquels on pouvait
entrer directement du lit en faisant glisser une porte à cou-
lisse. Le trumeau de la cheminée était orné d'un petit tableau
représentant un combat de cavalerie. La peinture est en
mauvais état mais a du genre et fait bien dans la décoration
d'ensemble. Celui des panneaux, qui n'avait qu'un encadrement en boiserie, était recouvert d'une tapisserie à personnages aux armes de Lastic.

Les pièces suivantes sont moins intéressantes. Les
chambres devaient servir aux hôtes de passage, puisqu'elles
ne portent aucune attribution. Leur décoration était soignée
sans valoir celle des pièces d'honneur. On y voyait des
boiseries formant encadrement. On y avait suspendu six
pièces de verdure de Beauvais, dit l'inventaire. Les lits
étaient tendus de cotonnades de Riom, les unes bleu et
blanc, d'autres jaune et bleu. Ces cotonnades étaient d'une
telle solidité de tissu et de couleur, qu'après avoir servi dans
des chambres de la ferme, elles ornent aujourd'hui le grand
lit à baldaquin de la chambre de ma femme, et celui de mon

ancienne chambre de garçon. Elles sont aussi fraîches qu'au premier jour. L'inventaire signale dans ces pièces, entre autres, six fauteuils *antiques*, recouverts de points de Hongrie. Pour que l'auteur de cet inventaire les dénomme ainsi, il faut qu'ils sortent des modèles courants, et qu'ils soient probablement antérieurs à Louis XIV. Je crois donc les reconnaître dans les sièges Louis XIII qui ornent aujourd'hui la première chambre d'honneur. Dans la dernière de ces pièces, il faut encore signaler un beau lit à l'impériale en satin blanc chamarré, avec ses bonnes grâces, ses pentes et ses soubassement en velours de soie verte, le rideau en serge du Mans, blanc. Ce lit a disparu.

Nous revenons sur nos pas, nous traversons le palier du grand escalier et nous arrivons ainsi dans ce que nous appelons aujourd'hui les *grandes salles* ou simplement la *galerie*. Ellles sont élevées de plus de six mètres, comme tout cet étage. Elles ont chacune environ quinze mètres de long sur neuf de large. La première s'appelait alors la salle de la Comédie. Elle était pavée de petits carreaux en briques d'un dessin très original. Je n'ai retrouvé les mêmes qu'au château grand-ducal de Darmstadt. Dans l'impossibilité de les faire refaire et à cause du poids considérable qu'ils occasionnaient et qui était cause d'un fléchissement inquiétant des poutres qui les portaient, j'ai dû les faire enlever et les remplacer par un parquet en chêne à grandes fougères. La décoration, non indiquée, devait être des plus simples, telle qu'elle est encore aujourd'hui dans ces pièces qui n'ont encore reçu aucune réparation. Les boiseries sont Louis XVI, à gorges ordinaires, servant d'encadrements à des tapisseries. On y signale trois grandes pièces a grands personnages. Nous avons conservé quelques-unes de celles de cette nature. Réparées, elles figurent dans diverses pièces du château. En comptant les verdures, il en reste quinze, sur plus de quarante.

La deuxième salle que l'on appelait la salle de bal, probablement parce qu'elle avait un parquet au lieu d'un dallage en petits carreaux, était tendue de huit pièces de tapisserie à grands personnages.

Le mobilier de ces deux salles était peu important. Mais les tableaux qu'elles renfermaient comptent parmi les plus belles toiles de notre collection. Nous y trouvons d'abord le beau portrait de *Louis XV* par Carle Van Loo, magnifique toile, qui, au dire de M. de Nolhac lui-même, serait supé rieur à l'exemplaire conservé au musée de Versailles. Le cadre, tout en chêne sculpté et doré, d'une épaisseur de relief de plus de vingt centimètres, du plus beau style Louis XV, passe pour un des plus beaux cadres de ce genre qu'il y ait en France. Il a près de cinq mètres de haut et on m'en a offert des prix considérables. Il avait été donné, comme le dit l'inscription placée sur le cartouche du bas, au Cardinal de La Rocheaymon, grand aumônier de la Cour, et nous en avons hérité. Deux autres portraits remarquables se trouvaient dans ces salles, celui du *duc d'Orléans* et celui de *la duchesse d'Orléans*, sa seconde femme, la célèbre princesse Palatine. Le premier est une assez bonne copie de l'original de H. Rigaud, mais le second est un original de Françoys de Troy, dont il porte la signature avec la date de 1694. L'inventaire donne à ces deux portraits les noms du grand Dauphin et de la grande Dauphine. C'est Monsieur de Nolhac, lui-même, qui les a rectifiés. Il est curieux cependant que le comte de Lastic, sous la direction duquel a été fait cet inventaire, se soit aussi grossièrement trompé. Après tout, il n'avait jamais connu ni le frère, ni le fils de Louis XIV. Comment ces tableaux nous sont-ils parvenus ? Aucun des nôtres n'a servi ces princes. Personne n'avait occupé auprès d'eux une situation importante dans les familles alliées, dont nous aurions pu hériter, ni du côté La Rocheaymon ni du côté Pontcarré, Ménars ou Montesquiou. Les cadres qui entourent ces portraits sont aussi fort beaux, en chêne sculpté de plein style Louis XIV. Ils ont plus de trois mètres de haut. L'inventaire signale encore dans ces salles un portrait de *Marie de Médicis* dans le trumeau de la cheminée.

Trumeau et portrait n'existent plus et je m'imagine ce que devait être encore une de ces attributions fantaisistes dans le genre de celles de la Reine Marguerite et de sa sœur.

Les deux grandes chambres qui suivent étaient les chambres d'honneur du château et le sont encore. Il n'est rien dit dans l'inventaire de leur décoration. Je pense que ces chambres devaient être telles que je les ai trouvées quand j'en ai entrepris la restauration. Il n'y avait pas de boiseries sur les murs qui devaient être recouverts des grandes tapisseries à grands personnages que l'inventaire y signale. Le trumeau de cheminée de la première chambre est bien du commencement de Louis XIV, presque Louis XIII. Je me demande comment il peut se trouver là dans un château construit après 1708. Il a donc dû être apporté d'ailleurs, peut-être de Sieujac ou du petit château de Monsieur de Som-myèvre. Ses dimensions cependant sont considérables. Il comportait deux glaces, une basse dans la partie inférieure, l'autre plus grande dans la partie supérieure. J'ai supprimé cette dernière pour y placer le portrait de Madame de Montaignac et de ses filles, dont j'ai parlé plus haut. C'est entre les fenêtres de cette pièce que j'ai placé le trumeau de la chambre d'en bas représentant le Régent. La principale pièce du mobilier de cette chambre est un lit à l'impériale, le dedans de satin vert piqué, les pentes, les soubassements, les bonnes grâces en bandes de tapisserie à gros points, les rideaux du lit avec une bande de velours et de satin vert s'attenant. Ce lit existe encore. On y trouvait encore quatre grands fauteuils à médaillons, deux bergères et quatre cabriolets à médaillons, un secrétaire plaqué à fleurs à tombeau. Comme tableau il y avait deux bonnes toiles anciennes avec leurs cadres en bois sculpté de l'époque représentant *le Marquis et la Marquise de Sieujac*. Ce sont avec le *marquis et la marquise de la Rocheaymon*, les quatre plus vieux portraits authentiques que nous possédions. Il s'agit dans les deux premiers de François II et de sa femme, née de Peyronnenc de Saint-Chamarand.

La décoration de la deuxième chambre n'est pas indiquée non plus. Celle que j'y ai trouvée et que j'y ai laissée est fin Louis XIV, presque Régence, ce qui m'a permis dans mes restaurations de la meubler dans ce style. Les murs comportaient deux pièces de tapisserie à grands personnages. Le trumeau de la cheminée était décoré dans sa partie supérieure d'un mauvais portrait. Je l'ai remplacé par celui du maréchal de Saxe en ovale horizontal, jolie toile assez décorative, que j'ai trouvée abandonnée dans le grenier. Le mobilier de cette chambre était fort beau. La pièce principale en était constituée par un magnifique lit à la turque, dont les bonnes grâces sont en tapisserie au petit point, merveilleuses de dessin, d'exécution et de conservation. Elles étaient doublées en taffetas chiné, tellement déchiré et brûlé que j'ai été obligé de le remplacer par un taffetas moderne moins somptueux. Tout le bois, de style Louis XV, de la plus belle époque, a conservé sa vieille laque peinte, à fond rose, ombré de bleu et de rose foncé dans les nervures, le tout d'un état parfait de conservation. Les faces intérieures et extérieures des panneaux sont recouvertes de tapisseries au petit point, dont celles du dehors sont aussi belles que celles des bonnes grâces. Elles sont encadrées d'une bordure de tapisserie quadrillée en plus clair. Ce lit qui a trois mètres de long, sur plus de deux de large, est surmonté d'un dôme en bois sculpté et laqué, bordé de tapisseries pareilles, d'où tombent les bonnes grâces et les rideaux. C'est une véritable pièce de musée. En dehors de ce lit, on trouvait encore un canapé, quatre fauteuils, deux bergères en tapisserie à gros point, une commode en bois de raport (sic), avec garniture de cuivre doré et marbre de Flandre, deux bras de cuivre doré, six cabriolets à médaillons en velours ciselé à mouches jaunes, le fond garni à l'anglaise. Parmi les bibelots, on remarque deux pots de porcelaine de Sèvres recouverts en cuivre doré, une écuelle avec sa soucoupe et deux tasses à café de même porcelaine.

Comme tableaux à signaler, nous trouvons un portrait du

Comte de Lastic, enfant, Est-ce le portrait en pied de François IV, en capitaine, toile décorative entourée d'un beau
cadre Louis XV, ou bien une très jolie toile de fantaisie
représentant le jeune comte en lapin, dans un bosquet à la
Watteau, très estimée et très demandée par les antiquaires ?

Cet appartement, encore mieux que ceux du rez-de-
chausssée, est tout à fait copié sur les petits appartements
de Versailles, et je me suis efforcé, dans ma restauration, de
lui en maintenir le cachet. Il comprend, en dehors des deux
grandes pièces déjà décrites, un joli boudoir entresolé, deux
cabinets de toilette, deux cabinets à armoires, deux petites
chambres de laquais, et au-dessus, communiquant par un
escalier particulier, deux autres chambres entresolées plus
confortables.

Le boudoir, à la suite, a dû subir des transformations
successives qui ont dû détruire sa première décoration.
L'inventaire ne la décrivant pas, nous en sommes réduits
aux hypothèses. Néanmoins, en enlevant des badigeons
grossiers, j'ai retrouvé des traces de guirlandes du commencement de Louis XVI, que je me suis efforcé de reconstituer. Dans le mobilier se trouvaient une ottomane garnie
de ras de Sicile fond bleu broché blanc, avec son matelas et
ses deux oreillers recouverts de bavettes de taffetas bleu et
blanc à grands carreaux, cinq cabriolets garnis de même,
deux bras de cheminée à fleurs de porcelaine et trois tentures de tapisserie en ras de Sicile pareil au reste. Il s'agit
là seulement d'une étoffe tendue à l'intérieur des panneaux.

Nous venons de parcourir les salles de réception et les
principaux appartements du château. Il est inutile de continuer à suivre l'inventaire dans sa description des quinze à
vingt petites pièces entresolées qui sont réparties dans les
ailes du château, principalement dans celle du Nord. Une
partie de ces petites pièces ont disparu, du reste, lorsque ma
mère fit faire à l'extrémité du grand corps de logis, au sud
de la galerie, le grand appartement que nous habitons
aujourd'hui, ma femme et moi, dans le style de la fin de la

Renaissance et Louis XIII. Toutes ces pièces semblent avoir
été assez uniformément meublées, quelques-unes même avec
de jolies choses. La description de l'une d'elles suffira à se
rendre compte des autres. La première de l'aile nord comprenait un lit à niche (alcôve), en damas, sur galette (probablement roulant sur galets), bonnes grâces et soubassements
pareils, le rideau en soie et coton à petits carreaux verts et
jaunes, doublés de taffetas vert, une bergère en plume avec
son petit traversin en velours d'Utrecht vert, trois fauteuils,
trois cabriolets de même. On ne parle ni de commode, ni de
garniture de cheminée. Du reste, il semble n'y avoir eu de
ces dernières que dans les salles de réception. On ne se rend
pas bien compté de cette omission. Il serait étonnant, en effet,
que des appartements aussi richement meublés, en fussent
dépourvus.

Les garde-meubles étaient remplis d'objets de toute
sorte, tentures, meubles, tableaux. L'inventaire en donne
tout le détail, pièce par pièce. On y relève des cotonnades de
Riom, si jolies et si solides généralement, des damas, des
indiennes, des étoffes de Jouy, des étoffes à fond sablé et à
grands bouquets, des garnitures de lit, de fenêtre, des
courte-pointes, faisant en tout cent trente pièces en état
divers. On y trouve aussi quatorze portraits de famille, dont
sept sont sans cadres et dont on ne donne pas les noms ; en
plus six vieux tableaux, quatre cadres dorés vides, neuf
paysages et sept autres tableaux dont beaucoup en mauvais
état. Dans un autre grenier on trouve des bois de fauteuils,
de chaises, de cabriolets, de bergères, de chaise-longues, au
nombre de cent quarante et une pièces ; deux paniers à
transporter la batterie de cuisine, deux malles à argenterie,
une tenture de tapisserie en cuir doré ; trois lits de camp
pour l'armée, des caparaçons de guerre pour chevaux et
mulets de bât, une cantine pour repas de guerre, appelée
flandière, trois autres cantines plus petites, laissées là par
les deux lieutenants généraux de la famille. Enfin le dernier
garde-meuble renfermait surtout des coussins, des traver-
sins, des matelas, au nombre de quatre-vingt deux pièces.

Voilà la situation du château et de son mobilier, au moment de la Révolution, avec toutes ses richesses accumulées pendant le cours du xviiie siècle, auxquelles sont venues s'ajouter sans doute celles qui ont pu être rapportées de Sieujac, comme les belles tapisseries aux armes de Lastic et de Saint-Chamarand, de Behoust ou de notre hôtel de Paris. Quatre causes sont venues détruire en partie ce mobilier. 1° La longue période révolutionnaire pendant laquelle tout fut fermé et dut s'abîmer, malgré la présence du fidèle Herbot. 2° L'incendie de 1822 qui fit périr une grande partie de ce qui avait été déposé dans les greniers, au moment ou la moitié du château avait été louée à l'Administration des Haras. 3° Les changements de mode qui, pendant la plus grande partie du xixe siècle, firent mépriser le vieux mobilier du siècle précédent, qu'on négligea complètement et auquel on substitua des meubles lourds mais solides en acajou, en palissandre, en érable ou autres bois de ce genre. 4° Enfin le partage de 1866, entre mon grand-père et ses frères. (1)

On s'étonnera à bon droit d'un tel luxe de décoration intérieure pour une habitation en somme peu fréquentée. Mais c'était un usage dans les grandes familles à cette époque. On tenait à posséder, dans le centre de ses terres, une habitation en rapport avec la situation que l'on aurait pu

---

(1) Pour connaître le détail de ces transformations et l'histoire du château jusqu'à nos jours, je renvoie à ma brochure : *Parentignat et ses souvenirs*, dont j'ai déjà parlé. Un château de soixante mètres de façade sur le parc, de soixante-dix sur la cour d'honneur, de vingt-cinq au moins d'épaisseur, en comptant ses ailes, avec des pavillons renfermant des écuries voûtées de plus de trente mètres de long, surmontées de hautes mansardes, était une grosse charge pour une famille en partie ruinée par la Révolution. On verra dans cette brochure comment cependant il est arrivé, jusqu'à nos jours, suffisamment intact pour que j'y puisse entreprendre une restauration raisonnée. Je me suis servi pour cela de cet inventaire que nous venons de parcourir, et je me suis efforcé d'en reconstituer les descriptions, quelque obscures qu'elles soient quelquefois, et avec tous les éléments anciens que j'ai pu en retrouver.

y avoir, si l'on y avait résidé d'une manière suivie. On s'imposait par le fait une double charge qui fut une des causes de l'appauvrissement de la noblesse à cette époque.

J'ai dit ce qu'était le parc d'après un vieux plan du xviiie siècle. Il est bien agrandi et changé maintenant.

Nous ne trouvons rien dans nos papiers qui nous raconte l'histoire de notre chapelle. Elle n'est même pas décrite à l'inventaire de 1791. Elle ne devait pas exister en 1707, au moment de l'achat de Parentignac, au moins en tant que chapelle du château. En effet, il n'en est pas fait mention dans la prise de possession par l'abbé de Sieujac. Néanmoins, la rusticité de sa construction fait présumer qu'elle devait déjà exister au flanc de la rustique église du village, en temps que chapelle latérale quelconque, cédée dans la suite aux puissants seigneurs du lieu. C'est un gros bloc carré de maçonnerie, formant voûte à quatre arêtes, avec deux petites fenêtres en plein cintre au nord, une petite porte à l'est qui donne sur la terrasse du château et une grande ouverture en plein cintre sur le chœur de l'église paroissiale, dont elle est séparée par une belle grille en bois de chêne à colonnettes sculptées dans le style Louis XIV. On l'avait entourée de boiseries simples de même style. On y a installé un maître-autel qui est un magnifique morceau de sculpture Louis XIV sur bois. Ce meuble ne semble pas avoir été fait pour la chapelle. Il est trop grand. Il dût être acheté d'occasion et transporté là. C'est un immense baldaquin surmonté d'une couronne ducale, portée par quatre colonnes à nervures et à chapiteaux corinthiens. Au fond, une toile, dans le genre du Poussin, représente la Sainte Famille. Le soubassement de l'autel est formé d'un encadrement mobile qui permet, suivant les fêtes, d'y introduire des panneaux de tapisserie ou d'étoffe brodée, faits dans la famille. Les sculptures du maître-autel sont très fines et de la main d'un maître-ouvrier. Sous le tableau, deux têtes d'anges joufflus, en guise de tabernacle, portent une tablette destinée à recevoir un reliquaire. Actuellement, c'est une belle croix en orfèvrerie qui renferme à l'intérieur une grosse parcelle de la vraie Croix. Cette relique, qui possède tous ses authentiques renfermés et scellés dans son socle, est un fragment de celle de la maison de Vienne. Cette maison s'étant éteinte dans celle de ma mère, la relique a été partagée entre elle et sa sœur aînée, la marquise de Virieu. La couronne ducale et les proportions indiquent bien que cet autel n'a pas été fait pour cette chapelle. Les panneaux latéraux qui le relient aux autres boiseries de la chapelle, sculptés sur le même dessin et avec autant de soin, portent en exergue les chiffres et armes de Lastic et de La Rocheaymon, et ont été faits après.

Quelques-uns de nos ancêtres ont-ils été enterrés dans cette chapelle ? C'est peu probable. Une note du comte de Lastic pourrait le faire croire en ce qui concerne François I. Lorsque ma mère fit enlever les vieilles dalles de la chapelle pour les remplacer par un pavage plus moderne, on n'a trouvé aucune trace de caveau. Sous une des marches du maître-autel on rencontra un petit cercueil sans inscription, qui fut déposé dans notre caveau de famille au cimetière de Parentignat. J'ai su depuis que c'était celui d'Amédée de Lastic, le fils aîné de François V et de mademoiselle de Montesquiou, le dernier mâle de la branche de Sieujac, mort en bas âge.

Après avoir ainsi étudié l'histoire de la formation et de la construction du château où s'abritent aujourd'hui les représentants de notre famille, et auquel se rattachent tant de pieux et récents souvenirs, passons à l'étude de la terre elle-même. Nous avons vu que les papiers anciens de cette terre avaient disparu en grande partie dans l'incendie de 1688. Nous serons donc peu renseignés.

Au moment de son achat par notre famille, la justice de Parentignac était ainsi délimitée. Elle partait du confluent de la Couze, venant d'Issoire, avec l'Allier, pour aller jusqu'au tènement de Plaisance, suivant les terres des Croizettes, coupait le grand chemin de Pont-Maillet et celui de Parentignac à Issoire, puis allait à la fontaine de Courdier, qui était dans la justice de Parentignac, d'où elle se rendait jusqu'au grand chemin allant d'Issoire aux Pradeaux, puis au grand chemin François. Elle passait ensuite devant la maison et le jardin de Lavort, le long du chemin d'Issoire au bateau des Pradeaux, puis de ce bateau descendait la rivière d'Allier jusqu'à la croix de Modeyras (celle des Pradeaux). Elle se dirigeait ensuite en ligne droite jusqu'au ruisseau d'Ailloux, au point où il se réunissait à celui de l'Eau-Mère (bien en amont du confluent actuel) et suivait le cours de l'Eau-Mère jusqu'à l'Allier. C'est à peu de chose près les limites actuelles de la commune de Parentignac, délimitation absurde, du reste, qui montre une fois de plus combien les lois révolutionnaires ont toujours été faites avec hâte et impulsivité. Au lieu de rectifier ce qu'avaient de bizarre les limites des anciennes seigneuries et des anciennes justices, on les a suivies servilement pour aller plus vite.

Les droits féodaux étaient nombreux. Quelques-uns étaient insignifiants. D'autres étaient devenus purement honorifiques. Ainsi était le droit de litre dans l'église paroissiale, qui consistait, dans certaines circonstances, à peindre autour de l'église, à l'intérieur comme à l'extérieur, un large bandeau noir pour les obsèques, sur lequel on faisait figurer, de distance en distance, les armes du seigneur. Pour une église aussi dépourvue d'architecture que celle de Parentignac, cela ne pouvait avoir d'inconvénient. Mais pour celles qui avaient du style, comme beaucoup dans ce pays-ci, ce devait être horrible. Ici, à Parentignac, on en retrouve les restes sous le badigeon, et dans une dernière restauration à l'intérieur, Monsieur le Curé Châtaing en a fait ressortir une partie dans les embrasures des fenêtres.

Les terres foncières comprenaient, au moment de l'achat de Parentignac, environ cinquante-six septérées et quatre quartonnées de terres labourables, soixante-dix journaux de prés et deux cent soixante-six œuvres de vignes, sans compter les mayères et les pacages (1).

Les dîmes et les cens se percevaient dans les lieux de Parentignac, Chargnac, Flat, Varennes, Les Pradeaux, Artaud, Trédieu, Auliac, La Valette, Le Chauffour, Gevilhac, Sauxillanges, La Redonde, Brenac, Issoire et Dijoly, et s'élevaient à dix-sept septiers de froment, de conseigle, etc., etc. Cela ne voulait pas dire que la juridiction seigneuriale de Parentignac s'étendait sur tous ces lieux, mais que les seigneurs de Parentignac avaient acquis petit à petit, par achat, tous ces cens qui se vendaient alors comme de simples propriétés foncières ou s'acquéraient souvent par des prêts d'argent.

En dehors des droits de justice, les seigneurs de Parentignac possédaient de véritables droits féodaux qu'il ne faut pas confondre avec les cens. Encore faut-il, dans ceux-là, en séparer la partie foncière du droit exclusif d'en user qui constituait le privilège. C'était le cas pour les moulins seigneuriaux, les fours banaux et les bateaux sur l'Allier. Nous ne parlerons de ces derniers que lorsque nous traiterons l'historique de la terre de Pertus, parce que par le fait les bateaux de Parentignac et des Pradeaux ne dépendaient pas de Parentignac, mais d'un droit féodal sur l'Allier acquis des Comtes d'Auvergne par les seigneurs de Pertus, en sorte que les nôtres n'en devinrent propriétaires que lorsqu'ils eurent acheté cette dernière seigneurie.

Le titre le plus ancien que nous ayons du moulin de

---

(1) La *septérée* ou *setterée* était l'étendue de terrain qu'un laboureur pouvait semer avec un *septier* ou *settier* de blé, la *quartonnée*, avec un *quarton*. L'œuvre de vigne était ce qu'un vigneron pouvait travailler dans sa journée, le *journal* de pré, ce qu'il en pouvait faucher. On conçoit que des mesures de ce genre aient varié suivant les pays et les époques. Actuellement, à Parentignac, il faut 17 quartonnées ou 11 septérées pour faire un hectare. L'œuvre de vigne répond à la quartonnée, en sorte que 17 œuvres de vigne font un hectare. Le journal n'est plus usité de nos jours, mais devait probablement répondre à la même étendue de terrain.

Parentignac est daté du 6 mai 1585 (1). Ce titre est curieux. Messire Antoine Rouchon, prêtre, curé de Varennes, vingt-trois chefs de famille de ce village, huit habitants de Dore, p⁰⁰ de Brenac, Messire Pierre Augier, prêtre, curé de Parentignac et quatorze chefs de famille de ce village, six habitants de Javillac, dont les noms sont tous cités, chacun pour lui et pour les siens et leurs successeurs, reconnaissant que noble homme Françoys de Chany les « a aidés et secourus lors des pilleries, invasions, ravages des gens de guerre, en passant et repassant dans leurs villages », et à cause des dépenses que cela lui a occasionnées, et pour les grands biens et bénéfices qu'ils en ont reçus, ce qui est notoirement connu dans la région, et dans l'espoir qu'ils en recevront encore dans l'avenir de lui et des siens, s'engagent à venir moudre tous leurs grains au moulin du seigneur de Parentignac sur la rivière d'Eau-Mère, sous certaines conditions énoncées à l'acte. En somme, c'est la création nouvelle d'un droit féodal, en vertu d'un contrat bilatéral. Peut-être que si l'on pouvait remonter à l'origine de bien des droits féodaux, on leur trouverait une base identique. Aujourd'hui il se fait des transactions du même genre, que l'on ne taxe pas de droits féodaux. Il est vrai qu'elles ne sont pas perpétuelles.

Le moulin de Varennes fut acheté par Françoys de Sommyèvre le 1ᵉʳ juillet 1654 (2) à Jean Matharel, seigneur de Joux et de Puygros et à sa femme Jeanne Matharel. Ce moulin joignait le communal de Varennes, le champ d'Anthoine Foury et le chemin de Varennes à Saint-Martin, ainsi que d'autres maisons et terres énoncées à l'acte. Ce moulin, aujourd'hui disparu, devait se trouver à côté de la chapelle paroissiale de Varennes. Les deux moulins furent ainsi réunis dans la main du même propriétaire, qui supprima celui de Varennes.

Mais cela n'alla pas tout seul. Le béal qui amenait l'eau au

---

(1) Archives de Parentignat. E. M. 1. Orig. sur parch.
(2) *Id*, E. M. 12. Orig. sur pap.

moulin de Parentignac, traversait des propriétés qui n'appartenaient pas à son maître. Les voisins en profitaient pour creuser des rases et prendre de l'eau. Monsieur Matharel, seigneur de Varennes, lieutenant général à Usson eut un procès à ce sujet, en 1702 (1) avec Monsieur de Sommyèvre, qui le gagna.

Le 19 mai 1708 (2), l'abbé de Sieujac passa un contrat avec un entrepreneur pour reconstruction de la peslière de Parentignac (3). Le comte d'Oradour, seigneur de la Vernède et de Chargnac, était seigneur de la justice de Chargnac, dans l'étendue de laquelle s'élevait la nouvelle peslière. Il s'opposa à cette reconstruction. Un procès s'engagea entre les deux seigneurs voisins. Une pièce du 25 septembre 1711 (4), nous apprend que l'on n'est pas d'accord sur les limites des deux justices, et les conseils consultés par les parties sont d'un avis différent. Un arrangement à l'amiable dut intervenir cependant, car la peslière fut bien construite à l'endroit contesté.

En 1717 (5) les deux moulins de Parentignac et de Varennes existaient encore conjointement, mais ce fut peu de temps après que ce dernier disparut. Je suppose que l'on dut utiliser la peslière de Varennes pour le moulin de Parentignac, et que tant qu'il y eut contestation on n'osa pas supprimer le moulin de Varennes.

Jusqu'en 1703 la haute justice de Parentignac appartenait au Roi en sa qualité de seigneur direct d'Usson. Le 20 juin de cette même année (6) elle fut vendue à Maximilien de Sommyèvre, seigneur de Parentignac. Les limites de cette

---

(1) Archives de Parentignat. E. M. 13 et 14. 2 orig. sur pap.

(2) Id. E. M. 15 et 16. 2 orig. sur pap.

(3) On appelle peslière, en Auvergne, la digue qui barre le cours d'une rivière et qui est destinée à conduire l'eau dans un canal de moulin ou d'arrosage.

(4) Archives de Parentignat. E. M. 18 à 33. 15 orig. sur pap.

(5) Id. E. M. 35. Orig. sur pap.

(6) Id. E. M. 247 et 248. 2 orig., dont 1 sur parch.

justice sont celles que j'ai déjà données plus haut. Cependant
elle ne fut pas vendue entièrement par les héritiers de M. de
Sommyèvre à l'abbé de Sieujac. Une petite partie, celle qui
entourait le domaine de Lavord fut cédée à Jacques Gaultier
de Laboulaye, écuyer, seigneur du lieu.

Dans un acte relatif à l'église de Parentignac, nous trouvons que le 22 mars 1654 (1), les habitants du village
cédèrent certains droits dans une rue, située contre le château, à Françoys de Sommyèvre, à condition qu'il achète-
rait une cloche pour l'église. On ne donne aucun détail sur
cette cloche. En tout cas la cloche actuelle n'est pas la même,
car elle porte l'inscription suivante :

> Le 1ᵉʳ juin 1782, j'ay été bénie par Maître Jean
> Franc. Aymard, prestre, curé de St-Pierre de
> Montmartre, et nommée Marie Charlotte Geneviève,
> par Mʳ Charles Brierre et Dame Geneviève Bour, épouse de
> Mʳ Charles Brierre, bourgeois de Paris, ancien directeur
> Comptable ; Pierre Tessereaux, maître charpentier, direc-
> teur en charge de Notre-Dame de Lorette ; Gaudiveau fecit.
> Pierre François Grappotte, second directeur.

Il est probable que la première cloche de Parentignac, celle
de 1654, fut enlevée à la Révolution, ou disparut autrement.
Quand on voulut en mettre une nouvelle, on dut s'adresser
à un spécialiste qui offrit celle-ci d'occasion et on accepta sa
proposition. Quoiqu'elle soit dite bénite par le curé de Saint-
Pierre de Montmartre, il semble qu'elle provienne plutôt de
Notre-Dame de Lorette, deux fabriciens de cette paroisse,
paraissant à la suite des parrains.

Voilà tout ce que nos archives nous permettent de dire sur
Parentignac. On trouvera tout ce qui concerne la période
moderne dans la brochure que j'ai déjà signalée. Avec ce que
j'en dis dans celle-ci, j'espère que cela fera comprendre tout
l'attachement que je porte à ce foyer de notre famille, où j'ai
pu recueillir et conserver tant de souvenirs. Pour moi, c'est
presque un sanctuaire.

---

(1) Archives de Parentignat, E. P. 104. Orig. sur pap.

PERTUS

Au nord de la plaine d'Issoire et de Parentignat, s'élève le massif granitique dit de *La Comté*, parce qu'il correspondait à peu près à la comté d'Auvergne, petit domaine féodal, qu'il ne faut pas confondre avec le duché d'Auvergne, dont la capitale était Riom, le comté de Clermont et le dauphiné d'Auvergne. Ce n'est pas le lieu d'expliquer ici les causes de ce partage très ancien de notre province. On les trouvera dans tous les ouvrages qui ont été écrits sur ce sujet et en particulier dans celui de M. Biélawski (1).

Contentons-nous ici de dire que Pertus était, avec Ybois, la dernière châtellenie de cette comté (que l'on a toujours écrite au féminin) vers le Sud. Quand on vient d'Issoire pour se rendre à Saint-Babel et de là à Vic-le-Comte, qui était la capitale de ce petit pays, on aperçoit au revers de longues pentes arides, un rocher qui domine l'Allier d'une cinquantaine de mètres et est surmonté d'un village d'une dizaine de maisons. Il faut bien chercher pour apercevoir au milieu de ces maisons à moitié en ruines, du reste, les quelques pans de murs qui constituent tout ce que l'on peut encore y trouver de l'ancien château de Pertus. Quoi qu'il ait eu les honneurs du manuscrit de Revel en 1450, Pertus n'a jamais été un château important. Le dessin que ce manuscrit en donne, représente une sorte de quadrilatère de peu d'étendue, formé de murailles élevées, presque sans ouvertures, avec deux tours carrées de chaque côté et au milieu un donjon aussi carré, mais plus élevé. Tout cet ensemble paraît petit, mais plutôt solide. Au-dessous on aperçoit une grosse maison, à plusieurs étages, avec un grand portail par côté. Cela ne dut jamais constituer une résidence féodale bien importante, et dut perdre même ce

(1) Biélawski. *Histoire de la Comté d'Auvergne.*

Restes de l'ancien château de Perrus

État actuel du manoir de La Foulhouze

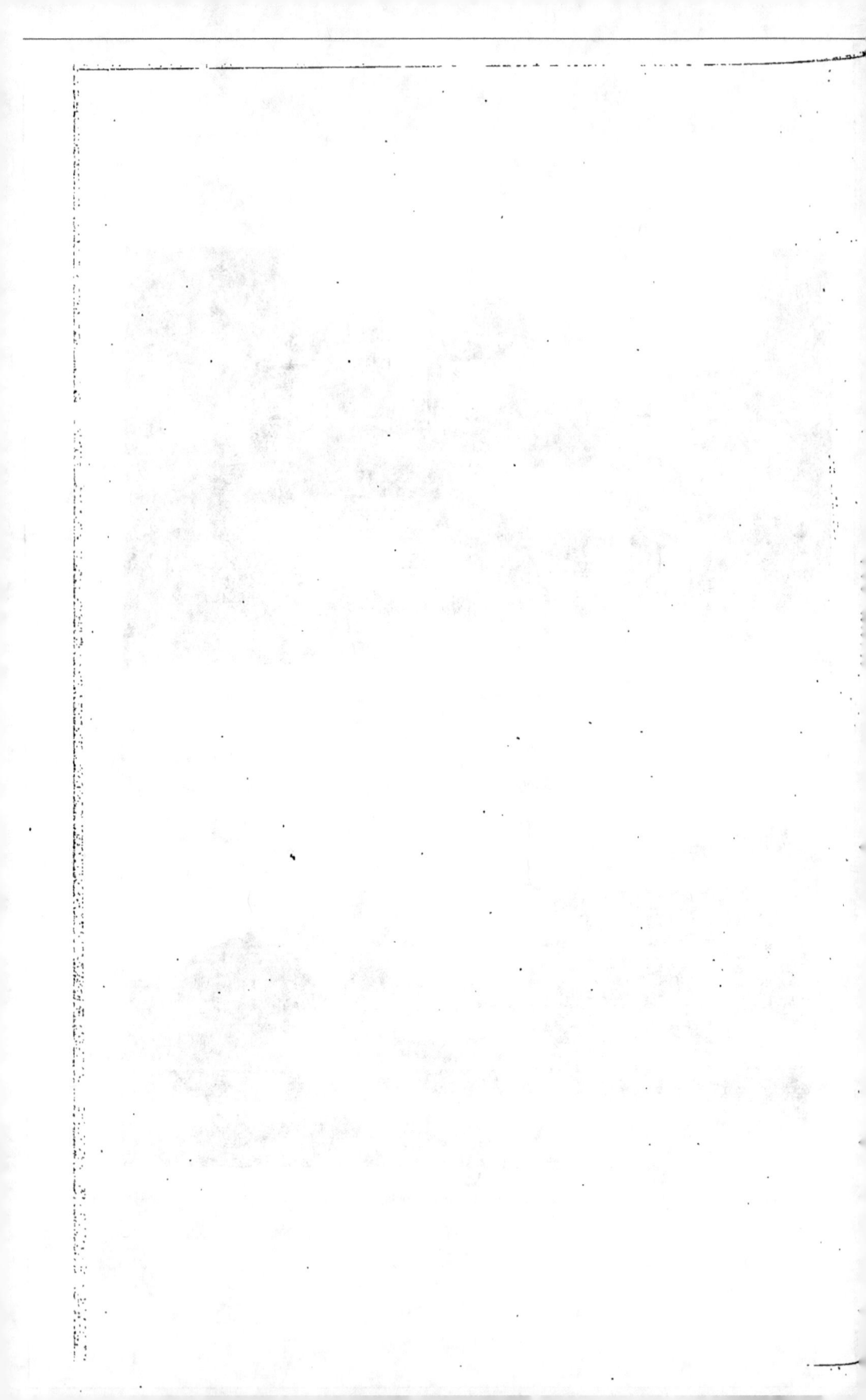

peu d'importance au cours des siècles. On a plutôt l'impression d'un corps de garde destiné à surveiller le cours de l'Allier ou l'une des entrées de la Comté d'Auvergne.

Cette châtellenie, car il semble que Pertus ait bien ce caractère (on l'appelait même quelquefois baronnie), appartenait en 1713 aux héritiers de Messire Christophe de La Barge. A la demande de M. Ligier-Chaudière et de sa femme, Henriette Guillermain, créanciers du défunt seigneur, elle fut saisie sur ses héritiers, avec ses dépendances de Beauregard et du Piat, et vendue sur criée et mise en adjudication. La requête des époux Chaudière est du 28 février 1712 et la mise en adjudication du 16 juillet 1713. Le 22 août suivant, la terre de Pertus était adjugée à François II de Lastic (1).

Cela comprenait : le château de Pertus consistant en une basse-cour, chambre haute et basse, cuisine, écurie et grenier avec une quartonnée de terre au-dessous du dit château, le tout en très mauvais état, situé paroisse Notre-Dame d'Orbeil ; — plus la justice haute, moyenne et basse, les dîmes, les cens, les rentes, un bateau sur la rivière d'Allier avec ses droits, depuis la tour de Boulade jusqu'au ruisseau de Basserie et autres droits seigneuriaux, — plus des terres. pâturages, bois taillis, chaumes, vacants, comprenant quarante septérées, depuis le grand chemin de Saint-Babel à Issoire à l'est, certaines terres désignées au midi et des terres vacantes au nord ; — plus une maison, cave, basse-cour, grange, jardin, le tout en très mauvais état et terres à vignes d'environ vingt-deux septérées ; — plus une série de terres disséminées à droite et à gauche dans l'étendue précédente ; — plus le domaine de Beauregard, situé dans la justice d'Ybois, paroisse de Notre-Dame d'Orbeil, avec vingt-cinq septérées de terre ; — plus le domaine du Piat, dans la justice d'Issoire, paroisse de Saint-

---

(1) Archives de Parentignat. F. R. 37 à 39. 2 orig. sur pap. et 1 sur parch

Avit d'Issoire, d'environ cinquante septérées et quinze œuvres de prés ; — plus le bateau de Parentignac, en face la tour de Boulade, jusqu'au ruisseau de Cornezat, dans la justice de Parentignac.

L'adjudication est faite pour le prix de vingt-sept mille livres. La seule charge imposée est que le comte de Beauverger-Montgon, seigneur de La Souchère, l'un des héritiers de Christophe de La Barge, conserverait le droit de passage gratuit sur le bateau de Pertus pour lui, les siens et ses héritiers. La somme d'adjudication est payée comptant et intégralement en louis d'or.

Pertus était une terre d'une grande étendue, mais peu compacte. Elle se composait, en somme de trois parties : 1° Le château de Pertus proprement dit et ses dépendances qui consistaient en terres éparses, vignes, terres louées par baux emphytéotiques, droits féodaux, bateaux et pêche sur l'Allier. 2° et 3° les deux domaines en culture affermés de Beauregard et du Piat.

Quand François II voulut prendre possession de sa nouvelle acquisition, le sieur Gleize, notaire à Saint-Babel, « précédent fermier judiciaire » de Pertus, refusa d'ouvrir la porte du château (1). En conséquence on la fit forcer, ce qui ne fut pas difficile, car on l'ouvrit tout simplement avec un couteau. Une fois ce coup de force accompli, il semble que le sieur Gleize se soit montré moins récalcitrant. Nous le voyons ouvrir les autres portes de meilleure grâce. Il est constaté que le château est à moitié en ruines. On ne peut monter à la tour parce qu'il ne s'y trouve aucun degré. Mais, dans les caves, les tonneaux sont pleins de vin. Sauf le cuvage et les caves, il semble que les autres bâtiments ne soient guère en meilleur état que le château. Il est question d'une chapellenie de Charançon (sic, pour Chalençon) située dans l'église d'Orbeil, où le seigneur baron (sic) de Pertus a le droit de nommer un chapelain. François II se rend donc

_____

(1) Archives de Parentignat. E. R. 44. Orig sur pap.

pour cela à Orbeil, situé à près de deux kilomètres de là. Puis il revient à Pertus, où il y avait alors une église, disparue aujourd'hui. On lui en ouvre les portes, et là encore il prend possession d'une nouvelle chapelle de Charançon (*sic*), « où il y a un tableau portant sa fondation. » Il se rend ensuite au domaine de Beauregard, puis à celui du Piat, où il remplit les formalités ordinaires. Au bateau de Pertus, on lui fait traverser plusieurs fois la rivière et il en fait autant au bateau de Parentignac.

Le plus ancien titre que nous possédions de Pertus est une transaction datée du dimanche avant la Purification de 1324 (1). On y voit figurer d'une part Faydit de La Barge, en son nom et au nom de ses frères et sœurs Béatrice, Dauphine, Ysabelle, Etienne et Châtard de La Barge, et d'autre part, Guillaume de Fontanilles, chevalier, sa femme Béatrice, et leur fille Poncia ou Léona de Fontanilles ainsi que Pierre de Bresson de Pertus, frère de la dite Béatrice. Or, cette Béatrice avait pour sœur une certaine dame Ahélis, qui est la mère de tous les La Barge précités. Donc, par le fait, Pierre de Bresson, seigneur de Pertus, avait deux sœurs, l'une, Béatrice, mariée à Guillaume de Fontanilles, et l'autre, Ahélis, qui avait épousé un seigneur de La Barge, père de Faydit. Or, vers 1355 et 1356, il existait un Guillaume de Pertus qui était alors Bailly des Montagnes d'Auvergne, Etait-il le fils de ce Pierre de Bresson, seigneur de Pertus ? A la même époque aussi, Gaillarde de Lastic, fille d'Etienne Bompar et de Soubeiranne de Pierrefort, avait épousé un Guillaume de Fontanilles. Les dates sont tellement rapprochées qu'on pourrait croire que Béatrice de Pertus et Gaillarde ont épousé le même chevalier. De tout cela il semble résulter que la terre de Pertus n'a pas donné son nom à une race, mais qu'elle appartenait à une famille de Bresson, qui en prenait le nom. Un partage dut intervenir entre Pierre de Bresson et ses sœurs de Fontanilles et de La

---

(1) Archives de Parentignat. E. R. 1. Orig. sur parch.

Barge, et dans ce partage, la terre de Pertus dut rester aux de La Barge. Or, si Faydit de La Barge pouvait être l'ancêtre direct de Christophe de La Barge, aux héritiers duquel François II de Lastic acheta la terre de Pertus, il ne faut pas en déduire que les La Barge en furent possesseurs pendant quatre cents ans de suite. Déjà le 28 octobre 1449 (1), Jean de Chalençon en était propriétaire, sans que nous sachions comment. A cette date, il rendait hommage à Antoine de Saint-Nectaire, alors doyen de l'abbaye d'Issoire, pour certaines terres situées au-delà de l'Allier et comprenant le domaine du Piat. Chose curieuse, c'est le seul hommage que nous possédions dans nos archives des seigneurs de Pertus aux abbés d'Issoire. Du reste, ce Jean de Chalençon, qui était seigneur de Chassignolles, terre beaucoup plus importante, en même temps que de Pertus, et par suite un assez puissant personnage, cherche à faire valoir des droits féodaux divers qu'on semblait avoir usurpés. Il ne craint pas d'entrer en contestation à ce sujet avec le comte de Boulogne, alors comte d'Auvergne, et par suite, seigneur de la châtellenie voisine d'Ybois. Par transaction du 23 octobre 1456 (2), il se fait reconnaître ses droits seigneuriaux dans les églises de Pertus et de Notre-Dame d'Orbeil. Puis le 8 mai 1463 (3), il passe un contrat avec Frère Jehan Pelloyre, de l'Ordre de Saint-Benoit, prieur du prieuré d'Ardes et de l'église paroissiale d'Orbeil, en la châtellenie d'Ybois, par lequel il est autorisé à construire une chapelle dans le cimetière d'Orbeil, contre l'église paroissiale, avec deux portes, donnant l'une au dehors, l'autre dans l'intérieur de l'église, moyennant certains droits qu'il abandonne au prieur. C'est évidemment la création ou la reconnaissance du droit de chapellenie dont nous avons vu François II prendre possession, chapellenie appelée de Charançon par déformation du nom de son fondateur.

---

(1) Archives de Parentignat. E. S. 9. Orig. sur parch.
(2) *Id.* E. S. 20 à 31. Orig. sur pap.
(3) *Ibid.* E. S. 2. Orig. sur parch.

L'autre contestation était plus importante, car elle ne portait plus sur des droits honorifiques, mais sur des droits féodaux beaucoup plus utiles. Bertrand, comte de Boulogne, en sa qualité de haut justicier de la rivière d'Allier, reconnaît à Jean de Chalençon le droit de propriété d'une peslière sur cette rivière, pour le service de son moulin, à condition que la dite peslière laissera un passage de quatorze pieds de large pour le droit de monte, moyennant certains cens. S'agissait-il là d'un chenal pour la navigation, ou plutôt d'un passage pour permettre aux poissons migrateurs comme le saumon, de remonter la rivière ? (1)

Dans le *Dictionnaire du Puy-de-Dôme*, d'A. Tardieu, nous voyons Alix de Chalençon, probablement la fille de Jean, apporter cette terre de Pertus, par mariage, en 1460, à Gilbert de Montmorin-Saint-Hérem. Si nous n'avons pu savoir comment Pertus avait pu passer des La Barge aux Chalençon, nous sommes fixés sur la transmission des Chalençon aux Montmorin. Le 27 décembre 1540, François de Montmorin, probablement descendant direct d'Alix de Chalençon, rend un hommage complet à Catherine de Médicis, pour la seigneurie de Pertus, sans en désigner les limites (2). Le 18 août 1554 (3), il achète à cette Reine, alors comtesse d'Auvergne, le droit de haute justice, qu'il ne possédait pas encore, avec certains autres droits, entre autres celui de pouvoir avoir une corde à son bateau sur l'Allier, c'est-à-dire de pouvoir le transformer en bac à traverser les voitures et les bestiaux.

Tout à coup, le 14 mars 1609 (4), nous trouvons François de Beaufort-Canillac devenu seigneur de Pertus. Il l'était encore le 28 septembre 1615. (5).

---

(1) Arch. de Parentignat. E. S. 3. Cop. du xviie s. sur pap.
(2) *Ibid.* E. S. 10. Orig. sur parch.
(3) *Ibid.* E. S. 4. Orig. sur parch.
(4) *Ibid.* E. R. 6. Orig. sur pap.
(5) *Ibid.* E. S. 5. Orig. sur pap,

Puis le 18 mars 1631, (1), c'est Jean-Baptiste de La Barge qui ramène dans cette terre cette ancienne famille, qui l'avait quittée depuis plus de trois cents ans. Il avait épousé la fille d'un Beaufort-Canillac et de Gabrielle de Dienne, sœur de la femme de Philibert de Lastic. Le 16 juin 1632, (2) il en rend hommage au Roi, en sa qualité de duc d'Auvergne, la comté étant rentrée dans le corps du duché.

Le 20 janvier 1662 (3) c'est Christophe François de La Barge qui devient seigneur de Pertus. Il porte dans cet acte le titre de comte de Meymont. Il en rend hommage le 24 décembre 1669 (4) au Roi. Ce furent ses héritiers qui, par autorité de justice, le vendirent à François II de Lastic, comme nous l'avons vu.

A partir du moment où nos ancêtres devinrent seigneurs de Pertus, ils l'exploitèrent comme leurs autres terres. Les terres labourables furent affermées par baux notariés, et les cens et rentes furent loués à des receveurs spécialistes. Sur ces pentes coupées de ravins profonds et en plein midi, les cultures ordinaires étaient presque impossibles. Aussi les laissait-on en vacants que parcouraient des troupeaux de chèvres et de moutons. Ce ne fut que vers le milieu du xviiie siècle que, dans cette région d'Issoire, on eut l'idée d'y créer des vignes. Les routes nouvellement percées, les progrès du bien-être, et surtout l'augmentation considérable de la population, permirent l'écoulement plus facile des produits de l'agriculture et surtout des vins qui ne pouvaient pas être tous consommés dans le pays. Pour cela on loua ces terres vacantes par baux emphytéotiques appelés dans le pays baux *par percières*. De 1768 à 1772 (5), François III en créa beaucoup dans sa terre de Pertus qui s'y prêtait bien. Voici

---

(1) Arch. de Parentignat. . E. S. 23. Orig. sur pap.
(2) *Ibid.* E. S. 13. Orig. sur parch.
(3) *Ibid.* E. R. 28. Orig. sur pap.
(4) *Ibid.* E. S. 16. Orig. sur parch.
(5) *Ibid.* E. R. 70 et suiv. Une huitaine de pièces sur pap.

en quoi consistaient ces contrats. Tantôt on s'adressait à un groupe de vignerons solidaires les uns des autres, tantôt à un seul. Les premiers s'engageaient à défricher une partie de montagne « qui n'a jamais été cultivé ni n'a jamais rien produit. » Ils étaient tenus « en ôtant les pierres et les cailloux de la planter en bonne nature de vigne,..., de la cultiver en bon père de famille, faire les provins, tailler, émonder, échalater, vendanger, etc..., Le seigneur ne sera tenu à aucuns frais et fournitures de quelque espèce qu'elles puissent être ». Il reviendra au propriétaire « le tiers de tous les fruits qui croîtront et se cueilleront dans le dit héritage, à charge par lui de le prendre et de le faire conduire », et cela seulement au bout de la cinquième année. Aucune durée n'est assignée à ces baux qui étaient, en somme, perpétuels. Au cours du bail, le propriétaire pouvait racheter la terre tout entière, à condition de payer les deux tiers de la valeur du terrain, et le preneur pouvait en faire autant en en payant seulement le tiers. Ces baux dont beaucoup étaient de création récente, furent respectés par les lois révolutionnaires. Les propriétés ainsi louées furent considérées comme biens fonciers et le droit de percière ne fut pas assimilé à un droit féodal. Néanmoins on fixa à ces baux perpétuels une limite de quatre-vingt dix-neuf ans. On verra, à propos de Saint-Yvoine, les difficultés qui se présentèrent dans le courant du xixᵉ siècle pour la conservation du droit de propriété dans ces terres, et comment elles nous furent enlevées petit à petit.

Nous perdîmes ainsi une grande partie de nos vignes de Pertus et de Saint-Yvoine, et les acheteurs de notre terre du Broc et Bergonne ont éprouvé de pareilles pertes pour les mêmes raisons.

Les bateaux de Pertus, Parentignac et Les Pradeaux formaient comme une propriété à part dans ce que nous possédions en Basse Auvergne. Par le fait, François II en fit l'acquisition en même temps que celle de la terre de Pertus, dont ils constituaient un des meilleurs revenus ; mais il n'en avait pas été toujours ainsi.

Nous avons vu plus haut que Bertrand, comte de Boulogne, en sa qualité de haut justicier de la rivière d'Allier, avait, le 10 décembre 1456, reconnu ou concédé, ce n'est pas très clair dans le texte, à Jean de Chalençon, le droit d'établir une peslière sur cette rivière. Cette peslière devait desservir un moulin. Mais par suite de causes inconnues, ce moulin n'existait plus en 1713, au moment de l'achat de la terre par François II de Lastic. Avait-il été emporté par une inondation de l'Allier et avait-on renoncé à le reconstruire, ou bien des ordonnances royales l'avaient-elles supprimé, la rivière d'Allier ayant été considérée alors comme navigable ? On ne saurait le dire. Le 18 août 1554, Catherine de Médicis avait reconnu à François de Montmorin le droit d'avoir un bateau-passeur. Ces diverses concessions avaient-elles été vendues ou créées au profit des seigneurs de Pertus ou bien était-ce la reconnaissance d'un droit ancien, dont l'usage avait été négligé par certains seigneurs et que l'on faisait revivre ? Les titres que nous possédons sont trop incomplets, quoiqu'il paraisse bien qu'il y eût un commencement de procédure entre Jean de Chalençon et le comte de Boulogne, entamé en 1438 (1), et terminé par la transaction du 10 décembre 1456. Il est dit, en effet, dans cet acte que Jean de Chalençon est *possesseur* d'un droit de pêche pour lui et les meuniers de son moulin ainsi que « pour les nautonniers et gouverneurs » qu'il a sur la rivière d'Allier, cela de tout temps, droit joui par ses prédécesseurs, que les sergents du comte de Boulogne ont voulu s'y opposer et qu'en conséquence il supplie le Sénéchal d'Auvergne pour le duc de Bourbonnais et d'Auvergne, d'avoir à faire respecter ce droit. Des lettres de sauvegarde viennent confirmer la transaction du 10 décembre 1456, le 1er août 1457 (2), sur

(1) Archives de Parentignat. E. O. 13 à 15. Orig. sur parch.
(2) *Ibid.* E. O. 16 et 17. Orig. sur parch.

toute l'étendue de la seigneurie de Pertus et de la châtellenie d'Ybois, avec droit de nef à Parentignac.

De nouvelles contestations eurent lieu entre Jean de Chalençon et le comte de Boulogne pour les limites des droits qu'il lui avait reconnus (6 mai 1460) (1). Après la mort de Jean de Chalençon, le procès fut continué par son gendre Gilbert de Montmorin. Ces droits furent fixés depuis le confluent de la Couze, en amont, jusqu'à celui de Pontalier, en aval, ce qui faisait dans les six à sept kilomètres. Cet arrêt fut rendu par le Parlement de Paris le 13 juin 1480 (2). Au cours de ce procès Gilbert de Montmorin mourut aussi et ce fut sa veuve Alix de Chalençon qui en obtint l'exécution les 11 et 15 novembre 1480 (3).

Ces droits, pas très déterminés, car probablement il nous manque des pièces pour cela, amenèrent des contestations avec des voisins qui avaient dû en usurper une part, à l'époque où la terre devait être mal administrée, ou lorsque les troubles facilitaient les usurpations. Pour ne pas se brouiller avec eux, il fallut reconnaître en partie ces usurpations, moyennant quelques petites redevances. C'est ainsi que le 6 juin 1458 (4), Jean de Javilhac obtint de Jean de Chalençon, cependant très jaloux de ses droits, celui de pouvoir passer au bac de Parentignac, pour lui et pour les siens, moyennant certains cens à percevoir sur ses biens et sur ceux de sa femme Alixent de La Grange. Le 25 juillet 1458 (5), un procès eut lieu avec les habitants de Saint-Yvoine qui prétendaient aussi avoir un bateau sur l'Allier conjointement avec le seigneur de Pertus. Ils furent déboutés de leur prétentions. François de Beaufort-Canillac qui avait épousé Françoise de Montmorin eut, plus tard, un

---

(1) Archives de Parentignat. E. O. 21 et 22 Orig. sur parch.
(2) *Ibid*. E. O. 23 et 24. Orig. sur parch. et copie sur pap.
(3) *Ibid* E. O. 25. Orig. sur parch.
(4) *Ibid* E. O. 18. Orig. sur parch.
(5) *Ibid*. E. O. 19 et 20. Orig. sur parch.

procès avec Alexandre de La Fin, mari de N* d'Aubeyrat, dame de La Souchère, qui débouta ce dernier d'un prétendu droit de passage qu'il invoquait aussi sur le bateau de Pertus (23 juin 1612 (1).

Les inondations de l'Allier, en changeant l'emplacement du lit de la rivière, surtout du côté de Parentignac, obligèrent à déplacer les appontements où venaient aborder les bateaux. Leur propriétaire était alors obligé de s'entendre avec les riverains pour pouvoir rétablir ces appontements et pour pouvoir aborder sur leurs terrains. Le 4 septembre 1647 (2), Jean-Baptiste de La Barge dut acheter la moitié du port de Parentignac à Jean Teillard, seigneur d'Auzelles.

Une complication se présenta en 1663. Marie-Marguerite-Ignace de Lorraine d'Elbeuf et le Duc de Saint-Aignan obtinrent du Roi la jouissance de toutes les îles et de la pêche des cours d'eau situés entre la Garonne et la Loire, dans toutes les parties non possédées par titres. Il fallut donc produire ces titres. La sommation de les faire valoir est signifiée le 7 juillet 1666 (3) au représentant du seigneur de Pertus. Nos papiers ne disent pas quelle en fut la suite, mais il est probable que les titres exigés furent produits, puisque les seigneurs de Pertus continuèrent à jouir de ces droits.

Dans la contestation qui s'était élevée entre Jean de Chalençon et le comte de Boulogne, il n'avait été question que des bateaux de Pertus et de Parentignac, mais dans un hommage du 3 février 1541 (4), rendu par François de Montmorin, et dans un autre rendu le 9 août 1678 (5) par Christophe de La Barge, ces deux seigneurs de Pertus font mention dans leurs propriétés du bateau des Pradeaux.

---

(1) Arch. de Parentignat. E. O. 30. Orig. sur parch.
(2) *Ibid.* F. O. 32 et 33. Orig. et copie sur pap.
(3) *Ibid.* E. O. 35. Orig. sur pap.
(4) *Ibid.* E. O. 26. Orig. sur parch.
(5) *Ibid.* E. O. 27. Orig. sur parch.

Pourquoi alors le 9 octobre 1708 Antoine de Floquet de Réal fit-il rendre un arrêt qui condamnait le fermier des bateaux de Pertus et de Parentignac à lui payer 583 livres. 9 sols et 10 deniers pour avoir indûment exploité le bateau des Pradeaux (1). Antoine de Floquet avait-il exhumé des titres oubliés dans le fond de quelque coffre ? En tout cas François II de Lastic dut s'incliner devant une prétention probablement justifiée, et il dut acquérir le bateau des Pradeaux d'Antoine de Floquet par acte du 26 septembre 1715 (2).

Dès lors la propriété de ces trois bateaux ne nous fut plus contestée, même par les premières lois révolutionnaires. Ce ne fut que le 6 frimaire an VII (1799) seulement que fut votée la loi qui dépossédait les propriétaires des droits de ce genre. Il y était dit que ceux-ci devaient être remboursés non-seulement de la valeur du passage en capital, mais encore du prix du bateau et de ses agrès. Cela ne fut pas fait pour nous. Fut-ce négligence dans l'application de la loi ? Ou bien fût-ce oubli de la part de notre aïeule, la Marquise de Lastic, trop absorbée ailleurs ? Je crois qu'il y eut négligence de la part de l'administration, comme de la part des nôtres. La première n'ayant pas fait appliquer la loi sur nos bateaux, on attendit à tort, et lorsque l'administration fit valoir ses droits, il était trop tard pour réclamer l'indemnité promise. C'est ce qui semble ressortir de la réponse faite par le Préfet du Puy-de-Dôme, à la pétition qui lui fut adressée à ce sujet par mon arrière grand-père, le comte Joseph de Lastic. Un délai avait été accordé, paraît-il, jusqu'au 17 avril 1811, et il n'y avait alors plus rien à faire. On se contenta de payer la valeur des bateaux détériorés qui furent estimés tous les trois avec leurs agrès, à la somme de 1074 francs.

En recherchant le prix de fermage de ces bateaux, nous

---

(1) Archives de Parentignat. E. O. 41. Orig. sur pap.
(2) *Ibid*. E. O. 42. Orig. sur pap.

trouvons qu'en 1749 le bateau de Parentignac, à lui seul, était loué trois cents livres par an. En 1764 celui de Pertus l'était au prix de quatre cents livres et en 1766 celui de Parentignac sept cent soixante livres, enfin celui des Pradeaux trois cent vingt livres. A cette dernière date les trois bateaux rapportaient donc ensemble quatorze cent quatre-vingt livres. Le département supprima celui des Pradeaux et fit exploiter par adjudication ceux de Parentignac et de Pertus. Le premier fut remplacé vers 1840 par un magnifique pont suspendu en fer, à péage, construit par une compagnie locale. Les affaires de cette compagnie furent si brillantes, qu'elle remboursa une première fois ses actionnaires et continua à leur servir 14 o/o du capital d'émission jusqu'à la suppression du péage vers 1890. A ce moment-là le fermier payait plus de vingt mille francs. Le bateau de Pertus a été remplacé vers 1880 par un pont suspendu en fil de fer à péage, mais il rapportait si peu que le département le racheta peu de temps après.

Le domaine du Piat avait été vendu le 5 juillet 1779 (1) par le Comte de Lastic à M. Jean Brès, docteur en médecine, habitant de la ville d'Issoire, pour la somme de quarante-huit mille livres. Si l'on se rappelle que toute la terre de Pertus avait été achetée pour vingt-huit mille livres, on pourra se rendre compte de la progression de sa valeur pendant ces soixante années. Nous ne trouvons pas de traces de la vente du domaine de Beauregard, Cependant, de mon vivant, je n'y ai jamais connu que deux ou trois vignes éparses dépendant de Pertus même. Enfin ces derniers débris après la vente des domaines du Piat et de Beauregard, la disparition des bateaux-passeurs de Pertus, Parentignac et les Pradeaux, et celle des terres à percières ont été vendus environ vingt-cinq mille francs par un de mes frères à la fin du dernier siècle.

---

(1) Archives de Parentignat. E. R. 154. Orig. sur parch,

La Foulhouze

Quand on se rend d'Issoire à Sauxillanges, situé à l'est de
cette ville, après avoir traversé l'Allier et le village de Parentignac, et contourné le parc du château, on parcourt une
grande plaine. On a alors devant soi, s'élevant isolée dans la
plaine, la montagne conique et si caractéristique d'Usson,
couronnée de son village. et terminée à son sommet par une
Vierge colossale en fonte, érigée il y a peu d'années. Sur
les flancs de cette montagne, bien cultivée à sa large base,
s'élèvent une multitude de petits châteaux ou de maisons
de campagne : Le Chéry, le Joux, le Mazel, les Granges, les
Bouis, Artaud, etc. Au-dessus de celles-ci on aperçoit un
cube granitique coupant l'horizon, dont la teinte est presque
celle du sol même sur lequel il est assis. C'est le vieux castel
de la Foulhouze. La route, après avoir gravi le flanc de la
montagne, passe à côté. Quand on en approche on est frappé
de l'importance de cette construction. Elle écrase de sa
masse les bâtiments de ferme qui l'entourent, Ce castel se
résume, en somme, en un énorme donjon, aussi large que
haut, ce qui, de loin, le fait paraître petit. C'est un rectangle
de vingt-cinq mètres environ de long sur vingt de large et
autant de haut. Sur sa face sud une tour engagée renferme
l'escalier étroit et usé. Ailleurs une petite tourelle en cul de
lampe est la seule ornementation extérieure. Cet énorme
cube de maçonnerie est à peine percé de quelques ouvertures
étroites. Quand on entre à l'intérieur, on trouve au rez-de-
chaussée deux immenses pièces voûtées dans lesquelles on
voit à peine clair, avec des cheminées monumentales, Les
murs sont tellement épais que dans l'un on a percé tout du
long un corridor de dégagement. Au premier étage, deux
pièces seulement encore, un peu plus claires que celles de
dessous, mais aussi vastes avec des cheminées gothiques
sculptées, proportionnées à la pièce. Sur le manteau de ces

cheminées on a sculpté les armes des Sailhens : d'argent au croissant tourné de gueules, accompagné de trois étoiles de même. Sur les murs, sur les pierres. sur les armes, on aperçoit des restes de peintures. Un beau tambour gothique, en bois de chêne sculpté, était placé dans l'angle d'une de ces chambres. Je l'ai transporté à Parentignac. Au-dessus, régnait un grenier qui avait pu être divisé en plusieurs petites pièces. Telle est cette forteresse, bien conservée dans ses grandes lignes, et qui atteste que ses seigneurs, quels qu'ils fussent, riches ou pauvres, y vivaient avec la plus grande simplicité. Par devant le castel, au midi, régnait une cour pavée de grosses dalles volcaniques et fermée par des murs élevés mais sans défenses. En face, les communs, et au milieu de la cour, un puits très profond. Mais si le castel n'était pas plus confortable, la vue en était merveilleuse. C'est un des points d'où l'on voit le mieux se dérouler le panorama des monts d'Auvergne, depuis le nord, à l'extrémité des Dômes, jusqu'au sud, où, par un temps clair, on aperçoit au-dessus des plateaux du Cézallier, les pointes les plus élevées du massif du Cantal. En face, les monts Dore se découpent sur l'horizon, comme sur un plan. En dessous, la riche plaine de Parentignac et d'Issoire, toute verdoyante d'arbres, et sillonnée du cours brillant de ses nombreuses rivières, forme un premier plan des plus riants. Voilà la Foulhouze. On s'y créerait volontiers un pied-à-terre, un belvédère surtout, à condition de n'avoir pas trop de monde à y loger.

Ce ne fut pas, du reste, dans l'intention de l'habiter que François II de Lastic l'acheta, par acte du 9 janvier 1719 (1). Il était occupé à bâtir Parentignac. Cela suffisait à l'absorber. Le possesseur en était son propre beau-frère, François de Malras, chevalier, seigneur marquis d'Yolet, Autheyras, Entragues, Beaulieu, etc., maréchal des camps et armées du

---

(1) Archives de Parentignat. C. J. 65 Orig. sur pap.

Roy, résidant ordinairement en son château d'Autheyras. Cette terre s'étendait sur les paroisses de Saint-Germain-sous-Usson et Usson, principalement. Elle consistait en « maisons, bâtiments, terres, bois, prés, étangs, dîmes, domaines, vignes, cens, rentes, droits, devoirs seigneuriaux, justice haute, moyenne et basse, ainsi que les droits acquis de Sa Majesté provenant de la seigneurie d'Usson. » Ses limites étaient le chemin d'Usson à Sauxillanges au midi, le chemin d'Usson à Brenac et celui de Chargnac à Billom, à l'ouest, celui d'Issoire à Sauxillanges au nord, et celui d'Usson à Manglieu à l'est. C'était donc une terre très compacte, sans enclaves et bien délimitée, toute différente par conséquent de Parentignac et de Pertus. C'était, en plus, une terre de formation très ancienne.

Le prix d'achat fut fixé à vingt-cinq mille cinq cents livres, Or, actuellement, La Foulhouze vaut au moins cent vingt mille francs, après avoir perdu ses droits féodaux et les quelques cens que l'on percevait en dehors de ses limites. On peut donc se rendre compte ainsi de la progression de la valeur de l'argent en deux cent ans presque exactement, et cela dans une région éloignée de tout centre qui ait pu en augmenter artificiellement la valeur.

L'acte de vente était passé au château de la Souchère, tout près de Parentignac, en présence du propriétaire de ce château, Messire François de Beauverger, comte de Montgon, lieutenant général des armées du Roy, directeur général de la cavalerie, notre parent assez rapproché, et de son fils Charles-Ignace, comte de Beauverger Montgon, autre beau-frère de François II par sa femme. Cela se passait donc en famille. Pourquoi François II faisait-il encore cette acquisition, au moment où il semblerait que toute son attention dût être consacrée sur Parentignac même ? Je crois pouvoir dire qu'il faisait en cela une bonne affaire et qu'il devait rendre en même temps service à son beau-frère de Malras. Nous avons vu qu'au moment du mariage de ce dernier avec Marie de Lastic, il avait été question, dans son contrat, d'un règlement

de ses créanciers. Parmi ceux-ci, se trouvait précisément
l'abbé de Sieujac. D'après deux actes de 1711 et 1719, il
devait aussi une somme importante à l'abbé de Crémeaux
d'Entragues, probablement son cousin, et comme il n'avait
pu le payer, son beau-frère François II de Lastic s'en était
porté garant en faveur de l'abbé et s'en était fait garantir
lui-même le remboursement sur la terre de La Foulhouze.
Le marquis d'Yolet n'ayant pu dégager sa terre dut la céder,
sous forme de vente, à François II. Nous voyons, en effet,
que dans le prix d'achat, ce dernier doit verser dix mille
livres à M. de Caldaguès, somme dont il s'était porté caution
pour le marquis d'Yolet. Une autre somme de quatre mille
livres devait être versée à M. de Canillac de Mauriat et une
de quatre mille cinq cents à M. de Beauverger Montgon. Si
l'on y joint la somme due à l'abbé d'Entragues, et dont
François II s'était porté lui-même garant, il ne dut pas rester
grand chose sur le prix d'achat, au propriétaire de La
Foulhouze.

Cette terre de La Foulhouze était une terre d'origine très
ancienne. On a prétendu (1) qu'elle avait donné autrefois son
nom à une famille qui existerait encore de nos jours. Je ne
le crois pas. Il n'en est, en effet, aucunement question dans
les anciens titres de nos archives, qui remontent cependant
à l'année 1283. On a voulu aussi en faire une propriété de
l'ordre de Saint-Jean de Jérusalem. L'existence d'un village
portant le nom très caractéristique de *Commandère*, pourrait
le faire croire. Mais l'on ne trouve, dans le chartrier très
important que nous possédons, pas une seule pièce qui laisse
soupçonner tant soit peu l'existence d'une propriété quelconque de cet ordre dans l'endroit ou dans les environs. Le
village de Commandère est signalé souvent dans ces actes,
mais sans que le nom des chevaliers de Saint-Jean de Jérusalem
y soit une seule fois prononcé. Il y a, dans le nord de

---

(1) A. Tardieu. *Dictionnaire historique du Puy-de-Dôme*. Art. « La
Foulhouze ».

l'Auvergne, dans la paroisse de Culhat, un autre la Foulhouze,
qui a été notoirement la propriété de cet ordre et c'est ce qui
a été cause probablement de cette erreur.

Le plus ancien acte que nous possédions dans nos archives
concernant La Foulhouze, est daté du mardi avant le
dimanche des Rameaux 1283 (v. s.) (1). C'est la vente d'une
dîme à Bernard de Riom. Il n'est pas dit, dans l'acte, que
Bernard fut seigneur de la Foulhouze, mais comme la dîme
vendue est aux appartenances de La Foulhouze, il est
probable qu'il était propriétaire de cette terre. Peu de temps
auparavant, il existait précisément un B. de Riom, qui était
Bailly du Comte Guy d'Auvergne. Comme l'acte de 1283 est
passé sous le sceau d'un notaire de Vic-le-Comte, il se
pourrait très bien que ce Bernard et ce B. de Riom fussent
parents très rapprochés, si non père et fils.

On sait peu de choses sur cette famille de Riom, qui porte le
nom de deux villes importantes de l'Auvergne. Celles-ci n'ont
jamais été, l'une et l'autre, le centre d'un fief féodal. Cette
famille est cependant très ancienne. Les titres précédents le
prouvent et on trouve sur elle une foule d'actes des XIIIe et
XIVe siècles. Il y eut, plus tard, une famille de Riom de Pradt,
dans laquelle s'éteignit la famille financière des Dufour, mais
on ignore le lien qu'il pouvait y avoir entre elles.

Nous trouvons plus loin un hommage de l'année 1322 (2),
dans lequel Léone de Léotoingt se dit veuve de Guillaume
de Riom et mère d'un autre Guillaume de Riom. Cette
alliance avec les Léotoingt, semble bien indiquer que ces
de Riom étaient d'origine élevée, si non féodale. Parmi les
censitaires de la terre de La Foulhouze, on relève, à cette
époque-là, une certaine Jordane de Riom, épouse de Robert
Esmenos. Cette Jordane était-elle une bâtarde qui avait
épousé un simple bourgeois, où ces Esmenos étaient-ils
nobles ?

---

(1) Archives de Parentignat. C. K. 1 et 2. Orig. sur parch.
(2) *Ibid.* C. L. 38. Orig. sur parch.

Le samedi après la fête de Saint-Urbain 1370 (1), La Foulhouze appartenait à Guillaume de Riom, sire de La Foulhouze, fils de Léone de Léotoingt. Il traite dans cet acte avec Bertrand de Vernet et Guillaume de Puychalin, chevaliers tous les deux. C'étaient des gens qui appartenaient aux meilleures familles du pays. Bertrand de Vernet était même un important personnage de l'époque, qui avait servi de témoin au testament de Guillaume XII, comte d'Auvergne, le 12 août 1332. Son château, qu'on appelle Montfort aujourd'hui, et qui domine de ses beaux restes habitables le village de Vernet-la-Varenne, n'était pas loin. Quant à l'autre, c'était un voisin de terre, dont le château porte aujourd'hui le nom de Peuchault, et nous appartenait encore jusque dans ces dernières années.

En 1391 (2), c'est-à-dire vingt ans après, c'est Robert de Sailhens qui est devenu seigneur de La Foulhouze, sans que l'on sache comment. Ces Sailhens, d'après les armes sculptées sur les cheminées du vieux castel, appartenaient à cette maison qui avait tiré son nom d'un château des environs de Saint-Nectaire, et dont une branche, possessionnée dans la région, portait le nom de Saint-Julien. Nous devons nous rappeler que l'un d'entre eux avait épousé Anne de Lastic, fille d'Antoine et de Christine de Montrhodat, et nous avons parlé de cette maison à cette occasion. Depuis le temps que cette maison est éteinte, il est difficile de savoir si les Sailhens de La Foulhouze appartenaient à la souche principale, où s'ils en constituaient un rameau moins richement possessioné. Je pencherais pour cette seconde hypothèse. En effet, le Guy de Sailhens, qui était seigneur de La Foulhouze, en 1453 (3), habitait, en 1444 (4), la ville d'Usson, comme un simple bourgeois. Dans un titre de l'année 1446 (5), il porte le

(1) Archives de Parentignat. C. K. 4. Orig. sur parch.
(2) Ibid. C. K. 5. Orig. sur parch.
(3) Archives de Parentignat. C. K. 6. Orig. sur parch.
(4) Ibid. C. K. 14. Orig. sur parch.
(5) Ibid. C. J. 1. Orig. sur parch.

prénom de Guyot, qui pourrait faire croire que les *Sailhens* de basse Auvergne auraient la même origine que les *Saillans*, du haut pays, qui s'éteignirent, en 1320, dans la maison de Rochefort d'Aurouze et qui portaient, de père en fils, le même prénom de Guyot. Mais, une fois de plus, il ne faut jamais établir la parenté de deux familles, du fait de la parité des prénoms.

Par un acte de l'année 1459 (1), nous apprenons que ce Guyot de Sailhens, mort alors, avait épousé Gabrielle de Bourchany, et qu'il en avait eu des enfants, alors mineurs, nommés Anthoine, Jehan, Agnès, Blaise, Loys, Catherine et Gabrielle.

Le 2 janvier 1480 (2), Anthoine est devenu seigneur de La Foulhouze. Il l'est en même temps de Bourchany, dans la paroisse de Trezioux. Il avait un fils, qui s'appelait également Antoine, comme nous l'apprenons par une charte du 2 octobre 1499 (3). Ce dernier était encore seigneur de La Foulhouze, le 8 mai 1530 (4).

Le 11 novembre 1543 (5), il est remplacé par Anne de Sailhens, écuyer, qui est probablement son fils. Un acte du 5 avril 1552 (6), nous apprend que sa mère s'appelait Jeanne de Puychalin et lui-même avait épousé Madeleine de Châlons, et était mort en 1566 (7).

Ils avaient eu une fille, nommée Françoise, qui épousa Pierre de Malras, et lui apporta cette terre de la Foulhouze, ainsi qu'il ressort de deux actes des années 1590 (8) et 1608 (9).

Ces derniers eurent pour fils Henry de Malras, qui était

---

(1) Archives de Parentignat. C. J. 4. Orig. sur parch.
(2) *Ibid.* C. J. 5. Orig. sur parch.
(3) *Ibid.* C. K. 30. Orig. sur parch.
(4) *Ibid.* C. J. 9. Orig. sur parch.
(5) *Ibid.* C. J. 11. Orig. sur parch.
(6) *Ibid.* C. K. 32. Orig. sur parch.
(7) *Ibid.* C. J. 14. Orig. sur parch.
(8) *Ibid.* C. J. 16. Orig. sur parch.
(9) *Ibid.* C. K. 42 Orig. sur pap.

propriétaire de La Foulhouze, le 23 août 1626 (1), et cette terre resta dans cette famille jusqu'à son achat, par François II de Lastic, en 1719.

Il semblerait ressortir de tous ces actes, que La Foulhouze ne fut jamais très habitée par ses seigneurs. Ceux-ci semblent avoir toujours été possessionnés ailleurs en même temps. Ils ne devaient donc y posséder qu'un important pied à terre et une forteresse pour s'y mettre à l'abri en cas de besoin, à l'époque des guerres féodales.

Les actes de propriété foncière ou féodale que nous possédons, sont des plus ordinaires et des moins intéressants. Beaucoup sont des baux fonciers ou emphytéotiques, sans particularités dignes d'attention. En 1473 et 1475 (2), nous voyons Antoine de Sailhens avoir un long procès, au Parlement de Paris, « contre les manants et habitants de la ville d'Usson », qui s'étaient arrogé le droit de faire paccager leurs troupeaux dans l'étendue de la seigneurie de La Foulhouze. Il obtint gain de cause contre eux.

Dans le courant des xive et xve siècles, les seigneurs de La Foulhouze achetèrent, on ne sait trop à qu'elle occasion, certains cens situés dans les paroisses de Chamiane, de Saint-Etienne-sur-Usson, du Vernet-la-Varenne et même à Vertamy, dans celle de Viverols, là-bas, en Livradois, sur les confins du Forez. Ils les revendirent plus tard, entre autres, à la famille des jurisconsultes Chabrol, devenus seigneurs de Chaméane, au cours du xviie siècle.

Depuis l'achat de La Foulhouze par François II de Lastic. jusqu'à nos jours, cette terre a toujours été affermée. Nous possédons à peu près sans exception toute la série des baux depuis cette époque-là. Ils ne renferment absolument rien d'intéressant et sont presque tous copiés les uns sur les autres.

On pourrait évidemment faire une étude plus complète et

(1) Arch. de Parentignat. C. J. 18. Orig. sur pap.
(2) *Ibid.* C. L. 22 à 31. 10 pièces orig. sur parch.

surtout plus minutieuse de cette terre de la Foulhouze, dans le genre des monographies qui sont à la mode depuis quelques années. Elle est encore en notre possession aujourd'hui (1918).

Dans ce second volume, nous avons parcouru deux siècles et demi de notre histoire. Nous avons vu notre maison traverser difficilement la période du xvi⁰ siècle, si troublée à tous les points de vue. Je crois utile d'insister davantage sur les causes de cette dépression momentanée. Il faut l'attribuer surtout à ce fait que l'état général d'une société réagit toujours sur ses membres, quelles que soient les traditions qui pourraient leur permettre de résister à l'influence ambiante.

A la fin du xv⁰ siècle et au commencement du xvi⁰, la Renaissance venait de provoquer en Europe un mouvement d'idées tout nouveau, qu'on a désigné sous le nom de classicisme. L'Italie nous avait donné l'exemple de l'adoption de règles fixes dans l'application des arts et de l'architecture, puisées dans l'étude de l'antiquité. Petit à petit, on se laissa entraîner à introduire cette méthode dans toutes les parties de l'activité humaine et même dans la religion. La foi pure s'amoindrit. On alla chercher les règles de nos croyances dans les philosophies païennes, comme on avait trouvé les règles de l'architecture dans les monuments de la Grèce. Des esprits éminents, comme Erasme, s'essayaient à cette rénovation. « La Renaissance est essentiellement laïque et aristocratique. La littérature ecclésiastique disparaît presque complètement avec le xvi⁰ siècle....... Ce sont des savants et aussi des pédagogues qui ont transformé peu à peu les esprits, les uns faisant renaître chez nous la connaissance de la civilisation antique, les autres, en la faisant passer dans l'éducation (1). » L'imprimerie, qui prit alors un essor

---

(1) H. Lemonnier, dans l'*Histoire de France*, de E. Lavisse, pp. 290 et 291.

nouveau, fut aussi très utile à la diffusion de ces idées. On n'imprimait plus seulement les évangiles ou les livres d'heures ; on rééditait surtout les classiques grecs et latins, les écrits de philosophes anciens. Erasme, Melanchton, Budé, Rabelais et d'autres devenaient à la mode. C'est ainsi que nous avons vu, à propos de Louis de Lastic, un Grand Prieur d'Auvergne, avoir dans sa bibliothèque tous les ouvrages d'érudition, d'histoire, de philosophie et de littérature, mais pas un seul de patrologie, d'ascétisme, de théologie ou de piété chrétienne, comme il eût été indiqué pour un religieux qui avait prononcé les vœux les plus sévères.

Le goût des arts répandit aussi le luxe. Des fortunes rapides s'étaient formées par suite des besoins d'argent nécessités par les guerres incessantes. Les argentiers, nouvellement enrichis à ce commerce, devinrent les protecteurs naturels des arts. La Papauté en donna elle-même l'exemple. Il est rare que le progrès dans les arts n'amène pas en même temps une décadence dans les mœurs. Il y eut donc d'une part affaiblissement de la foi par l'introduction des œuvres païennes et philosophiques, de l'autre décadence des mœurs par le progrès du bien-être et le désir des jouissances. A cela se joignait un besoin de réformes générales, qui ne venait pas tant du désir de faire disparaître des abus incontestables, que d'un esprit d'innovation et de dénigrement à l'égard d'institutions qui avaient inspiré le respect jusqu'alors. Le goût d'aventure s'était aussi développé d'une manière intense. Tous ces chefs de bandes, ces capitaines de compagnies qui avaient combattu sur les divers champs de bataille, particulièrement en Italie, étaient animés du désir de s'enrichir par des moyens identiques à ceux qu'ils voyaient employer par les argentiers. La guerre servait de prétexte à tout, et puisqu'on n'était pas toujours payé suffisamment par les princes ou les chefs de partis qui vous employaient, on se payait soi-même en nature.

Comment, dans ces conditions, l'ancienne société qui, comme dans nos montagnes, avait conservé encore quelques principes religieux, pouvait-elle résister à de telles causes de désorganisation ? L'histoire des familles est remplie, à cette époque, de scandales. Quand on fouille les documents des archives, on est effrayé de la disparition du sens moral, beaucoup plus qu'aux époques les plus troublées du moyen-âge. Des fortunes scandaleuses s'élèvent en quelques années.. Dans l'intérieur des foyers, les bâtards pullulent. On ne se cache plus. Les moines eux-mêmes, dans leurs couvents, mènent une vie honteuse. •

Notre famille devait en subir les conséquences, comme les autres groupes de la société. Nous l'avons constaté surtout au commencement de cette seconde partie de notre chronique, dans cette triste génération de Louis de Lastic et d'Anne de La Fayette, où, sur neuf garçons, un seul fut capable de tenir convenablement son rang, où les autres, mêmes ceux qui étaient religieux, ne surent que peupler le haut pays de leurs bâtards. Trois hommes cependant en sortirent qui firent parler d'eux à des titres divers. Louis de Lastic, peut-être le plus intelligent et le plus doué des trois, en tout cas le plus ambitieux, gâta ses qualités naturelles par des vices malheureusement alors trop à la mode. Thibaud, qui essaya de réagir contre la décadence des siens, ne fut pas servi par les circonstances. Son fils, Louis, semble n'avoir été qu'un malade ou un incapable ; sa fille, Françoise, une intrigante, qui fit plus de mal à sa famille qu'elle ne lui fut utile. Jean, seul, était capable de relever la maison, et, avec le Grand Maître, c'est la plus belle figure de notre histoire. Malheureusement, il avait à remonter un courant trop violent. Fils d'un des membres les plus éteints de cette génération, qui avait vendu en quelque sorte son droit d'aînesse, et d'une femme sur l'origine de laquelle on est peu fixé, il entra dans la vie avec beaucoup d'atouts contre son jeu. Il a fallu sa vaillance naturelle, sa loyauté reconnue, sa valeur militaire, sa connaissance des affaires, pour redonner aux nôtres la place légitime qu'ils devaient occuper. Aussi, à partir de ce moment-là, nous retrouvons ceux-ci suffisamment armés pour résister aux combats de la vie.

Il semble qu'après cette période d'agitation, notre famille ait éprouvé le besoin de se reposer, de se recueillir et de se reconstituer. Philibert de Lastic, son fils François I et son petit-fils François II, restent dans leur province, où ils mènent, il est vrai, une vie active, mais où ils fondent par une bonne administration, de bonnes alliances et une certaine économie domestique, un nouveau patrimoine très important. Ils prennent de plus une influence personnelle prépondérante dans leur classe et dans leur contrée. Ils en deviennent ainsi les personnalités les plus estimées. La déférence que leur montrent les représentants du pouvoir royal, les gouverneurs, les intendants ; les sollicitations et les recherches en mariage dont ils sont honorés par les plus importantes familles des provinces voisines, indiquent la situation très respectable qu'ils se sont acquise. J'aurais aimé qu'ils s'en tinssent là et qu'ils restassent, en quelque sorte, un peu les *rois* de leur province. L'air des champs et surtout l'air des montagnes, est préférable, pour la santé morale comme pour la santé physique, à celui des villes et surtout à celui des cours. Et cependant nous verrons, dans le dernier volume, que les nôtres ont encore traversé ce siècle de légèreté morale et de scepticisme sans trop s'y brûler les ailes et qu'après la secousse formidable de la Révolution, le xixe siècle a retrouvé notre famille, redevenue terrienne et provinciale, avec les traditions d'honneur, de religion et de fidélité aux souvenirs, qui devaient être les siennes.

TABLE DES GRAVURES

		PAGES
I. — L'entrée du port de La Valette, à Malte		58
II. — Le fort Saint-Ange, à Malte		60
III. — Le fort Saint-Elne, à Malte		60
IV. — Plan du port de La Valette, à Malte, au XVIII° siècle		66
V. — La cathédrale de Saint-Jean de Malte, à La Valette		68
VI. — Le palais de justice, ancienne auberge d'Auvergne à La Valette		68
VII. — La bataille de Cognat, d'après une ancienne estampe allemande		100
VIII. — Le château de Saillant		188
IX. — Le château d'Alleuze		252
X. — Le château de Vareillettes		252
XI. — La ville de Murat		332
XII. — L'église de l'ancien prieuré de Bredom		332
XIII. — François Ier de Lastic, premier marquis de Sieujac		342
XIV. — François II de Lastic, deuxième marquis de Sieujac		372
XV. — Le château de Parentignat. — Façade occidentale		392
XVI. — Le château de Parentignat. — Façade orientale		392
XVII. — Le château de Pertus		432
XVIII. — Le manoir de La Foulhouze		432

TABLE DES CHAPITRES

PAGES

Avant-Propos 5

I. — Dixième génération (*bis*). — Louis de Lastic et Anne de
La Fayette 7

II. — Les branches issues de la dixième génération.......... 123

III. — Onzième génération. — Claude de Lastic et Marguerite
de Farges 133

IV. — Douzième génération. — Jean de Lastic de Sieujac et
Madeleine d'Espinchal 143

V. — Terres acquises par Jean de Lastic de Sieujac 231

VI. — Treizième génération. — Philibert de Lastic et Marguerite
de Beaufort-Canillac............................... 281

VII. — La vicomté de Murat.................................. 333

VIII. — Quatorzième génération. — François Iᵉʳ de Lastic, premier marquis de Sieujac et Louise de Peyronnencq de
Saint-Chamarand 343

IX. — Quinzième génération. — François II de Lastic et Marie
de La Rocheaymon 375

X. — Terres acquises par François II 393

www.ingramcontent.com/pod-product-compliance
Lightning Source LLC
Chambersburg PA
CBHW050545270326
41926CB00012B/1917